災害対応の地域研究④

歴史としてのレジリエンス

戦争・独立・災害

京都大学学術出版会

川喜田敦子
西　芳実
編著

革命の後始末

大きな危機を乗り越えるためにときに集中的な動員や急激な社会秩序の変革がめざされる。大禍が去った後、危機克服のためにやむをえず支払った犠牲や新たに生じた社会の亀裂の後始末が待っている。目前の危機を回避できても禍根を残す。その手当には長い時間がかかる。

インドネシア・バリ島のヒンドゥー寺院。1965年9月30日に起きたクーデター未遂事件後、この地の「共産主義者」たちはこの寺院に集められたのち、殺戮の対象となっていった。9･30事件と呼ばれる一連の大量虐殺により、バリでは人口の5％にあたる約8万人が犠牲となった（第2章）

ベトナム戦争終結後に米国大統領として初めてベトナムを訪問したクリントン大統領とベトナム国家主席チャン・ドク・ルオン（写真：ロイター／アフロ）（第1章）

中国山西省の農民。黄土高原の東端にあって天水頼みの農業がいまも続く。当地では、日中戦争、「破除迷信」運動、文革で中断していた雨乞いの儀礼が復活している（第3章）

国民国家の理想と現実——敵なき連帯は可能か

国境は外部からの干渉や抑圧を防ぐ壁にもなるが、境界を越えた交流や支援を阻む壁にもなりうる。内と外、敵と味方、加害者と被害者とを分けることなく課題を共有し、災いの克服をめざす連帯は可能か。

安全保障の名目でイスラエルが設置したコンクリートの壁。パレスチナ自治区の内部に大きく食い込んだこの壁は、イスラエル社会とパレスチナ社会の分断を象徴している。ベツレヘム近くの壁には、抗議を込めて人間の顔の絵が描かれていた（鈴木啓之氏撮影）（第５章）

日本統治期の台湾で開村30周年を記念して1942年に建立された日本人移民開拓記念碑。揮毫者は当時の台湾総督長谷川清。近年の台湾史見直しで地元住民により再建された。継ぎ目のコンクリートと赤くした文字がその証左（第４章）

サイクロン・シドルの被災地で援助物資を運ぶ子ども。人口密度が高く低地面積が広いバングラデシュでは高潮などのサイクロン被害が深刻な土地にも多くの人が住む。長大な防潮堤を築く財源が乏しい中、国際援助やソーシャルビジネスによる貧困対策に期待が寄せられている（第６章）

普遍と個別――思想と暮らし

災厄が深刻でその規模が大きければ大きいほど、社会全体で災厄を受け止めるための思想や運動が求められる一方で、被害の程度に多寡が生じるために被災者の生活再建には個別の対応が求められる。普遍的な思想の広がりの確保と個別の暮らしの再建が互いに補い合う関係はどのようにしてつくることができるか。

チェルノブイリ原発事故による放射能汚染のため発電所から30キロ圏内は立ち入り制限ゾーンに指定され、住民の強制避難が実施された。現在は民族学発掘調査やダークツーリズムなどが行われている（D. Karacsonyi 氏撮影）（第８、９章）

ハンガリーのアルミニウム工場から大量の赤泥廃液が流出した事故により赤泥に埋まる住宅。周囲40平方キロの地域が強アルカリ性の廃液に起因する大気汚染にさらされたほか、ドナウ川を通じて国際的な環境汚染を引き起こすことが懸念された（ニョマ家提供）（第９章）

広島平和記念公園にあるノーマン・カズンズ氏記念碑。谷本清牧師らとともに原爆孤児支援を行ったアメリカ人ジャーナリストに広島市は特別名誉市民の称号を与えた（第７章）

社会のレジリエンス——時間と空間の広がりの中で

災厄も、そして災厄からの復興も、誰の視点でどの時間軸でどの地域的広がりで捉えるかによって評価は変わってくる。打たれ強い社会をつくるには、危機を乗り越え亀裂を修復するために人びとが行っている不断の営みを地域や時代を越えて学ぶ力が問われている。

ドイツ・ベルリン市の中心部に2005年に建設された「殺害されたヨーロッパ・ユダヤ人のための記念碑」。墓標を模った石柱が広大な広場を埋め尽くす。加害と被害の記憶が混在するドイツで、ナチズムとホロコーストの過去をめぐって繰り返される議論は、常にいまとこれからを問う意味をもつ（はじめに）

中国山西省で雨乞いの儀式に使われる大王像は複数の村で共有され、儀礼のたびに村々を移動する。文革期に次々と破壊されたが大王像を密かに守り通した村があり、その後の儀礼復活を支えた。写真は文革後に複製された大王像。今も複数の村が共有する状況は変わらない（第３章）

９・30事件の政治犯たちの収容所生活を支えた歌を再現して歌う活動を続けるディアリタ合唱団。壁には「私の子どものための歌」の楽譜が記される。政治犯として逮捕された数十万人は長い拘留生活から釈放されたのちも選挙権や就業の機会をめぐってその子どもや孫の代まで様々な差別を受けてきた（第２章）

「災害対応の地域研究」シリーズの刊行にあたって

山本　博之

東日本大震災と福島原発事故が発生した二〇一一年、日本社会は大きな変容を迎えた。震災と原発事故からの復興への長い過程が始まったことだけではない。「正しさ」に対する信頼が大きく揺らいだためである。

高さ一〇メートルに及ぶ頑丈な防潮堤が津波で破壊されることや、中東諸国で「民主化」運動が起こって長期政権が倒されることは、各分野の専門家にとっても想定外のことだった。私たちは自然現象でも社会現象でも想定外の事態が生じうることを改めて思い知らされた。また、震災と原発事故への対応を通じて既存の権威への信頼が崩れ、政府、マスコミ、学者、大企業などが発表する情報は常に信用できるわけではないという認識が広まった。現実社会の諸問題に対して誰もが納得する正解はもはやどこにも存在せず、私たちはどの選択肢にもリスクがあることを承知した上で自己の責任で一つ一つ決断していかなければならない状況に置かれている。そこでは、宗教や国家・民族といった古くからある規範も、科学技術のような客観性と合理性に重きを置く立場も、さらには個人的な信念や妄想までもが対等に扱われ、議論を通じて立場の違いが解消されることはほとんど期待できない。しかも、社会が深刻な亀裂を抱えているだけでなく、その亀裂ゆえに今の社会を次の世代に渡せるかどうかも危ぶまれている。

これは日本国内に限った問題ではない。今日では世界から孤立して生きていくことは不可能だが、だからといってボーダーレスでフラットなグローバル人になれば幸せになれるという考え方にも現実味は感じられない。世界は繋がっているため、自分だけよい生き方をしようと努力しても幸せが得られるとは限らない。場の成員の出入りが激しく、考え方が互いに異なる人が常に隣り合わせに存在する世界で、何が正解なのか誰にもわからないまま、私たちは生活の場を築き、発展させていく術が求められている。

世界は災いに満ちている。しかし、逆説的だが、災いのなかにこそ、今日の世界が抱える問題を解消する可能性が秘められている。その意味で、二〇〇四年は日本社会にとって大きな変化を迎えた年として記憶されることだろう。自分たちの生活を守る上で国が頼りになるとは思えないが、そうかといって国にかわる現実的な選択肢も見当たらないという思いが、従来に増して強く印象付けられたのがこの年だった。その思いは、今世紀に入って米国同時多発テロや小泉純一郎による「構造改革路線」およびそれに伴う「格差社会」意識の浸透によって感じられはじめ、二〇〇四年になって年金未納問題や「自己責任」論などの登場により、国は何もしてくれないことがもはや仮説ではなく前提となった。その一方で、災害発生時のボランティアによる救援・復興支援に見られるように、国によらない人々の助け合いの輪は確かなものとなり、国境を越えた人と人との繋がりもいっそう現実味を増している。一九九五年の阪神淡路大震災で見られた被災地でのボランティア活動は二〇〇四年一〇月の中越地震ですっかり定着し、さらに同年一二月のスマトラ島沖地震・津波では海外の被災地に対しても多くの支援の手が差し伸べられた。東日本大震災では国内各地からのボランティア活動に加え、外国からも多くの支援が寄せられた。想定外の、いつ起こるともしれない災害に備えるためにも、そして起こってしまった災害を契機とする繋がりをより豊かなものにするためにも、二〇〇四年から一〇年を迎える今、救援・復興、防災・減災を含めた災害対応の全体を社会的な面に注目して捉え直すときが来ている。

災害は、特殊な出来事ではなく、日常生活の延長上の出来事である。私たちが暮らす社会はさまざまな潜在的な課題を抱えている。災害とは、物を壊し秩序を乱すことでそれらの課題を人々の目の前に露わにするものであり、社会の中で最も弱い部分に最も大きな被害をもたらす。災害で壊れたものを直し、失われたものの代用品を与えることで被災前に戻そうとすれば、社会が被災前に抱えていた課題も未解決の状態に戻すことになってしまう。災害への対応は、もとに戻すのではなく、被災を契機によりよい社会を作り出す創造的な復興でなければならない。災害時の緊急対応の現場はさまざまな専門家が集まる協働の場である。その機会をうまく捉えて創造的な復興に取り組むには、被災前からの課題を知り、それにどう働きかければよいかを理解する「地域研究」の視点が不可欠である。

復興には、街並みや産業、住居などの「大文字の復興」と、一人一人の暮らしや心理面を含む「小文字の復興」の二つがある。大文字の復興は目に見えやすく、達成度を数で数えやすいのに対し、小文字の復興は目に見えにくく、数えにくい。そして、大文字の復興と小文字の復興は必ず進み方にずれがあり、多くの場合、大文字の復興が先行して小文字の復興はその後を追う。小文字の復興は人によって長い時間がかかり、内容も個人差が大きいため、外から見てわからなくても内面で問題を抱え続けていることもある。災いを通じて人と人とが繋がるためには、目に見えにくく、数えにくい一人一人の復興の様子を読み解く力が求められる。

日本社会は今後、東日本大震災と原発事故からの復興に加え、他の災害や戦争を含む過去の出来事をどう捉えてそれにどう臨むのかを含めて、何重もの「復興」に取り組んでいくことになる。しかも、その「復興」は日本社会のなかだけで考えて済ませることはできない。本シリーズでは、世界にこれまでにどのような災いがあり、それに巻き込まれた人々がどのような経験をしてきたかを、被災直後・被災地だけではない時間と空間の広がりの中において捉えている。

災害対応は一部の専門家に任せるだけでは完結しない。協働の輪の欠けた部分を繋ぐのは、社会のそれぞれの立場でそれぞれの専門や関心を持つ私たち一人一人である。災害対応の現場で何が起こっているかを知り、それをどう捉えるかを考える手がかりを示すことで、協働がより豊かになることを期待して、ここに「災害対応の地域研究」シリーズを刊行する。

歴史としてのレジリエンス——戦争・独立・災害

目次

凡例
写真の撮影者名は、その章などの執筆者が撮影したものについては省略した。
また、参照したウェブサイトの閲覧日も、校正時にアクセスできたものについては概ね省略した。

はじめに――「歴史としてのレジリエンス」を考える

「地域研究は震災にどう対応するか」という問い

川喜田敦子

本書のタイトルである「歴史としてのレジリエンス」を考えるにいたったきっかけは、私にとっては、二〇一一年一一月に開催された地域研究コンソーシアムの年次集会シンポジウム「「情報災害」からの復興――地域の専門家は震災にどう対応するか」だった。

当時、東日本大震災とそれに続く福島原発事故という大きな衝撃を前に、われわれは誰もがその経験と向き合い、そこからいかに復興するかという問いと取り組まざるをえなかった。外国をフィールドとする地域研究者であれば、あの非常事態のなかで自分の研究はいったい何に役立つのか、自分の研究はどのような意味をもつのかを真剣に自らに問わざるをえなかった。

「地域の専門家は震災にどう対応するか」という副題が端的に示すように、このシンポジウムはまさにそれを問おうとしたものだった。すなわち、外国にフィールドをもつ地域研究者が、研究対象とする地域ではなく自らの属する社会に対して、しかしあくまでも自らの専門性に立脚して何が言えるか、ということである。[*1]

「地域研究」に携わる研究者の立場は多様である。研究を規定する問題意識がどこまで研究対象地域の関心に即しているか、もしくは逆にどこまで自らの属する社会での関心事に規定された問題意識をもつか。研究成

2011年11月に開催されたシンポジウム「「情報災害」からの復興――地域の専門家は震災にどう対応するか」の報告書

果を発信する際に、研究対象地域への還元をどこまで重視するか、もしくは逆にどこまで自らの属する社会に向けて発信しようとするか。研究対象地域と自身の属する社会に対する距離のとり方は様々であり、そのバランスも様々である。しかし、その双方に軸足を置いて研究を組み立てているという点は多くの地域研究者に共通するところであろう。その意味で、対象地域の事例を検討する作業を通じてわれわれ――自らの属する社会――の問題と、世界――研究対象地域――の問題をどう重ねるかは、明示的にであれ暗示的にであれ、地域研究者にとっては常に関心事であると言ってよい。

しかし、震災は、それまで自分なりにもっていたそのバランスを根底から覆すかのような経験だった。少なくとも私自身にとって、今まさに経験していることが自らの研究に生かされなければならないはずであり、そこから離れたところに研究を組み立てることは許されないのではないかとあれほど切実に感じたことはそれまでなかった。自分のそれまでの研究が、「今このとき」にほとんど役に立たないという無力感にあれほど苛まれたこともなかった。

「災厄」からの復興を考える

⑴ 震災からの復興と戦災からの復興――ドイツとの比較

私は第二次世界大戦後のドイツを研究の主たる対象としてきた。自分の研究が「今このとき」にどのような意味をもちうるのか説明せよと言われたときに私がまず思い浮かべたのは、第二次世界大戦後のドイツの戦災からの復興を振り返って、震災からの復興を目指す日本の社会に向けて何が言えるだろうかということだった。

この両者の共通点を挙げるとすれば、文字通り瓦礫のなかからの復興が必要となるほどの打撃が社会に与えられたことである。空爆により大都市が壊滅的な打撃を受け、大量の瓦礫で町じゅうが埋め尽くされるなか、

兵士の出征によって男性不在となった終戦直後のドイツで、瓦礫の山を片づける役割を担ったのは女性たちだった。写真はベルリンにある記念像。右手に槌をもち、疲れて座り込んだ姿がリアルにとらえられている（佐藤公紀氏撮影）

第二次世界大戦後のドイツの復興は、この瓦礫を除去することから始まった。[*2] 原因が何であれ、いったん瓦礫の状態にまでいたった社会においては、事後の復興は、単に元に戻すことではありえない。西ドイツの復興期には、「ボンはヴァイマルではない」という言葉が聞かれた。これは、新たに西ドイツの首都となったボン、すなわちこれから再建される社会は、ナチの台頭を許し、破局へと向かったヴァイマル共和国とは違うものにするのだ、という決意表明だった。実際には、西ドイツの一九五〇年代はヴァイマル期の制度と価値観への回帰が進んだ復古と停滞の時代にとどまった感も強い。しかし、少なくともこの言葉からは、「復興」が新しい発想に基づく新しい社会の構築になることを必然ととらえる意識が当時の西ドイツに存在したことが見て取れる。

東日本大震災後の復興も、単純に元に戻すことではありえないという点では同じであるはずだった。防災と危機管理のためのより有効なシステムを構築する必要があるのはもちろんのことながら、われわれの生活のスタイルと水準をどこにもっていくのか、そのためのエネルギーをどのように賄うのかといった点についても、単なる後戻りはもはや考えられない。新しい社会と暮らしを構想することが、直接的な被災の有無に関わらず、すべての者に求められていたはずだった。本書第5章の冒頭にも、「あのとき私たちの多くは、大震災の惨劇と原発事故の……経験をこれまでの生活や社会のあり方を考え直す原点にしようと考えた」、とある。災厄の経験を経た社会は変わらねばならない。当時、われわれが抱いたその意識は、全く異なるタイプの災厄であるナチ体制の経験を経た後のドイツ社会に存在した意識と共通するものだった。[*3]

*1 このシンポジウムでの議論は、上野稔弘・西芳実・山本博之編『「情報災害」からの復興――地域の専門家は震災にどう対応するか』（JCAS Collaboration Series No. 4、二〇一二年）にまとめられている。

*2 戦後初期のドイツの状況については、クリストフ・クレスマン『戦後ドイツ史 1945–1955 二重の建国』石田勇治・木戸衛一訳（未来社、一九九五年）を参照のこと。

ボンに首都を置いた時期のドイツ（西ドイツ）はボン共和国とも呼ばれる。ヴァイマル共和国に続くこの第二の共和国に言及した本のうち、写真（中央）は「Bonn ist nicht Weimar（ボンはヴァイマルではない）」という言葉の元となったフリッツ・ルネ・アルマンの著書（1956年）

無論、震災からの復興と戦災からの復興のあいだには大きな違いがある。ここで当然問われなければならないのは、社会を崩壊させるにいたる原因となった災厄の種類である。何らかの問題を考えようとするときに、われわれは過去の類例から学ぼうとする。東日本大震災という自然災害からの復興を考えるにあたり、またそれに続く福島原発事故という産業災害の経験といかに向き合っていくかを考えるにあたり、いったいどこまでのアナロジーが適切かつ有効なのだろうか。

(2) 災厄からの復興をめぐる幅広いアナロジーの可能性

災害復興と戦災復興を比較するのであれば、自然災害だけでなく、産業災害さらには戦争・内戦の戦災など、人間が自ら引き起こした災厄をも考察の対象にすることになる。本書に収録された諸論考が自然災害に始まり、考察対象をどのように拡大しているかというグラデーションを考えたとき、本シリーズの既刊の巻と最も近接した事例を扱うのは、バングラデシュのサイクロン被害を取り上げた第6章であろう。これが自然災害であるとすれば、旧ソ連のチェルノブイリ原発事故やハンガリーのアイカ赤泥流出事故を扱う第8章、第9章は人為的な事故（産業災害）を対象としている。これに対して、植民地支配や戦争といった外的な勢力や要因がもたらす、かなり拡大した意味での災厄を対象とするのが、ベトナムにおけるインドシナ戦争・ベトナム戦争を扱う第1章、帝国の「辺境ダイナミズム」のなかに台湾を位置づける第4章、パレスチナ難民を中心とするアラブの難民を扱う第5章、広島の原爆を扱う第7章である。同じく発展的な考察対象として位置づけられるもののなかで、むしろ国内の勢力や要因がもたらす災厄として取り上げられるのは、第2章のインドネシアの九・三〇事件と、第3章の中国の文化大革命である。このように本書では、自然が引き起こす災いと人間が引き起こす災いを「災厄」という概念によってくくり、その両者を視野に収めながら議論することになる。

本シリーズの問題意識の原点は、震災復興を念頭に置いた災害からの復興にある。しかし、意識的に対象を広くとり、こうした大胆なアナロジーを探り、本来は結びつかないと考えられる多様な災厄を結びつける必要

第二次世界大戦時の空爆の跡をとどめるベルリンのカイザー・ヴィルヘルム記念教会の尖塔。本書では自然だけでなく人間が引き起こす災害も含めて「災厄」について考える

が本書で生じるのは、そもそも本シリーズが焦点とするのが災厄そのものではなく災厄への対応であり、なかでも本書が中心的に考察しようとするのが、災厄による衝撃とそれが生みだす歪みや亀裂から社会がどのように回復するかという問いだからである。

災厄そのものについての研究はこれまでにも行われてきている。たとえば日本国内の自然災害については、とくに阪神・淡路大震災、東日本大震災を契機に、日本史を中心とした災害史の取り組みが始まった。今日では、災害を防ぎ被害を軽減するためには従来の自然科学のアプローチを人文社会科学のアプローチで補強する必要があることが認識されている。[*4] 他方、戦争や虐殺ということになると、これを対象とする研究は当然のことながら極めて多い。たとえばジェノサイド（大量殺害）に関する研究も近年大きく進展した。ジェノサイド研究の場合、事象そのものの分析——原因と経緯の解明——は、事態の再発をいかに防ぐか、予知の技術を高めて早期警戒システムをいかに構築するかという関心と密接に絡みながら進められている。[*5] ただし、予知・予防・再発防止の観点からすれば、自然災害と戦争・虐殺は事例としては遠く、その相互参照はほとんど意味をなさない。

事情が異なるとすれば、それは、災厄が起こってしまったときにそのダメージからいかに回復するかを論じる場合であろう。ジェノサイド後の社会再編はジェノサイド研究においても重要な論点のひとつだが、第9章で指摘される通り、自然災害のように予知や予防が困難だったり不可能だったりする災厄であれば、復興の道

---

*3　シンポジウムでの筆者の報告「戦災と復興をどうとらえるか――戦後ドイツの記憶と記録」は、『「情報災害」からの復興』、pp. 45–49に収録されている。ここではその一部を部分的に改訂して紹介した。

*4　国立歴史民俗博物館の共同研究「歴史資料と災害像」、東北大学災害科学国際研究所の活動などはその一例である。

*5　石田勇治・武内進一編『ジェノサイドと現代世界』（勉誠出版、二〇一一年）にジェノサイドを考える枠組と個別事例の検討を行った諸論文が収録されている。

近年のジェノサイド研究の研究成果。災厄の予知・予防・再発防止とならび、災厄からの回復の道筋をいかに準備するかが研究の重要な動機となる

筋について事前に検討しておくことがなおのこと必要になる。こうした復興体制づくりを念頭に、崩壊に瀕するほどの打撃を受けた社会がどのようにそこから回復するかというプロセスを見ていくと、崩壊社会が復興に向かう際には、——崩壊原因の違いに起因する様々な違いがそこに生じるのは当然としても——、崩壊の原因に関わりなく一定の共通する問題が立ち現われてくることに気づく。たとえば、被害者救済の必要性ととられるべき具体的措置、災厄が社会にもたらす亀裂や対立の深化もしくは逆に統合の強化、崩壊を体験した社会や個人の記憶の様相といった、事後の社会再編において生じる諸問題である。その意味で、復興を考える場合には、崩壊原因の異同を超え、「社会の崩壊と回復」という大きな枠組で諸事例をとらえ、相互参照を行っていくことに意味が生まれてくるのである。*6

(3) 復興を考える歴史的視座

事例の相互参照を行う場合、一般に、時代や地域が離れれば離れるほど、有効な前例を探すことは難しくなる。しかしそうであっても、離れた時代と地域のなかに有用なアナロジーを見出すことは不可能ではないと私は考える。たとえば、半世紀以上前のドイツの事例からは、根本的に新たな社会を形成する必要があるというコンセンサスが成立しうるほどに大きな衝撃を社会が経験するとき、その災厄の直接の被害は社会集団によって不均等なものになり、それが往々にして災厄を経験した社会に亀裂を招くことが分かる。戦後初期のドイツ社会は、直接に戦争被害を被った集団、間接的にしか影響を被らなかった集団、ほとんど影響の及ばなかった集団に分かれ、さらに被害者集団の内部でも受けた被害の種類と程度は様々だった。*7これが後に援助や補償の優先順位をめぐる不満を生み、援助する側とされる側のあいだの確執につながることにもなった。たとえばこうした問題は、震災復興について考える際にも当然考慮に入れるべき点であろう。

さらに言うならば、復興をテーマにする場合、時間的に距離のある事例は、ある一点において、時代的に近接する事例以上に有効な知見を提供する可能性をもつ。すなわち、復興のための施策とその影響は長期的な視

第二次世界大戦の敗戦で失った旧東部領からの引揚げは「追放」と呼ばれ、ドイツの最大の戦争被害として記憶されていく。しかし、納屋や倉庫に間借りする彼らは現実の生活の中では厄介者扱いされ、地元の住民との間で確執が生じることも少なくなかった。写真は2013年にベルリンで行われた青空展示より、収容施設での仮住まいの様子

座から考えることが不可欠であるため、数世代にわたる社会再編の帰結を分析できる事例はその点において大きな参照価値をもつのである。この観点からすると、われわれにとっては、アナロジーをむしろ積極的に歴史のなかに求めていく必要が生まれる。先の事例で言うならば、戦後ドイツが戦争被害の不均等を是正するためには複数の世代をまたぐ長い時間を要した。その全展開を長期的視座から明らかにし、ドイツの戦争被害者が戦後社会に統合される過程、そのために取られた諸措置の有効性と限界について検討することからは、震災からの復興とそのための有効な施策を考えるうえで意味ある示唆を得られるのではないかと私は考えている。こうした発想から、本シリーズのなかでも本書は、検討の対象とする事例を地域的のみならず時代的に大きく拡大した点が特徴となっている。

レジリエンスの可能性を求めて

⑴災厄後の社会のレジリエンスを考える ―― 本書の視角と構成

災厄からの回復を考えるにあたり、本書がキーワードとして掲げるのは「レジリエンス（打たれ強さ）」という概念である。すでに述べたように、大きな災厄を経験した社会にとって、そこから回復するということは、以前の状態の単なる復元ではありえない。新しい条件を受け入れ、そのなかで生を生き続けること、その強さとしなやかさがレジリエンスである。

*6 防災研究と人道支援が新たに結びつくなかで、地域研究における災害対応研究がいかに進展し、国際的に展開されてきているかについては、本シリーズ第一巻（山本博之著『復興の文化空間学』）の補論「災害・復興研究の系譜 ―― 地域研究の視点から」を参照されたい。

*7 ドイツの場合、空襲の被災者、孤児・寡婦、戦傷兵など戦争被害者は多岐にわたったが、被害者集団としてとくに大きかったのは、敗戦によって失った旧領土からの引揚者（被追放民）だった。

東欧から「追放」され、ドイツにたどり着いた人々を居住させるために、1950年代に建設された賃貸集合住宅（エスペルカンプ市）。流入してくる被追放民は西ドイツの戦後復興を支える労働力となり、彼らが社会に統合されることは戦後復興の象徴としての意味をもった

とはいえ本書のなかでも、対象とする災厄の種類、地域や時代の特性に応じて、レジリエンスをどのように定義し、どこにレジリエンスを見出すかは論者によって異なる。これだけ多様な地域の多様な時代の多様な災厄と多様なレジリエンスのあり方を論じるなかから、何が浮かび上がってくるのか。

本書では、災厄後の社会においてレジリエンスの可能性をどこに見ることができるかを明確に示すために、共通する視点をもつ論考をまとめ、全体を三部に分けている。具体的には、第一部「革命後を生きる――コミュニティから亀裂を修復する」では革命的な政治変動や社会変革を経た後の社会再編におけるコミュニティの力と機能、第二部「不条理を生きる――共通の敵を作らずに連帯する」では災厄のかたちを規定し、レジリエンスの可能性を制約する社会と世界の構造を生き抜くための連帯の可能性、第三部「科学技術と生きる――社会の災いとして認定する」では災厄からの回復の過程における個の体験の共同体による共有と継承という現象にとくに注目しながら、世界各地の災厄とレジリエンスについて考えることを試みる。各部において、大きな災厄を経た社会と人間が向き合う課題的状況を表すのがメインタイトルであり、レジリエンスに向かう手がかり――いうなれば回復への処方箋――としてその部で提起される視点を反映させたものがサブタイトルである。

(2) 弱者と周縁のレジリエンス――自由な視点から本書を読む

各論文の対象事例、対象地域、アプローチにみられる多様性と自由さをいたずらに捨象することは、無論、われわれ編者の本意ではない。本書は上記の三部構成をとってはいるが、読者の関心と着眼点に応じて、部のしばりを超えて各論考のあいだに様々な連関を自由に見出すことができるだろう。編者ら自身にとっても、本書の読み方はひとつではない。

したがって、個々の論考が本書の構成に沿うならばどのように位置づけられるのかについてはむしろ読了後に「おわりに」のなかでご確認いただくこととし、ここでは、本書に収録された論文を簡単に紹介しながら、

「追放」の様子を描いたエスペルカンプ市のトマス教会のステンドグラス。同市は「追放」された人々を集めて作られた町として知られる。しかし戦時中、ここには国防軍の弾薬廠があり、外国人が強制労働させられていた。この町では、戦争の被害と加害の記憶が複雑に折り重なっている

地域も時代も多様な諸論考の相互のつながりをあえて違う視点から筆者なりに描き出してみたい。ここで注目するのは、個人、とくに社会的弱者に目を向けてレジリエンスを考える態度である。

社会が災厄に見舞われるとき、個々の構成員の被害の程度には多寡が生じる。同一の災厄から受ける被害に、社会的経済的階層に応じた不均等が見られることは、第1章のベトナムの一九四五年飢饉についても、第6章のバングラデシュのサイクロン災害でも指摘されている。災厄が起こったときに社会のなかの弱者をいかに救うかという重大な問題を考えるうえで示唆的なのは、第9章で紹介されるアイカ赤泥流出事故でのハンガリー政府の対応であろう。「災害復興の原点は被災者一人一人の人生の再出発」であることを念頭に、とくに経済的格差を負っている地域について、被災者一人一人の意志を尊重し、個々人の再出発に注目した支援が行われたこの事例からは学ぶべき点が多い。

現実社会のなかで弱者になりがちな災厄の被害者は、では、災厄をめぐる共同体の記憶のなかではどのように位置づけられるのだろうか。大きな災厄であればあるほど、それが共同体全体の記憶として定着するときに生じる歪みも大きくなる。本書では、共同体の記憶が構築される際に、個人の体験がどのように変形され、そこにどのような沈黙と忘却が生まれるかについて、様々な事例が提出されている。

被害の過去と共同体の記憶を考える際に、筆者がすぐに思い浮かべるのはやはりドイツのユダヤ人マイノリティの例である。ドイツのユダヤ人は、共同体として被った過去の被害を前面に出すことで、ナチ体制崩壊後の社会のなかで特別の地位を維持してきた。ロマ、アルメニア人、黒人など、今日のヨーロッパでその戦略に倣おうとする社会集団は少なくない。先年亡くなったイギリスの現代史家トニー・ジャットが、今日の世界において近過去の解釈が「ばらばらの過去の多様な断片で構成」されており、「そのそれぞれがそれぞれ独自に被害者であることを明確かつ独断的に主張する」と述べたのはそうした現象を念頭に置いたものであろう。*8 こうした戦略においては、個々の構成員の被害体験の記憶が社会集団に共有され、それがその社会集団の社会内

ドイツの国会議事堂の裏手に作られたロマのための追悼碑。ロマはナチ時代の迫害の経験を長く社会に訴え続け、ついに追悼碑の建設を勝ち取った

での地位の安定に寄与している。

しかし本書からは、それだけが今日の世界の趨勢ではないことも分かる。国際社会、国内社会において発言権と地位を確保するために過去の被害を強調するという戦略をとらない例、とれない例もある。たとえば、第2章で扱われるインドネシアは極めて露骨な記憶の抑圧の事例であり、国内の政治的な条件に規定され、社会的弱者である九・三〇事件の被害者にとっては自らの体験を語る余地が長く制約されてきたことが分かる。

そうした純然たる抑圧とは違うが、第1章で論じられるように、ベトナム戦争を「苦悩の過去」として位置づけられるべき災厄とみなす米国とは対照的に、ベトナム戦争を「誇るべき過去」であり「現在と未来に向けての力」と位置づけるベトナムでは、勝利のイメージを基調とする共同体意識を創出するために、「抗米戦争」における被害は語らず、個々人がそこで受けた被害への注目も当然のことながらなされてこなかった。

現在の国家の礎を築いた「聖戦」としての側面を強調し、被害を語ってこなかったベトナムの記憶のかたちは、第7章で取り上げられる戦後日本の原爆の事例に見られる被害性に立脚した記憶構築とは対照的である。日本では、原爆の記憶が国民化され、ヒロシマ・ナガサキが平和のシンボルとして位置づけられるにあたり、国民レベルでは被害を強調する語りが主流となった。反面、このプロセスが、自国が侵略した国々の被害者の被害を忘却する語りを生んだだけでなく、個々の被爆者の被爆後の困難を忘却することとも表裏一体であったことが第7章では描き出される。被害の記憶が非体験者を含む共同体全体にあいまいに共有される一方、体験者個々人の実体験は捨象され、現実の苦境に対する共感も失われていったのである。

ナチズムをめぐるドイツ社会のマジョリティの側の記憶構築は、加害性に立脚しているという点においてこの両国のいずれとも異なる。ドイツでは、ユダヤ人迫害の過去をめぐる記憶が、今日もなお、内政・外交上の現実の政治的判断に極めて厳しい倫理的制約を課している。[*9] しかし、ドイツやヨーロッパにとって自らを倫理的に正当化するためには逸脱を許されないその態度が、パレスチナの視点に立って見れば、アラブ＝ユダヤ間

忘却される弱者の被害。ドイツの場合はナチ体制による安楽死作戦の被害者がそれにあたる。かつて安楽死作戦の本部が置かれたベルリン・ティアガルテン通り4番地に、被害者を追悼するための場が2014年にようやく設けられた

の構造的矛盾を固定化させる機能を果たしてきたことが第5章では鋭く批判される。発言力においてヨーロッパに及ばないパレスチナの声は、しかし国際社会にはなかなか届いていかない。

こうした諸事例が浮き彫りにするのは、国内社会であれ国際社会であれ、人間の共同体の記憶のなかで忘却され、抑圧される弱者の存在である。災厄後の社会における抑圧や構造的矛盾のなかで語る自由をもたない人々、語るすべをもたない人々がいる。その弱者に注目し、彼らを代弁し、彼らに代わって世界に発信していこうとする地域研究者は、レジリエンスが十分に発揮されない社会において、沈黙や抑圧を破る突破口を開き、レジリエンスを補強する役割を果たそうとしているように見える。地域研究の役割を考えるうえで、こうした弱者へのまなざしは極めて重要なものと言えよう。

他方で、弱者はただ弱いだけなのか。この点についても、本書には注目すべき指摘が見られる。すなわち、本書のいくつかの事例からは、弱者であるからこそもつ強さも浮かび上がってくるのである。たとえば、中国華北農村のコミュニティのネットワークを中心と周縁をもつ構造としてとらえたときに、周縁の強かさとしなやかさについて考えさせられるのは第3章である。ここでは、自然災害や政治権力によって危機に瀕した末端のコミュニティが再生し、末端から全体のシステムが作り直される様相が描き出されている。諸帝国の辺境ダイナミズムのなかで、覇権の移り変わる諸帝国とその周縁を生き抜く台湾住民の相互作用のなかから、台湾という土地に地域的主体性が立ち上がってきたことを論じる第4章もまた、相対的弱者のしなやかな智恵に注目したものと言えよう。

*8　トニー・ジャット『失われた二〇世紀　上』河野真太郎ほか訳（NTT出版、二〇一一年）、p. 9.

*9　ドイツにおけるナチの過去との取り組みは「過去の克服」と総称され、ナチ体制崩壊後のドイツのナショナル・アイデンティティの根幹を形成している。

第二次世界大戦終結40周年記念日に演説するヴァイツゼッカー大統領。加害の過去を直視するドイツの「過去の克服」は諸外国から高い評価を受ける（写真：picture alliance/ アフロ）

システムのなかの周縁のもつこうした可能性からさらに進み、システムの最末端に位置する人間個人の可能性に着目したのが、未曾有の災厄を経験した個人がその体験をどう処理するかを記憶の側面から論じた第8章である。既知の歴史的事象と比較したり関連づけたりしながら未知のできごとを自分なりに受け止めようとする人間の精神の柔軟な営みに焦点を当てたこの論考は、人間存在が内に秘める可能性を示唆しているように思われる。「「災厄（ナクバ）」が起きてはならないということ」、すなわち「ワタン」が確保された状態の回復を求めて希望を失わないパレスチナ人の姿もまた、彼らが自らの内にもつ強靭なレジリエンスをうかがわせる。その姿が「ワタンを回復するために闘うすべての人に力を与える」という第5章の結びは、一人一人は弱者である個としての人間存在そのもののなかに世界のレジリエンスを考える鍵があることを考えさせるものである。

「レジリエンスの地域研究」への展望

災厄によって失われた人の命も時間も故郷も戻ってはこない。ナチ・ドイツの強制収容所跡地に立つといつも思うこのことは、あらゆる災厄に通ずることであろう。そのような災厄が今日の世界のなかで今も生じている。「今がナクバ」であるパレスチナの現状は、レジリエンスを軽々しく口にすることを躊躇させる現実をわれわれにいやおうなく意識させる。本書は、容易くは解決しえない世界の構造的矛盾から目を逸らし、人と社会の回復はなされうるという安易な前提に立ってレジリエンスを取り上げようとしているわけではない。予定調和に陥ることなく、人と社会のレジリエンスをどう発見・強化し、直接・間接的なアナロジーのなかでわれわれと世界の現在と未来に役立てていくのか。それを本書は考えようとしている。

同時に、本書は、地域研究というディシプリンを問いなおす意味ももっている。これまで個別に検討されてきた各地域、各時代の災厄と、それによって崩壊に瀕した社会の回復の道程を、「歴史としてのレジリエンス」という視点を設定することによって結び合わせ、世界各地を対象とする多様な地域研究をひとつの関心の

ポーランドにあるアウシュヴィッツ＝ビルケナウ絶滅収容所跡地に今も残るバラック群。失われた命は戻らない

もとに糾合しようとすることが本書のもうひとつの意図だからである。地域研究の軸となる概念として「レジリエンス」は有効か。

また、本書の目次をご覧になってすでにお気づきの方もいるかもしれないが、本書は地域研究に長く携わり、編者らにとって師にあたる世代の研究者と、われわれ若手中堅の地域研究者のコラボレーションによって編まれた論文集である。師の世代が地域と向き合う情熱、迫真の問題意識、迫力ある発信を次世代の地域研究者としていかに継承し、われわれの世代なりの地域研究を切り拓いていくことができるのか。

本書は、このいずれの意味においても、研究の成果ではなく挑戦であり、集大成ではなくむしろ始まりを告げるものである。挑戦としての本書に収録された刺激的な諸論考が、本書を手に取る方々にとって新しいインスピレーションにつながるものとなることを願ってやまない。

ナチ被害者の運命を銘板に刻んだ「躓きの石」。市民の運動により5万個以上がヨーロッパ各地の路上に埋め込まれている。ヨーロッパ市民社会のレジリエンスのひとつのかたちを示すと言えよう

第一部

革命後を生きる
── コミュニティから亀裂を修復する

革命とは不幸なものである。しかし、革命が失敗することはより不幸である。

（ハインリヒ・ハイネ「ベルネ覚書」1840年より）

第1章

ベトナム北部農村の現代史

村から見た一九四五年飢饉・抗仏戦争・抗米戦争

土　地

古田　元夫

ベトナムの伝統的な民間版画絵のひとつの「ハンチョン絵」（ハンチョンはハノイ旧市街の町名）で、「耕農之図」（農作業図）という題のもの。図中の漢字のような文字は、伝統的なベトナム固有文字「字喃（チューノム）」で、「田に水を灌ぐ」などの農作業を表記している（*Tranh, Tượng Dân Gian Việt Nam*, Nhà xuất bản Mỹ thuật, Hà Nội, 1962, p. 53より）

現行のベトナム北部行政区画

ベトナムは、墓の目立つ国である。どこへいっても、その町や村の「烈士廟」（現政権の側で戦争の犠牲になった人びとを祀った廟）がある。この「烈士廟」には祀られない人々の墓所も各地にある。

こうした墓の多さに象徴されているように、二〇世紀のベトナム史が、苦難に満ちたものであったことは、よく知られている。ここでは、ベトナム北部の農村の村々に焦点をあわせ、村がこれらの災禍をどのようにして克服してきたのかを検討してみたい。

ここで、ベトナム北部の村々を襲った「災禍」として取り上げるのは、次の三つの出来事である。

まず第一は、第二次世界大戦中の一九四五年に、ベトナム北部を見舞った大飢饉である。ホー・チ・ミンが、同年九月二日に読み上げたベトナム民主共和国の独立宣言では、「二〇〇万」を超える人々が死亡したとされている。*1

第二は、このベトナム民主共和国の独立をめぐって、一九四五年から五四年までフランスを相手に戦われたインドシナ戦争、ベトナム史では抗仏戦争と呼ばれる戦争である。この戦争のベトナム側の被害は、推計しか存在しないが、戦闘要員、民間人を含めて死者が三〇万人というのが比較的信頼度が高い数値と言われている［Lacina et al. 2005］。

第三は、このインドシナ戦争に引き続いて戦われたベトナム戦争、ベトナム史でいう抗米戦争である。この戦争で犠牲となったベトナム人の数に関しては、ベトナム政府が一九九五年に、三〇〇万以上に達するという数値を発表した。うち北の人民軍と南の解放戦線の戦闘要員の死亡者が一〇〇万、南ベトナム政府軍の死亡者が二二万といわれている［藤本 2014: 22–23］。

ベトナムの人口は、一九四〇年代が二〇〇〇万人強、抗仏戦争終結時が二五〇〇万、抗米戦

*1 この時の飢饉の被害の規模に関しては、一九五〇年代の日本政府とベトナム共和国（南ベトナム）政府との間の戦争賠償交渉の過程で、日本政府が「二〇万人」程度という数値を出したのに対し、南ベトナムからは「一〇〇万」という数字が出され、これに対してベトナム民主共和国が、「二〇〇万」という自らの独立宣言に書いてある数値を引き下げようとするのは、「植民地主義・ファシスト」の罪過を軽視するものだと非難したという経緯がある。詳しくは、［阿曽村 2013］参照。

ベトナムの烈士の墓（1993年、ホーチミン市郊外で）

争終結時が六〇〇〇万人弱なので、これら三つの「災禍」がいかに大きかったかは容易に想像できる。[*2]

従来のベトナム研究では、こうした飢饉や戦争の被害がどうして生まれたのか、に関心が集中していたといってよく、こうした災禍を社会がどのように克服してきたのか、つまりは「歴史としてのレジリエンス」という視点からの研究は、あまりなされてこなかった。まず衆目が一致するところ「災禍」としかいいようのない一九四五年飢饉は、従来、多かれ少なかれ、戦争責任という問題と関連して研究がなされてきたため、どのような要因で、どのような規模の被害が発生したかに関心が集中し、飢饉の被害の克服の過程については十分な関心が払われてこなかった。[*3] また抗仏戦争、抗米戦争に関しては、このベトナム史での名称が示すように、これらの戦争は、大きな犠牲を伴ったとはいえ、今日の統一ベトナム＝ベトナム社会主義共和国樹立の礎となった「聖戦」であり、これを「災禍」と呼んでよいかどうか自体が問題だった。

この問題に関わるやりとりが、二〇〇〇年、ベトナム戦争終結後、米国の大統領としてははじめてベトナムを訪れたクリントンと、当時のベトナム共産党書記長レ・カー・フィェウの間で交わされている。クリントン大統領は、ハノイ国家大学での演説でベトナム戦争に触れ、ベトナム側の被害にも言及しつつ、「この共有された苦悩が、われわれ両国の関係を他のものとは異なるものとしている」、「われわれは過去を変えることはできないが、未来を変えることはできる」として、未来志向の建設的な米越関係構築を訴えた。ここでは、クリントンの側が、ベトナム戦争を「災禍」と見なしつつ、「苦悩の共有」を生かして今後の関係を構築することを呼びかけた。

これに対して、フィェウ共産党書記長は、クリントンとの会見の席で、「過去は変えられな

---

*2　ちなみに、日中戦争からアジア太平洋戦争にかけての日本の戦争犠牲者は、当時の人口の約四％程度だった。

*3　一九四五年飢饉は、四四年秋以降の天候不良を直接の引き金とし、フランス植民地政権が実施していた安い価格での食糧買付制度のため、農村や農家の備蓄が払底していたこと、ジュートなどの油性・繊維性作物への転作が奨励され、雑穀の生産が減少していたこと、米軍の爆撃により南から北への米の輸送が難しくなったこと、などの複合的要因で発生した。この飢饉の原因、経緯、およびそれについての研究動向について

2000年11月クリントン大統領訪越。右はチャン・ドク・ルオン国家主席（写真：ロイター／アフロ）

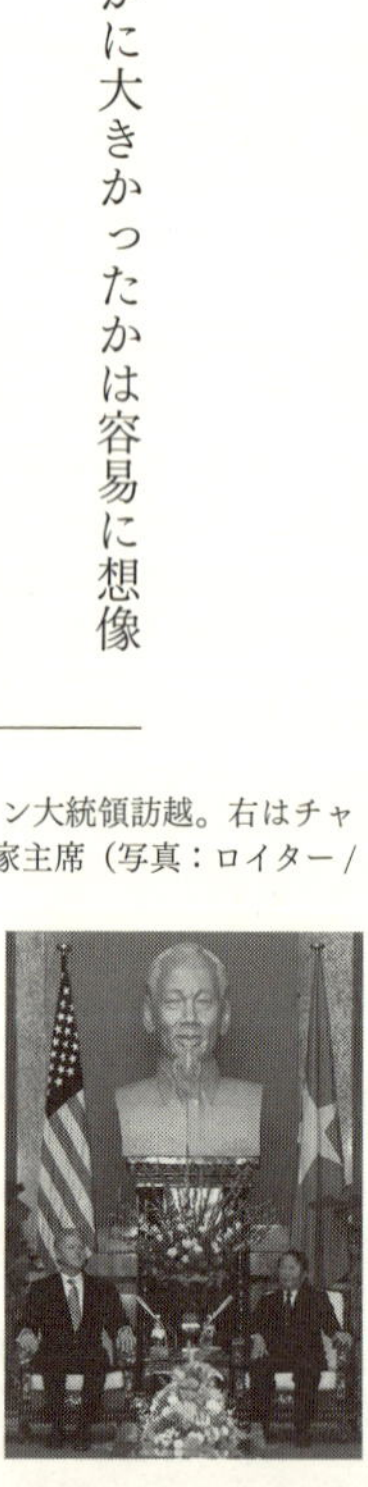

い」という点では、クリントンに賛意を表しつつ、「過去の本質」を正しく理解することが重要だとして、次のように発言した。

私たちの侵略に反対する抵抗戦争は、私たちに民族独立、祖国統一、社会主義への前進をもたらしました。したがって、私たちにとっては、過去は、暗い、悲しい不幸な歴史の一頁だけであるわけではありません。……私たちにとって、過去は根であり、土台であり、現在と未来に向けての力でもあるのです。皆さんがベトナム戦争と呼んでいる戦争を、私たちは抗米救国戦争と呼んでいます。一九五四年のジュネーヴ協定の後、私たちの国は、一七度線を暫定軍事境界線として、一時的に二つの地域に分割されました。協定では、二年後に総選挙が行われることになっていましたが、ゴ・ディン・ジエム体制はこれを実施せず、氏の政権機構を使ってベトナム人民を殺害しました。さらに、人の話では、西半球のある国が、ベトナムの一七度線を国境にしたいと望んだそうです。西半球のある国が私たちの一七度線を国境にするなんて、あまりに筋が通らない話です。平和的な統一の道がたたれたため、私たちは解放戦争で国土の統一を求めざるをえなくなりました。これが、この戦争の根源です。……このような過去から、われわれは教訓を引き出し、過去に対する正しい責任を持たなければならないのです［*Nhân Dân* 19-11-2000］［古田 2003: 53–54］。

このようにフィェウ書記長は、「忘れられない、誇るべき過去」としての抗米戦争という側面を指摘し、ベトナム戦争＝「災禍」論を批判したわけである。ベトナムでは、このような歴史意識から、中等教育の歴史教科書でも抗仏戦争、抗米戦争でベトナムが蒙った被害の規模には言及がなされていない。*4 ベトナムで、このような考えがなされることは理解できなくはないが、こうした「聖戦」論からは、「災禍」を社会がどう克服したのかという視点が生まれにく

は、［古田 1997b］［阿曽村 2013］を参照。

*4 たとえばベトナム現代史の最も体系的な記述がある、ベトナム教育省編の第一二学年（高校三年に相当）用の最新の歴史教科書を参照［Bộ Giáo dục và đào tạo 2014］。

抗米戦争中に北ベトナムで発行された切手
（北爆中に乗機を撃墜された米軍のパイロットを護送するベトナムの女性民兵）

いことも事実であろう。

本章では、こうした従来のベトナム現代史研究のあり方への反省もこめつつ、「災禍」としてこれら三つの出来事を見た上で、その被害を村落がどのように克服していったのかを検討してみたい。

ここで検討の主な対象とするのは、一九四五年以降の村の歴史の概要が出版されているベトナム北部の三つの村である。一つは、ハノイ北西八〇キロあまりのフート省ソンズオン村（Sơn Dương）で、一九九九年時点での人口は四五九五人である。この村に関しては、在米ベトナム人研究者のルオン（Hy V. Luong）による研究書が一九九二年にでている［Luong 1992］。

第二は、ハノイ東方三〇キロあまりのハイズオン省ドクチン村（Đức Chính）で、一九九九年で人口六〇五二人の村である。この村に関しては、公式の村の共産党史が一九九一年に刊行されている［Ban chấp hành Đảng bộ Đức Chính 1991, 以下 Đức Chính 1991］。

第三は、ハノイの南東五〇キロあまりのフンイエン省ティエンティエン村（Tiên Tiến）で、一九九九年の人口は三五〇九人である。この村についても、公式の村の共産党史が二〇〇九年に刊行されている［Đảng bộ xã Tiên Tiến 2009, 以下 Tiên Tiến 2009］。

1　一九四五年飢饉と救済活動

一九四五年飢饉は、ベトナム人の間では、たいへんな惨禍として記憶されているものの、大戦末期のベトナム政治の大きな変動期に発生したために、その被害を一貫して記録した政治権

紅河デルタ農村の上空写真。集村が点在しているのが見える（2015年）

力が存在せず、その後、ベトナムでは長い間戦乱が続いたこともあって、被害の実態に関する客観的資料が乏しい出来事だった。この飢饉による被害の実態を、村や部落といった「点」でできるだけ正確に復元しようという調査が、日本のベトナム研究者の提案で、筆者を含む日越両国の歴史学者が参加して、一九九二年から九五年にかけて実施された。具体的には、飢饉が発生した地域で、各省ごとに、四五年当時の総人口、世帯構成、世帯ごとの餓死者の数が、古老へのインタビュー調査などで確認可能な村（ないし部落）を一つ選び、調査を行うというやり方で、二三ヶ村（部落を含む）の調査をして、九五年にベトナムの歴史研究所からベトナム語による報告書を刊行した［Văn Tạo, Furuta 1995］。二三ヶ村のうち、四五年当時の総人口がほぼ正確に復元できた村は二二あったが、そこでの死者の比率は、八・三七％から五八・七七％で、被害規模に地域的多様性があるものの、きわめて広い範囲で、深刻な被害がでていることが確認されている。*5 この調査が、四五年飢饉に関する歴史社

ベトナム北部23ヶ村での1945年飢饉の被害状況調査

村落名（45年当時の省名）	村落総人口（人）	餓死者（人）	死亡率（%）
①カーリー（バクザン）	1,300	162	12.46
②ズオンフック（バクニン）	1,473	372	25.25
③ニュオンバン（カオバン）	430	36	8.37
④ラケバック（ハドン）	652	177	27.15
⑤ビンチュン（ハナム）	1,398	638	45.64
⑥コビ（バクニン）	2,401	234	9.75
⑦ゾニャンハー（フクイエン）	580	147	25.34
⑧タィックモン（ハティン）	1,943	215	11.07
⑨ニュティン（ハイズオン）	2,403	351	14.61
⑩チライ（ハイフォン）	329	80	24.32
⑪クアンムック（キエンアン）	2,052	1,206	58.77
⑫イエンクアン（ホアビン）	1,104	207	18.75
⑬フゥオントン（フンイエン）	792	180	22.73
⑭ドンコイ（ナムディン）	1,395	781	55.99
⑮タイイエン（ニンビン）	494	189	38.26
⑯ランチュン（ゲアン）	869	293	33.72
⑰フォンノン（フート）	523	70	13.38
⑱トーグア（クアンビン）	1,391	600	43.13
⑲カムフォ（クアンチ）	1,237	164	13.26
⑳ブイサー（クアンイエン）	524	382	73.9
㉑ルオンフー（タイビン）	1,379	594	43.07
㉒ドンクアン（タイグエン）	339	66	19.47
㉓トゥフー（タインホア）	1,141	217	19.02

＊5　二三ヶ村の調査結果の一覧表は左記のとおり［油井・古田 2010: 184］。なお、⑳のブイサー村に関しては、当時の総人口が復元できず、七三・九％というのは、餓死者がでた世帯の人口中の比率であり、他の村の数値と意味が異なる。

会学的な調査として、「点」における飢饉の実態を解明したことは意義があると思われるが、この「点」が、飢饉の全体的な被害（「面」）に対して、どのような典型性をもっているかは、引き続き論争的な課題である［阿曽村 2013: 326–327］［古田 2015: 27–28］。

さて、ここでとりあげる三村のうち、ソンズオン村は、飢饉の際の被害はあまり大きくなく、一〇あまりの家族が故郷を離れ、その中で三～四名の死者がでたと伝えられているという程度の被害である［Luong 1992: 137］。

これに対して、ドクチン村では被害が大きく、餓死者が一三五人、その後の疫病の流行での死者が八七人に達したとされている。この両者を広義の飢饉の被害者とした場合、合計二二二人の死者という数字は、当時の村の人口二三八五名に対して九・三％という比率になる［Đức Chính 1991: 14］。

またティエンティエン村では三〇〇人あまりの死者がでたとされている。この村の飢饉当時の人口は推計で約一九六〇人なので、死者の比率は一五・三％に達する［Tiền Tiến 2009: 19］。これは、一九九〇年代前半の調査の際にデータをとった、同じフンイエン省にあるフゥオントン村（Phương Thông）の餓死者の比率二一・七三％よりは低いものの、きわめて深刻な被害だったといえるだろう。

この三つの村に関しては、残念ながら、どのような階層に飢饉の被害が集中しているのかは不明である。そこで九〇年代の二三ヶ村調査でこうした資料が得られているケースとして、先にもあげたフンイエン省にあるフゥオントン村の例をみておきたい。

表1–1で一見して明らかなことは、土地専有状況と飢饉の被害（世帯別の死者の比率）には明確な相関関係があり、専有している土地が多い農家ほど飢饉の被害は少ないということであ

1945年飢饉の惨状（ベトナムの写真家 Võ An Ninh 氏撮影、『写真記録東南アジア　歴史・戦争・日本5　ベトナム・ラオス・カンボジア』ほるぷ出版、1997年、p.106より）

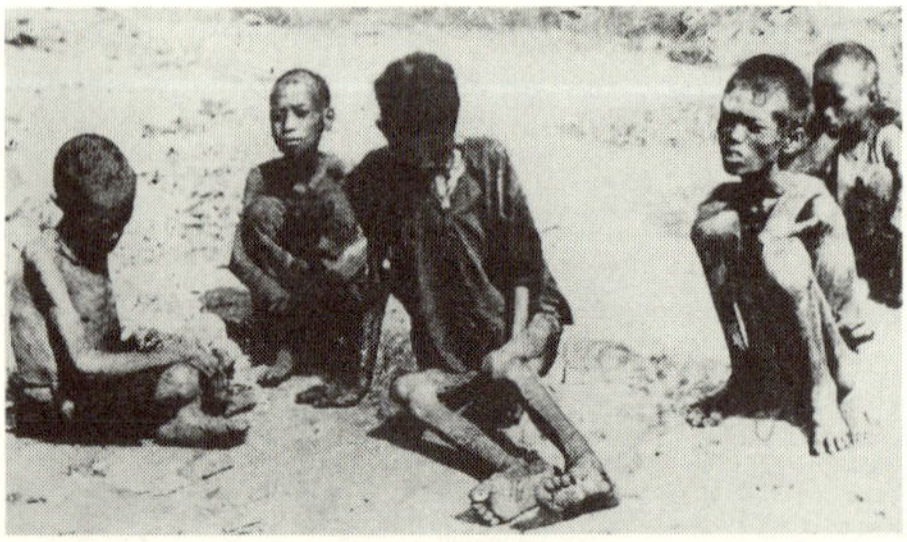

る。安全度という点では、三サオ以下と、四サオ以上で明確な相違がある。フゥオントン村は、村が管理し村落共同体の成年男子成員に定期的に割り換えていた公田が卓越した村で、部落によって一～二サオの公田が分配されていた。三サオ以下の専有面積しかもたない農家は、こうした公田のみしかもたない農家と考えてよい。人口に比して公田面積が少ないフゥオントン村では、公田のみでは農家の生活を支えるには不十分で、普段でも、公田の支給を受けても、その田の使用権を他人に譲渡して、小作や雇用労働者として生計を立てる農家が多かったといわれており、飢饉に際しても、公田しかもたない農家では、世帯の三分の一以上が死亡する世帯が多かった。表1-1にはでてこないが、私有田（私田）を所有している農家が三二戸存在しており、そのうち二八戸が飢饉の被害を出しておらず、残り四戸も死者は家族の三分の一未満だったことが知られている。この私田所有者は、表1-1の四サオ以上の土地専有世帯四八戸の三分の二を占めていたわけで、フゥオントン村では私田を所有していることが、飢饉の際のより安全な装置だったといえるだろう。

　飢饉の被害に影響を及ぼしたのは土地所有だけではない。フゥオントン村一五三世帯のうち専業農家は七九戸

表1-1　フゥオントン村の世帯別土地専有と飢饉の被害

	土地なし	1～3サオ	4～9サオ	1マウ以上	不明
死者なし	4	37	23	11	0
1人～3分の1未満	2	11	8	2	1
3分の1～3分の2未満	6	16	2	1	2
3分の2以上	12	13	1	0	1
世帯数合計	24	77	34	14	4

［古田 1997a: 10］
（1マウは3,600平方メートル、1サオは360平方メートル）

1945年飢饉の被害に関する調査報告書［Văn Tạo, Furuta 1995］の2005年再版時の表紙。ハノイ市内の餓死者埋葬地に1951年に建てられた記念碑の写真が使われている

表1-2　農業以外の職業と飢饉の被害

	漁業	商売	大工	手工業	小作	臨時雇用	人力車
死者なし	7	6	6	4	5	1	2
1人～3分の1未満	2	4	3	1	1	1	1
3分の1～3分の2未満	4	3	2	1	0	7	3
3分の2以上	1	1	2	0	0	5	7
世帯数合計	14	14	13	6	6	14	13

［古田1997a: 13］

で、残りは兼業農家か非農業世帯だった。兼業農家や非農業世帯の農業以外の職業も、飢饉の被害に影響している（表1-2）。

漁業は付近の河川や沼での魚介類の採集業を、商売は市場などで恒常的になんらかの製品の販売に従事している場合をさし、たまに魚介類を採ることもあるとか、収穫のあった時には近くの市場で作物を売りさばくといったケースは含んでいない。なお占い師、葬儀屋も商売に含めている。大工は、木工や左官などを、手工業は日よけ傘などの生産者を、小作は他人の土地での恒常的な農業労働従事者を、臨時雇用は小作以外の臨時性が高い被雇用者を（退役兵士世帯一を含む）、人力車は当時の交通手段の一つだった人力車の車夫をしていた人々をさす。

表1-2では、漁業、商売、大工、手工業、小作までの職業と、臨時雇用、人力車という二つの職業従事者で、飢饉による被害の様相が大きく異なっていることがわかる。前者は、比較的安定した収入源となる職業や副業で、この五つの職業に携わっていた五三世帯のうち半数を超える二八世帯には、飢饉の被害がでていない。専有している耕地が少ないか全くない世帯にとっては、こうした安定した収入源となるような仕事を持てたかどうかが、飢饉を乗り切れるかどうかを大きく左右したわけである。これに対して、あまり収入が安定していなかった臨

タイビン省ルオンフー部落の飢饉被害の証言者グエン・チョン・ドット（Nguyễn Trọng Đợt）氏。調査の行われた1992年当時78歳だった（1992年）

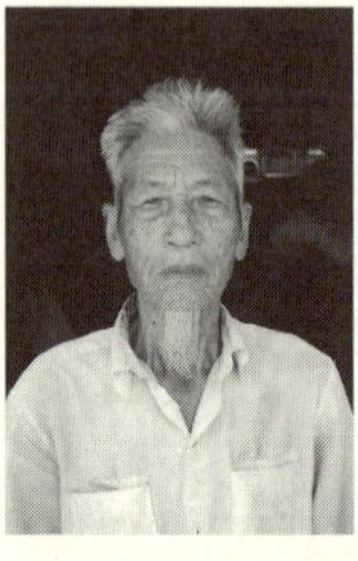

時的な雇用と人力車の従事者には、飢饉の被害が集中している。この二つの職業についている世帯は、もともと貧しい世帯が多く、二七世帯のうち一二世帯は土地無し、九世帯が三サオ以下の公田しかもたなかった世帯だった。つまりは、これらはいわば半失業状態にあった世帯で、臨時的な雇用労働に携わる以外の道がなかった世帯だった。

以上のようなフゥオントン村のケースからは、飢饉の被害は、（1）比較的大きな耕地を専有していた農家、（2）農業以外に安定した収入源となる副業、ないし職業をもっていた世帯、（3）農業以外には臨時的な収入源しかなかった、土地無し、ないし専有耕地が少なかった世帯という順番で、後ろに行くほど増大していたことになる。この概観図は、どのような社会層に飢饉の被害がでているのかを判断しうるデータが得られている他のベトナム北部農村の事例にも、概ねあてはまるように思われる。*6

二三ヶ村の調査でも、飢饉の被害の地域的多様性が浮かび上がっており、隣り合った村や、同じ村の部落ごとで被害の様相が大きく異なる事例も多く紹介されているので、過度の一般化はできないが、ソンズオン村で、数少ない飢饉の死者が、村を離れて他の地域に流亡した世帯から生まれていること［Luong 1992: 137］にも示されているように、（3）のタイプの経済的弱者が、村では食べられる見通しがなくなり、村内で死亡するか、当時、食料があったとされている都市に向かって流亡する過程で犠牲者が多くでたというのが、最も平均的な四五年飢饉の様相だった。

飢饉の被害が村の人口の半数前後に達するといったように甚大な場合、村全体が流亡化して、村としての機能が失われてしまったようなケースもあったと思われるが、ここでとりあげる三つの村では、村内の弱者に犠牲がでる中で、生き残った人々の間では、パトロン－クライ

*6　二三の調査村の一つのタイビン省のルオンフー部落（Lương Phú）に関して、古田が同様の分析を行っている［古田 1994］。この論文は［阿曽村 2013］に再録されている。

フゥオントン村のサトウキビ畑、45年当時はここにジュート工場があった（1994年）

アント関係を発揮しての富者による貧者の救済を軸に、村落共同体の相互扶助機能が発揮されたようである。まずドクチン村の歴史は、次のような出来事を伝えている。

一九四五年三月、飢饉が重大な事態を生み出す中で、ロイサー（Lôi Xá）部落の人民は力をあわせ、農園主のグエン・クアン・ドン（Nguyễn Quang Đôn）に、食糧を供出するように要求をつきつけた。人民の理にかなった闘争の力で、それぞれの農家が十数キロの籾を受けとった。闘争は勝利し、農園内の貧しい人々の多くが生き延びることができた［Đức Chính 1991: 16］。

ティエンティエン村の歴史も、似たような出来事を紹介している。

ホアン・ヴァン・キン（Hoàng Văn Kính）同志の指導のもとで、ホアンカク（Hoàng Các）、ホアンサー（Hoàng Xá）二部落の青年救国会は、ベトミン*7の名で、地主のギ・タオ（Nghi Tao, Nhật Lệ部落）のところへ行き、籾を貸すように要求して交渉を行い、借りた籾をかついで帰り、村内の人びとの飢饉を救済した［Tiền Tiến 2009: 24］。

ソンズオン村でも、飢饉は富者からの米の借り入れで緩和されたとしている［Luong 1992: 137］。ドクチン村とティエンティエン村の叙述は共産党史であり、「闘争」風に描かれているが、いずれも「悪徳地主」が備蓄していた食糧を奪取したというよりは、農園主や地主にパトロン－クライアント関係を発揮するように求めたという面が強い出来事であったことは、上記の叙述からもうかがえる。また先に紹介したフォオントン村の事例でも、小作は飢饉の被害が少なく、パトロン－クライアント関係が飢饉の被害防止に一定の役割を果たしていたことがうかがえる。

*7　ベトナム独立同盟の略称。ホー・チ・ミンにより一九四一年に結成された、ベトナムの独立をめざした民族統一戦線組織。

水牛。つい最近まで農作業の主役だった（1995年、ナムディンで）

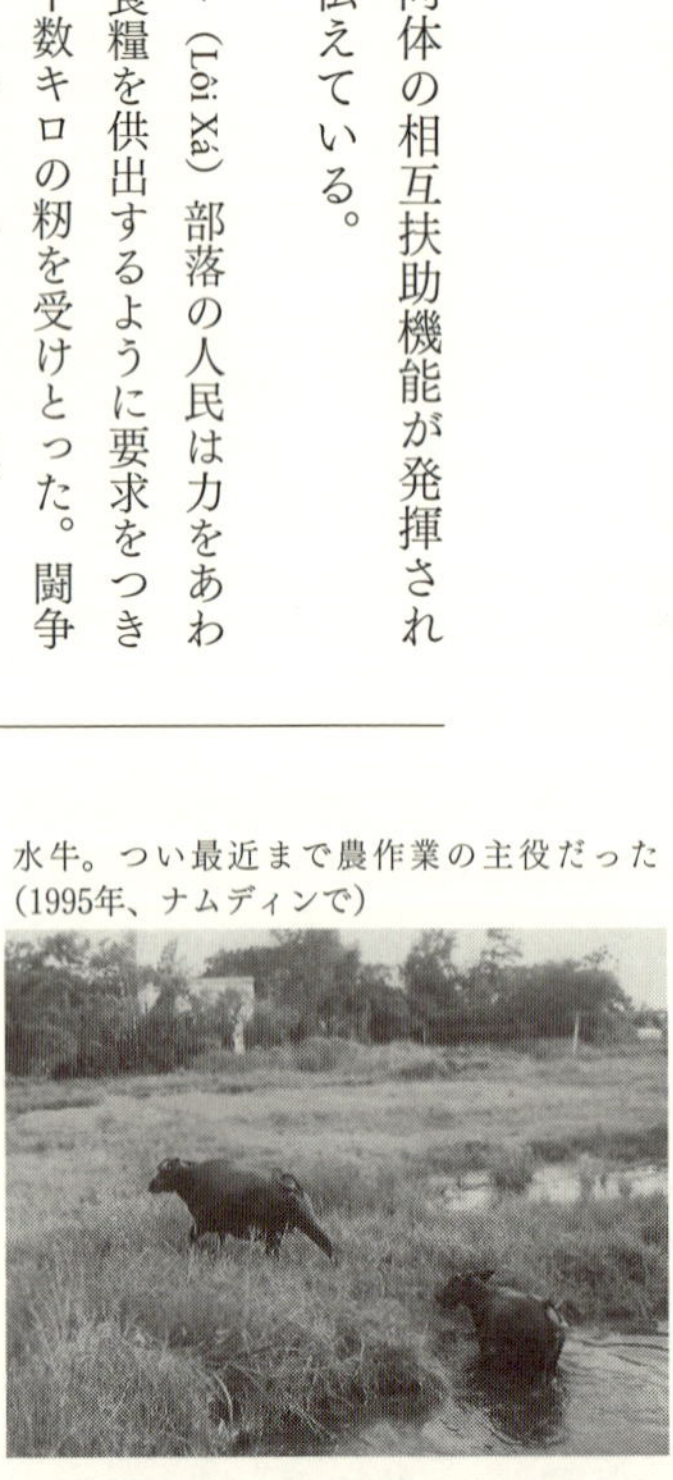

ベトミンは、四五年三月の仏印処理で、日本がフランス植民地政権を倒して、実質的に単独支配者になった状況下で、「日本の籾を奪って飢饉を救え」という運動を、飢饉に苦しむ地域で組織して、北部農村地帯で急速に影響力を拡大していったが、こうしたベトミン運動の攻撃の対象となった籾貯蔵庫は、主には県レベル以上の行政機関が管理していた貯蔵庫で、村の内部では、米をめぐって階級関係が緊張するという事態よりは、階級対立を緩和してパトロン－クライアント関係の発揮を促すことを、ベトミンも志向していた。

八月革命でベトナム民主共和国が成立した後、ホー・チ・ミンが国家主席として呼びかけたのも、相互扶助の論理だった。一九四五年九月二八日、ホー・チ・ミンは次のような呼びかけを行っている。

> お碗をとって米を食べる時、飢えて苦しんでいる人のことを考えると、心が痛みます。そこで、私は、全国の同胞に、ある提案をさせていただき、まず私自身がそれを実践したいと思います。それは、十日に一度、一か月に三回、食事をがまんして、その米（一回缶に一杯ずつ）を貧しい人々の救済にまわそうという提案です［Hồ Chí Minh 2002: 31］。

ドクチン村の歴史では、この呼びかけに応えた村の動きが紹介されている。

> 困難な中で人々の相互扶助が働きかけられた。各団体は、救済活動を展開し、豊かな家庭が利息なしで食糧を貸したり、いくつかの家族は、自家消費分を節約して、兄弟や親せきに貸すようなことが奨励された。ホーおじさんにみならって、多くの人が、食事をがまんして飢饉救済の備蓄にまわした。部落ごとに飢饉救済班が設置された。「飢饉救済の瓶」（住民から供出された

ホー・チ・ミンの呼びかけに応えての飢饉救済キャンペーン（1946年、ハノイ市民劇場前、［Nhiều tác giả 2007: 72］より）

義援米を入れる瓶—引用者）が組織され、良い結果をもたらし、いくつかの貧しくて飢えた家庭を救済した［Đức Chính 1991: 28］。

こうした飢饉をめぐる状況は、農村で樹立されたベトミン政権の性格にも影響していた。八月革命では、植民地政権（およびフエ王朝）から役人が派遣されていた県（日本では郡に相当する行政単位）のレベルでは、ベトミンが組織した人々が県の役所に押しかけ、役所を占拠するといった権力奪取が行われたが、村レベルの政権の移行は、この県レベルで樹立されたベトミン政権の指導のもとに、概ね平穏に行われたところが多かった。

ソンズオン村に関しては、初期のベトミン政権の階層的な背景がわかっている。初代の村長（人民革命委員会主席）が漢字*8を知っている学校の教師だったのをはじめ、数代、教員出身の村長が続いたということで、ルオンは次のように指摘している。

> 村の救国会も、社会的な地位が高い層出身の、よく教育を受けた進歩的な村人によって指導されていた。言葉を換えれば、動員された地方の人びとの間で、ベトミンは、土着の社会文化的構造の中での教育の尊重という点に、大きく依拠していた。しかし、救国会を通じての基盤を拡大するために、彼らは、農民と女性の包摂もはかっていた［Luong 1992: 143］。

ソンズオン村では、一九五〇年代の初頭までは、村の共産党組織の中でも農村の上層階層出身者の比率が高く、五〇年一〇月に一四三名いた党員のうち、地主、富農、上層中農の出身者が、四六%を占めていた（もっとも、これは五四%は下層の出身者であったことを意味している。共産党のベトナムの政治団体としての画期性は、この下層出身者を大きく組織したほうにあったことは、おさえておかねばならない）［Luong 1992: 158］。こうした構造は、北部農村地帯にほぼ共通していたと思わ

*8　当時のベトナムでは、公的な文書は、フランス語ないしローマ字化されたベトナム語で作成されるようになっていたが、フランス人官吏がいない村レベルでは漢字文化が温存されていた。

飢饉救済運動　「飢えた時の一握りの米は満腹の時のひと包みにあたる」というスローガンが書かれている（1946年、［Nhiều tác giả 2007: 72］より）

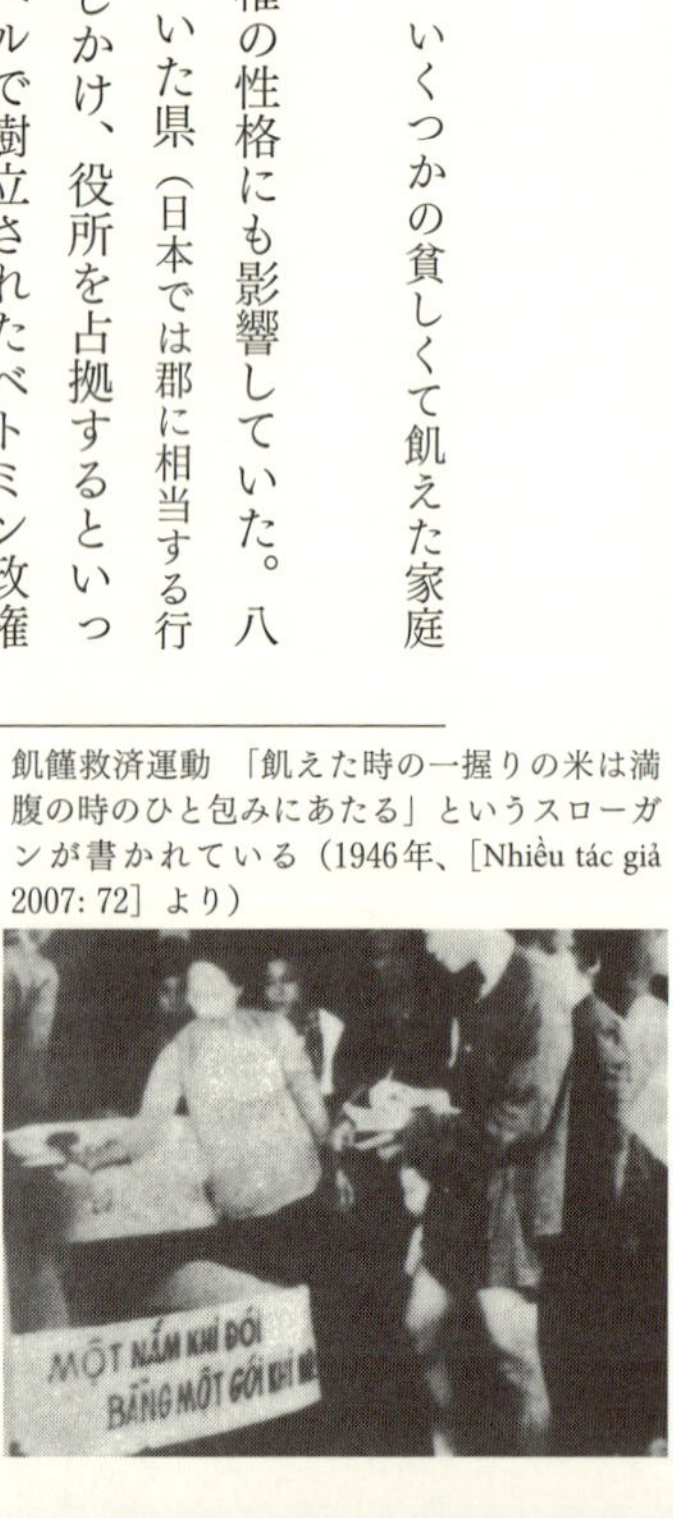

れ、初期の村レベルのベトミン政権は、階層的には植民地時代と連続した、農村の上層階層出身者が多かったが、ハノイなど都市の学校で勉強をし、大戦中に帰村したような、一定の学歴保持者の役割が増大し、また青年の比重も高まる傾向にあった。

　こうした新しいリーダーシップは、従来の村のあり方にある程度の変革をもたらした。ソンズオン村では、若い知識青年のリーダーシップのもとに、三つの村の守り神の祭祀の共同化にはじまって三村の統合がはかられたり、有力者によりよい食べ物が行く従来の村の宴会のあり方に改革が加えられたり、貧しい農民に公田を割り振るような試みがなされ、こうした動きについていけない漢文教師出身の初代村長が辞任をするような出来事があった［Luong 1992: 145–146］。

　一九四五年飢饉という「災禍」は、北部農村の多くの村で、村人の間の階層を越えた相互扶助の機能を呼び覚まし、こうした村のあり方を促進するにはふさわしい村の政権を生み出した。その結果として、四五年中には、深刻な飢饉は一応鎮静化したのである。

2　抗仏戦争と土地改革

　戦争の強度という点からいえば、抗仏戦争＝インドシナ戦争よりは、後のベトナム戦争＝抗米戦争のほうがはるかに強かったが、抗仏戦争[*9]では北部は仏軍とベトミン軍の主戦場だったため、その農村に強いられた犠牲は少なくなかった。

　抗仏戦争勃発直後の一九四七年一月から仏軍が村に侵入し、以降五三年までたびたび戦場に

抗仏戦争、ハノイ市攻防戦（1946年12月、『写真記録東南アジア　歴史・戦争・日本5　ベトナム・ラオス・カンボジア』ほるぷ出版、1997年、p.130より）

＊9　一九四五年九月二日にホー・チ・ミンが宣言したベトナムの独立を、かつての宗主国フランスは認める用意はなかった。南部では、日本軍の武装解除に来た英印軍の支援のもとにフランスの復帰が四五年九月にはじまったが、中国軍（蒋介石軍）が進駐した北部では、四六年三月になってフランスの復帰が開始された。ベトナム民主共和国とフランスの間で外交交渉が行われたが、それが実を結ばないまま、四六年一二月には両者の間の戦闘が本格化し、ホー・チ・ミンは全国抗戦の発動をよびかけた。以降、五四年のジュネーヴ協定で停戦が成立するまで、戦争が続いた。

なったドクチン村の場合、ベトミン軍に入隊した村の青年は一三五名、うち戦死をした烈士は三一名、村のゲリラに入隊した青年も二〇〇名あまりおり、こちらでも二六名が戦死している [Đức Chính 1991: 82]。抗仏戦争終結時のこの村の人口は推計で二九〇〇人あまりなので、それとの対比という点では、ベトミンの軍事組織参加者は三三五名で、人口比約一一・六%、烈士は合計五七名で、人口比約二%弱となる。インドシナ戦争では、この村からはフランス側の軍隊に徴用された青年が一六三名いたので [Đức Chính 1991: 87]、これを加えた、双方の軍事組織参加者の合計は四九八名、人口比約一七%となる。これは、後の抗米戦争の村からの出征者が八四三名で、戦争終結時の人口四五六〇人の一八・五%、烈士一七二名、人口比三・八%には及ばないものの、農村の戦争動員としてはきわめて強度が高いものだったことを示す数値である。[*10]

　ティエンティエン村も、一九四九年から五三年にかけて仏軍の掃討作戦の対象となり、特に戦争末期の五三年九月の掃討作戦では、村の家屋の大半が焼き払われ、九〇%が仮住まいを余儀なくされた村だった。この村のベトミン側の軍事組織参加者は三一八名で、抗仏戦争終結時の推計人口二三〇〇人に対しては一三・八%、烈士は四一名で、人口比一・八%となる [Tiến Tiến 2009: 115, 118, 303–303]。

　ソンズオン村は、これら二村に比べると、ベトミン側の支配が強固だったが、四九年以降、断続的に仏軍の侵入があり、五一年には爆撃で、三〇名以上の民間人に犠牲がでるようなこともあった。この村からのベトミン軍事組織参加者は一八〇名で、抗仏戦争終結時の推計人口一五七〇人に対して約一一・五%となり、上記二村と大きくは変わらない数値になっている。また、ベトミンの根拠地に隣接したこの村からは、ベトミンの軍事物資の輸送の人夫として多くの人びとが動員されており、ディエンビエンフー戦のあった五四年には、その規模は二七〇

---

*10　ちなみに、第二次世界大戦期の日本では、四五年終戦時の残存兵力が陸海軍あわせて約七八九万、日中戦争勃発（三七年）以降の戦死者が約二一二万で、合計一〇〇一万、これを四五年の人口約七二〇〇万人との対比をとると、一三・九%となる（厚生省援護局の昭和三九年三月の統計による概算）。ただし日本の戦争動員は、他の先進工業国に比べると低く、一九四四年の内地総人口に対する総兵力の占める割合六・三%は、一八～二〇%に達する独・英・ソや、八%の米より低かった [吉田・森 2007: 214–215]。

*11　ベトナムはカトリック教

メコンデルタの農村風景（2012年）

名、対人口比約一七%にも達している［Luong 1992: 161–162］。

村が戦場になり、フランス側の支配下におかれるような時期もあったということは、ベトミン側の村の幹部が、生命の危険にさらされるような局面も生まれたことを意味していた。ドクチン村では、村の抗戦委員会の副主席（副村長）のダオ・ヴァン・チョン（Đào Văn Trọng）が一九四七年二月に、主席のグエン・カク・ジエム（Nguyễn Khắc Diêm）が四八年に殺害されている［Đức Chính 1991: 41, 55］。ティエンティエン村でも、五一年から五二年にかけて、チャン・クアン・ニェップ（Trần Quang Nghiệp）、ブイ・ヴァン・ニュ（Bùi Văn Nhu）という二人の村長経験者が相次いで殺害されている［Tiên Tiến 2009: 84, 86］。

こうした状況は、村落社会の内部に、ベトミンの側につく者とフランス側につく者という対立も生み出していった。フランス側は、テ（Tề）と呼ばれる郷村組織に人びとを組織し、ベトミンとの対抗をはかった。こうしたテの活動家や地方レベルの親仏政権の幹部、ベトミン組織内のフランス側への内通者などを、ベトミンが殺害するような出来事も拡大していった。ルオンは、ソンズオン村があったフート省で、一九四九年一二月から五〇年三月にかけて、省のベトミンが、六七名の親仏官吏を殺害し、五〇村で二五五名を逮捕したと伝えている［Luong 1992: 151］。ティエンティエン村でも、一九五〇年八月に近隣のグエンホア村（Nguyên Hòa）で千名のベトミン幹部やゲリラが殺害されるという事件が起きた後の五一年三月には、村の党支部の指導のもとに、ホアンサー部落の「幹部虐殺の多くの罪悪を犯した、カトリックの仮面をかぶった反動分子」二名を処刑するという事件が起きている［Tiên Tiến 2009: 71, 79］。ここで「カトリック」という要素がでてくるが、宗教上の相違も、村落社会の亀裂の一因になっていった。[*11]

このような村落社会の対立激化は、「どのような階層の出身者でも入れた」［Luong 1992: 157］

徒が多い国で、現在でも信徒は人口の七%強に達する。もともとは北部の方が信徒は多く、抗仏戦争の時代の北部の人口の一〇%を占めていたと言われる。フランスは、反ベトミン勢力の一翼としてカトリックの結集に努め、信徒とベトミンの対立が深まることになった。そのため五四年のジュネーヴ協定締結後は、七〇万の信徒が、ベトミンからの報復をおそれて北ベトナムから南ベトナムに逃れた。

ナムディンの農村風景（2013年）

それまでの共産党組織にも試練となった。ドクチン村の党史は、一九五一年初頭には八三名いた党員が、一一名がフランス側の攻撃の犠牲となり、三六名が他地方に転出したのに加えて、「動揺・投降」者が出現したため、五一年末には二一名に激減したとしている［Đức Chính 1992: 70］。またティエンティエン村でも、四九年四月から五〇年八月までに、八名が逮捕され、一六名が犠牲になる中で、四名が党を離脱し、うち三名は「裏切り者」になったとしている［Tiến Tiến 2009: 74］。ソンズオン村でも、五〇年一二月以降、階級に関する理解が欠如していたり、献身度が低いという理由で一五名が、その他の理由で二四名が党から追放になり、五〇年一〇月には一四三名を数えていた村の党組織が、五三年には九一名に減少した［Luong 1992: 159］。

中華人民共和国が樹立され、ソ連・中国からのベトナムの抗仏戦争に対する支援が本格化する一九五〇年から、共産党（五一年以降はベトナム労働党）*12は、階級闘争の論理を重視するようになる。ベトナムへの支援開始に際して、五〇年二月にモスクワでホー・チ・ミンに会ったスターリンは、二つの椅子を指さして、「こちらは農民の椅子、あちらは地主の椅子、ベトナムの革命家はどちらの椅子に座るつもりか」とホーにせまった［古田 2009: 5］。これは、それまで、民族的な団結を優先して、土地改革などの階級闘争の発動に消極的な姿勢をとってきたインドシナ共産党に対する、露骨な批判だった。インドシナ共産党の階級闘争重視路線への転換は、こうした国際環境の変化から主に説明されてきたが、抗仏戦争の過程でのベトナム人社会内部の対立の激化も、こうした変化を促す要因になっていたとみるべきであろう。

もっとも、抗仏戦争が終結するまでは、ベトナム労働党は、階級闘争重視路線が、フランスに対する抗戦に大きな影響を及ぼすような事態は避けてきた。労働党が、階級闘争重視路線の全面的な発動に踏み切るのは、抗仏戦争終結後にベトナム北部で本格的に展開されることに

ディエンビエンフーの戦い（1954年5月、『写真記録東南アジア　歴史・戦争・日本5　ベトナム・ラオス・カンボジア』ほるぷ出版、1997年、p.135より）

＊12 ベトナム人共産主義者の党は、一九三〇年にホー・チ・ミンによりベトナム共産党として創立されたが、すぐにインドシナ共産党に改称。同党は五一年に、ラオス人・カンボジア人の組織を分離してベトナム労働党となり、ベトナム戦争後の七六年にベトナム共産党に改称した。

なった土地改革の中だった。中国の経験を機械的に導入し、多くの中国からの顧問の指導のもとに実施された土地改革は、実際には当時の北部農村人口の二%あまりに過ぎなかった地主が、中国の経験から四～五%はいるはずだという想定に立って、多くの富農や中農も「地主」に分類して大衆動員による「糾弾」「打倒」の対象とし、抗仏戦争期に形成された農村の上層出身者を多く含む基層の党組織を「組織整頓」の対象として糾弾するなど、過激な展開を見せるようになり、抗仏戦争時代の革命の基盤だったベトナム北部農村に不穏な状況を作り出していた。労働党は、五六年八月二五日から一〇月五日にかけて開催された第二期第一〇回拡大中央委員会総会で、このような土地改革の「行き過ぎ」を認め、自己批判を行うことになった［古田 1980］。

土地改革は、三つの村でも大きな混乱を招いた。まずソンズオン村では、最初に行われた階級区分では、地主が二六戸（五・六五%）で、うち四戸が「悪徳地主」とされ、富農は一〇戸（二・一七%）とされて、大衆動員による「糾弾」と「打倒」の対象になった。かつての里長（村長）アンの夫人は、村で三番目に裕福な地主だったが、一九四五年以降熱心なベトミンの支持者となり、四八年には共産党にも入党していた。しかし、彼女も、階級区分では、抗戦に協力した地主で「糾弾」の対象にはならない「抗戦地主」ではなく、普通の「地主」と区分され、「糾弾」「打倒」の対象にされ、ついには自殺に追い込まれた。土地改革の発動時の村の党組織からは、その四六%にあたる四二名の党員が、「搾取階級」とか「反動分子」といったレッテルを貼られて追放された。党の自己批判後の矯正で行われた新たな階級区分では、地主は七戸に減少し、最初に地主とされた家族のうち五戸は富農に、一四戸は中農に階級成分が変更された。アン夫人も「抗戦地主」として名誉回復がはかられた［Luong 1992: 188–195］。

土地改革により土地をもらって喜ぶ農民（1955年頃、『写真記録東南アジア　歴史・戦争・日本5　ベトナム・ラオス・カンボジア』ほるぷ出版、1997年、p.133より）

ドクチン村では、最初の階級区分では、二四戸が地主に区分され、うち八戸が「悪徳地主」、一六戸が普通の地主とされた。また二五戸が富農とされた。村の党組織には二二名の党員がいたが、うち一五名は、党員としての資質を満たしていないとか、敵対分子であるとか、反動党派に所属しているなどとされて、活動停止になり、残る七名も、完全な信頼は得られなかった。村の党組織は機能を停止し、実権は外部から入った改革隊と、改革隊が貧農や雇農からリクルートした「骨幹」と呼ばれた活動家の手に移った。矯正後の新しい階級区分では、地主は四戸に減少し、うち二戸が「悪徳地主」、二戸が普通の地主とされた。また富農も、二五戸から七戸に減少した［Đức Chỉnh 1991: 99–102］。

ティエンティエン村でも、最初の階級区分では、五%にあたる二二戸が地主、六%にあたる二四戸が富農とされた。村の党組織にも疑いの目が向けられ、かつて村の副主席（副村長）をつとめたグエン・ヴァン・クォック（Nguyễn Văn Khuốc）は、「国民党*13反動分子」というレッテルを貼られ、「特別人民法廷」という、改革隊が組織した糾弾集会で死刑の判決を受けて処刑されてしまった。矯正後は、クォックの名誉は回復され、「烈士」の称号が送られた［Tiền Tiến 2009: 128–132］。

この土地改革では、ここで取り上げた三ヶ村がある紅河デルタと中流域の二〇三三村全体では、当初、六万三一一三戸が地主とされたが、矯正後は三万一二六九戸と、五〇・四%も少なくなった。矯正後の数値では地主の占める比率は二・二%となり、五%という「中国モデル」の機械的適用がいかに深刻な事態を招いたかがわかる。当初、地主とされた人の間で、「悪徳地主」とされたのは一万四九〇八人だったが、これも矯正後は三九三二人に減少した。一方、「抗戦地主」は、当初は四六一人しか認定されなかったが、矯正後は二六九六人に増大した

*13　国民党は、一九二七年に結成された、ベトナムのナショナリスト政党。集合離散をくりかえしたが、八月革命後、一時はベトミンと協力した。抗仏戦争期にはベトミンとは対立し、一部はフランスが擁立したバオダイ政権を支持した。この時期には、ベトナム労働党が、敵対する人々に「国民党」というレッテルを貼ることがあった。

土地改革の際の「特別人民法廷」。地主や富農とされた人びとへの糾弾と処分が行われた（https://hahien.wordpress.com/2014/09/10/tu-trien-lam-anh-cuoc-cai-cach-ruong-dat-tai-mien-bac-1949-1956/）

［Văn Tạo 1993: 9］。処刑されたり自殺した人がどの程度にのぼるかは、八〇〇人から三万二〇〇〇人まで諸説あるが［Dommen 2001: 340］、ベトナムの公式の文献では、土地改革中に逮捕され、党が自己批判をした後の五七年九月までに「不当逮捕」であったとして釈放された人は、二万三七四八人に達するという数値が出されている［Văn Tạo 1993: 8］。

この一九五〇年代半ばの北部での土地改革については、今日ではベトナム共産党は、地主的土地所有を廃し、農民的土地所有を実現した「成果」を確認しつつも、抗仏戦争の過程で地主の力は衰退しており、もはや北部の耕地の一八％程度を占める程度になっていたのだから、大衆動員による地主階級の打倒というような方法によらないでも土地改革は実施できた、大衆動員による「糾弾」「打倒」は不要だった、という総括を公式に発表している［Viện Nghiên cứu chủ nghĩa Mác-Lênin và tư tưởng Hồ Chí Minh 1995: 71–72］［Viện sử học 1995: 36］。

ここでみたような抗仏戦争時の北部農村の村落社会内の分裂という事態を考えると、党やベトミンの農村組織が、上層階層および男性に大きく依拠しているという構造には限界があった。戦争の負担が大きくのしかかる状況では、人口の大半を占める下層階層の主体性の発揮が不可欠の課題となる。また、男子青年の多くが軍事組織に動員される状況のもとでは、女性の役割が高まらざるをえない。村落運営から女性を排除してきた、伝統的なあり方も変更を余儀なくされた。ソンズオン村でもドクチン村でも土地改革の時期には、村の党組織のトップである書記は女性だった［Luong 1992: 193］［Đức Chính 1991: 211］。

熾烈な戦争を支え得るレジリエンスを獲得するためには、村の党やベトミンの基盤を、下層階層や女性にシフトするような措置が必要だったことは事実だろう。また、八月革命時のような村落共同体の相互扶助機能の発揮という点では、村落社会の上層階層を中心とした、村落共

中央土地改革委員会宣伝訓練機関機関誌『大衆発動』（古田所蔵資料）

同体に埋め込まれたような党やベトミン組織が適合的であり、戦場となって、上級からの指導があまりない状況で自主的判断でゲリラ戦を戦うには、こうした組織で有効だった。しかし、戦争の強度が増し、正規軍同士の対決が重要な意味をもつようになると、党は「上から」組織された組織として、村の外部から中央や上級機関の意思を貫徹するようなものへの変化を求められることになった。こうした要請が引き起こした「過剰」反応が土地改革だったと考えられよう。ただし、この「過剰」反応は、戦争という外部の敵がもたらした「災禍」に比べて、ある意味ではるかに深い心の傷を人々の間に残すことになった。こうした大きな対価を支払いつつ、ベトナム北部には、比較的均質な農民社会と、その成員が中央の意向で動く組織であることを思い知らされた党組織が形成された。*14

3　抗米戦争と合作社

一九五四年以降の抗米戦争、特に米軍が直接参戦し局地戦争になった六五年以降の時期の戦争は、抗仏戦争よりもさらに強度が高い戦争だった。*15 先に述べたようにドクチン村では、後の抗米戦争の村からの出征者が八四三名で、七五年の戦争終結時の人口四五六〇人の一八・五%、烈士一七二名、人口比三・八%に達し、抗仏戦争時の出征者の人口比一一・六%、烈士の人口比二%弱をかなりうわまわっている。ちなみに出征兵士中の戦死者の比率は、二割を超え、村が戦場になった抗仏戦争の一七%よりも高くなっており、加えて傷痍軍人の数も五七名に達する［Đức Chính 1991: 175–176］。

---

*14　土地改革の「傷跡」を描いた小説で、日本で翻訳が刊行されているものに、ズオン・トゥー・フオンの『虚構の楽園』がある［ズオン・トゥー・フオン 1994］。二〇一四年九月にハノイの歴史博物館で土地改革に関するはじめての展示会が開催されたが、数日で中止され、今日なお土地改革がベトナムにとって微妙な問題であることが浮き彫りになった［Nguyễn Tường Thuy 2014］。

*15　ジュネーヴ協定で南北に分断されたベトナムの南部を、アメリカは、自由陣営の縄張りとみなし、その反共政権＝ゴ・ディン・ジエム政権を支持して、南が共産主義者が支配する北の主導の下に統一されるのを阻止しようとした。
　ベトナム労働党は、アメリカの軍事介入を警戒して、当初は南における軍事闘争の発動を控えていたが、ジエム政権の抑圧が強まり、南の党組織の存立が危うくなると、五九年に武装闘

ティエンティエン村では、戦争終結時の推計人口約二四〇〇人に対し、出征者は三五四名で一四・八%、軍需物資の補給路の補修にあたった青年突撃隊などの準軍事組織参加者も加えると四五〇名で一八・六%となり、烈士は五六名で、人口比二・三%、狭義の出征者数の一五・八%、広義の軍事関係組織参加者の一二・四%となる。さらに傷痍軍人の数も七三名に達する。ここでも、抗仏戦争の時の軍事組織参加者の人口比一三・八%、烈士の人口比一・八%をうわまわっている [Tiền Tiến 2009: 190, 210]。

ソンズオン村に関しては、一九六五〜七五年の出征者数が三六〇名であったことしかわからないが [Luong 1992: 183]、これは戦争終結時の推計人口約二七〇〇名の一三・三%となる。ベトナムの文化人類学者のジエップ・ディン・ホア (Diệp Đình Hòa) が調査した、紅河デルタのタイビン省のグエン村 (Làng Nguyễn) では、抗仏戦争時の出征者の人口比が九・七%、抗米戦争時のそれが一二・四%という数値がだされている [Diệp Đình Hòa 1994: 168]。村の人口が推計であること、数値に準軍事組織参加者を含む場合とそうでない場合があるため、ここであげている数値はあくまで相対的な意義しかもちえないが、抗米戦争時に、ベトナム北部農村からは、抗仏戦争をうわまわる人員の供給がなされ、犠牲者の数も抗仏戦争を超える規模に達したことは疑いがない。*16

抗米戦争では、ベトナム南部が主戦場であり、北部は米軍の爆撃＝北爆にはさらされたものの、地上戦の舞台にはならなかった。この北部で、地上戦の舞台となった抗仏戦争よりも強度の動員がなされたのはなぜだろうか。これは、抗米戦争中、特に南に米軍戦闘部隊が投入された一九六五年以降、北から南に大量の戦闘要員が投入されたからである。

一九六五年に局地戦争にエスカレートして以降、米軍は、地上戦の舞台となったベトナム南

争の容認にふみきった。労働党は、米軍の介入を避けるため、「南の人民」がジエム政権と闘うという構図をつくろうとして、六〇年に南ベトナム解放民族戦線を結成した。

六三年に南の軍部のクーデターでジエム政権が倒れると、南の政権は一挙に弱体化した。これを機に、労働党は、長年控えてきた北の人民軍の戦闘部隊の南への投入を決意するが、アメリカも、南の政権を維持するためには、米軍の本格的投入をせざるをえないと考えるようになった。かくして、六三年のトンキン湾事件を経て、六五年には南に米地上軍が投入され、北には北爆と呼ばれる爆撃が加え

北ベトナム農村の女性民兵（1967年10月、写真：TopFoto/ アフロ）

部で、革命勢力にその兵員補給能力を上回る損害を与えるという「消耗戦略」を採用した。この消耗戦略がうまく機能せず、南における革命勢力の兵力が多大な犠牲にもかかわらず一定の水準に保たれたのは、北からの人員補充能力が大きかったためだった。*17 労働党が、南での武装闘争発動を決意した五九年から、ベトナム戦争が終結する七五年までに、北から南に送り込まれた人員は、戦闘員と政治幹部を含めるとのべ二三〇万人に達するといわれている。その時期別の推移は、五九〜六四年が一万四千人、六五〜六八年が四〇万人、六九〜七五年が一八八万八千人と、六五年以降が飛躍的に増大している[Phạm Hồng Tùng 2009]。

ベトナム戦争で米国が敗北した要因はいくつかあるが、その重要な一つが、北から南に大量の兵員が送り込まれたことで、米軍の南での「消耗戦略」が破綻したことだった。農業国だった当時のベトナム北部で、先進工業国並みの戦争動員を可能にした仕組みが、この時代に形成された農業生産合作社という集団農業だった。

ベトナム北部で社会主義的改造が本格化するのは、土地改革をめぐる混乱が一応収拾された一九五八年からで、農業分野においては、まず農民が農地や家畜を出資する初級農業生産合作社の建設という形で、農業の集団化が開始された。ついで六一年からの第一次五ヶ年計画では、この初級合作社を、農地や家畜が完全に集団の所有になる高級合作社に再編することが目標となった。

この北部の農業生産合作社は、人民公社が導入される以前の中国の農業集団化をモデルとしたものだったが、中国に比べても農業に対する工業の支援能力が低かった当時の北ベトナムでは、集団農業の経済的な優位性を農民に明示するのは困難で、高級合作社化は一進一退を繰り返した。経済的な優位性を誇示できない合作社を、北部社会に定着させたのは、ベトナム戦争

ベトナム爆撃を行う米軍のB52戦略爆撃機
(1966年3月、写真：AP/アフロ)

られ、一方では、南の戦場に北の大部隊が投入されるようになって、ベトナム戦争は、局地戦争へとエスカレートした。

最大時五〇万を超える米軍が投入され、北や南の解放戦線に多大な犠牲が生まれたにもかかわらず、戦局はアメリカの思うようには展開せず、六八年には北と南の解放戦線による南の大都市への一斉攻撃＝テト攻勢が行われ、米政権も戦争の行き詰まりを認めて、パリでの和平交渉に応じ、アメリカをはじめ全世界でアメリカの戦争を批判する反戦運動が高揚した。

しかし、テト攻勢での北や解放戦線の被害も甚大で、南の戦場でも人民軍の役割が増大せざ

の激化に伴う社会的緊張だった。北部が米軍による恒常的な爆撃にさらされる一九六五年になってようやく高級合作社は安定し、以降、戦時体制の基盤として定着した［古田 2002: 49–56］。

ドクチン村では、一九五八年に合作社化が始まり、六〇年末までには高級合作社になるが、その状況は安定せず、脱退希望者が続出し、特にアンルン部落（An Lũng）の合作社では、大半の組合員が脱退を申し出るといった事態が生じた。こうした高級合作社が安定するのは、北爆がはじまる六五年以降で、村の部落を単位に七つあった合作社は「軍事化」され、それぞれの合作社が生産組織であると同時に、民兵一個小隊としても機能することになった。六七年には、この七つの合作社が二つの規模の大きな合作社に合併され、バクチン合作社（Bắc Chính）は、人口一九五〇人、耕地四五〇マウ、ナムチン合作社（Nam Chính）は、人口一六五〇人、耕地三八六マウを有することになった。七三年には、この二つの合作社がさらに統合され、ドクチン村という行政村単位の合作社になった［Đức Chính 1991: 141–196］。

ティエンティエン村でも、ほぼ似たような推移が見られ、一九五八年に合作社化が開始され、五九年〜六〇年にかけての冬春作*18に部落単位の三つの合作社に統合されたが、六〇年の水害で生産が困難になると脱退希望者が増え、一時は二〇家族が脱退を希望した。この時の脱退は、合作社幹部の説得で八家族にとどまったものの、六〇年代前半は不安定な状況が続いた。この状況が変化するのが六五年で、この年の秋作の時に六〇年代初めに脱退した八家族を含む三九家族が合作社に加盟し、加盟農家は全村の九四%に達した。この年に、部落単位の三つの合作社のうち二合作社が合併し、さらには七四年には行政村規模で単一の合作社になった［Tiến Tiến 2009: 106–196］。

るをえず、戦争は長期化し、七三年一月にようやくパリ協定が締結され、米軍は撤退した。その後も、南では軍事対立が続き、北の人民軍と南の解放戦線の軍事攻勢によって七五年四月に南の政権が崩壊して、ベトナム戦争は終結した。詳しくは［古田 1991］参照。

*16 抗米戦争中の人民軍への入隊は、一九五八年に施行された軍事義務令に基づき、国民国家による徴兵という性格をより強くして行われた。

*17 朝鮮戦争の「教訓」から、ベトナム戦争では米軍は、中国軍の介入をさけるために、北緯一七度線の南北境界線を越えて、北に地上軍は侵攻させない戦略を採用した。地上戦の舞台が、前線が定かでない南に限定された結果、米軍は、ここで北の人民軍と南の解放戦線に、その補給能力をうわまわる損害を与えるという「消耗戦略」を採用することになった。この点は

この合作社が、戦時体制の基盤として重要な役割を果たせたのは、青年男子の大半が戦場に赴く中で、女性、老人、子供などの残された労働力を、集団農業であるがゆえに合理的に組織しえたことと、そこで実施された平等主義的な分配のおかげだった。戦争に大量の人的資源が投入され、農業労働力が減少する一方で、合作社には重い食糧供出義務が課せられていた。こうした状況のもとでの農民にとっての合作社の存在意義を、紅河デルタのナムディンの農村を調査した桜井由躬雄は、「この絶対的な窮乏の中で、合作社制度は、均質な社会を実現し、限定された財をかぎりなく等分することには成功した」とし、「合作社はなによりも食べられる場所であった。そしてその食の保障は徹底した農業生産利益の平等主義的な分配にある」と指摘している［桜井 2006: 417–418］。

抗米戦争時期の合作社では、「定率食糧分配」ないし「標準口糧」制度と呼ばれる制度が実施された。合作社での分配は、農民が合作社の作業に従事することで得た労働点数によって行われていたが、この「定率食糧分配」ないし「標準口糧」という制度は、労働点数による分配を、強者を抑制し弱者を救済する形で調整する仕組みだった。合作社は、農民に割り当てることができる一人あたりの一ヶ月の標準的な食糧を標準口糧として定め、ある農家が労働点数によって得た籾米が、割り当ての標準口糧の合計よりも多ければ、超過分の籾米を合作社が現金で買戻し、逆に十分な労働点数を稼げず、標準口糧の合計よりも労働点数で得た籾米のほうが少ない場合は、その差額分の籾米を合作社から安い公定価格で購入することができる仕組みがつくられた。これによって、労働点数の多い農家も余剰米を持てなくなる一方で、戦争に多くの家族員を供出し労働力が不足して、労働点数をたくさんは得られない農家でも、標準口糧分の食糧は保障されることになった。加えて標準口糧の算定の際に、戦死者、傷病兵、出征兵士

詳しくは、［油井・古田 2010: 384–400］を参照。

*18　ベトナム北部では二期作の稲作が行われている。そのうち冬から春にかけて育て五月に収穫するのが冬春作、夏から秋にかけて育て一一月に収穫するのが秋作である。

ホーチミン・ルート（ベトナム戦争中の北から南への支援路、ハティン省ドンロク三差路付近、1995年）

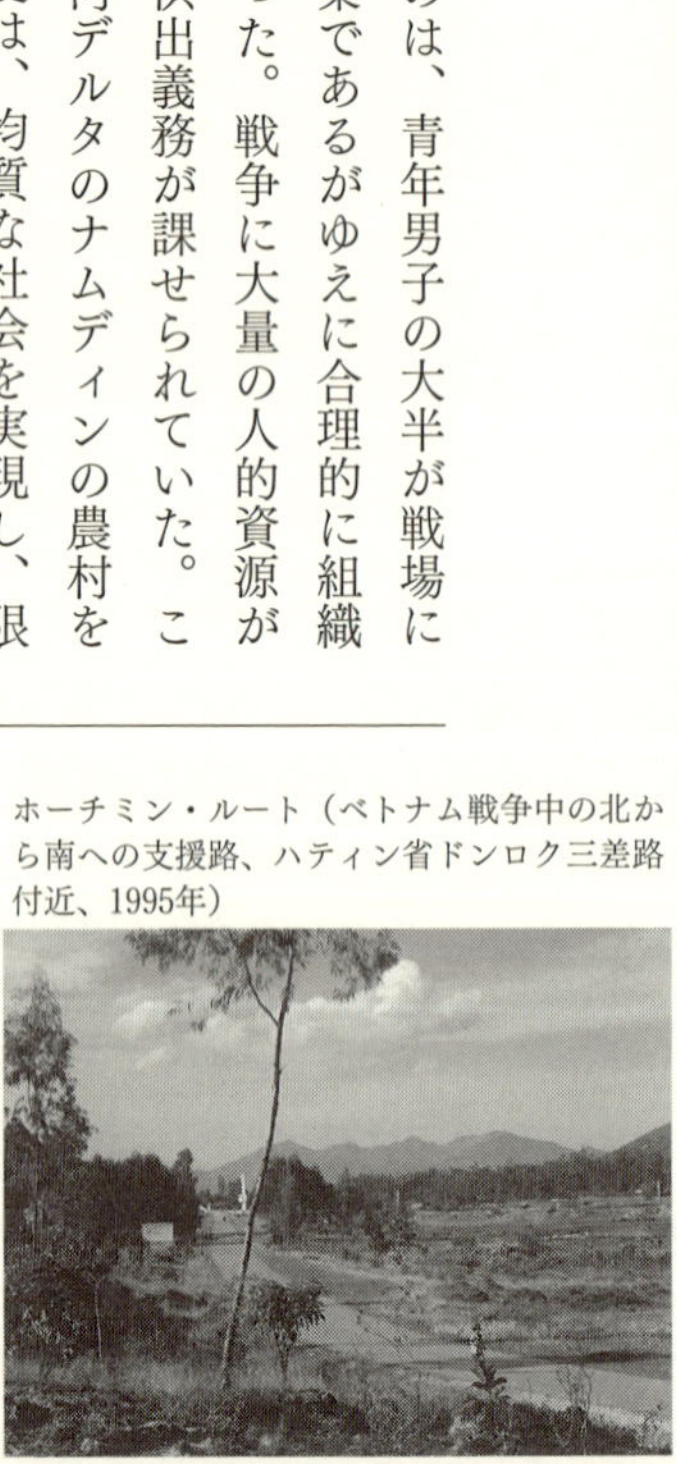

を持つ家庭への優遇措置もあった。さらに、不作で労働点数の価値が大幅にさがった時には、合作社が、貧しい家庭に合作社保有米や雑穀を無料給付する制度もあった。こうした制度が、兵員動員を支えたとして、桜井は、「その物質的な保証は、合作社による家族生活の保障である。幼児を除くほぼ家族全員が、合作社社員として労働点数を享受できる。それが不十分なものであったとはいえ、一応、銃後の憂いはない。青年の入隊により、残された家族が路頭に迷うということだけはありえない。合作社は兵士動員を順調にすすめるために、もっとも有効な装置である」と指摘している［桜井 2006: 435］［古田 2013: 319–322］。

このような平等主義的な分配制度が実施できた前提として、北部の農村が土地改革を経ることで、その成員の間であまり大きな経済格差が存在しないという意味で均質な社会になっていたことを想起すべきであろう。抗米戦争で発揮された、北部農村のレジリエンスは、土地改革が生み出した相対的に均質な社会と、それを基盤に成り立った社会主義的集団農業という、ベトナムの現代史が生み出した「新生事物」によってつくられた面があった。

このような「新生事物」という点では、経済的優位性を明示できず、農民の間では好評だったとはいえない高級合作社を建設する上で、中央の意思を「上から」貫徹する組織としての労働党の存在も重要だったというべきであろう。ただし、抗米戦争時期の村レベルの共産党組織の役割には、別の側面もあったように思われる。古田が別稿で論じているように、抗米戦争期に国家が村に期待したのは、戦闘要員と食糧の供出だった。依然として天候の影響を受けやすい、前近代的で低位な農業を基盤としていた当時のベトナム北部では、国家は農村に一律に負担を課するのは困難で、村からの人員と食糧の供出も、年ごとに国家と村の取引交渉で決まる構造があった。こうした構造のもとでは、行政村とか合作社など、基本的には国家の農村支配

烈士の墓におまいりする筆者（1995年、ハティン省で）

の機関として設定されたものが、農民の利益を促進する「隠れ蓑」に転化する可能性があった[古田 2013: 323-331]。この可能性を現実化する上では、村の党組織の意思は重要だった。そこでは、村レベルの党組織が、かつては「村落共同体に埋め込まれた」組織だったということが、意味をもったように思われる。この性格は、土地改革で大きく損なわれてはいたが、抗米戦争の激化の中で、軍事面での中央集権は高まるものの、生産は分権化をせざるをえず、兵員と食糧を供出しさえすれば、村や地方の内部のことには中央の監視は緩まざるを得なかった状況下で、「村落共同体に埋め込まれた」組織という性格の「復活」がある程度見られたと思われる。

その最たる事例が、本格的には一九六六年から北部のソンズオン村のあるフート省に隣接したヴィンフク省で取り組まれ、六八年のヴィンフク省とフート省の合併でヴィンフー省[*19]が生まれてからは、一時旧フート省にも広がった、農業合作社における生産請負制の導入の試みであろう。これは、いったん集団化された耕地を再度、農家に割り当てて、稲作であれば田植え、草取り、給水、刈り取りなどの作業に責任をもたせ、その分の労働点数による収入の他、最終的な生産物が請負量を超えた場合は超過分が請け負った者の収入となる仕組みで、ヴィンフク省ではいくつかの村の合作社で、六二〜六三年頃から試みられ、六六年九月一〇日の省の党常務委員会の決議「現在の合作社における労働の管理のいくつかの問題」で、省の党指導部の容認のもとに広がった制度だった。請負制は、抗米戦争の激化の中で、被害を最小限に食い止めるために、生産過程を分散させるという要請からも、この時期に広まったものだが、党中央が公認していたのは、農作業を生産隊などに請け負わせるということで、ヴィンフー省のような、集団化した耕地を再度農家に割り振り、農家に農作業を請け負わせるといったことは認められていなかった。この点では、ヴィンフー省は省ぐるみで「もぐり制度」を実施したことに

*19　ヴィンフー省は一九九六年にヴィンフク省とフート省に分離された。

ドイモイで活気を見せる市場（2013年、ホイアンで）

なる。この試みは、六八年末には党中央の批判を受け、中止を余儀なくされるが、抗米戦争が拡大した時期に、省ぐるみでこうした試みが三年近く継続したことは注目すべきであろう[Pham Thi Thúy 2015]。

4 むすびにかえて――ドイモイ・難民・三つ目の戦争

ベトナムでは、ドイモイ[*20]の過程で、一九八九年にはこうした集団農業は解体され、個別農家が農業経営の主体になっている。また、市場経済化が進む中で、かつては均質だった、北部の農村社会でも、格差が拡大するようになっている。

経済的な効率性が重視されるようになる中で、ベトナムでも、かつての集団農業は、外国のモデルの機械的な適用で、ベトナムの農業の発展を阻害したというような議論が主流となり、論者によっては、合作社の戦争への貢献は、その経済体制としての「先進性」によるものではなく、伝統的な村落共同体にあった平均主義を固定化した「後進性」によるものだったという議論すら登場するようになった。現在のベトナムでは、ドイモイで「復活」したのが、個人所有なのか、伝統的な村落の共同性であったのかは、論者によって異なるが、集団農業は、放棄された過去の遺物として扱われている傾向が強い。

集団農業の解体＝個別農家の経営権の承認によって、ベトナムの共産党（一九七六年に労働党から改称）や政府は、経営能力のある農家に農地の集中、集積がおこり、農業の専門化、大規模化、機械化が進展し、輸出競争力のある農業が育つことを期待していた。南部のメコンデル

*20　一九八六年からベトナムで行われている改革。中国の改革・開放に近似した、社会主義志向と共産党支配を維持しながら、市場経済の導入と対外開放で、経済を活性化させようとする試み。経済分野に限定されない、大きな社会的変化をもたらしている。

工業区建設のための農地収用に抗議するナムディン省ヴーバン県の農民（https://www.ttxva.net/tin-nong-ba-con-nong-dan-vu-ban-nam-dinh-bieu-tinh-truoc-kcn-bao-minh/）

タにおいては、このような方向で事態が進み、規模の大きい農家や民間農場が出現する一方、土地なし農民が出現するなど、土地所有の不平等化が生じた。ところが、耕地面積に対して人口が多く零細農家が多い北部と中部の農村地帯では、南部とは異なる事態が展開した。これらの地域では、村の中に居住している人に対して極めて平等に農地を配分するということが行われたのである。こうした農地の均分による細分化は、共産党と政府からは工業化・近代化を阻害する要因と見なされているが、集団農業が解体されて四半世紀が経過した今日も、こうした状況は継続している。この状況は、浮沈の激しい市場経済のもとで、多くの人びとの食糧面でのセーフティネットとして機能している面があり、農村から都市への急激な人口流入の歯止めにもなっている。つまりは、市場経済のもとでの、北部の村の新しいレジリエンスになっているわけである。

この状況を、伝統的な村落の共同性の復活と見なす議論があるが、この村の成員による土地均分は、土地改革以前の格差が大きかった村への復帰ではなく、土地改革で生まれた均質な村とその後の抗米戦争期の平等のいっそうの徹底を原点としているように思われる。ベトナム北部農村のレジリエンスは、伝統そのものというよりは、伝統を組み換え更新してきた現代史の歩みの中で獲得されてきたものだった。[*21]

ベトナム北部における、共同体的結合が強く、国家から自律した村落の形成史を研究した桜井由躬雄は、天災と戦乱が多発した一七～一八世紀に、災禍に直面した村落が、村で養いきれなくなった人々を流民として切り捨てつつ、これらの人びとの土地を集積し、本来は国有田だった公田に対する管理権を掌握して、自らの共同性と国家に対する自律性を強めていったとしている［桜井 1987］。村落の共同性の強化と、流民の出現は表裏一体の関係にあった。この

---

*21　集団農業解体以降の北部の農村の状況と、ここで展開した議論について、更に詳しくは［古田 2013: 332-369］を参照されたい。古田と似た議論として［加藤 2008, 2011］がある。

サイゴン近郊で米軍に立ち退きを要求され疎開する農民（1967年1月、写真：AP/アフロ）

角度から本章をふりかえると、一九四五年の飢饉に際しては、流亡者が発生したことは先に指摘したとおりである。この点では、飢饉後の農村で展開された相互扶助は、もっとも弱い人々が姿を消した後の村での出来事という面がある。また、抗仏戦争の場合は、階級闘争による富者の排除を通じての均質な農村の誕生という展開を見せた。これは、五四年のジュネーヴ協定調印後に、ベトナム北部から南部へカトリック教徒を中心に脱出する者が多数出現するという事態を引き起こした。これに対して、抗米戦争期には、外籍民（本来、その村の出身でない新参者）をもっぱら徴兵で差し出していた村があったという、まだ研究としては実証されていない「うわさ話」のようなものはあるが、大局的には、合作社制度のおかげで、村は弱者を切り捨てることなく、抗米戦争を闘い抜くことができたといってよいだろう。しかし、こうした合作社を基盤とした戦争中の北部で形成された社会主義モデルが、戦後、南ベトナムにも適用された結果、大量の難民が海外に流出することになったということまで視野に入れれば、レジリエンスの発展が、流亡者、流民、難民の発生を伴って展開された面があることは否定できない。

なお、ここでは、抗仏戦争、抗米戦争のことしか取り上げなかったが、ベトナムの現代史における戦争体験としては、「もう一つ」の戦争がある。それは、抗米戦争の勝利後に発生した、カンボジアのポル・ポト勢力を中心とする反ベトナム派、およびそれを支援した中国との戦争で、一九八九年まで続いた。カンボジアでの戦闘にはベトナム南部の兵士が主にあたり、北部の兵士は七九年の中越戦争を頂点とする北部国境での戦闘に主に派遣された。この戦争での烈士の数はドクチン村で一三名、ティエンティエン村で八名である。烈士の数は抗仏、抗米戦争に比して少ないが、戦争動員は抗米戦争後も続いたことは指摘しておかなければならないだろう。この「ベトナム戦争後の戦争」については、今後の研究の課題としたい［Đức Chính

中国との国境の村キムタインで中国軍の攻撃から逃れて避難する住民（1973年3月、写真：Ullstein bild/アフロ）

1991: 210〕〔Tiên Tiến 2009: 306〕。

参考文献

日本語

阿曽村邦昭編　2013『ベトナム　国家と民族』上巻、古今書院。

加藤敦典　2008「動員と連帯の跡地にて ― 自主管理時代のベトナム村落における統治のモラルの語りかた」石塚道子・田沼幸子・冨山一郎編『ポスト・ユートピアの人類学』人文書院、pp. 113–134.

――― 2011「近代のプロジェクトとしての村落調停 ― 社会主義建設期ベトナムの和解組制度にみる共同体の物語」小長谷有紀・後藤正憲編『社会主義的近代化の経験 ― 幸せの実現と疎外』明石書店、pp. 46–69.

桜井由躬雄　1987『ベトナム村落の形成』創文社。

――― 2006『歴史地域学の試み　バックコック』東京大学大学院人文社会系研究科南・東南アジア歴史社会専門分野研究室。

ズオン・トゥー・フオン（加藤栄訳）1994『虚構の楽園』段々社。

藤本博　2014『ヴェトナム戦争研究 ―「アメリカの戦争」の実相と戦争の克服』法律文化社。

古田元夫　1980「ベトナムにおける「自主」路線の模索 ― 一九五六～五八年期のベトナム労働党の政策の展開過程」『歴史学研究』第478号、pp. 15–26.

――― 1991『歴史としてのベトナム戦争』大月書店。

――― 1994「ベトナムの一村落における一九四五年飢饉の実態 ― タイビン省ティエンハイ県タイルオン村ルオンフー部落に関する日越合同調査報告」『歴史と文化』XVIII、東京大学教養学部人文科学科紀要『歴史学研究報告』第22集、pp. 125–160.

――― 1996「ヴェトナム戦争」歴史学研究会編『講座世界史10　第三世界の挑戦 ― 独立後の苦悩』東京大学出版会、pp. 13–44.

ベトナムの伝統的農村風景の版画絵

——— 1997a「ジュート工場のあった村の一九四五年飢饉——ベトナム北部フンイエン省フォオントン村」『ODYSSEUS』東京大学大学院総合文化研究科地域文化研究専攻紀要、1号、pp. 7–19.
——— 1997b「ベトナム現代史における日本占領」倉沢愛子編『東南アジア史のなかの日本占領』早稲田大学出版部、pp. 504–524.
——— 1997c『写真記録東南アジア　歴史・戦争・日本5　ベトナム・ラオス・カンボジア』ほるぷ出版。
——— 2002「ベトナム——普遍的社会主義と民族的社会主義」東アジア地域研究会・赤木攻・安井三吉編『講座東アジア近現代史5　東アジア政治のダイナミズム』青木書店、pp. 45–63.
——— 2003「歴史の眼　ベトナムにおけるアメリカ」『歴史評論』第641号、pp. 53–57, 92.
——— 2009『ドイモイの誕生——ベトナムにおける改革路線の形成過程』青木書店。
——— 2013「ベトナムにおける社会主義とムラ——ドイモイ時代の北部・中部農村と集団農業体験」南塚信吾・古田元夫・加納格・奥村哲『二一世紀歴史学の創造5　人びとの社会主義』有志舎、pp. 313–375.
——— 2015「日本における研究状況」白石昌也編『第二次世界大戦期のインドシナ・タイそして日本・フランスに関する研究蓄積と一次資料の概観』早稲田大学アジア太平洋研究センター、pp. 11–29.
油井大三郎・古田元夫 2010『世界の歴史28　第二次世界大戦から米ソ対立へ』中公文庫。
吉田裕・森茂樹 2007『戦争の日本史23　アジア・太平洋戦争』吉川弘文館。

ベトナム語・英語

Ban chấp hành Đảng bộ Đức Chính. 1991. (Đức Chính 1991). *Lịch Sử Đảng Bộ Xã Đức Chính*. Ban chấp hành Đảng bộ Đức Chính.
Bộ Giáo dục và đào tạo. 2014. *Lịch Sử* 12. Nhà xuất bản Giáo dục Việt Nam.
Diệp Đình Hòa. 1994. *Làng Nguyễn*. Nhà xuất bản Khoa học xã hội.
Dommen, Arthur J. 2001. *The Indochinese Experience of the French and Americans*. Indiana University Press.
Đảng bộ xã Tiên Tiến. 2009. (Tiên Tiến 2009). *Lịch Sử Đấu Tranh Cách Mạng của Đảng Bộ và Nhân Dân Xã Tiên Tiến* 1945–2005. tập I. Nhà xuất bản Văn hóa-thông tin.

ベトナム農村の水上人形劇（2013年、ハノイ）

Hồ Chí Minh. 2002. *Hồ Chí Minh Toàn Tập 4 1945–1946.* Nhà xuất bản Chính trị Quốc gia.

Lacina, Bethany and Gleditsch, Nils Petter. 2005. "Monitoring Trends in Global Combat: A New Dataset of Battle Deaths." *European Journal of Population.* 21, no. 2, pp. 145–166.

Luong, Hy V. 1992. *Revolution in the Village: Tradition and Transformation in North Vietnam, 1925–1988.* University of Hawaii Press.

Nguyễn Tường Thụy. 2014. "Triển lãm Cải cách ruộng đất' Làm sao bây giờ ?" nguyentuongthuy's blog. 13–9–2014. http://www.rfavietnam.com/node/2196（最終アクセス二〇一五年一〇月九日）。

Nhiều tác giả. 2007. *Nỗi Đau Lịch Sử Nạn Đói 1945.* Nhà xuất bản Trẻ.

Phạm Hồng Tung. 2009. "Cuộc kháng chiến chống Mỹ cứu nước và việc xây dựng chủ nghĩa xã hội ở miền Bắc Việt Nam"（ベトナム国家大学ハノイ校からの東京大学教養学部学生向けの E-lecture）。

Phạm Thị Thuý. 2015. "Từ khoán hộ đến đổi mới trong nông nghiệp." *Văn Hóa Nghệ An.* http://vanhoanghean.com.vn/van-hoa-va-doi-song27/ong-kinh-van-hoa35/tu-khoan-ho-den-doi-moi-trong-nong-nghiep. 31–5–2015（最終アクセス二〇一五年一〇月九日）。

Văn Tạo. 1993. "Cải cách ruộng đất-Thành qủa và sai lầm." *Tạp Chí Nghiên Cứu Lịch Sử.* 267, pp. 1–10.

Văn Tạo và Furuta Motoo chủ biên. 1995. *Nạn Đói* 1945 *ở Việt Nam: Những Chứng Tích Lịch Sử.* Viện Sử học Việt Nam.

Viện Nghiên cứu chủ nghĩa Mác-Lênin và tư tưởng Hồ Chí Minh. 1995. *Lịch Sử Đảng Cộng Sản Việt Nam.* tập II（1954–1975）. Nhà xuất bản Chính trị Quốc gia.

Viện sử học. 1995. *Lịch Sử Việt Nam 1954–1965.* Nhà xuất bản Khoa học xã hội.

ベトナム農村の水上人形劇（2013年、ハノイ）

第2章

インドネシア九・三〇事件

犠牲者五〇年の痛み

家族

倉沢 愛子

「9・30事件」で殺戮と死体遺棄が行われた場所のひとつ、東ジャワ・ブスキ地方の溜池（筆者の調査助手ヤシン氏撮影）

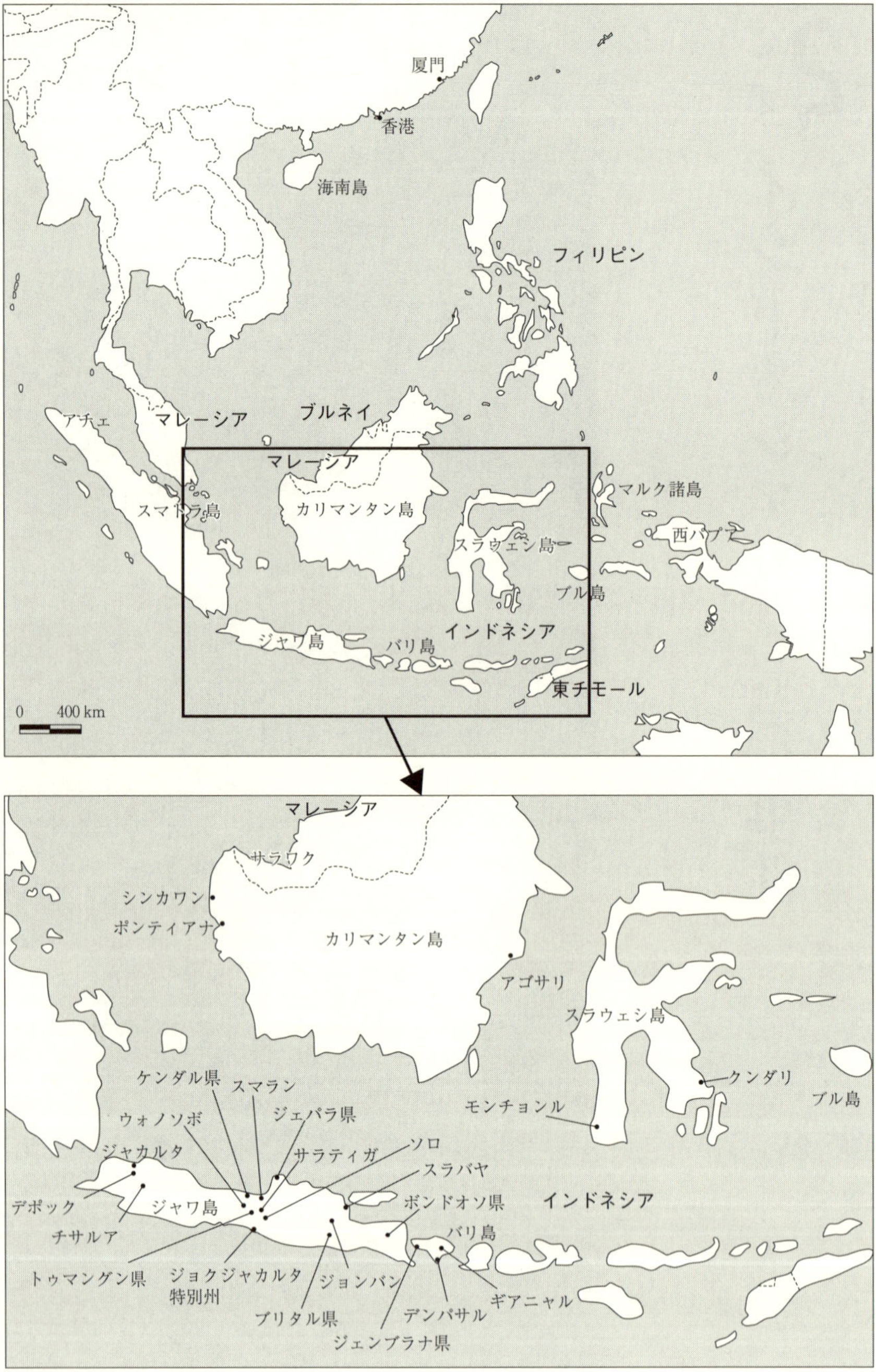
厦門
香港
海南島
フィリピン
アチェ
マレーシア
ブルネイ
マレーシア
マルク諸島
スマトラ島
カリマンタン島
スラウェシ島
西パプア
ブル島
インドネシア
ジャワ島
バリ島
東チモール
0 400 km
マレーシア
サラワク
シンカワン
ポンティアナ
カリマンタン島
アゴサリ
スラウェシ島
クンダリ
ブル島
モンチョンル
ケンダル県
スマラン
ウォノソボ
ジェパラ県
ジャカルタ
サラティガ
ソロ
スラバヤ
デポック
ジャワ島
ボンドオソ県
インドネシア
チサルア
バリ島
トゥマングン県
ジョクジャカルタ
特別州
ジョンバン
ギアニャル
デンパサル
ブリタル県
ジェンブラナ県

本章は、インドネシアで一九六五年九月三〇日未明に発生したクーデター未遂事件[*1]ののちに、その首謀者であるとしてインドネシア共産党（Partai Komunis Indonesia、以下ＰＫＩと称す）関係者に対して展開された一連の逮捕、虐殺、略奪、社会からの追放や家族の離散などを、一つの「災害」としてとらえ、その実態や、その傷からの修復や再生の過程を分析しようというものである。したがって、クーデター未遂事件そのものの追及ではなく、むしろそのあとに起こった惨劇に焦点をあてており、「九・三〇事件」というときにはその一連の惨劇を意味し、また「犠牲者」というときにはクーデター未遂事件の犠牲者ではなく、そのあとに続いた惨劇の犠牲者を念頭に置いている。

この事件は、被害に遭った多くの集団にとって、また家族や個人にとって、突然襲ってきた身に覚えのない「災害」以外の何ものでもなかった。実際には被害に遭った「共産主義者」たちは、将軍の殺害には何の関係もないし、何も知りはしない。たとえあのクーデター未遂事件そのものの首謀者が勝利者たちがいうようにＰＫＩだったとしても、その後殺された人たちのほとんどはクーデターに全くかかわりを持たず、知らされてもいなかった一般党員であった。彼らはなぜ自分たちがそのような目に遭うのか理屈もわからないままに殺され、身の自由を奪われ、また残された家族はとてつもなく長期にわたって苦痛を味わったのである。[*2]家族は、単に父母を、兄弟を殺された、奪われたという哀しみだけでなく、その後勝利者によって作られた歴史の語りのゆえに、「周辺が清潔《ブルシ》ではない（tidak bersih lingkungan）」共産主義者の一族というレッテルを貼られて悪者にされ、社会の片隅に追いやられていった。

二〇一五年夏、日本でも『ルック・オブ・サイレンス』（ジョシュア・オッペンハイマー監督、二〇一四年制作）というドキュメンタリー映画が上映された。これは、九・三〇事件で兄を殺され

*1　このクーデター未遂事件とは、一九六五年九月三〇日の深夜から翌朝にかけて、ウントゥン中佐に率いられたスカルノ大統領の親衛隊（チャクラビラワ Cakrabirawa）が、七人の陸軍将軍の家を襲い、そのうちの六人を現場で射殺したり、あるいは生きたまま拉致して殺害した事件である。襲われた一人、ナスティオン大将（当時国防治安大臣）は隣家に逃げて一命をとりとめたが、代わりに副官と娘が命を落とした。クーデターそのものはただちにスハルト少将率いる部隊に鎮圧されて未遂に終わった。このあと政権を握ったスハルトらは、このクーデター未遂事件の首謀者が

映画『ルック・オブ・サイレンス』のポスター。人々は長い間口を閉ざし沈黙（サイレンス）を守って来た（トランスフォーマー社提供）

たアディが、いまになって、その兄の殺害に加わった人たちを探し出して会いに行き、「あなたはなぜ兄を殺したのですか?」と問いつめていく様子を映像におさめたものである。彼は高ぶる感情を抑え、あくまで冷静な口調で問いかけていく。映画の公開前に来日したアディは、なぜそのようなことをする気になったのかという質問に対し、「インドネシアでは誰もがこの問題を正面から語ろうとせず沈黙が続いてきました。家族の中でもそのことには触れず、口を閉ざして親は子に語り継いでいこうともしなかった。僕はその沈黙を破って何とか皆が声を出してこの問題を語るようになり、いったいなぜ兄は殺されなければならなかったかを明らかにしたかったのです」と語った。沈黙を続ける他の家族たちとは違って、アディの母親は兄の死後三年たって生まれた彼に、ことあるごとに兄の死とその思い出を語り続けたという。

「沈黙」――それは敗者にとって重苦しい、しかしそれ以外にはない選択肢だった。彼らは被った被害を何ら訴えることができないばかりか、生存のためにはむしろ隠し通さねばならなかった。勝者の側からの語りのみが高らかに伝えられた。事件後政権を取ったスハルトは、一九八四年にアリフィン・ヌル監督のもとで、「インドネシア共産党九・三〇事件の裏切り(*Pengianatan G–30–S/PKI*)」と題する三時間四〇分にもわたる長編の劇映画を制作し、九月三〇日の事件で将軍たちが共産主義者にいかに残酷に殺されたかを、そしてまた、それに報復するために国軍や民衆がいかに勇敢に共産主義者と闘ったのかを描き、毎年一〇月一日に国営テレビで放映した。一九六五~六七年に殺された人たちは当然の罰を受けたのであり、共産主義者の脅威から我々は祖国を守った、というのが勝利者たちの論理であった。国民、特に何も知らない若い世代はこうして共産主義の恐ろしさを叩き込まれ、国家が提示する以外の解釈から遠ざけられていったのだった。

「僕はただ彼らに自分たちのやったことを自覚し、ひとこと謝罪してほしいのです」と重い口で語る、『ルック・オブ・サイレンス』の主人公と監督(トランスフォーマー社提供)

共産党であったという定説を確定させたが、実際には真実の探及はほとんどなされておらず、スハルト自身が黒幕であったという説を含め、諸説ある。

*2　しかもPKIは議会制の中で着々と勢力を伸ばしていた合法政党だった。さらに実際被害に遭った人の中にはPKI党員でない者も数多くいた。積年の土地争いの恨みや、金銭関係の恨みを持つ人たちがこの混乱のなかで自分の「敵」を亡き者にするというようなこともしばしばあった。また華僑・華人たちは、中国(北京)との関係を疑われて共産主義者のレッテル

そのような状況は、一九九八年にスハルト政権が崩壊したのち、ようやく変化した。被害に遭った人々は、恐る恐る声をあげるようになり、被害の実態も少しずつ知られるようになった。彼らは回想録を出版したり、組織を作って政府の責任を追及し始めた。また人権侵害という角度からこれを援助する団体や個人も現れるようになった。そういった運動の結果、被害者やその家族たちが法的に受けていた差別のいくつかは撤廃された。しかし、「民主化」から一七年たった今なお、政府は大量虐殺をはじめとする人権侵害があったという事実を認定せず、したがって政府による謝罪も、被害者の名誉回復も行われていない。本章では、事件後五〇年をへたいま、改めて彼らの「被害」の実態を整理するとともに、その後の和解や傷からの癒しのプロセスを紹介したい。

1　被害の諸形態

犠牲者たちの身に起こった「被害」とは具体的にどのようなものだったのであろうか？　その位相を一つ一つみていこう。

虐殺

最大の被害は、非常に残酷な手段で、ＰＫＩ関係者、あるいはＰＫＩ関係と見なされた人たちが裁判もなく大量に殺されたことである。その数はいまだに不明であるが、陸軍の治安秩序回復司令部《コプカンティブ》(Komando Operasi Pemulihan Keamanan dan Ketertiban、略して Kopkamtib) は四五

を貼られ、略奪や追い出しの対象となった。

「50人は殺したよ。PKI を殺しても罪にはならないって教えられた。ジハードなんだから」と語ったクディリ県のアンソール・メンバーとその妻

万ないし五〇万人、コーネル大学のベネディクト・アンダーソン（Benedict Anderson）は五〇万ないし一〇〇万人と見積もっている。*3 ＰＫＩ一掃の中心になった陸軍降下部隊司令官サルオ・エディ大佐はのちに三〇〇万人と語ったという。その多くは国軍によって扇動されたアンソールなどのイスラーム組織のメンバーや、あるいはならず者集団によって殺されたと言われる。被害はジャワ、バリ、北スマトラにおいてもっともひどかったと言われているが、今後の研究次第では他の地域における被害も明らかになる可能性がある。なお、インドネシア政府はこのような殺害が行われたことを正式には認めていない。彼らが九・三〇事件の犠牲者というときには、九月三〇日の夜暗殺された陸軍の六人の将軍とナスティオンの副官、および娘だけを指している。

不法な身柄の拘束――政治犯《タポル》

九月三〇日のクーデター未遂事件に直接・間接に連座して、おびただしい数の人が逮捕された。彼らは、インドネシア語で政治犯を意味するタハナン・ポリティック（tahanan politik）を略してタポル（tapol）という略語で呼ばれ、その管理は陸軍の治安秩序回復司令部《コプカンティブ》に委ねられた。この組織は、クーデター未遂事件直後の一〇月一〇日にＰＫＩ関係者の一掃のために設立されたもので、一連の、事態「収拾」に向けて決定的に重要な役割を果たした。

政治犯《タポル》はＡ級、Ｂ級、Ｃ級に分けられた。これは一九六六年五月に、実質的には実権を把握していたスハルトが、名目上まだ大統領であったスカルノの名において裁可し、公布された大統領訓令九号によって定められたものである［Amnesty 1977: 28］。Ａ級は党の指導的な地位にあった者や、将軍たちの暗殺を企画した者、企画を幇助した者、あるいは計画を知りながら通

*3 諸説については［Hermawan 2000: 44–45］参照。

のどかな村の風景だが、ここでも虐殺はあった。筆者のフィールド調査地、バリ島ジェンブラナ県の村（2008年頃）

報しなかった者、その実現のための活動に加担した者とされ、特別軍事法廷（Mahkamah Militer Luar Biasa: MAHMILLUB）で裁判を受け、刑が確定したのち処刑されたり投獄されたりした。この法廷はスハルトが実権を握る以前の一九六六年二月一四日に始まっており、ＰＫＩ中央委員会政治局員のニョノ（Njono）を皮切りに、ウントゥン（Untung）中佐、ラティフ（Latief）中佐、オマル・ダニ（Omar Dani）空軍司令官、スバンドリオ（Sobandrio）外相らが裁判を受けた。Ａ級政治犯《タポル》の数は、約五〇〇〇人と発表されたが、一九七〇年代中頃までに裁判が終わったのは七〇〇〜八〇〇人であった［Amnesty 1977: 31］。

　Ｂ級は、各地方での取り調べの過程でクーデター未遂事件との関係が明らかであるとされた者、事件に対して賛成の態度を示した者と定義された。しかし、特に証拠がない場合が多く、そのため裁判を受けることなく未決のまま長期に身柄を拘束されることになった。未決囚は、一九七六年の治安秩序回復司令部《コプカンティブ》の発表によれば二万九四七〇人であったが、アムネスティの発表によれば一九七〇年段階でもっと多く、五万五〇〇〇人を超えていたとされる［Amnesty 1977: 36］。現在一般的には約六万人とみなされている。

　Ｃ級は、直接・間接に事件に関与したと疑われる者、ＰＫＩ及びその傘下の大衆組織のメンバーであった者、この運動を意識的にそしてただちに批判しなかった者、という定義で、膨大な数の人々がこのカテゴリーに入った。その多くは、村長がＰＫＩ党員だったので、自分もその活動に参加していたとか、人民青年団、ＰＫＩ系婦人団体ゲルワニ（Gerwani）、労働組合、農民組合、教員組合などの活動に参加していたなどという理由によるものだった。Ｃ級の数は約一〇〇万人と見積もられているが正確なことはわからない。

　政治犯《タポル》の総数は治安秩序回復司令部《コプカンティブ》のスドモ副長官によれば七五万人［Amnesty 1977: 41］で

バリで逮捕されたPKI関係者。多くはこのあと避けられない死が待っていた（インドネシア国立図書館提供）

あったが、一時期には一八〇万人に上ったという説も、情報源は不明であるが一般的に流布している。政治犯《タポル》の数があまりにも多かったため、既存の刑務所や拘置所だけでは間に合わず、軍の兵舎、古い工場跡等さまざまな施設がそれに充てられた。

政治犯《タポル》キャンプにおける自活

政治犯《タポル》の臨時の収容施設をいくら増やしてもなお足らず、さらに場所の問題だけでなく、彼らを養う費用も膨大であった。それを節約するために政府が考案したのは、未開の地や森林や荒れ地に広大なキャンプを建設して政治犯《タポル》を投入して開墾させ、自ら食糧を栽培して自活させるという方法である。それは一九六八年一〇月一六日付の「九・三〇関係政治犯《タポル》・被拘留者の解決策について（Tentang Kebijaksanaan penyelesaian Tahanan/Tawanan G/30/S/PKI）」と題する治安秩序回復司令部《コプカンティブ》実施指示に基づくもので、生産的活動に政治犯《タポル》の労働力を動員するというものであった［Fauzi 2012: 145］。

そのような囚人キャンプのなかで最も有名なのはマルク諸島のブル島であろう。ここへの輪送はそれ以前に既に始まっていたが、正式には一九六九年に設置が発表された［Amnesty 1977: 91］。ブル島は、東西一八〇キロ、南北九〇キロの人口希薄な島で、最終的に約一万人の政治犯《タポル》が送り込まれた。確かに囚人キャンプなのであるが、非常に待遇の悪い国内移住プログラムのようでもあった。つまり、全くの荒地を開墾させ、そこにずっと自活・定住させることを目指しており、場合によっては彼らの収穫物を取り上げて販売し利益を生み出すことすらあったようである。定住を促進するためにやがて家族が合流することを許した。それはオランダ時代に政治犯を流刑にしたニューギニアのボーベン・ディグルのケースと似ていた。その最

女子刑務所の政治犯たち。アムネスティ関係者などが訪問するたびに、彼女たちは綺麗な服を着せられ、楽しいひと時を過ごしている様子を演じさせられたという（シャリカット提供）

初の一〇二家族が一九七二年七月に到着し、最終的に約四五〇〇名の家族がブル島に渡った。

自分たちで開墾させ耕作させ、費用をかけないで政治犯《タポル》を収容するという入植地型の流刑地はブル島以外にも各地で作られた。たとえば、南スマトラのクマロウ（Kemarau）島、東カリマンタンのアゴサリ（Agosari）、南東スラウェシのナン・ナンガ（Nang-Nanga）及びクンダリ（Kendari）、中ジャワ北海岸ケンダル県のプラントゥンガン（Plantungan）女子未決収容所、南スラウェシのモンチョンル（Moncongloe）などである。これらの流刑地の生活は非常に過酷で、そのことはアムネスティなどを通じて世界に広く伝えられ、人権団体やキリスト教団体などから激しい批判を受けるようになった［Taufik 2012: 174］。

強制労働

生産的活動への政治犯《タポル》の労働力の動員に関しては、身柄を拘束してキャンプで生活させながら行われる場合の他に、もっと多くの者が様々な形で様々な強制労働に徴発された。それは治安秩序回復司令部《コプカンティブ》の監督のもとで、政治的見解やイデオロギーを異にする者に対して政治教育あるいは罰として課される労働で、居住は刑務所の場合もあれば、自宅に住むことを許されていた場合もあった。水路・溜池、橋、堤防などのインフラ建設、宗教施設建設、地元の軍隊の施設や将校宅での雑務など多岐にわたり、報酬は一切支払われなかった。強制労働は一九九九年の法令（UU）一九号で廃止されるまで続いた［Fauzi 2012: 141–174］。

政治犯《タポル》の釈放と政治犯への差別

政治犯《タポル》たちは釈放された後も様々な差別やハラスメントを受けた。一九七一年に世界各国の

労働組合の活動家だったことから列車の検問で検挙されて拘留され、ブル島に送られたカルヨノさん（2002年8月、ジェパラ県）

人権団体からの圧力を受けて、インドネシア政府は二万二〇〇〇名のC級政治犯《タポル》を事件との関係が明らかでないとして釈放すると約束した。そのうち公務員や軍人だった者は、C1、C2、C3と分類され、釈放後の身分に関して異なる待遇がとられた。「C2、C3区分、ならびに未分類の者は名誉回復可能である（Kepres 28 "Golongan C2 C3 dan non-klasifikasi bisa di rehabilitasi"）」という一九七二年の大統領決定二八号によれば、C1は、年金を申請できるが以前の職に戻ることはできない者、C2は、以前の職に戻れるが上級職にはつけない者、C3は完全復帰できるという者であった［アムネスティ・インターナショナル 1974: 32］。

また、B級の政治犯《タポル》も国際社会の圧力、特にアメリカのジミー・カーター政権の圧力を受けて、一九七八年までには釈放された。しかし彼らには、その後も当局へ定期的に報告に行ったり、就職や移動の自由を奪われるなど、様々な差別が課された。それは政治犯《タポル》自身のみならずその子供や孫の世代にも及んだ。具体的には以下のような差別が課された。

一つは一九六九年の法令一五号で選挙権や被選挙権がはく奪されたことである。さらに、一九八一年の内務大臣指令三二号では、元政治犯《タポル》本人のみならずその子や孫も、宗教関係の聖職者、ジャーナリスト、教師、公務員、軍人、RT・RW《エルテー・エルウエー》（隣組・町内会）会長、ダラン（ジャワの影絵芝居の人形使い）に就くことが禁止された。そういった職業に就くためには"Bersih Lingkungan"（直訳すると「周辺が清潔《ブルシ》」の意）という身上調査に合格しなければならなかった。軍人や警察官が、身の回りが「清潔《ブルシ》」と見なされない女性と結婚することも許されなかった。筆者の知人でも、運良く警察官になったが、素性を知られることを恐れて家族とすっかり縁を切っていた者がいる。

また身分証明書（KTP）にはET（ex-tapol すなわち元政治犯《タポル》）というコードがつけられ、誰が

中部ジャワ・メラピ山麓で抵抗を続けた末逮捕されたPKI関係者たち（インドネシア国立図書館提供）

見てもすぐわかるようになっていた。さらに一九九一年の内務大臣決定で六〇歳以上の者に対して発行される生涯有効なKTPを元政治犯《タポル》に対しては発行しないという規定も設けられた。さらに、転居の自由も大きく制限され、村長などに伺いを立てるたびに拒否される者も多かった。

当局は、村や郡の役場に、「サンプルD」といわれる元政治犯《タポル》に関する詳細なデータを保持しており、これは表紙がオレンジ色であったため、しばしば「黄色い本（buku kuning）」と呼ばれた。これに基づいて、KTPの規制、就職や結婚の阻害、転居の禁止、さらには様々な社会福祉を享受する機会から排除されたのだった。

詩人でスカルノ派の議員（国民党選出）であったシトゥル・シトムランは、一九六七年一月の暫定国民協議会を前に逮捕されたのち、一九七四年一二月三一日付でサレンバ刑務所から出されて自宅軟禁になり、その後一九七五年八月二六日に市外への移動禁止（tahanan kota）へと緩和された。釈放されても、完全に自由ではなく、ETとして定期的に当局へ報告する義務が課された。彼らは、出席カードのようなものを渡され、毎週月曜日（のちに隔週に変更）に軍当局に出向いてそこに署名を貰わねばならなかった。また多くの者は地方ごとに行政当局によって実施される教化プログラムへの参加を義務付けられ、過去がどこまでもつきまとった（シトゥル・シトムランとのインタビュー）。

略奪・不法な接収

政治犯《タポル》の住居・商店などの財産はしばしば理由もなく没収され、軍によって使用された。たとえば、前述のシトゥル・シトムランは、身柄を拘束されたのちクバヨランバルの高級住宅街

「父は1926年の蜂起に参加してニューギニアに流された。私はそこで育って、今度は自分がブル島に送られた…」と語る元政治犯トリコヨさん（2013年９月、ブカカシにて）

ダルマワンサ通りにあった住居を接収された。ジャカルタ軍管区司令官名で一九六八年二月一四日に出された「退去命令」は、一四日以内に立ち退き、治安秩序回復司令部《コプカンティブ》に引き渡すようにというもので、その理由としては、いまだにたくさんの公務員が、住居がなくホテル住まいをしているが、そのために支出する国家予算を節約するため、だと記されている（シトゥル・シトムランとのインタビュー）。筆者が面談した政治犯《タポル》はほとんどがそれまでの住居を追い出されていた。都心の一等地に住んでいた有力者や政治家のような場合などは、なおさらであった。シトゥル・シトムランの場合のように書類上の手続きを取って接収したケースはまだよい方なのかもしれない。

「追い出し」や不法な接収というとき忘れてならないのは、一九六七年に西カリマンタンで発生した、大規模な華僑・華人の奥地からの追い出しである。マレーシアのサラワクと隣接するこの地域は、スカルノ時代、マレーシア建国に反対するインドネシアの闘争の最前線となっており、インドネシア政府は、目的を同じくするサラワクやブルネイの反政府ゲリラに、インドネシア領土内での軍事訓練や民兵派遣などを含む援助を提供していた。ところが、スハルトが実権を握ってマレーシアとの対決に終止符を打ち、マレーシア建国を認めると、これらの勢力は活動を禁止され取り締まりの対象となった。サラワクのゲリラ部隊のメンバーの大半は華僑であり、彼らは、インドネシア領の西カリマンタン奥地に隠れてそこに住む華僑たちから食糧その他の必要物資を調達していた。その援助を断ち切るためには、西カリマンタン奥地の華僑たちを根こそぎ「一掃」することが必要だとインドネシア政府は考えたのである。サラワクの反政府ゲリラはＰＫＩの残党とも結びつき、抵抗をつづけていたため、インドネシアの国内問題としても、その一掃は急務であった。

元ゲルワニ（PKI 系の婦人団体）の活動家たち（前列の 3 人）。ブリタル県で（2002年 2 月）

そこで、当局は西カリマンタン奥地の先住民であるダヤク族を扇動し、一九六七年一〇月、華僑の一斉追い出しを開始したのである。華僑たちは、財産もすべて捨て、沿岸部のシンカワンやポンティアナへ難民として逃れた。その数は約一〇万人にのぼったといわれている。これだけの数の難民を支えるための経済力はこの地域にはなく、これによって生じた貧困問題は深刻であった。

海外亡命と華僑の「帰国」

九・三〇事件当時、たまたま海外、とりわけ共産圏などに留学していたため、国内での逮捕は免れたが、インドネシア大使館によるスクリーニングを拒否したためにパスポートを無効にされ、そのまま帰国できなくなってしまった者も多い。彼らは、最初は中国などに、次いでソ連や東欧諸国に、さらには、フランスやオランダなど、資本主義国ではあるが、人権問題への取り組みが進んでいる国々へ移ってお互いに助けあいながら生活している。彼らはスハルト時代には一時帰国することすら許されず、祖国を捨てた状態になっていた。

そのほかに、華僑・華人の場合は、「祖国」中国へ「帰国」するという形でインドネシアから逃れる者も続出した。「事件の背後には北京がいる」という言いがかりを突き付けられて、たとえインドネシア国籍を取っていようとも、中国系の住民は事件との関係をうんぬんされるようになり、所有する商店や住居が略奪されたり、場合によっては人的危害を加えられることもあった。そのような状況に対し、中国政府も引き揚げ船を用意するなどして彼らを積極的に迎えようとしたため、住み慣れたインドネシアを後にして中国大陸へ渡った者も多かったのである。このような帰国華僑は、中国政府が各地に用意した「華僑農場」に収容され、そこに住

9・30事件後の華僑迫害を逃れて中国へ「帰国」したひとたち。広東省の英徳華僑農場にて（筆者訪問時2013年5月撮影）

んで働くことになった。折しも中国では一九六六年に文化大革命が始まり、「帰国」したインドネシア華僑たちは経済的な困窮のみならず、政治的にも「資本主義者」だとして批判されて困難を体験した（チャン・ウェン・カンならびにヤップ・イエ・フイとのインタビュー）。

コミュニティによる圧力

虐殺被害者の家族であれ、政治犯《タポル》の家族であれ、殺された者や行方不明者の家族であれ、その多くは国家を危機に陥らせた「非国民」として、その後の長い年月を、周囲の人々の憎しみや悪意に満ちたまなざしの中で過ごさねばならなかった。また加害者と同じ空間で顔を突き合わせて生活することになり、*4 計り知れないほどの緊張感の中でじっと耐え続けてきた。多くの者はもとのコミュニティから逃げ出すすべも経済力もなく、そこに住み続けたのであるが、いたたまれないほど緊張した人間関係から脱却することが何らかの方法で可能だった者は、そのような道を選んだ。たとえば、バリでは一九七九年に、政府の政策によりいくつかの村から九・三〇事件の犠牲者の家族が集団的にスラウェシへ国内移住した。それはある種の島流しに等しかった［Bagus 2012: 223］。

家族の離散、続出した離婚

以上のようなさまざまな状況から、被害者の多くの家族が離散を余儀なくされ、生活が破壊されてしまった。投獄はもちろんのこと、逃亡や海外への亡命、あるいは人間らしい生活をするために、政治犯《タポル》となった夫と離婚せざるを得なかった妻たち、政治犯《タポル》の両親との縁を切って他家の養子にならざるを得なかった子供たちなど様々な状況がある。

*4　同じコミュニティの中で加害者と被害者が共存している状況に関する研究としては［林 2013］が詳しい。

ケンダル県下の村の書記をしていたスカルディさん（右から2人目）。拘留中、無理やり離婚届に署名させられたという（2002年8月撮影）

特に政治犯《タポル》となった男性と残された妻との離婚は、非常に高い比率にのぼった。それは決して妻の愛情の問題ではなく、一家の父親を奪われ、食べていくにも困るような貧困の中で子供を無事に育てるためにやむを得ず取られた決断であった。つまり再婚して子供たちの生活も保証してもらいたいという気持ちから、あるいはそうでなくとも、ＰＫＩと見なされた夫と縁を切ることで就職がしやすくなったためである。もっとも劣悪な条件の刑務所の一つであったジャカルタ中心部にあるサレンバ刑務所に収容されていたムナディは、その回想録の中で、面会に来た妻に離婚を申し入れられたのち、井戸に飛び込んで自殺を図った同僚のことを記している。さらに、夫が収容されている刑務所の看守と関係を持ち、離婚を申し入れてきた妻のケースもあった。当時は、囚人がどのような扱いを受けるかは看守の気持ち次第という状況があり、賄賂がはびこっていた。差し入れの食べ物がちゃんと夫に届くかどうかも看守次第だった。その妻は、看守と再婚したのちも元の夫に差し入れを送り続けた。元妻がときどき連れてくる実の子供たちに対して、その看守が父親づらをするのを見て夫の心は痛んだが、獄中の夫の待遇を少しでも良くするために、妻は心ならずもそのような決断をせざるを得なかったのであろう（ムナディとのインタビューおよび［Moenadi n.d.: 9–10］）。

中部ジャワ・ケンダル県下のある村の書記は、一九六五年一二月に郡の役人が村役場へやってきたとき、他の村役人たちと一緒に逮捕された。拘留中に白紙の紙に署名させられたが、それは離婚届だった。彼は一九六五年八月一七日に結婚したばかりだったが、離婚を強制されたのである（スカルディとのインタビュー）。

生誕100年祭に集まったシャウ・ギョク・チャンの子供たち（2014年３月）

2　社会からの「追放」――シャウ・ギョク・チャン一族のケース

本節[*5]では、以上述べたような様々な被害を体験し離散したある家族の語りを紹介しよう。それは、インドネシア国籍華人の最大の団体、国籍協商会《バペルキ》（Badan Permusyawaratan Kewarganegaraan Indonesia）の会長であったシャウ・ギョク・チャン（Siauw Giok Tjhan　蕭玉燦）の一族である。国籍協商会《バペルキ》はインドネシアと中国の間で二重国籍を禁止する方針が出されたとき、インドネシア国籍の取得を促しその具体的な方法について理解を浸透させるために作られた団体である。シャウ・ギョク・チャンはスカルノにも近く、独立戦争の時代からインドネシアのナショナリズムに傾倒し、国家建設にも積極的にかかわっていた人物であるが、多くのインドネシアのプリブミ（外来ではなく、もともとインドネシアに住んでいた先住の人たち）の目には、北京を向いた「外国人」としか映らなかったようだ。たとえば国籍協商会《バペルキ》の運営するレス・プブリカ大学は、早くも事件の二週間後に焼き討ちにあい、学生は離散してしまった。

そのような中でシャウ・ギョク・チャン自身は一九六五年の一一月にジャカルタで逮捕され、当初はサレンバ刑務所に収監された。一時期クバヨラン・ラマのヌルバヤ拘置所に移され、さらに再びサレンバへ戻された。前述のシトゥル・シトムランのケースと同じように、ギョク・チャンの逮捕と同時に家族はジャカルタ市中心部のトサリにあった家を追われ、国籍協商会《バペルキ》の別のリーダーの家に同居せざるを得なくなった。また東ジャワの国籍協商会《バペルキ》会長であった弟のギョク・ニョもマランで逮捕され、一三年半にわたって拘留された。

---

*5　この節の情報は特に明記しないかぎり、シャウの子供四人ならびに孫や姪とのインタビューによる。

中国へ逃れ、そこからさらに香港へ逃れてきた華僑たち。右端がシャウ・ギョク・チャンの息子チョン・チン（2013年6月、香港にて）

シャウ・ギョク・チャンには、七人の子供がおり、上の二人の娘は、以前から北京に留学していたが、当然帰国はできなくなった。長女のメイ・ランは、一九五九年に渡航して化学を専攻し、一九六四年に卒業していったんインドネシアへ戻り、事件当時はジャカルタの中国語学校新華で教鞭をとっていた。弟たちの話によると、彼女は共産主義の影響を強く受けており、弟たちの自由主義的な生活に非常に批判的だったという。まもなく中国語学校が閉鎖されて仕事がなくなり、さらに父が逮捕されると自分の身も危うくなってきたため、非常手段を取って再びひそかに中国へ戻った。*6

次女のメイ・リーは、一九六二年に渡航して北京医科大学で医学を学んでいた。勉学途中で、一九五九年から留学していたインドネシア人男性ブルハンと結婚した。当時、まとまった数のインドネシア人留学生がいる国では、インドネシア留学生会（Persatuan Pelajar Indonesia: PPI）が結成されていたが、ブルハンはそこで活動し、一九六五年六月にルーマニアのブカレストで開催された全ヨーロッパ・インドネシア留学生会に中国を代表して出席するなど活発であった。*7

ブルハンは一九七三年に留学を終えてインドネシアへ戻ったが、その時、妻のメイ・リーは帰国が許されず、それ以来連絡が途絶えてしまった。その後中国からオランダへ移住していたメイ・リーとの間で連絡が取れるようになり、スハルト独裁体制が倒れてようやく一九九八年に、劇的な再会が実現した。

シャウ・ギョク・チャンの三番目の子チョン・チン（男子）は、一九六五年にレス・プブリカ大学に入学したが、まもなく奨学金を得て中国への留学が決まり、ちょうど九・三〇事件発生直前に出発したばかりであった、本当はもっと早く出発の予定であったが、国慶節の式典に

*6　ある日、当時高校生だった弟のチョン・ホは、姉からオートバイである場所まで送ってくれるよう頼まれ求めに応じた。その場所で姉を降ろしたのが最後となり、姉は彼に何も語らずに姿を消したという。

*7　ちなみにアジアでその頃PPIが作られていたのは、中国以外では日本とフィリピンだけで、このブカレストでの大会に日本からは賠償留学生のギナンジャール・カルタサスミタらが出席した。

シャウ家の女性たち。前列左からソアン、メイ・リー、メイ・ラン、チョン・チンの妻（2014年3月、チサルアにて）

出席するインドネシアからの代表団が多かったため航空機は満員で、ようやく九月二三日のガルーダ航空の席が取れて出発したのだった。事件発生後、北京の大使館を通じて彼の耳にもインドネシアの情勢が伝わってきた。国慶節の式典参加のために来ていてそのまま帰国をとどまった者も多かった。

チョン・チンは、しばらく中国語を学んだ後、その年の末に名門の清華大学に入学したが、やがて半年ほどすると文化大革命が起こり、大学当局や教授に対する批判が開始されて授業は中断された。華僑であるチョン・チンは、インドネシアでの難を逃れてやってきた他の帰国華僑と同様、ブルジョアジーだとして激しい批判にさらされた。彼は三年間農村へ送られて「学習」させられ、その後訓練を受けて漁船の機関士として働いた。中にはもっと過酷な運命を体験した者もおり、スラバヤ出身のある友人は、スパイ容疑で逮捕され、福建省アモイの地下牢に入れられ、極悪の環境で三年間の獄中生活を過ごしたという。

その後周恩来首相の計らいで、海外に家族を持つ者たちはその両親の世話や家業を継ぐために特別に出国を許されることになった。父が投獄されて弟妹たちも海外へ行ってしまったのち、残された母のことが心配であったチョン・チンは手続きを取って香港へ出た。香港で市民権を得てジャカルタへ入ろうと考えたのであるが、しかし、当時外国人は七年居住しないと永住権は得られなかった。それを待っている間に、サレンバ刑務所からブル島へ送られていた父は釈放され、オランダへ行くことになったため、チョン・チンもインドネシアへの帰還を中止し、現在に至るまで香港に居住している。

チョン・チンの次の弟チョン・ヒアンは、父が逮捕された当時インドネシアに残っている子供の中で一番の年長であったが、危ないので中国へ逃げるように言われ、ひそかに国を出た。

レス・プブリカ大学同窓会＆シャウ・ギョク・チャン生誕100年祭の垂れ幕が見える（2014年３月、チサルアにて）

香港まで来たところで、同じくインドネシア華僑で、のちに妻となる女性の家族に助けられ、姉のメイ・ランを頼りに中国へ渡った。文化大革命の中で海南島へ送られ、厳しい体験を強いられたが、その頃すでに医者として働いていたメイ・ランが手をまわして呼び戻してくれた。その後結婚するが離婚。父シャウ・ギョク・チャンがオランダへ渡って死去した時、その葬儀に出席するためオランダへ行き、そのまま現在に至るまで住み着いている。

次の弟チョン・ホは、一九六七年に高校を卒業したのち、オーストラリアに留学し、その後弟のチョン・ジンと妹のリー・ミンもそれに続き、三人とも現在に至るまでオーストラリアに住んでいる。そのうちチョン・ジンは一九九八年にモナシュ大学のハーバート・フェイスのもとで、父の生涯をつづった論文を提出し博士号を取得した。[＊8] 彼が父親と一緒に暮らしたのは、父が逮捕された九歳の時までに過ぎない。しかし、その後父を獄中に訪ね、一九七三年一二月にオーストラリアへ行くまでの間、父の政治活動等について詳細に尋ねる機会を得た。

このようにシャウ・ギョク・チャンの七人の子供たちは世界各国へ散り散りになり、重い記憶を背負いながら生きている。インドネシアのプリブミを夫に持ったメイ・リーだけが、夫との劇的な再会後、イスラームに改宗し、最近ようやく居をインドネシアに戻した。シャウ・ギョク・チャンの子供の中で唯一インドネシアの地に戻ってきたのであった。

東部ジャワの国籍協商会《バペルキ》会長をしていたギョク・チャンの弟、ギョク・ニョの子供たちも、アメリカ、ノルウェー、ドイツなどに移り住み、一家は離散してしまった。事件当時、上の三人の娘たちはいずれも難関のインドネシア大学に在学していた。しかし同大学の学生は「九・三〇事件はＰＫＩによって起こされた事件である」という声明に署名しなければ学業を続けることが許されなくなったため、上の二人は母親の命令で退学した。三女のチョン・ソアンは、北

レス・プブリカ大学同窓会＆シャウ・ギョク・チャン生誕100年祭に中国・香港からかけつけたインドネシアからの帰国華僑たち（2014年３月、チサルアにて）

＊8　この研究は二〇一〇年に *Siauw Giok Tjhan dalam Pembangunan Nasional Indonesia*［インドネシア国家建設のなかのシャウ・ギョク・チャン］と題してインドネシアで刊行されている。彼はさらにその後二〇一四年に各方面からの寄稿を編集して *Siauw Giok Tjhan orang Indonesia 100 Tahun*［インドネシア人シャウ・ギョク・チャン――生誕一〇〇周年］と題する編著を出版している。

朝鮮への留学が決まっていて、ちょうど一九六五年の一〇月初めに出発する予定で、家族も全員ジャカルタへ出てきていたが、混乱の中で出発は伸び伸びになったあげく、留学は立ち消えになってしまった。その後ドイツへ渡り、そこからさらにアメリカへ移って生活していたが、近年再びインドネシアに戻ってきた。父親は釈放後、娘のいるドイツへ合流、その後四女も合流し、末子の男子チョン・ギーは一九七六年からフランスへ留学したが、今はドイツへ移住している。

このような海外への亡命は、ＰＫＩ並びにその下部組織のリーダーなどの「大物」や、中国への「帰国」を決意した華僑・華人たちに限られていて、そのような機会すらなく命を奪われていった一般の庶民にはあまり縁のない話であるともいえる。しかし、痛みをかかえてその後の日々を過ごしたことに変わりはない。

ギョク・チャンも前述のシトゥル・シトムランのケースと同じように、一九七五年九月には自宅軟禁へと身分を移され、その後しばらくは市外への移動禁止（tahanan kota）という身分で移動の自由を奪われていたが、目の治療を理由にオランダへ行くことを許され、一九八一年一一月にその地で永眠した。また弟のギョク・ニョものちに自宅軟禁から移動の自由だけを奪われる市外への移動禁止に変えられ、その段階で当局に知られずにドイツへ出国し、その地で一部の子供たちと合流して最期を遂げた。

二〇一四年春、西ジャワのチサルアで、レス・プブリカ大学の同窓会が開催された際、シャウ・ギョク・チャン生誕一〇〇年の集いも催され、子供たち、孫たちが世界の隅々からやってきて一堂に会した。一九九八年のスハルト政権崩壊による民主化の流れの中で、九・三〇事件の犠牲者たちが少しずつ声をあげることができるようになってはいたが、中国系の住民に関す

1998年にスハルト政権が倒れたのち、オマル・ダニ元空軍司令官（左から２人目）も釈放された（2002年９月）

る限りは、彼らが堂々と声をあげるまでにはさらに数年を要した。スハルト政権によって押し付けられていた中国的文化の抹殺やインドネシア名への強制的改名などの政策が廃止され、国籍取得も容易になった結果、ようやく彼らも変化を肌で感じとれるようになり、そのような集いを大規模に開催することが可能になったのである。

3　和解と名誉回復《レハビリタシ》

スハルトが権力を握っていた一九九八年まで、この事件に関する被害者の側からの発言は全く封印されてきた。アディの言うところの「沈黙《サイレンス》」である。一九九八年五月にスハルトが民主化勢力の圧力に負けて退位し、後任に副大統領のハビビが就任すると、いまだに投獄されていたこの事件がらみの政治犯《タポル》も三十数年ぶりに釈放され、風穴があけられた。この事件の真相究明がなされるかという期待が生まれ、その後の、その時々の大統領によって、そこへの道は遠くなったり少し近づいたりしたが、現在に至るまで、犠牲者たちが求めるような名誉回復《レハビリタシ》はいまだなされていない。

スハルト体制崩壊とともに、次々に犠牲者の名誉回復《レハビリタシ》を求める団体が結成された。その数は二〇〇三年までには、一四にのぼった。最初に結成されたのは、PKI系婦人団体ゲルワニのリーダーだったスラミ（Sulami）の発案で一九九九年四月七日に立ち上げられたYPKP（Yayasan Penelitian Korban Pembunuhan 1965–1966、一九六五—六六年の殺戮被害者調査財団）という組織である。YPKPは、殺害の被害状況の調査を主目的とする団体で、それぞれのケースについ

LPR-KROB 会長スマウン・ウトモ氏と夫人
（スマランの自宅にて）

て関係者から聞き取り調査をして何が起こったのかを究明するとともに、法廷に提出できるような（forensic）調査が必要であると訴えた。被害者たちは、将来裁判の可能性があるかと期待して犯罪の証拠集めを始めたのである。設立に際しては、著名な作家プラムディア・アナンタ・トゥル（Pramudya Ananta Toer）、その弟のクサラ・スバギオ・トゥル（Koesalah Soebagio Toer）、ハサン・ライド（Hasan Raid、元 Akademi Ilmu Spesial Aliarcham 講師）らが中心的メンバーとなった［Koesalah 2008］。

この組織はその後、あくまで調査に徹し政治活動を避けようとするプラムディアたちと、創設者のスラミとの間で見解の相違が生じ、以下に述べる二〇〇〇年のウォノソボでの集団埋葬地発掘調査ののち、二〇〇二年にスラミは分離し、別途ＬＰＫＰ（Lembaga Penelitian Korban Pembantaian、殺戮犠牲者調査会）を結成した。これはメガワティ率いるＰＤＩＰ（闘争民主党）と連帯してより大衆組織的な活動にコミットした。そこでは元政治犯《タポル》の娘で国会議員となったリブカ・チプタニン・プロレタリヤティ（Ribka Tjiptaning Proletariyati）も活動に参加していた［McGregor 2012: 238］。その後クサラらは二〇〇七年にハルソやベジョ・ウントゥンらと対立して組織を分離し、ＹＰＫＰ－ＨＡＭと改名して今日に至っている（［Koesalah 2008］ならびにクサラとのインタビュー）。

調査を重視するＹＰＫＰとは対照的に、明確な闘争を表面に掲げた団体も二〇〇〇年一月一五日にジャカルタで結成された。ＬＰＲ－ＫＲＯＢ（Lembaga Perjuangan Rehablitasi Korban Pegawai Negeri Rezim Orde Baru、公務員名誉回復《レハビリタシ》闘争組織）である。＊9 設立当初の会長はジェノ・スサント（Geno Susanto）であったが彼の死後、スマウン・ウトモ（Semaun Utomo）が引き継いでいる。彼の名は、オランダ時代のＰＫＩの創設者であるスマウンの名を取って党員であった父がつけた

パコルバのメンバーたち。左から２番目スンコウォ、５番目が会長のマヌルン。右端がヘル・アトモジョ空軍大佐

＊9　実はこれに先駆けて中部ジャワで二〇〇〇年一月にForum Pemulihan Hak Sipil Politik Tapol/Napol（政治犯の政治的権利回復を目指すフォーラム）が結成されており、これが前身となった（スマウン・ウトモとのインタビュー）。

もので、彼らは二代連続の筋金入りの共産主義者であった。スマウンは元全国鉄道労働者組合の会長兼「ハリアン・ラヤット」紙（PKIの機関紙）の編集者で、ブル島に流刑になった。

LPR－KROBは、当初は恩給など元公務員の権利を回復するための団体としてスタートした。しかしその後公務員以外にも対象を広げ、また名称からも「公務員」を削除した。この組織は、まず水平的な和解（rekonsiliasi）を求め、それが成功したら、次に垂直的な和解を求めることを目指しているという。筆者がスマウンにインタビューした二〇〇二年の段階では、一四州から一万人の会員が参加しているということであったが（スマウン・ウトモとのインタビュー）、その後、メンバーの老齢化に伴って活動家が減少し、二〇一五年現在は独立した事務所も持てないほど弱小化している（クスナンダルとのインタビュー）。

その間、パコルバ（Pakorba, Paguyuban Korban Orde Baru、新体制犠牲者会）という、九・三〇事件のみならず、スハルトの新体制下で発生したタンジュンプリオク事件[*10]、アチェ内戦時代の弾圧などのすべての人権侵害の被害者のために闘う組織が結成された。二〇〇二年当時の会長はバタック人キリスト教徒のマヌルン（Manurung）であった。ここには、空軍の情報将校として九月三〇日の事件にもかかわっていたヘル・アトモジョ（Heru Atmojo）空軍大佐やスンコウォ（Sungkowo）憲兵大尉、元電気大臣のスティアディ・レクソプロジョ（Setiadi Reksoprojo）らも参加していた。

犠牲者たちの名誉回復《レハビリタシ》を求める一四団体の中には、陸海空軍並びに警察関係者の名誉回復をめざす団体もあり、たとえば海軍の場合には、スカルノ時代末期から新体制初期にかけて長い間ジャカルタ知事を務めたが、のちにスハルトの独裁に反発して民主化を要求、「五〇人の請願書（Petisi 50）」のメンバーにも加わったアリ・サディキン海軍大将が、そのイニシャティブ

9・30事件翌朝放送局を占拠し、革命評議会の声明を読み上げさせたスンコウォ大尉。釈放後家族とともに質素に暮らしていた（2002年8月）

＊10　一九八四年九月ジャカルタ市のタンジュンプリオクで発生した治安当局による住民弾圧事件。宗教的な対立で当局に逮捕されていた四人の住民の釈放を求めて、モスクに集まった信徒たちがイスラーム指導者のもとで強く抗議したところ、治安当局が過剰な反応をしたため事件は暴動化し、多くの住民が殺害された。スハルト政権崩壊後、深刻な人権侵害のケースとして再調査が行われている。なおこの背後にはスハルト体制が課した、すべての団体の組織原則を、神への信仰、人道主義、インドネシアの統一、英知ある人物に導かれた民主主義、社会

をとった。[*11] 彼がこの問題にかかわるようになったきっかけは、サラティガの少女からの一通の手紙だった。彼女は海軍出身の政治犯《タポル》の娘で、二週間後に結婚を控えているのだが、婚約者の父親に、自分の父親の過去を知られてしまい破談になったという内容だった。彼はこんなことがあってよいものかと奮起したのである（アリ・サディキンとのインタビュー）。

そのほかの団体としては、三・一一命令《スプルスマル》書直後に逮捕された大臣たちの会、法律援護と人権の会（Perhimpunan Bantuan Hukum dan Hak Asasi Manusia Indonesia: PBHI）、国民団結（Solidaritas Nusa Bangusa: SNV）などの人権団体、人民エンパワーメントのためのコンソーシアム（People's Empowerment Consortium: PEC）、またジョクジャカルタなどではＫＩＰＰＥＲ（Kipra Perempuan）という、女性被害者たちの団体があり、定期的な会合を開いている。

被害者たちの言い分や要求は、きわめて多様である。問題解決の方法に関して大きく分けて二つの考え方があり、犠牲者の間で分かれている。一つは、裁判を通じての解決（Judisial）を目指すもの、もう一つは、法的措置を取らないで行う解決（non-Judisial）を目指すものである。前者は裁判を通じて責任を取らせ、謝罪をさせることで、いくつかの団体はそれを求めている。ただし「謝罪」には、「ＰＫＩへの謝罪」と「人権侵害に対する謝罪」という二つの考え方がある。前者はインドネシアでマルクス主義自体が解禁にならない限りありえないことであるが、多くの元政治犯《タポル》や活動家たちが求めているのは後者である。[*12]

しかし実際、九・三〇事件の責任者を裁判にかけたり、政府に謝罪を求めるというような厳しい要求は、スハルトが死んでしまった今、もはや望み薄ではないかとみる犠牲者たちも多い。また裁判なくして政治的解決で謝罪をするというのも困難だと考え、そこまで求める団体は少ない。多くの団体が示す現実的な「闘争」項目は、政府が責任をもって事件を糾明し、事

ジョクジャカルタでKIPPERの会合に集まった元政治犯たち（2015年９月、三宅良美さん撮影）

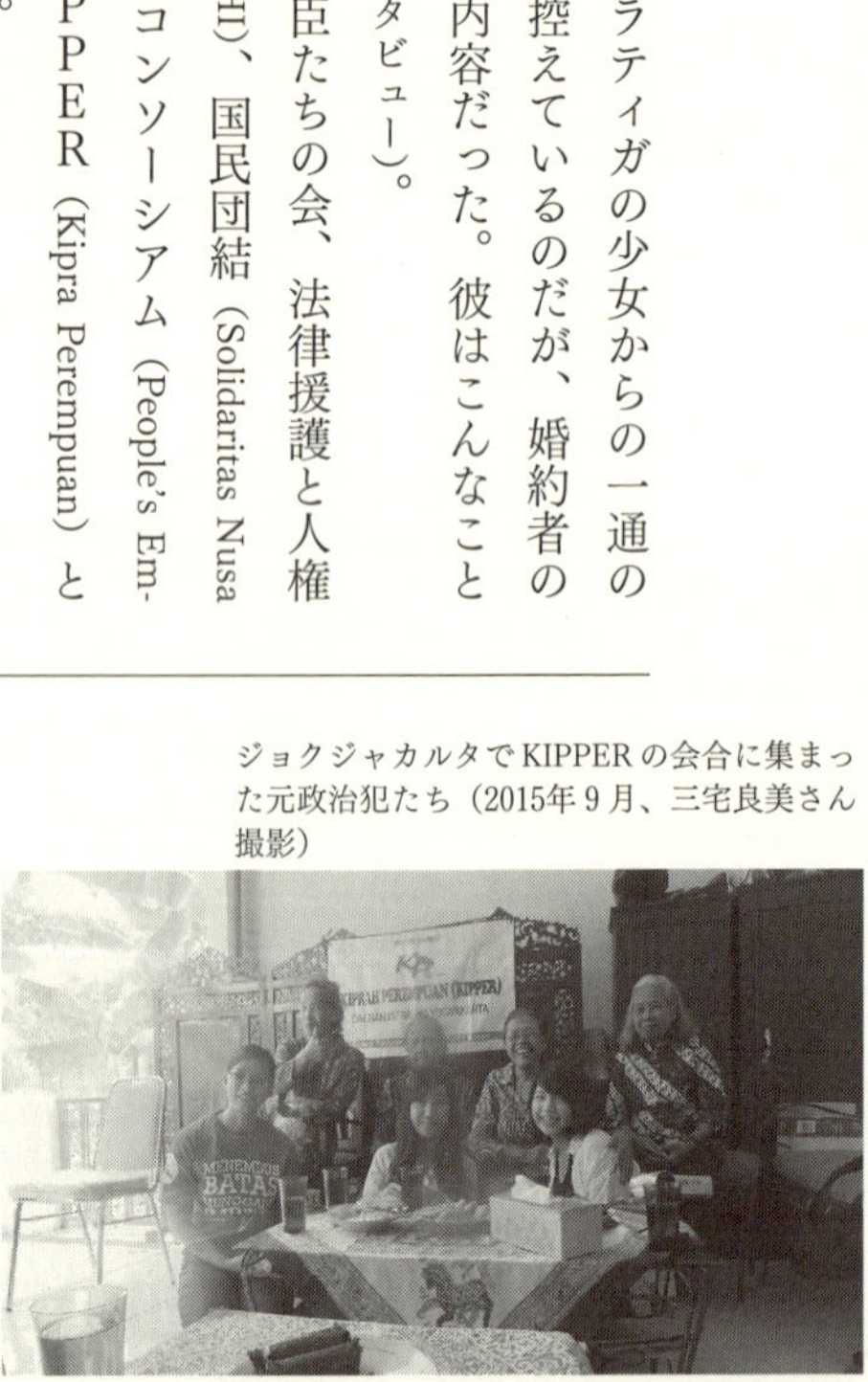

的公正の五原則を盛り込んだ国是、パンチャシラとすることを義務付けるという政府の方針に対するイスラーム勢力の反対があったといわれる。

＊11　陸軍ではムルシップ少将が、また空軍では、スカルノの副官を務めていたバンバン・ウィジャナルコが代表になっている。空軍の方が海軍に先駆けて、支援チーム（Tim Advokasi）を設置した。

＊12　ワヒド大統領や、イスラー

件の存在を認めること、国家が元政治犯《タポル》の名誉を回復する（rehabilitasi nama baik）こと、また彼らやその家族に対する差別を取り除くこと、歴史教科書の改編などである。そもそもインドネシアで当局が九・三〇事件というときに意味しているのは、九月三〇日から一〇月一日にかけて起こった将軍暗殺事件のことであり、そのあとに続いた「虐殺」は、それが起こったことさえ正式には認めていないのである。それを認めさせることが多くの団体の当面の大きな政治目標になっている。*13

このように、少しずつ見解や戦術を異にする多くの組織が乱立しており、なかなかそれらを統括する組織は出来にくく、それが彼らの運動の弱点となっている。しかし連合体を作ろうという動きがなかったわけではなく、たとえば、「一九六五年事件犠牲者の主張擁護チームならびに名誉回復《レハビリタシ》闘争団体連合フォーラム（Forum Koordinasi Tim-Tim Advokasi dan Lembaga Perjuangan Rehabilitasi Korban Peristiwa '65）」という連合体を結成し、互いに連絡を取り合いながら活動を続けた時期もあった。

さらに二〇〇六年には、連合体ならびに支援センターとして「セクベル六五」（Sekber 65, Sekretariat Bersama '65の略、六五年共同事務局の意）が結成された。これは、真実追及、正義の探求を通じてインドネシア国家に一九六五〜六六年に発生した痛ましい人権侵害を認めさせることを使命として、二〇〇六年にソロで結成され、中ジャワ各地一五カ所に支部をもっている［McGregor 2012: 256］［Human Rights and Victim Advocacy 2013: 151–153］。活動としては犠牲者のための政治教育活動、生存者に関する情報収集、集団埋葬地調査、ドキュメンタリー映画制作などを手がけている。しかしのちに見るように、二〇一五年の事件五〇周年記念イベントの開催に関しても意見が分かれ、共同で戦うことは極めて難しい状況である。

ム団体ナフダトゥル・ウラマ（NU）の下部組織であるアンソールのジョクジャ支部が、謝罪する意思を表明したことがあるが［McGregor 2012: 239］、これは人権侵害に対する謝罪である。

*13　あまり急進的でない団体は、謝罪するのは「構造的な（struktural）」解決であるが、自分たちが推奨しているのは犠牲者たちが再び社会に受け入れられるようにするという「文化的な（kultural）」方法である、と述べている。

LPR-KROB のメンバーたちとのインタビュー（2002年8月、スマラン）

また、求めるものは犠牲者の階層によっても異なる、とジョクジャカルタの人権活動家ピピット（Pipit）は見る。彼女によれば、貧しい人たちは物質的な補償を求める。少し余裕のある人たちは名誉回復《レハビリタシ》を求める。さらに余裕のある人たちは「もうこの問題を突つかないでほしい」と考える傾向があるという（ピピットとのインタビュー）。

当局の対応

それでは、当局による名誉回復《レハビリタシ》や真相究明は進んでいるのだろうか？　この問題に最も積極的に取り組んだ政治家は、一九九九年一〇月に、民主化後の最初の大統領として就任したアブドゥルラフマン・ワヒド（通称グス・ドゥル）であった。彼は、六五年の虐殺に大きく関与したといわれるイスラーム団体ナフダトゥル・ウラマ（以下NUと称す）の創設者の孫であり、自らもその指導的な地位を保持してきた。しかし文化的多様性を認める非常にリベラルな人物で、人権問題にも深い関心を持っていた。彼はまず真相究明が重要だとして、自らNU系の若者たちに呼びかけ、「シャリカット（Syarikat）」という九・三〇事件調査のための連合体を二〇〇一年一二月に設立した。これは政府機関ではなく、あくまで民間団体であるが、当初は大統領の意向を受けて作られたものとして期待を集めた。ジョクジャカルタに事務局を置くが、実態は、ジャワ・バリ各地にある既存のイスラーム系人権団体の連合体である。当初は一八の都市の一八の団体が参加していたが、その後三二都市に増えている。彼らの調査は被害者側からの聞き取りだけでなく、殺害に手をそめたイスラーム・リーダーたちからの聞き取りにも及んでいる。[*14] 双方から話を聞いて両者の距離を埋め、究極的には両者を和解させることを目指している。イスラーム系の若者たちが真相調査に従事し、過去を掘り起こすことに関し、イスラーム

筆者のインタビューに答えるKIPPERの活動家ピピット（2015年9月、ジョクジャカルタにて、三宅良美さん撮影）

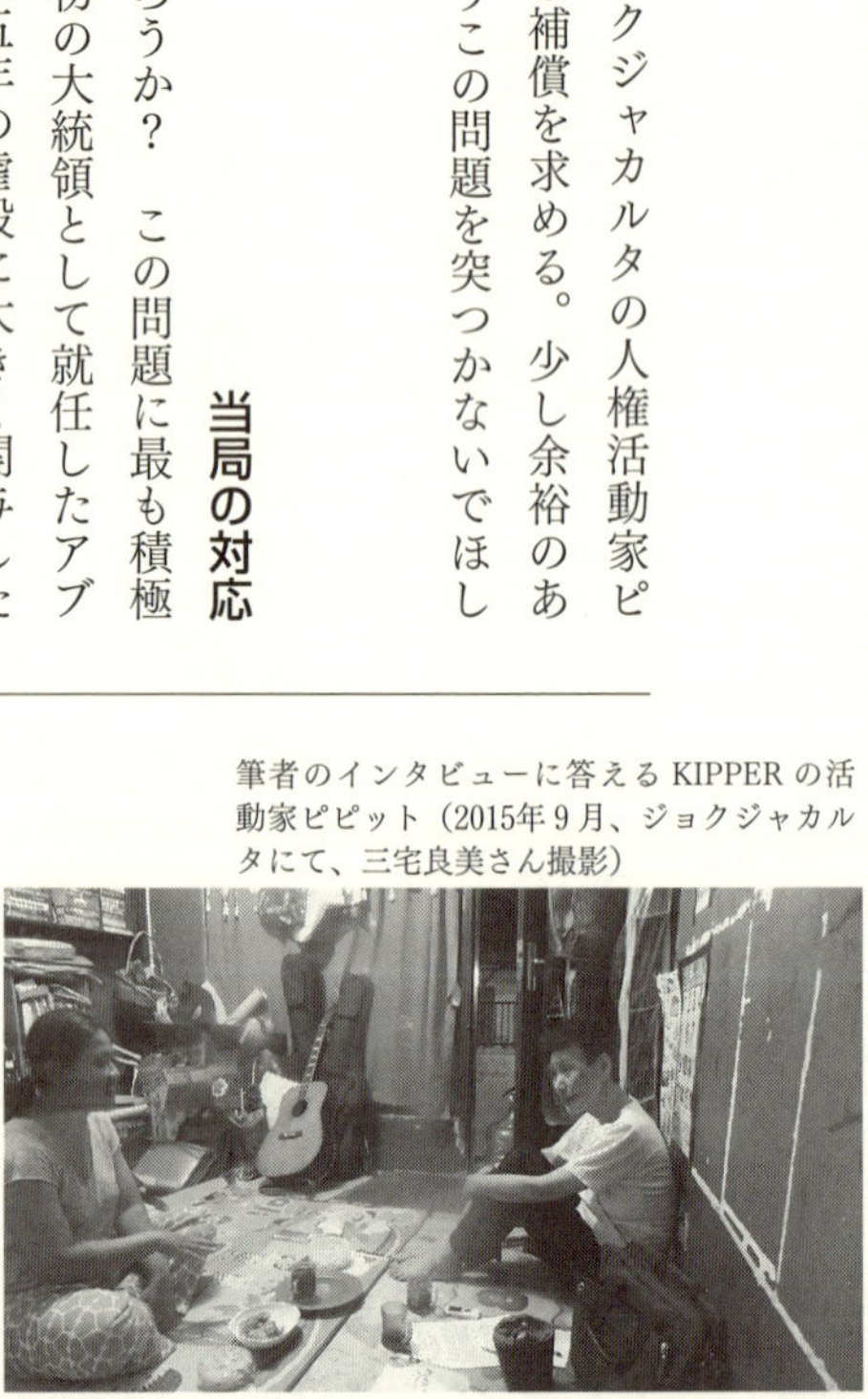

＊14　コーネル大学のベネディクト・アンダーソンが、「六五年の問題を解決せずして民主化を語るのはナンセンスだ」と言った言葉に触発されて自分たちは立ちあがった、と筆者とのインタビューにおいてシャリカットのリーダーたちは語った。

の長老たちから反対やいやがらせもあったが、彼らはおおむね人権問題としてこれに取り組んだ（ラトナならびにディアナとのインタビュー）。

またこの時期アジア人権委員会が一九六五〜六六年の虐殺を調査するようにワヒド大統領並びに国家人権委員会（Komnas Ham）に訴え、これに基づいて同委員会はブル島での人権侵害について調査を行うことになったが、この段階で国家人権委員会はブル島での人権侵害についてのみ調査する権限を与えられており、議会がまだマルクス・レーニン主義に対する禁止令を廃止していないという理由で殺戮に対する調査は拒否していた［McGregor 2012: 241］。

ワヒド大統領がやろうとした最も重要、そしてセンシティブなことは、一九六六年の暫定国民協議会決定一五号（TAP XXV/MPRS 15）を取り消す意思を表明したことであった。この決定こそが、マルクス主義を禁じ、その活動はおろか、学問として学ぶことも禁じ、PKI関係者の全面的弾圧の法的基礎となったものである。これを廃止するということは、六五年の犠牲者の完全な名誉回復《レハビリタシ》、差別撤廃を意味するどころか、共産主義の禁止すら取り除くということを意味するのである。彼の周辺は当然大反対であった。ワヒド内閣の法務大臣であったユスリル・イズラ・マヘンドラは強く反対、アミン・ライス国民協議会（MPR）議長も反対表明した。連立を組んでいた、当時の最大政党PDIP（闘争民主党）も反対した。イスラーム団体ももちろん大反対で、大統領宮殿へ激しいデモが行われた[*15]。

ワヒド大統領は、二〇〇一年七月国会で罷免され、任期途中で退任を余儀なくされるという前代未聞の事態となったのであるが、彼がひきおろされた最大の原因は、この共産主義解禁の動きを阻止するためであったと言われている。このことはいかに、インドネシア社会のなかに共産主義に対する恐怖や抵抗が根強く存在するかということを示している。民主化後の一連の

大統領就任前、「真相究明が必要だ」と筆者に熱く語ったワヒド大統領（1999年8月、ジャカルタ市チガンジュールの自宅で）

＊15　そのような中でアリ・サディキンはワヒドの措置を支持した数少ない政治家の一人だった。筆者がインタビューした時彼は、「日本にも共産党はあるだろう？　イタリアにもフランスにもあるよね。政党として存在するのはかまわないじゃないか」と語った。

流れを見ていても、このワヒド政権の時期が、九・三〇事件問題の解決にもっとも光明がさした時代であった。

　次に大統領に就任したメガワティは、九・三〇事件で失脚したスカルノの娘でありながら、この犠牲者たちの名誉回復《レハビリタシ》や差別撤廃に期待されたほど貢献することはできなかった。この時期、犠牲者の復権のために闘う諸団体からの要請に応じて、*16最高裁判所長官バギル・マナンは、二〇〇三年六月一二日、大統領に名誉回復《レハビリタシ》に向けて具体的な措置を取るようにと勧告した。最高裁長官がこのような勧告をするということは驚きを与えた。名誉回復《レハビリタシ》の決定は大統領に与えられた特権であり、最高裁長官にはそれがなかったため大統領に委ねたのである。しかし、驚いたことに、メガワティはこれを無視した。そして二〇〇三年八月に開催されたメガワティ政権下で最後の国民協議会年次総会は、一九六六年の暫定国民協議会決定一五号の廃止を実現できなかった。真相究明と和解のための委員会（Komisi Kebenaran dan Rekonsiliasi: KKR）設置のための法案が国会（DPR）に上程されていたが、これもまだ審議されていなかった［*Kompas*. 25 Aug. 2003］。その後二〇〇三年一〇月八日に名誉回復《レハビリタシ》闘争団体連合フォーラムは、傘下の一四団体の名においてメガワティ大統領宛ての陳情書を提出したが、これも成果を生まなかった。二〇〇三年七月二五日に国民協議会議長アミン・ライスが「共産主義を教えることを認めるようなことをすれば、インドネシアは本当に馬鹿である」と述べるなど、メガワティをけん制する声も根強かった。

　そうこうするうちにメガワティの任期は二〇〇四年に終了し、その後初めての大統領直接選挙に立候補したが敗れた。メガワティ大統領のもとで、多少とも盛り上がっていた名誉回復《レハビリタシ》闘争への期待は、潰えた。父親が失脚させられ、監禁同様の状態で最後の三年間を過ごすことを

*16　たとえば二〇〇三年三月一一日に最高裁長官はLPR-KROBの長であるスマウン・ウトモやウィタルヨノ・レクソプレジョらと面会し、最高裁に対し書面で名誉回復を求める要望書を提出するようにという提案をした。また二〇〇三年四月五日にそれと並行して、スティアディ・レクソプレジョ、イブラヒム・イサらが、ジュネーブにある国連人権委員会に提訴した。同時にアリ・サディキンらが、政治担当調整大臣バンバン・ユドヨノに接近し、名誉回復を訴えた。

野党政治家時代には改革のプランを熱く語っていたメガワティだったが……（1997年、ジャカルタ市クバグサンの自宅にて）

余儀なくされ、自分自身も犠牲者の家族であるメガワティが大統領の座にあってさえ、父親の名誉回復《レハビリタシ》にもつながるこの措置を取れなかったのである。それは、その政権の弱さにもよるが、世論を含めこれに反対する空気がいかに強かったかを物語っている。

新たにインドネシア共和国第六代大統領に選出されたのは、彼女の政治担当調整大臣であったスシロ・バンバン・ユドヨノである。彼は、九・三〇事件後の共産主義者一掃の指揮を取った陸軍降下部隊の司令官サルオ・エディ大佐の娘婿であった。メガワティとは正反対のファミリーバックグラウンドを持つユドヨノに、当初から大きなブレーキがかかっていたことは否めない。任期三年を経た二〇〇七年に最高裁が九・三〇事件の犠牲者の名誉回復《レハビリタシ》を勧告したが、ユドヨノ大統領はこれに従わなかった［McGregor 2012: 261］。アスヴィ・ワルマンによればユドヨノは、「真相究明と和解のための委員会」のメンバー任命を見送ったという［McGregor 2012: 252］。

国家人権委員会による調査は、ユドヨノ大統領時代の二〇〇八年に始まり、全国各地で三四九人の証人から聞き取りが行われた。二〇一二年七月にその結果が発表され、それによれば殺人、拉致、拷問、専制的な拘留、強制労働、集団強姦、強制的移住、略奪、自由や表現の自由の制限などの人権侵害が見出されたということであった。そして特定のグループの大量殺害を図ったものであり、深刻な人権侵害があったと結論付け、人権法廷を開催すべきであると検事総長に進言した。ところが検事総長はふさわしくない部分があるとしてこれを拒否した［Sekretariat IPT 2015: 1–2］。それを検事総長が認めれば、特別人権法廷（Ad Hoc Human Right Court）の設立を議会に勧告できる、と期待されていた［McGregor 2012: 260］が、希望は砕かれた。二〇一二年一二月に同委員会は勧告を再提出したが、二〇一三年一月に検事総長は再度こ

治安部隊に摘発される女性たちの写真（インドネシア国立図書館提供）が表紙を飾った*Pengakuan algojo 1965*（1965年の殺戮者たちの証言）［Kurniawan et al. 2013］

れを拒否した。[17] サルオ・エディ将軍が人生の最後に自らの行為を謝罪する姿勢を見せ、その責任を受け入れようとしたことは、（その娘婿である）ユドヨノ大統領が二〇一四年の任期終了前に人権侵害に対して謝罪をする可能性を示したことになるだろう、という希望的な観測もあったが［McGregor 2012: 262］、それは実現しないままユドヨノ政権は終わった。

大量虐殺現場の発掘作業

このように名誉回復《レハビリタシ》や和解が遅々として進まないのはインドネシア社会の中に共産主義に対する根強い反対、恐怖や危機感があるからである。大虐殺は人権侵害という観点から、確かに行き過ぎがあったとは認めるとしても、やはり共産主義者は国賊であって、国軍の民衆はそれを成敗したのであるという信念は非常に強固なもののようである。

そのことは二〇〇〇年に中ジャワ、ウォノソボ（Wonosobo）県カリウィロ（Kaliwiro）郡の森で行われた集団埋葬地の掘り起こし調査が大きな抵抗に遭ったことからも推察できる。各地に散らばる集団埋葬地の発掘をし、遺体をしかるべき形でしかるべき場所に再埋葬しようという作業は様々な団体が犠牲者の尊厳を取り戻すために手がけている活動のひとつである。人は一人ひとり葬られるべきものであるという考えから集団埋葬は国際人権法上の人権侵害だと見なされている［McGregor 2012: 235］。また集団埋葬地は、すなわち大量虐殺の場であり、「墓を見つけることは悲劇を明るみに出すプロセスの第一歩である」という考えからもこれは重要な作業であった。[18]

ウォノソボでの発掘作業は、ＹＰＫＰによって二〇〇〇年一一月に実施された。ここで処刑されたのは、ジョクジャカルタから送られた二一人の犠牲者である。犠牲者の一人にＰＫＩ選

東ジャワ・ボンドオソ県の殺害・死体遺棄現場となった溜池（筆者の調査助手ヤシン氏撮影）

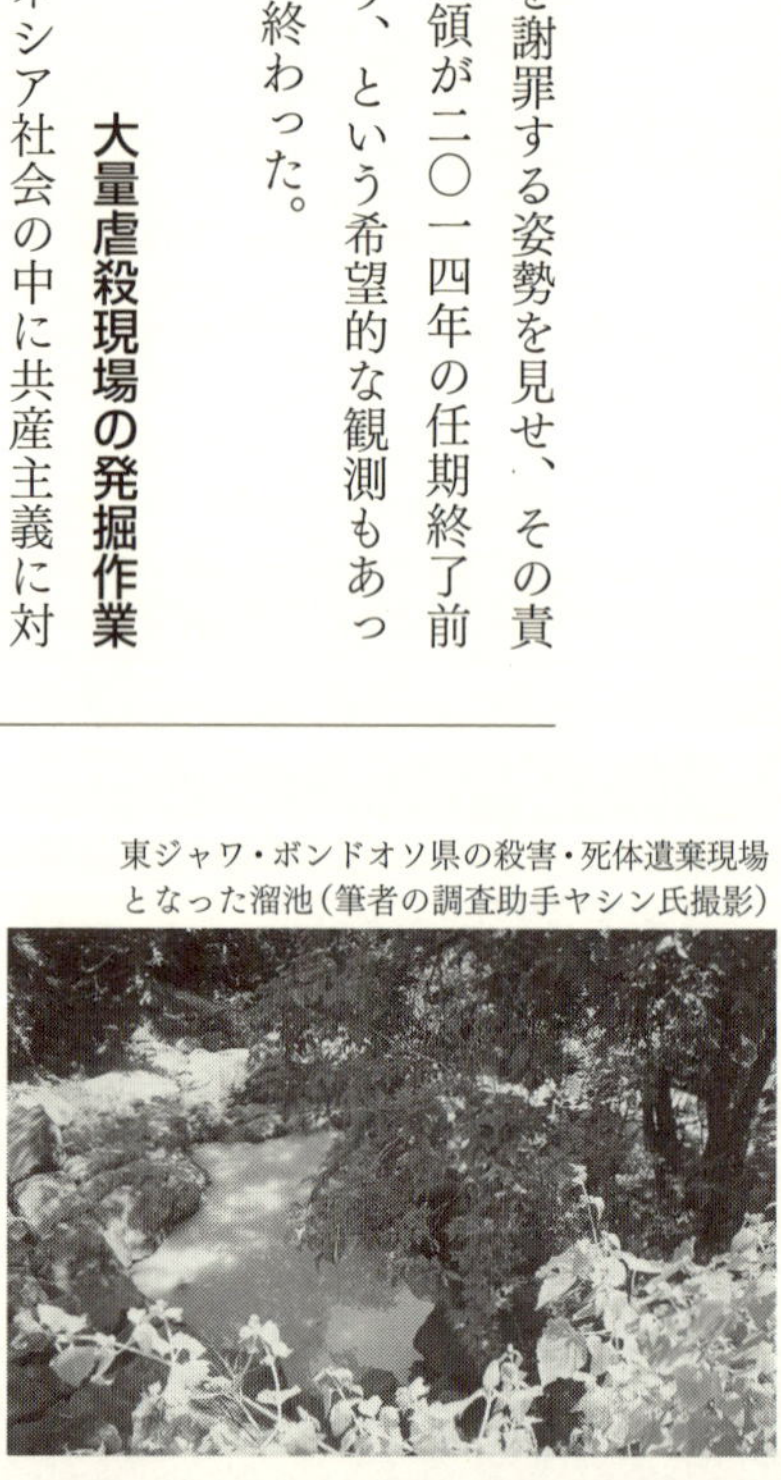

*17　国家人権委員会（Komnas Ham）には強制力がなく、あるとき虐殺に関与したと見なされた将軍を呼び出したが、出てこなかった。

*18　二〇〇七年に任命された国家人権委員会の委員長は各地の集団埋葬地の調査に乗り出した［McGregor 2012: 257］。

出の地方議会議員ムハディがいたが、自らも政治犯《タポル》であった娘のスリ・ムハヤティによれば、虐殺の事実は全くの偶然から奇跡的に記録されていた。というのは、国軍の地区司令部で強制的に労働奉仕をさせられていたある政治犯《タポル》の女性が、掃除の際に、処刑された人物の名前と処刑の日時・場所が記録された資料をたまたま目撃し、とっさに聖書の余白に書き込んだというのである。彼女は釈放後、密かにそのことを関係者に伝えた。それによると、犠牲者たちは一九六六年二月二六日にジョクジャカルタからウォノソボへ移送され、三月三日に処刑されたということだった。[*19] スリ・ムハヤティによれば、遺族らは実はスハルト時代から密かにその虐殺の場を訪れていたため、スハルト体制崩壊後ただちに発掘作業が開始できたのであった[*20]（スリ・ムハヤティとのインタビュー）。

二〇〇一年の発掘作業のイニシャティブをとったのは、YPKPのスラミらで、彼らはシャイフル・H・ソディック（Syaiful H. Sodiq）などシャリカットのNU関係者の協力も取り付けていた。当時のウォノソボ県長は闘争民主党、副知事はNU系の人物で、この発掘作業は県当局の了解や、地元の国軍・警察からの許可もとっていた。発掘に際しては地元のNU系青年団体アンソールのメンバーも同席、イスラーム寄宿塾《プサントレン》やマドラサ（イスラーム系学校）もテントを用意するなど協力、アムネスティの活動家で、政治犯《タポル》の妻でもあったイギリス人女性カメル・ブディアルジョ（Camel Budiarjo）や、ミッテラン元フランス大統領夫人も参加するなど、各方面からの支持やメディアの関心を集めて行われた（[Sulami 2000]、DVD "Mass Grave" ならびに [McGregor 2012: 234–262] 参照）。

こうして最初に予想していたよりも多く二六遺体が掘り起こされた。どうやらジョクジャカルタからの二一人の他にさらに五名いたようである（*Suara Merdeka* 20 Nop. 2000）。二六遺体のう

*19　実は同じ頃ウォノソボから二二人がジョクジャカルタへ送られグヌンキドゥル県で殺されたそうだ。ジョクジャカルタからも二二人が移送される予定だったが、一人は移送の日にトイレに隠れ続けて難を逃れたのだという。

*20　別の情報によれば、元の刑務所職員が、この場所で殺された者の名簿を持っていて、それを提供してくれたため、遺体の確認は比較的たやすかったということである。

中部ジャワ・ジェパラ県の殺害現場（2002年8月）

ち六人の身元が、歯型その他の鑑定によって確認された。そこまでは順調に進んだのであるが、掘り起こされた遺体をしかるべき墓地に再埋葬する作業に際して大反対が起こった。確認された遺体はそれぞれの遺族に引き取られたが、問題は身元が判明しなかった二〇人分の遺体をどこへ埋葬するかであった。元政治犯《タポル》でＹＰＫＰのメンバーでもあったイラワンなる男性がトゥマングン（Temanggung）県カロラン（Kaloran）郡の自分の土地を埋葬のために提供してくれた。ところがイスラーム関係者の多くは、この再埋葬によって、共産主義者たちにとっての「英雄の墓」が作られるのは何とかして阻止しなければならないと考え、その儀式を中止するよう求めてきたのである。すでに宗教指導者や、地方議会のＮＵ系政党の議員や県警の諜報担当チーフなどと事前に話し合っていたのであるが、多くの民衆はそれに納得しなかった。墓地の提供者イラワンの家に通じる道路が群衆によって封鎖された。群衆は遺体を乗せた車をストップさせ、棺を引っ張り出し、遺体の破片を道路にぶちまけた。骨は集められたが群衆は残りの棺を燃やし、イラワンの家を破壊した。驚いた関係者たちは再埋葬を中止することにしたが、それでも抗議は続いた。「ＰＫＩの骸骨のための場所はない」「ＰＫＩの骸骨を燃やせ」などという垂れ幕があちこちに張られていた。この発掘作業は、関係者に大きなショック、トラウマ、怒りなどさまざまな心理的な影響を与えることになった*21 [McGregor 2012: 244–246]。

　またバリでは、後日ガベンと呼ばれる火葬が行われることもあった。バリの葬儀は必ずしも死の直後に行われるとは限らず、経済的な理由も含め何らかの事情で後日実施されることはしばしばあるためそのこと自体は不自然なことではない。たとえば、一九六六年に国軍に呼び出されたまま姿を消したステジョ知事の火葬《ガベン》が行われている。また、二〇一二年九月には、この事件によるすべての犠牲者の霊を鎮めるための火葬《ガベン》が、ヒンドゥーの聖職者によって、スカル

*21　マクグレガーは、スラミはこの発掘のあと感情的、肉体的なストレスのために体調が悪くなり、一年も経ないうちに亡くなった、と述べている [McGregor 2012: 244]。

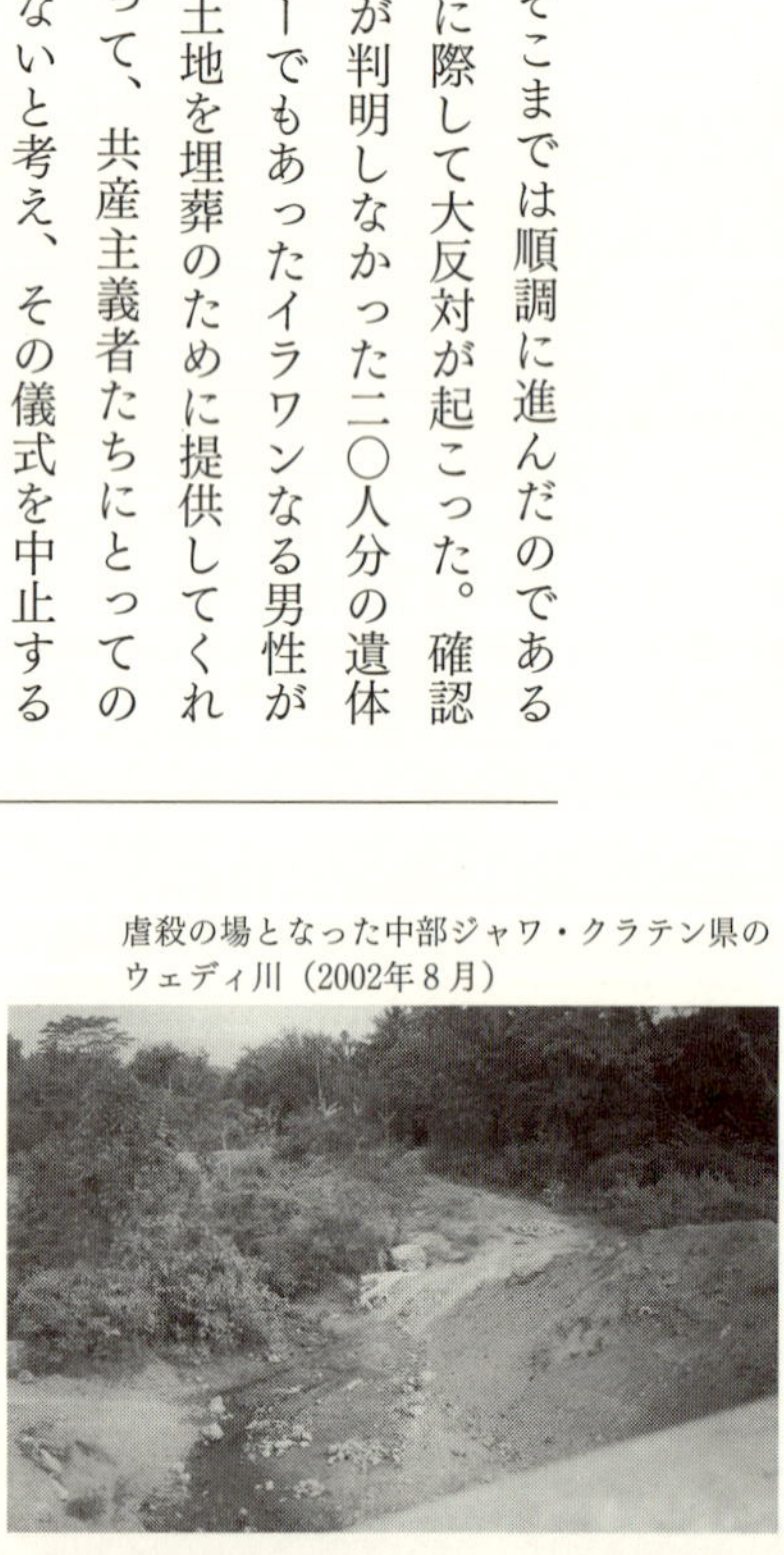
虐殺の場となった中部ジャワ・クラテン県のウェディ川（2002年8月）

ノの娘や、九・三〇事件で暗殺されたヤニ将軍の娘たちの臨席のもとで行われた［*Tempo* 21 Okt. 2012: 70］。

変わらぬ歴史解釈

このような実情を見ていくと、学校の歴史教育の教科書における認識が少しも変わっていないこともうなずける。スハルト政権崩壊（一九九八年五月）後、この事件はＰＫＩが起こしたものであるという国軍の解釈を見直す動きが当時の教育文化大臣ユオノ・スダルソノ（インドネシア大学政治学教授）によって起こされた。チームを編成して検討された結果、すぐにはカリキュラムの改訂にはいたらなかったものの、一九九九年七月に出された「高校の歴史教育における教師への指針（SMU/MA/SMK）」のなかで画期的な方向性が示された。ひとつは、事件をどのように表記するかに関し、これまでの歴史教育で使われていた「G30S/PKI（インドネシア共産党の九月三〇日運動）」という用語から「ＰＫＩ」が削除されたことである。つまりこれまでは事件の首謀者はＰＫＩであることが大前提とされていたのであるが、他の可能性を考える余地を残したのであった。もう一つは、ＰＫＩとの関係を疑われた多くの人が殺害されたという、これまでは全く触れられなかった記述が加わったことである［Tosha 2013: 6–10］。

二〇〇四年の新カリキュラムによって編纂された教科書では、この流れを受け「ＰＫＩ」を削除すること、事件に関して政府見解以外の複数の解釈を記述することが許されるようになった。これに基づいて各社によって新たな教科書が編纂され、二〇〇五年から流通し始めたのであるが、まもなく翌年にはこの新たな教科書への抗議が出てきて、国民教育大臣バンバン・スディブヨがその教科書の発禁を検事総長に求めた。それを受けて検事総長が教科書出版社や編

バリ州知事ステジャの火葬（バリ人研究者スルヤワン氏提供）

著者を尋問して調べた結果、二〇〇七年三月五日付で、それらの教科書の流通を禁止しその回収を命じる決定を下したのである［高地2013］［Tosha 2013: 11］。変わりかけた歴史記述が、突然の逆流現象でもとに戻ってしまったのだった。

教科書とは別に、国定歴史書 *Sejarah Nasional Indonesia* 第六巻における九・三〇事件の記述を見ると、二〇〇八年に改訂された版では、スハルト時代のものとほとんど大きな変化は見られなかった。独裁者が去っても歴史解釈は何も変わらなかったのである。

小さな状況改善

それでも少しずつ状況は改善されている。たとえば二〇〇三年の選挙法で、元政治犯《タポル》の国政選挙への立候補が許されるようになった。メガワティは、元政治犯《タポル》をおおっぴらに支持することは注意深くさけていたものの、彼女の率いる闘争民主党（PDIP）は、元政治犯《タポル》が議会に立候補することを許可する法案を支持した［McGregor 2012: 238］。そして闘争民主党から立候補したリブカ・チプタニン・プロレタリヤティ（Ribka Tjiptaning Proletariyati）や、開発統一党から立候補したオキ・アソコワティ（Okky Asokawati）など政治犯《タポル》の子供が国会議員として選ばれ、さまざまな嫌がらせのなかで精いっぱいの奮闘をしている。

ユドヨノ二期目の政権時の二〇一三年末、元政治犯《タポル》に多くの制約を課した一九七五年の大統領決定二八号は違憲であるとして、最高裁は大統領に取り消しを命じた［*Tempo* 12 Jan. 2014: 96–101］。

村役場ではいまだに元政治犯《タポル》に関する資料を保持していて監視体制や差別的な姿勢を維持しているため、彼らやその家族たちは、福祉の対象から除外されるなど不利益を被っている。そ

虐殺の現場となった東部ジャワ・ボンドオソ県の精米所（2002年２月、筆者の調査助手ヤシン氏撮影）

のようなか、ユドヨノ政権の末期にＬＰＳＤＫ（Lembaga Perlindungan Saksi dan Korban）が作られて、元政治犯《タポル》を対象に、政府予算で六カ月だけ医療費を無料にする制度がスタートしたが、非常に限定的で大きな評価を得ていない。また行政によるものではないが、ジャカルタ市のクラマット通りには、九・三〇事件の犠牲者を対象とした老人ホームが建設されており、その実現の背後にはメガワティ前大統領の夫タウフィック・キマス（Taufik Kiemas）の尽力があったと言われている［McGregor 2012: 238］。

そのような中で、また、事件後海外に亡命しそのままインドネシア国籍をはく奪されていた者たちの帰国許可と国籍復活を求める運動もなされ、これは成果を生んだ。最初は、アブドゥルラフマン・ワヒドがまだ大統領候補であった時代に、オランダを訪問した際にその関係者と会い、解決の方向に向けて約束した。そして大統領就任の翌年、二〇〇〇年一月に、法務大臣ユスリル・イズラ・マヘンドラが、オランダ訪問の際に、オランダをはじめとするヨーロッパ各地で亡命生活を送っている人々約一五〇人を集めて、基本的には彼らの要望に応える方向で検討するという回答を示した。

しかしその後五年たっても実現せず、メガワティ大統領のもとで総理府大臣としてこの問題にかかわったユスリル・イズラ・マヘンドラは、空約束をしたとして二〇〇五年に当事者たちから厳しい批判にさらされた。前年一二月のスマトラ島沖地震・津波をうけて、折からアチェ独立運動との間の和解が進んでいたが、ハサン・ティロらその運動の亡命者たちには国籍復活や帰国の機会が与えられたのに対し、遅々として進まない九・三〇事件関係者の帰国問題に批判が続出した。特別措置で国籍が復活されない限り、彼らは通常の外国人の帰化と同じ手続きを取ってインドネシア国籍を取得するしかないのであるが、その条件の一つにその時まで一五

９月30日の事件で暗殺された将軍たちを讃える碑。遺体が発見されたルバンブアヤ近くに建設され、博物館も併設されている（2012年８月）

年間継続的にインドネシアに在住していること、という条件があり、これは彼らには不可能なことであった。しかしその後、二〇〇六年国籍法二一条で、かつてインドネシア国籍を所持していたが、海外在住中五年ごとに国籍保持の意思表明を現地大使館でしなかったために国籍を喪失した者に対する国籍回復申請が認められるようになり、九・三〇関係の亡命者もこのカテゴリーに当てはまるとされた。

また政府の対応ではないが、加害者の子供と被害者の子供が双方の立場を超えて過去の恨みや憎しみから脱却し、和解を求めて一堂に集まることを目指して二〇〇三年にFSAB（Forum Silaturahmi Anak Bangsa、民族の子供たちの親睦フォーラム）というグループが結成された。これは、「対立を受け継ぐのは辞め、新たな対立を作らない」というスローガンのもとに幅広いグループからメンバーを集め、和解を進めている。たとえば九月三〇日の事件で犠牲になった将軍たちの子供たち（ヤニの娘アメリア、ストヨの息子アグス・ウィジョヨと娘のナニ、パンジャイタンの息子サロモなど）、PKI議長アイディットの息子イドハム・アイディット、PKI中央委員会副委員長ニョトの息子、オマル・ダニの息子、さらにはNU関係者などが参加している［Forum Silaturahmi Anak Bangsa 2013］。このグループは多くが著名人の子供たちであり、一般の犠牲者のレベルにまですそ野が広がっていないこと、また実際の活動が、集まって親睦を深めたりセミナーを共催したりというような、セレモニアルなものが多いということで、他のグループからの批判も多い。しかしこれに集うメンバーたちは、一定程度の成果が生まれつつあるとして、このような形の「和解」に大きな意義を見出している（ウィタルヨノならびにスルヨとのインタビュー）。

スカルノ主義者だった政治犯バンバン・プルモノさん。日本軍が訓練したジャワ防衛義勇軍の元兵士で非常な親日家だ。中部ジャワ・トゥマングン県の自宅で（2013年２月）

今後の見通し――ジョコウィ現政権への期待

二〇一四年の大統領選挙で庶民派と言われるリベラルなジョコ・ウィドド（ジョコウィ）が大統領に就任した。彼はひょっとして謝罪してくれるのではという期待も一時期高まったが、そのうわさが飛び交っただけで大反対が起こった。そのような状況にかんがみて、政権の基盤の弱いジョコウィには謝罪はできないであろうとみられている。*22

一方国家人権委員会は二〇一五年もまた、調査すべき人権侵害事件の一つとして九・三〇事件の問題を取り上げている。またNUは、二〇一五年八月にジョンバンで開催された全国大会において、今後九・三〇事件の人権問題を究明していくという方針を採択した。

とはいえ、ジョコウィ政権下でも、真相究明や報道に対する妨害や嫌がらせは後を絶たない。映画『ルック・オブ・サイレンス』の上映会や、学術的なセミナーにもしばしば反対派が押しかけて来たということが伝えられている。最近のケースでは、二〇一五年一〇月に中部ジャワ・サラティガのキリスト教系サチャワチャナ大学の学生新聞が「真っ赤に染まった町」と題して九・三〇事件特集を組んだところ、警察から回収を命じられ大学当局もそれに同調したということがあり、言論の自由を巡って物議をかもしている［*Tempo* 1 Nov. 2015: 110］。

事件発生五〇周年の特別イベント

そのような中で、九・三〇事件発生五〇周年を迎えた二〇一五年、各地でいろいろな記念イベントが開催されたが、その特徴の一つは、事件を知らない若い世代に、さまざまな文化的手法を通じて事件を知らせていくというものである。たとえば、バリの「タマン六五バリ」という若者たちの団体は、獄中で政治犯《タポル》たちが作った歌（「プリズン・ソング」）六曲をCDにおさめ

*22　彼は事件発生五〇周年にあたる二〇一五年一〇月一日に、PKIに対する謝罪はしないと弁明したが、厳密にいえば人権侵害に対する謝罪はまだ可能性が残っているとも見られている。

ジョコウィ大統領と対面し、名誉回復を陳情する元政治犯たち（2015年、KIPPER提供）

二〇一五年八月一般公開した。これはデンパサル市の中心部ディポネゴロ通りの一角にあったプカンビンガン（Pekambingan）刑務所に収容されていた政治犯《タポル》たちが、寂しさを紛らわすためにひそかにつづった詩に、同じく政治犯《タポル》であった作曲家がメロディーをつけ、皆でひそかに歌っていたものである［*Tempo* 6 Sep. 2015: 72–73］。それをバリの現代の音楽家たちが復元し、演奏しCD化した。たとえばその六曲のうちの三曲は、レクラ（ＰＫＩ系の文化団体）に属していた著名な作曲家アチットが残したものである。その一つ「シ・ブユン」は、その当時まだ妻の胎内にいた末っ子のことを思い作ったもので、もちろん紙に記録されることはなかったが、同じ刑務所にいた仲間たちがくちずさみ、記憶に刻んだ。もちろん当時は家族に伝えるすべもなかった。獄中でしばしば歌っていた一人で、逮捕前左翼系の合唱団で活躍していた同房のナタルがのちに釈放されてからアチットの息子を探し出し「お父さんの遺言だよ」と伝えたという逸話がある。もう一つの歌「ティニとヤンティ」は、ウダヤナ大学の講師であったイダ・バグス・サントサが処刑される前、自分の運命を感じ取って、娘ヤンティと妻のティニのために作り、刑務所の壁に書き残した歌である。これもナタルがアチットに伝え作曲してもらい獄中で歌った（ナタルとのインタビュー）。

　同じく音楽を通じて事件を伝えていこうという試みは、ジャカルタで組織された「ディアリタ」という合唱団によっても続けられている。これは、事件前インドネシア共和国放送（ＲＲＩ）で組織されていた合唱団「グンビラ」のメンバーで、レクラとの関連で逮捕された女性歌手たちが中心になって釈放後に作ったもので、これもまた刑務所で歌われた歌を再現して歌い続けている。そのメンバーは、老齢の元政治犯《タポル》たちを核として、その子供たち、さらには孫たちの世代から成っている。彼らは九・三〇事件関連のイベントがあるたびに、合唱を披露し、

ディアリタ合唱団。イベントに呼ばれて囚人たちの歌やスカルノ時代の歌を披露し、それを通じて9・30事件の犠牲者たちの苦しみを訴えている

それを通じて政治犯《タポル》たちの苦悩を伝え続けている（イリナ、ウチコワティ、ウタティとのインタビュー）。二〇一五年一一月初めにはジョクジャカルタで開催されたビエンナーレ・ジョクジャの開会式において合唱を披露した［*Tempo* 29 Nov. 2015: 52］。

文化的な企画を通じて訴えるという手法の一つとして二〇一五年一一月二〇日から約二週間、ジョクジャカルタのガジャマダ大学で、九・三〇事件関連の展示会を開催し、関連する写真、スケッチ、犠牲者や政治犯《タポル》たちの遺品を通じて事件を可視的に若者たちに伝えていこうという試みが行われた。

このような国内での文化的なアプローチとは対照的に、急進的なグループを中心に、二〇一五年一一月一〇～一三日に一九六五年問題国際人民法廷（International People's Tribunal, IPT 1965）がハーグのニウエ・ケルク教会跡で開催された。これは国際裁判所の正式な法廷ではないが、これまでの調査結果を世に知らしめ、またインドネシア政府に責任を取るよう圧力をかけることを目的として開廷された。インドネシア政府を被告にし、実際に非人道的な扱いを受けたかつての政治犯《タポル》らが原告となって、大量殺戮、強制労働、投獄、拷問、性的暴力、迫害により国外への亡命を余儀なくされたこと、拉致、扇動、憎しみによる犯罪などの九つの罪状で告訴したものである。原告側の弁護人としては著名な人権派弁護士トゥドン・ムルヤ・ルビスらが出廷したほか、インドネシア科学院のアスヴィ・ワルマンをはじめとする多くの研究者が証人として出廷した。*23

結論

以上みてきたように、一九六五年の九・三〇事件後、ＰＫＩとの関係を疑われて殺害、拉

*23 二〇一四年三月にこのＩＰＴ開催のための財団がオランダで設立され、アムステルダム大学教授のサスキア・ウェリンガと、インドネシアの国会議員ヌルシャバリ弁護士がコーディネーターになって開催されたものである（ヌルシャバリとのインタビュー）。

ハーグ人民法廷。古い教会跡の荘厳な建物で原告、弁護人、証人など裁判のアクターを集めて開催された。被告だけが不在だった（Stephane Roland 氏撮影）

致、投獄、亡命、略奪、追い出し、一家離散などさまざまな被害を被り、人生を台無しにされた人の数は計り知れない。にも関わらず、その後長い間権力を握り続けた反共政権によって作られた言説のゆえに、国民の多くは、共産主義者に対する必要以上の恐怖と憎しみを植え付けられ、「民主化」が進んだ今でもなお、その偏見は取り払われていない。そのため、たとえ政府が人権侵害を認めて犠牲者への謝罪や名誉回復《レハビリタシ》をしようとしても、政治家たちはもちろんのこと、一般民衆の世論の抵抗がかなり大きいのである。事件発生五〇周年で社会の関心が比較的ふくらんでいる二〇一五年時点でも、多くの犠牲者が納得のいくような解決の方向は見出されていない。

それでも犠牲者たちは、真相究明調査や文化事業を通じて自分たちの広報活動を続け、場合によっては、かつての加害者たちと面会して話し合う場を設け、個人的和解を進めている。そうすることによってそれなりの方法で傷を癒すことを求めている。しかし組織に集うなどして他の犠牲者たちと痛みを分かち合う機会もなく孤立し、黙々と生きている人の数は今なお計り知れない。

国際社会からは、調査を進めよというプレッシャーはほとんどない。特に、オーストラリア、アメリカ、イギリスなど、シンプソンらによって殺害に連座したとして批判されている国々［Simpson 2012: 50–73］はそうである。これはポルポト政権下のカンボジアの虐殺に対してアメリカが国際法廷を開くよう圧力をかけたのとは対照的である。また東チモールや西パプアでの人権侵害に対してオーストラリアが責任者を告訴することに熱心なのとも対照的である［McGregor 2012: 261］。

このようにすべてが正しく清算されないままにインドネシアという国は経済的には繁栄をつ

ジャカルタのモール。50年前の悪夢を忘れたかのように人々は豊かさに浸っている（2013年、内藤耕氏撮影）

づけ、格差は拡大しているとはいえ、底辺の生活も徐々に改善されつつある。またスハルト政権崩壊後の民主化の結果、なんとＡＳＥＡＮの中で民主的な国としての評価も得ている。そのようなプラスの政治社会状況の中で、多くの人々は一見何もなかったかのように幸福そうに生き、「もう今更いいじゃないか。五〇年も前の事なのだから」と言って事件が忘れ去られようとしていることは恐ろしい。被害者やその家族たちにとっては、まだまだ心の整理もできていない、けじめのついていないない、終わっていないない事件なのである。

参考文献

日本語

アムネスティ・インターナショナル関西グループ編訳 1974『インドネシアの政治犯』。

倉沢愛子 2002「インドネシアの九・三〇事件と住民虐殺」『三田学会雑誌』94巻4号（二〇〇二年一月）、pp. 81–100.

―― 2007「九・三〇事件とインドネシア共産党撲滅」松村高夫・矢野久編『大量虐殺の社会史――戦慄の二〇世紀』ミネルヴァ書房、pp. 149–179.

―― 2011「インドネシア九・三〇事件と社会暴力」『岩波講座東アジア現代史通史8巻』岩波書店、pp. 171–193.

―― 2014『九・三〇――世界を震撼させた日――インドネシア政変の真相と破紋』岩波書店。

高地薫 2013「高校歴史教科書における九月三〇日運動の記述――二〇〇四年カリキュラムと社会の反応」セミナー "Rethinking History, Politics and (Human) Rights in Indonesia," で発表されたペーパー、二〇一三年一一月三〇日。

林英一 2013「虐殺以後の村落社会における権力関係の形成と変化――インドネシア九・三〇事件の事例研究」『アジア太平洋レビュー』二〇一三年九月、pp. 29–42.

村人たちへの緊急時の連絡手段として今でも時折使われる太鼓ケントンガン。9・30事件後非常事態が発生するとこれが村中に響き渡った（2005年、バリ島にて）

外国語

Amnesty International. ed. 1977. *Indonesia: An Amnesty International Report.* London: Amnesty International Publications.

Bagus, Mary Ida. 2012. "West Bali: Experiences and Legacies of the 1965–66 Violence" in D. Kammen and K. McGregor. ed. *The Contours of Mass Violence in Indonesia, 1965–68.* Singapore: NUS Press and Nias Press, pp. 208–233.

Fauzi, Muhammad ed. 2012. *Pulangkan Mereka!: Merangkai Ingatan Penghilangan Paksa di Indonesia* ［彼らを返せ！ インドネシアにおける強制的失踪の記憶文集］. Lembaga Studidan Advokasi Masyarakat (ELSAM).

Forum Silatrahmi Anak Bangsa ed. 2013. *The Children of War: Berhenti mewariskan konflik, tidak membuat konflik baru* ［対立を受け継ぐのは辞め、新たな対立を作らない］. Jakarta: Kompas.

Hermawan Sulistyo. 2000. *Palu Arit di Ladang Tebu: Sejarah pembantaian massal yang Terlupakan (1965–1966)* (甘蔗畑のハンマーと鎌――忘れられた大量殺戮の歴史)、Kepustakaan Populer Gramedia.

Human Rights and Victim Advocacy Organizations in Indonesia. 2013 "Reconciling the violence of 1965", in *Journal of Current Southeast Asian Affairs,* Vol. 32, No. 3, pp. 143–165.

Koesalah Soebagio Toer. 2008. *Sejarah YPKP* ［ＹＰＫＰの歴史］. Jakarta.

Kurniawan et al. 2013. *Pengakuan algojo 1965: Investigasi Tempo Perihal Pembantaian 1965* ［1965年の殺戮者たちの証言――一九六五年の虐殺に関するテンポ社の調査］. Tempo Publisher.

McGregor, Katharine. 2012. "Mass Graves and Memories of the 1965 Indonesian Killings" in D. Kammen and K. McGregor. ed. *The Contours of Mass Violence in Indonesia, 1965–68.* Singapore: NUS Press and Nias Press, pp. 234–262.

Moenadi. n.d. "Yang tak Terlupakan ［忘れられないこと］." (unpublished manuscript), pp. 1–12.

Sekretariat IPT. 2015. "Kerangka Acuan Pengadilan Rakyat Internasional atas Genosida dan Kejahatan terhadap Kemanusiaan 1965–2015 di Indonesia" (unpublished pamphlet).

Siauw Tiong Djin. 2010. *Siauw Giok Tjhan dalam Pembangunan Nasional Indonesia* ［インドネシア国家建設の

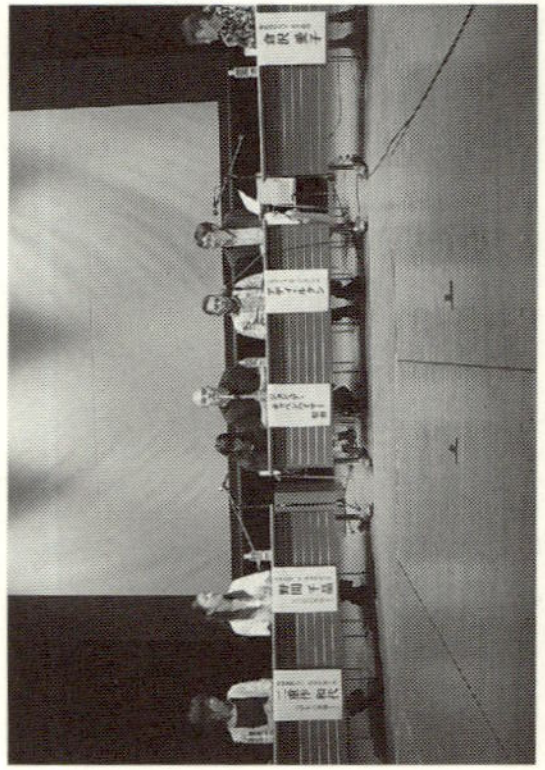

『ルック・オブ・サイレンス』鑑賞後のパネル・ディスカッション。若い学生たちは、「こんな事件は知らなかった」と驚きを現した（2015年６月、トランスフォーマー社提供）

なかのシャウ・ギョク・チャン］. Jakarta: Lembaga Kajian Sinergi Indonesia.

———. ed. 2014. *Siauw Giok Tjhan orang Indonesia 100 Tahun*［インドネシア人シャウ・ギョク・チャン——生誕一〇〇周年］. Jakarta: Yayasan Teratai.

Simpson, Bradley. 2012. "International Dimensions of the 1965–68 Violence in Indonesia" in *The Contours of Mass Violence in Indonesia 1965–68,* Singapore: NUS Press and Nias Press, pp. 50–74.

Sulami. 2000. "Laporan Acara Pemungaran Kuburan Masal Hutan Situkup, Ndempes, Kali*ywiro, Wonosobo Kamis, 16 Nopember 2000*"［ウォノソボ（Wonosobo）県カリウィロ（Kaliwiro）郡デンペス村シトゥクップの森における集団墓地発掘作業に関する報告　二〇〇〇年一一月一六日　木曜日］　未刊の報告書。

Taman 65. ed. 2015. *Prison Songs: Nyanian yang dibungkam*［監獄の歌——沈黙させられた歌］. Denpasar.

Taufik Ahmad. 2012. "South Sulawesi: The Military, Prison Camps and Forced Labour" in D. Kammen and K. McGregor. ed. *The Contours of Mass Violence in Indonesia, 1965–68*. Singapore: NUS Press and Nias Press, pp. 156–181.

Tim Nasional Penulisan Sejarah Indonesia. ed. 2008. *Sejarah Nasional Indonesia VI*［インドネシア国史第六巻］. Jakarta: Balai Pustaka.

Tosha Sayuri. 2013. "Depdikbud's Attempt to Reconsider the New Order Version of Historical Narration for September 30th Incident in 1965: Analyzing the Teacher's Guide for High School History Teaching." Paper presented at International Conference on Constructing Southeast Asia, at Yogyakarta, 23–24 October 2013 (Forthcoming as a book by Gajah Mada University Press under title of *Paths to ASEAN Community: Identity, Politics and Development*).

新聞雑誌

Tempo（ジャカルタで刊行の週刊誌）

Suara Merdeka（ジャカルタで刊行の日刊紙）

下校途中の小学生。筆者の居住するジャカルタの下町で（2002年頃）

Documentary Film in DVD
Mass Grave, Off Stream Allied Media 2001

インタビュー

アリ・サディキン Ali Sadikin（九・三〇事件の海軍犠牲者の名誉回復のための委員会）、二〇〇二年三月二六日、ジャカルタにて。
イリナ Irina（ディアリタ合唱団のメンバー、ニョトの娘）、二〇一五年九月二六日、ジャカルタにて。
ウィタルヨノ・レクソプレジョ Witaryono Reksopredjo（ＦＳＡＢ役員）、二〇一三年八月三〇日、ジャカルタにて。
ウタティ Utati（元政治犯《タポル》、ディアリタ合唱団のメンバー）、二〇一五年九月二九日、デポックにて。
ウチコワティ Uchikowati（ＹＰＫＰ役員、ディアリタ合唱団のメンバー）、二〇一五年九月三〇日、ジャカルタにて。
カルヨノ Karyono（元政治犯《タポル》）二〇〇二年八月一五日　ジェパラにて。
クサラ・スバギオ・トゥル Koesalah Soebagio Toer（元政治犯《タポル》、ＹＰＫＰ‐ＨＡＭ会長）、二〇一五年九月二九日、デポックにて。
クスナンダル Kusnandar（元政治犯《タポル》、ＬＰＲ‐ＫＲＯＢ副事務局長）、二〇一五年九月二六日、ジャカルタにて。
シトゥル・シトムラン Sitoer Sitoemuran（元政治犯《タポル》）、二〇〇二年三月二七日、ジャカルタにて。
シャウ・ギョク・チャン Siauw Giok Tjan 肅玉燦一族（May Lan, May Lie, Tiong Tjing, Tiong Djin, Tiong Swan, Wei Wei Siauw）、二〇一四年三月二一―二四日、香港ならびにチサルア（西ジャワ）にて。
スカルディ Sukardi（元政治犯《タポル》、ケンダル県下の村の書記）、二〇〇二年八月一三日、スマランにて。
スマウン・ウトモ SemaunUtomo（元政治犯《タポル》、ＬＰＲ‐ＫＲＯＢ会長）、二〇〇二年八月一三日、スマランにて。
スリ・ムハヤティ Sri Muhayati（元政治犯《タポル》、ＫＩＰＰＥＲ活動家）、二〇一五年九月四日、ジョクジャカルタにて。
スルヨ・スシロ Suryo Susilo（ＦＳＡＢ会長）、二〇一五年九月二五日、ジャカルタにて。
チャン・ウェン・カン Chang Wen Khan 張文韓（帰国華僑）、二〇一三年六月二三日、香港にて。

ジャカルタ市の開発と貧困のコントラスト
（2001年頃）

ディアナ・カルミラ Dianah Karmilah（シャリカット活動家）、二〇一五年九月四日、ジョクジャカルタにて。
ナタル Natar（バリの元政治犯《タポル》）、二〇一五年二月一六日、バリ島ギアニャルにて。
ヌルシャバニ Nursyabani (Dewan Pembina Yayasan LBH APIK Jakarta DPR 議員（ＰＫＢ))、二〇一五年九月二五日、西ジャワ・チブブルにて。
バンバン・プルノモ Bambang Purmono（元政治犯《タポル》）、二〇一三年二月二七日、トゥマングンにて。
ピピット・アンバルミラ Pipit Ambarmirah（ＫＩＰＰＥＲ活動家）、二〇一五年九月三日、ジョクジャカルタにて。
ムナディ Moenadi（元政治犯《タポル》、元陸輸送局勤務）、二〇〇二年八月二九日、ジャカルタにて。
ヤップ・イエ・フイ Yap Ie Hoey（帰国華僑）、二〇一四年三月二四日、チサルアにて。
ラトナ・ムスキタ・サリ Ratna Mustika Sari（シャリカット活動家）、二〇一五年九月四日、ジョクジャカルタにて。

日本の大学生と遊ぶバリ島ジェンブラナ県の農村の子供たち。50年前の大虐殺のことなどまったく知らないで……（2011年９月、荻原佳希氏撮影）

第3章

中国華北村落のレジリエンス

雨乞い復活を通して考える

儀礼

石井　弓

南貝子大王像の「座駕」側面。馬に乗る趙武（大王）の姿と、大王像を共有する4村の名称が記されている。この「座駕」は清朝時代に作られたもので、文革期を通して大王像と共に山中に隠され保存された（2012年8月16日、黒石窰村大王廟にて）

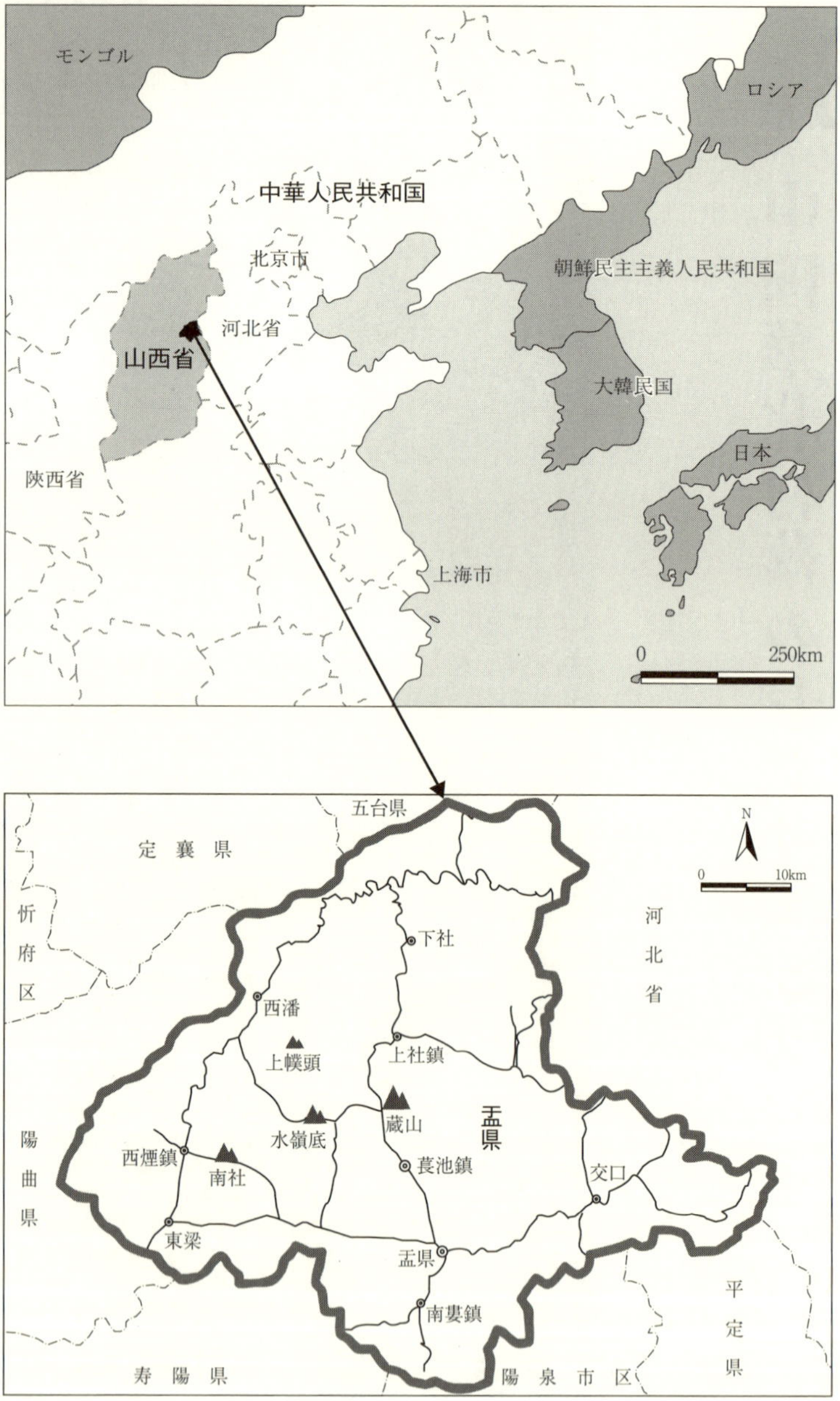
モンゴル
ロシア
中華人民共和国
北京市
朝鮮民主主義人民共和国
河北省
山西省
大韓民国
日本
陝西省
上海市
0
250km
五台県
定 襄 県
N
0
10km
忻府区
河北省
下社
西潘
上幞頭
上社鎮
水嶺底
蔵山
盂県
陽曲県
西煙鎮
南社
萇池鎮
交口
東梁
盂県
南婁鎮
平定県
寿 陽 県
陽 泉 市 区

中国は古代四大文明のうち、唯一文明が継続している地域であると言われる。しかしながら、その担い手や枠組みは大きく変化してきた。古来より民族、王朝、国家はむしろ頻繁に入れ換わってきたのであり、それにもかかわらず、一定の文化や社会が継続してきたのは、極小単位のコミュニティがそれを維持してきたからだと考えられる。近代以降、それらのコミュニティは大きな変化にさらされてきた。ヨーロッパからの新しい思考方法の流入、日本の侵略による荒廃、社会主義中国における思想政治教育運動、人民公社建設による強制的なコミュニティの改編、文化大革命（文革）における伝統的建造物の破壊、そして改革開放による経済と思想の自由化という環境の激変の中で、ある村は古い習慣を捨て新しい村へと再生し、またある村は荒廃したまま過疎化の道をたどった。改革開放後の人口流動が、都市の人口を三〇％から五〇％に押し上げる一方、農村からは若者が流出し、過疎化が進んでいる。しかし、そのような多様なストレスと環境の激変にも拘わらず、一部の農村では改革開放以後に伝統的な祭りや習慣が復活し、旧来のコミュニティを再生する動きがみられた。これらの習慣は、日中戦争によって中断し、社会主義の中での「破除迷信」（迷信を打破する）運動によって禁じられ、さらに文革で神像や仏像が破壊されたことによって一時は完全に廃れたと見られていたものである。

本章では、華北農村、特に山西省盂県の土着の信仰である雨乞い活動の中断と復活の内実をオーラルヒストリーによって明らかにすることを通して、上述したような近現代における様々なストレスを、華北農村が如何に経験しそれによって変容しつつ、コミュニティを維持してきたのかを、「レジリエンス」概念にもとづいて考えていく。レジリエンスは、物理学や心理学の用語として用いられてきた。ストレスに対する耐性を意味したこの言葉を、中国農村の近現

黄土高原の夏は緑の木々が生い茂る。しかし秋から冬にかけてはこれが黄色の大地に一変する（2012年8月、下東坂村）

代史にあてはめた時、農村コミュニティにとっての災害（ストレス）は、ひとつに限定することが難しい。そこで、ここでは雨乞いが中断していた一九三〇年代から一九七〇年代にかけて起こった日中戦争、「破除迷信」運動、文革を農村コミュニティにとってのストレスと捉え、改革開放後の中国での伝統的なコミュニティの復興を、それに対するレジリエンスの動きと捉えて、雨乞いの神である「大王像」の再建と地域の村々における共有の動きを分析する。日中戦争以前、大王信仰は盂県内全域に広がっており、域内で大王像が貸借されることが村々の間の交流を促し、大王信仰によるコミュニティを形成していた。伝統的な神像の移動のかたちから、旧来のコミュニティを探り、大王信仰の禁止と復活の過程でそうした村々の関係がどのように変容したのか、それが近年の新たな大王信仰の発展とどのように繋がっているのかを論じていく。

1　山西省盂県の雨乞いとコミュニティ

山西省盂県の自然環境と雨乞いの現状

山西省は、中国北部に広がる黄土高原の東端に位置する。ここで取り上げる盂県は、山西省東部に位置し、県の東側を太行山脈が走る山岳地帯である。黄砂の舞う乾燥した浸食谷が続き、年間降雨量は五九〇ミリと極めて少ない。このため、この地域では小麦や米を栽培できず、トウモロコシ、ジャガイモ、高粱、粟、ヒエ、ヒマワリなどを主に栽培している。農業用水や生活用水は地下の水溜め（「水窖」）に雨水を溜めて確保してきた。[*1] 村人たちの主な生業は

収穫したトウモロコシは、庭先で干して乾燥させ粉にする。トウモロコシ粉をこねて焼いたものは冬の間の主食となる（2013年3月、南貝子村）

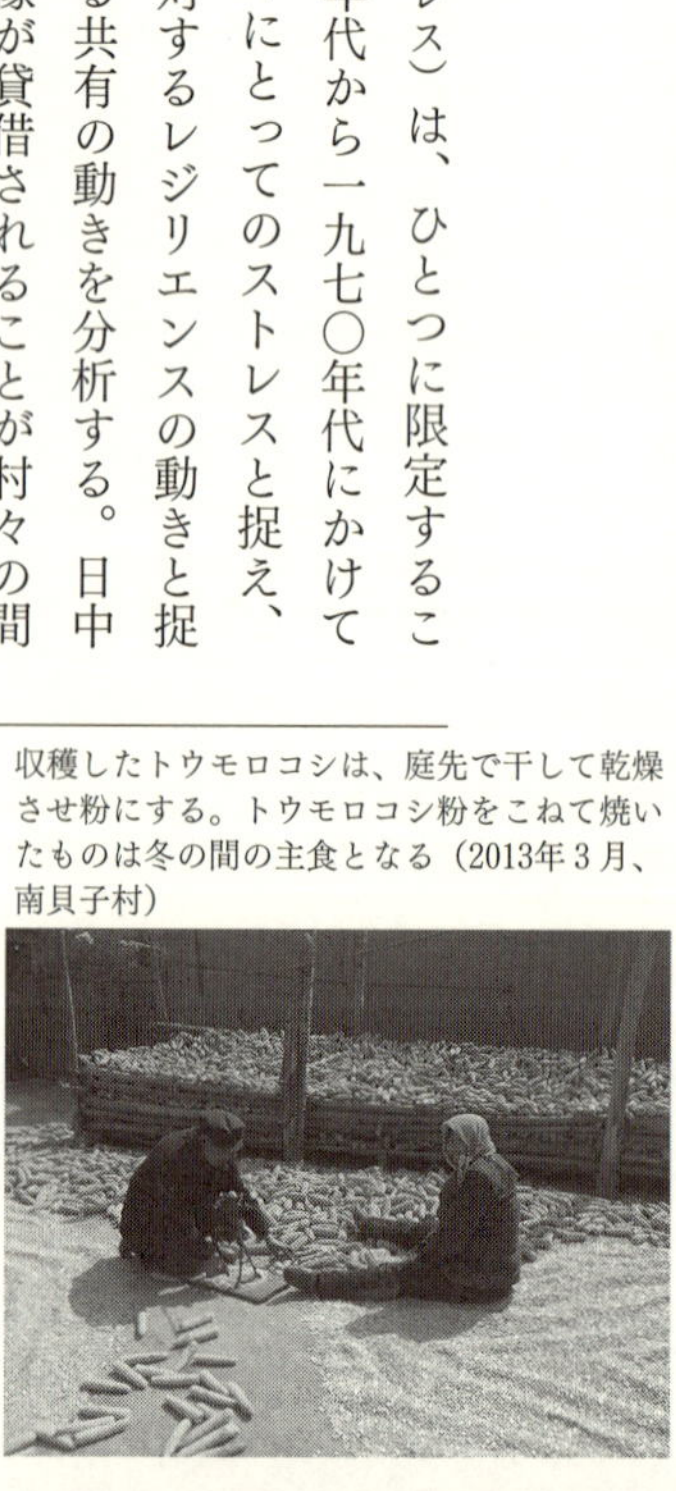

*1　盂県志編纂委員会編［1995: 一一〇―一一一］を参照。

*2　廟会とは、廟に祀られる神仏に対する祭りであり、調査地域では、神に捧げる晋劇が歌われ近隣の村人たちが観劇に集まる。廟会に合わせて出稼ぎから戻る村人たちもあるという。廟の前には市場も並び、日用品や駄菓子が売られ、多くの村人が集まるため、若い男女が結婚相手を探す場としても機能している。

*3　一九五四年に始まる「破除迷信」（迷信打破）運動によって、伝統演劇の中の「迷信的」な演目を演じることが禁止

農業であり、生活は自給自足で、現金収入は出稼ぎをしている家庭を除いてほとんどない。中国農村の中でも貧困地域とされるが、各村には必ずひとつの廟と劇台（神に劇を演じる舞台）の跡が残されており、古くからの活発な信仰活動を窺わせる。村々の廟は文化大革命で荒廃し、後に建物は小学校に転用されたが、過疎化によってそれらが廃校となってからは、がらんとした空間だけが残っている。村々には二〇〇六年頃から徐々に水道が設置されたが、飲み水として用いられるのみで、農業に使用するのに十分な水量はない。このため農業は今も雨に頼っており、筆者が夏に訪れるたびにその年の雨の状況がどうであるかが、挨拶代りに語られる。各家庭では水甕の中に生活用水を溜めている。水道が通った村でも数戸でひとつの水道を共有し決まった時間帯にしか使えないため、水汲みは現在も日常的に行われているのである。

　村人たちは「窰洞《ヤオトン》」と呼ばれる岩壁をくりぬいた横穴式住居に居住している。このため集落は山肌に面して形成されてきた。近年では平地に家屋が建てられることが増えたため、歴史がありかつ人口が増加している村では、旧村は山側に、新村は裾野に広がる。窰洞は、食事の支度をオンドル脇のかまどで行い、その煙がオンドルを温める仕組みになっている。燃料にはトウモロコシの芯や木の枝などが用いられるため、今も薪集めが欠かせない。テレビが普及したのは九〇年代後半になって村に電気が通ってからのことである。

　この地域では一九七八年の「改革開放」政策による経済と思想の自由化以後、かつて破壊された「大王」の神像と廟が、雨後の竹の子のように再建され始めた。大王像に関する詳しい説明は後の節に譲るが、その生誕記念日である旧暦の四月一五日に開かれる大王廟会[*2]では、一九五〇年代から禁止されてきた晋劇（山西省の伝統演劇）[*3]が、古い劇台で演じられる風景も見られるようになった。また、大王像に対して行う雨乞いが、一部の村で復活している。こうした動

された。一九六六年から一九七六年にかけての文化大革命では、全ての伝統演劇が禁止され、代わって革命模範劇（「様板戯」）が演じられた。伝統演劇が古代の優雅な衣装をまとって演じられ人気があるのに対し、革命模範劇は人民服に鉄砲という質素ないでたちで、ストーリーも共産党の革命に限定されるために、伝統演劇の復活はこの地域で歓迎された。ただし、劇団を呼ぶ経済力がないために、特別な祭日にお金のある村でしか行われていない。

窰洞は黄土高原で広く用いられる住居で、多くの場合、入り口はひとつだが複数の横穴が内部で連結されている（2007年８月、高荘村）

きは政治的な号令によって始まった訳ではなく、地域の村人たちの能動的な行動である点が注目に値する。激動の中国近現代史の中で、そこに生きた一人ひとりの農民が、如何なる意識を持って来たのかは、社会主義時代の資料から窺い知ることが困難なためである。筆者が調査を開始してからも、二〇一〇年は日照りが続いたため、調査地域の中の中荘村では雨乞いが行われ、実際に雨が降ったと聞いている。筆者も中荘の雨乞いの後に、雨の神に感謝する「還願」（願ほどき）の晋劇を参観することができた。このように復活した大王像が、廟会や雨乞いを通して地域の村々の間を往来することによって、旧来のコミュニティが再活性化する動きに繋がっている。

盂県における雨乞いの歴史

中国では一般に、龍王が雨の神として祭られるが、盂県では「趙氏孤児」（趙武）が神格化された「大王」が、古くから雨の神として信仰の対象となってきた。「趙氏孤児」は春秋時代（BC七七〇〜四〇三）の晋国趙家の仇討の物語として知られている。趙家は晋国の忠臣であったが、同胞に裏切られ一族皆殺しの危機に直面する。その時既に身籠っていた王妃趙荘が、宮中で隠れて趙武（趙氏孤児）を出産し、宮中に出入りしていた医者の程嬰に赤ん坊を託す。程嬰はその子を連れて山中に隠れ住み、趙武が成人した後に復讐とお家再興を果たすという内容である。早くは『春秋左氏伝』、後に『史記』に記載され、元代の雑劇、今日では京劇や晋劇の演目として親しまれている。同劇はまた、一八世紀のフランスの作家ヴォルテールの翻案によって一七五五年『中国の孤児』（原題：L'Orphelin de la Chine）と題してパリで上演され、*4 近年では陳凱歌（チェン・カイコー）によって映画『運命の子』（原題：趙氏孤児、二〇一〇年上映）の題

*4　ヴォルテールが「趙氏孤児」をどう改変したかは、後藤末雄［1969］に詳しい。

*5　例えば上嵕頭村から蔵山へ至る途中の和安村、大囲村には程嬰が趙武を連れて逃げた伝説が残っている。程嬰が敵に追われて和安まで来た時、突然馬が鞍を揺らしたため、趙武を馬から落としそうになった。その時からこの地を「慌鞍」と呼び後に同音の「黄安」、そして「和安」となった。また、大囲まで来た時、程嬰は地面に穴を掘って趙武を隠した。追手は周囲を取り囲み捜索を行ったが趙武を見つけられなかった。その後この地は「大囲」と名付けら

映画『運命の子』は日本では2011年に上映された。監督のチェン・カイコーは、趙氏孤児を人間的なドラマに仕立てた（『運命の子』¥4,700＋税、発売元 / 販売元 株式会社ＫＡＤＯＫＡＷＡ）

材として用いられた。

その趙氏孤児が隠れ住んだとされるのが盂県中部にある「蔵山《ツァンシャン》」である。蔵山は中国語で「隠す山」という意味であり、その名称自体が「趙氏孤児」に由来する。蔵山周辺の地域には程嬰が趙武を連れて逃げる途上の出来事が多く語り伝えられ、趙武ゆかりの地はある種の「聖地」として信仰の対象にもなっている。*5 中でも有名なのが南社村であり、春秋時代、村人たちが程嬰と趙武の逃亡中、二人をかくまい助けたという言い伝えから、南社は「小蔵山」と呼ばれて「大王」信仰のもうひとつの中心地となってきた。本章は、筆者による盂県西部の四一村及び陽曲県の晏村での聞き取り調査をもとにしているが、*6 それによると、これらの地域では南社以外にも上嶫頭、水嶺底といった小さな村が、蔵山や南社と同様に大王信仰の中心地となっていた。これらの村々は雨乞いや廟会を通して地域に複数のコミュニティを形成してきたと考えられる。

大王像の移動とコミュニティ

この地域での雨乞いの特徴は神像の移動にある。蔵山にある「迎駕廳」（神輿を迎える部屋）には、現在も各村の名称を付した一一〇尊の小さな大王像のレプリカが安置されている。その説明によると、もともと大王像は蔵山にひとつしかなく、干ばつになるとその大王像に対して盂県内外からやって来た多くの村が雨乞いを行っていた。しかし、「盂県は面積が広く、東西南北それぞれ一〇〇から一五〇キロの距離がある。そこで大王は民の苦労に同情し、ひとつの方法を考案した。道士たちに自らの姿をした一〇八尊の大王像を作らせ、像の高さは二尺（約六六センチ）程度とした。ほどなく、それらの大王像は民によって各地へ連れて行かれ、その

れたという（二〇一一年八月二一日、上嶫頭村鄭宅における鄭・A（一九三二年生、男）からの聞き取り）。上嶫頭はこうした逸話によって大王信仰の中心地となっている。同じ逸話は閻鐘瑞［2010: 28-29］にも収録されている。

*6　筆者はこの地域での調査を二〇〇六年より始め、延べ二〇〇名以上の農民にインタビューを行っている。調査では、各家を訪ね一時間前後の質的調査（決まった形式を持たず、状況に応じて行うインタビュー調査）を行い、それをノートに記録しICレコーダーに録音する。録音は現地方言の

蔵山遠景。蔵山はかつて皇帝の雨乞いの場として全中国に知れ渡り、盛大な廟会が開かれた（2013年３月、蔵山）

地で雨乞いが行われるようになり、それ以降は遠い道のりを歩いて苦労をすることはなくなった。大王が風、寒さ、日照りで苦しむに堪えかねて、民は各地に廟や祠を建てた。……その昔、毎年四月一三日から一七日（旧暦）の間に、蔵山では盛大な廟会が開催され、その期間だけは一〇八尊の小さな大王像たちが蔵山に戻され「迎駕廳」に安置された」[*7]。大王像を移動させる習慣は現存する石碑によって少なくとも金代（一一一五年～一二三四年）からあったことが窺われる。[*8] 文化大革命によってそれらの像は破壊され、今日蔵山にはレプリカが安置されているが、レプリカにある村名より、かつて大王像を蔵山と自村の間で移動させた村々を地図に描くと、図3-1のようになる。この図から蔵山へは盂県全土及びその県外からも、人々が大王像を往復させるためにやって来ていたことが分かる。

蔵山と盂県の村々に見られるこの関係は、「小蔵山」と呼ばれる南社村とその周囲の村々にもあてはまる。南社は自村の大王像を蔵山と往来させる一方、村の大王廟に「迎駕廳」を設け、周囲三六村の大王像を安置していた。「蔵山」同様に、四月一五日（旧暦）の大王生誕記念日には盛大な廟会が開かれ、三六尊の大王像が南社の廟に会した。廟会では各村が廟の前の広場（畑）で晋劇を演じたり、出し物を披露したりしたが、畑の苗は踏みにじられても必ず芽を出すばかりか、踏まれた場所ほど大きく育ったと言われている。[*9] 廟会の後、それらの大王像は各村へ戻され、その多くは戻された先で更に周囲の三村から五村の小さな村々の間で、持ち回りで保管された。よって、大王像を往来させた村々は三六村から更に枝分かれしており、地図上で見ると南社を中心とする半径約一〇キロの範囲のほぼ全ての村が大王像の往来によるコミュニティを形成していたと考えられる（図3-2参照）。小さな大王像をそれぞれの地域で共有するという行為は、このように蔵山から南社へ、南社から複数の周囲の村へ、そしてそれぞれ

迎駕廳に安置されたレプリカの台座には、大王像を往来させた村の名前が付されている。迎駕廳は3部屋あり、あわせて110尊の大王像が安置されている（2013年3月、蔵山）

分かる人物に書起しを依頼している。本章はノート、録音、書起しを参照して執筆した。

*7　盂県蔵山にある「迎駕廳」前の解説より。

*8　金大定一二年（一一七二年）に蔵山に建てられた『神泉里蔵山廟記』には趙氏孤児と程嬰の来歴及びその雨の神としての霊能が綴られている。その中に「廟の東側の岩の隙間に霊泉がわずかに滴っている。一尺の水を取り、大旱魃を救うことあり。廟に坐するは趙氏の孤児であり、その霊験はあらたかだ。盗んで背負っていく者があれば、また能く旱魃を救う」と記

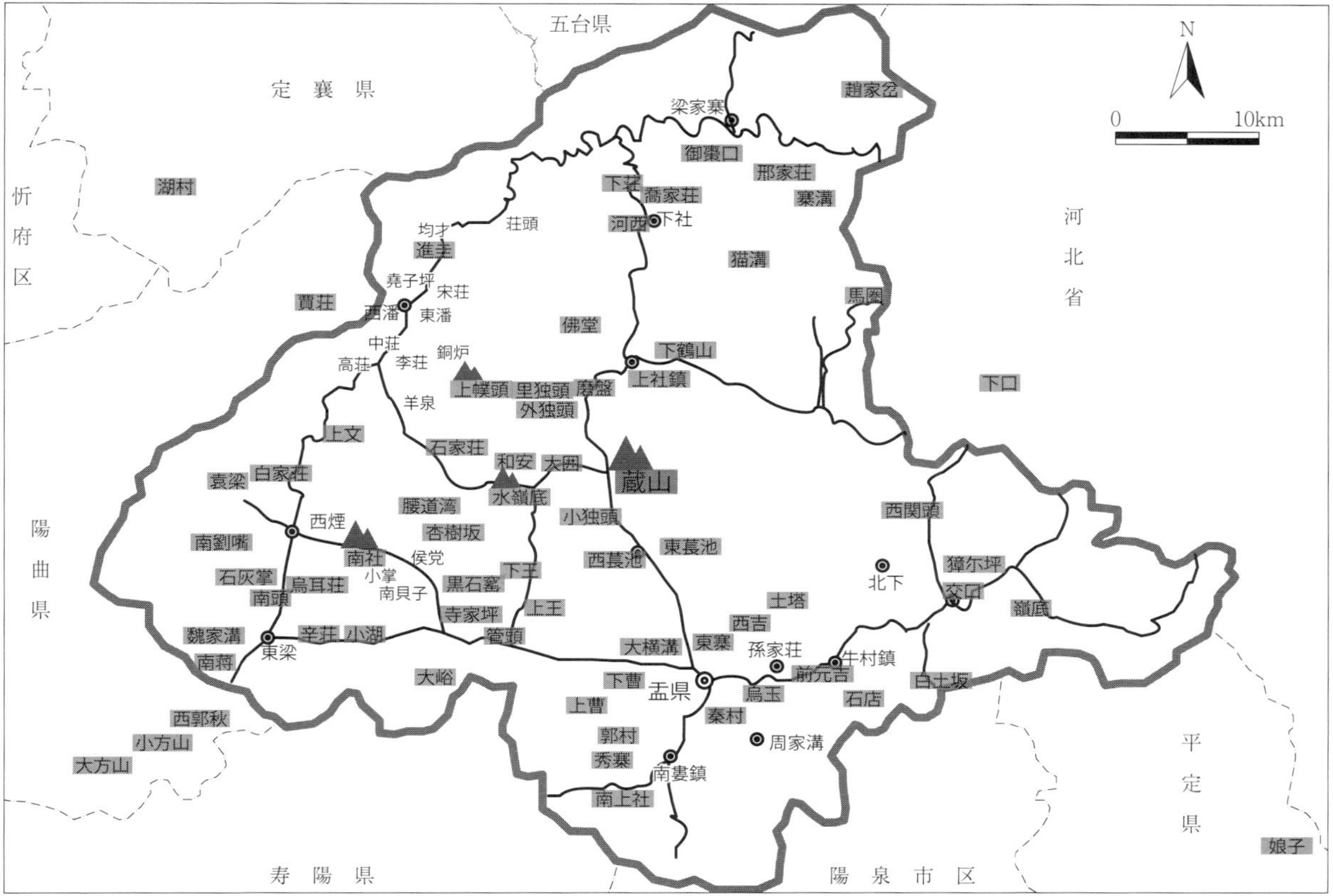

図３−１　蔵山（地図の中央部）**との間で大王像を移動させた村々**（グレーの網かけにした地名）
レプリカにある村名をもとに作成した。レプリカは110尊存在したが、地図の範囲外の村は図には示していない。また、村名の変更や、廟名しか付していない大王像があったために、地図上に場所を特定できたのは、69村のみであった

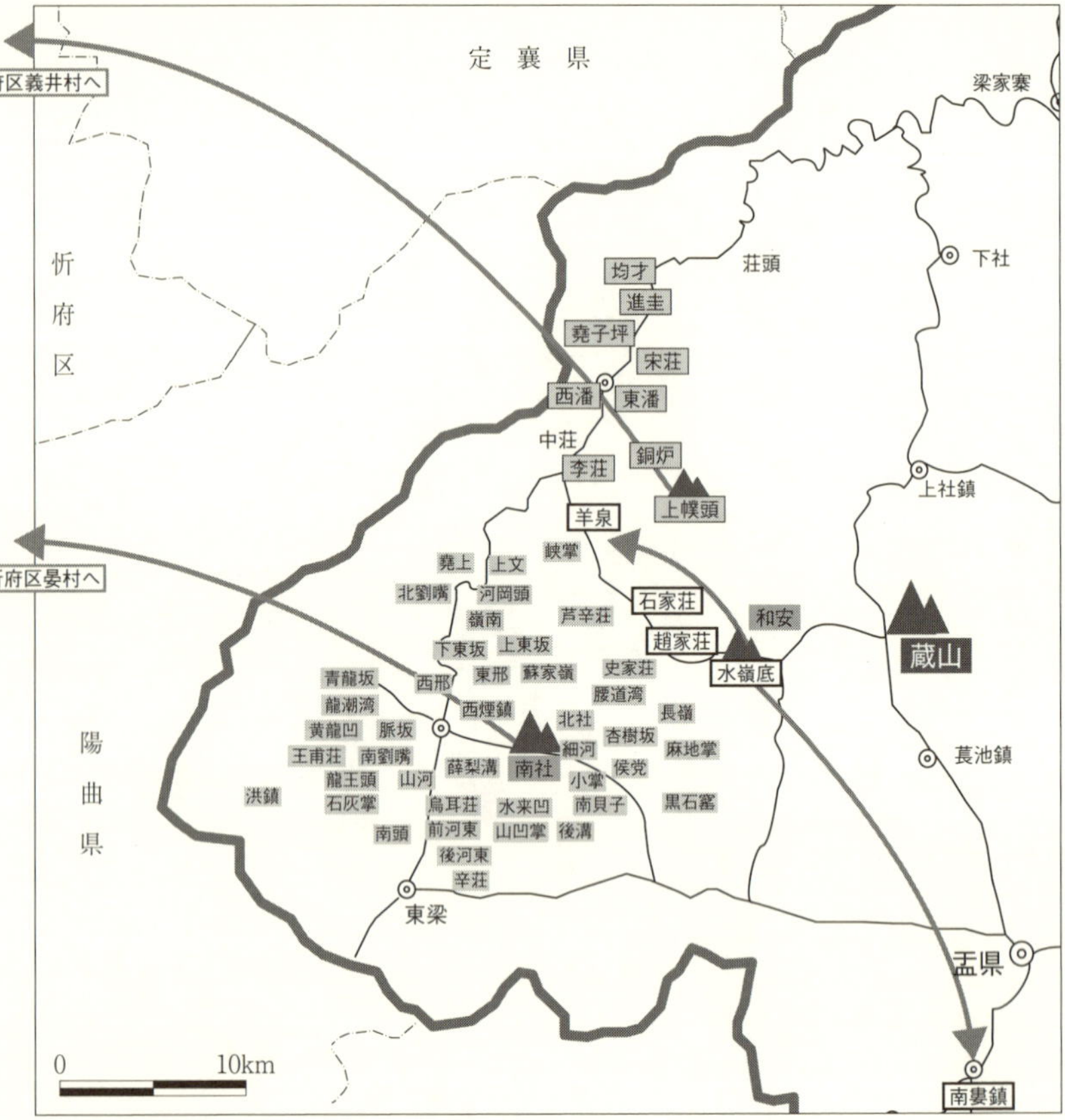

図 3-2　大王像を往来させたコミュニティ

▒は南社、□は水嶺底、▒は上嶸頭を中心に大王像が共有されてきた。矢印で示したのは「神親」関係にある村

南社の大王廟跡に当時のまま残るのは、シンボルマークの傾斜した松の木のみである。松の木の背後には再建された廟の一部屋が見える（2013年 3 月、南社村）

され、当時から大王を「盗む」行為が行われていたことが分かる。ただし、各地域の大王像が作られたのがどの時期かははっきりしない（碑文の内容は李晶明［2010: 20-22］掲載の拓本及び碑文を参照）。

*9　二〇一五年三月二〇日、南社村張宅における張・W（一九六四年生、男）からの聞き取りより。

*10　南社の大王廟会及び大王像の往来については、二〇一五年九月六日、南社村張宅における張・F（一九三三年生、男）からの聞き取りより。張・Fは南社と往来していた村々を記憶

の村からまたその周囲の小さな村々へと広がっていたのである。南社はまた、直線距離にして四二キロ離れた陽曲県の晏村と「神親《シェンチン》」（神の親戚）関係にあり、晏村は何百年もの間、その距離を裸足で歩いて大王像を貸借してきた。[*10]

上蝶頭や水嶺底では、少し異なる形式で、大王像が共有されてきた。上蝶頭では大王像を八村（上蝶頭、李荘、銅炉、堯子坪、潘村（現在の西潘郷、東潘郷）、進圭社、均才、宋荘）が持ち回りで保管し、毎年四月一五日のみ上蝶頭へ戻し、大王廟会を開いてきた。旱魃になると、八村とその周囲の村々はその年に大王像が安置されている村に像を「盗みに」行き、自村に担いで帰って祈祷した（「偸大王爺」）[*11]。この方法は明文化されず、口伝えに何百年もの間伝えられてきたという。[*12] 周囲の八村に加え、直線距離で四六キロ離れ、二〇〇〇メートル級の山脈を二つ挟んだ場所に位置する忻府区の義井村も「神親」として廟会や雨乞いに加わってきた。

水嶺底には二つの旧廟があり、それぞれ東大王と西大王が置かれ、西大王は羊泉村と、東大王は盂県城南部の南婁村（現南婁鎮）と往来させるために用いられていた。水嶺底はこれら二つの村と「神親」関係にあり、旱魃になると両村のみならず、周囲の村々が大王像を「盗みに」やって来たし、水嶺底でも南婁や羊泉に連れて行かれた大王像を「盗んで」きて雨乞いを行っていた。[*13]

村々では、雨乞いの際には、「借大王」（大王を借りる）、「請大王」（大王をお呼びする）或いは「偸大王」（大王を盗む）と呼ばれる行為によって大王像を往来させていたという。この「移動」に着目すると、そのネットワークはひとつの中心から次の中心へ、そしてまたその周囲へと、あたかもひとつの生命体のようなかたちをして広がっている。その生命体は更に、「神親」という繋がりによって、域外に飛び火しネットワークの可能性を広げているように見える。この

しており、彼によれば、四三村あったとのことであったが、村名を聞き取ることのできたのは三六村であった。また、彼の語りによって三六村の中のどの村がその周囲のどの村と大王像を共有していたかが分かってきた。なお、「神親」関係にある晏村は現在では徒歩ではなく車を使って両村間を往来している。

*11 この「盗む」という行為については、拙論［石井 2012］で詳しく取り上げている。

*12 上蝶頭の大王廟会は、森田明『山陝の民衆と水の暮らし——その歴史と民族』の中に記

現存する上蝶頭の大王廟。現在も毎月15日（旧暦）に村の老人たちが集まり焼香している（2011年8月、上蝶頭村）

移動に着目することによって、コミュニティのかたちを再考し、ストレスからの回復のプロセスにおいてどのような現象が見えてくるのかを、この後の考察のためのひとつの視点としていきたい。

以上のように、大王を介した大規模な移動と村々の交流が、恐らくはその形式を少しずつ変えながら少なくとも一千年近くの間継続し、日中戦争前夜には上述したような規模や形式で行われていた。雨の乏しいこの地域で、村人たちは雨乞いという生きるための切実な行為を通じて二千年以上も昔の歴史や伝説と繋がり、また地域との繋がりを保ってきたのである。地域の歴史を鑑みれば、これらの村々では、その千年の間に元や清による異民族支配、王朝の交代、近代以降だけでも太平天国（一八五一年）、義和団事件（一九〇〇年）、辛亥革命（一九一一年）などの戦乱、そして大旱魃や洪水など様々な災害を経てきており、その中で大王信仰が継続してきたという事実だけでも、その歴史的なレジリエンスを示すものだと言えよう。

2　歴史的な災害（ストレス）と雨乞い――オーラルヒストリーから分かること

一千年を超える時間にわたり育まれてきた大王信仰であるが、オーラルヒストリーの射程である近現代史に目を向けると、日中戦争、破除迷信運動、文化大革命といった、具体的な災害（ストレス）が浮かび上がる。大王信仰はこれらの災害によって中断され、神像が破壊されることによって完全に廃れてしまったと考えられてきた。しかしながら、南社を中心とする大王コミュニティの中の一村である南貝子では、文革中も大王像を山中に隠し通し、改革開放後に雨

オーラルヒストリーの調査は、現地の村々を訪れて行う。文字資料の残らない過去の出来事をインタビューによって再構成する（2011年8月、趙家荘村）

載されている陝西省蒲城県北部にある堯山廟の祭祀活動「接迎神」と非常によく似ている。しかし、安置場所から神像が盗まれる行為については報告されていない。同祭祀活動は唐代以前より続き、戦争や文革によって中断したが、一九九三年に復活している［森田 2009］。

*13　二〇一三年三月二五日、水嶺底白宅における白・G（一九三二年生、男）及び孫宅における孫・Z（一九三一年生、男）からの聞き取りより。両者は共に、水嶺底で行われた一九四九年の最後の雨乞いに参加している。

乞いと廟会を復活させたことが、聞き取りより明らかになった。

本節及び次節では、日中戦争以降の大王信仰にとってのストレス（災害）の中で、特に文化大革命に焦点を当て、南社、上幞頭、水嶺底といった大王信仰の末端のコミュニティが、如何に歴史的なストレスに対処し、改革開放を機にどう復活したのかを、聞き取り調査によるミクロの視点から明らかにする。

日中戦争から文革前夜

一九三七年七月、盧溝橋事件をきっかけに、日本軍の中国侵略が全面化すると、盂県は日本軍、国民党系の軍閥である閻錫山軍、さらには共産党の八路軍が入り混じる最前線となった。盂県城は一九三八年八月に日本軍に占領され、一九三九年三月には南社の西約四キロにある西煙鎮に、日本軍の拠点が置かれた。一九四〇年八月の「百団大戦」では共産党が勝利をおさめ、村々から日本軍を一時撤退させたが、その後の報復戦は熾烈を極め、進圭社は報復戦の中で一九四一年に拠点化された。この時期は「惨案」と呼ばれる日本軍による虐殺事件が頻発し、日本軍は一九四四年に進圭社、四五年に西煙鎮、盂県城を撤退するまでこの地域を占領し続け、撤退の途中で再び「惨案」を行っている。[*14]

上述した南社、上幞頭、そして水嶺底を中心とする大王信仰のコミュニティの中でも「惨案」が起こった。南社では一九四一年四月二九日に日本軍による「南社惨案」によって三二名が殺害された。上幞頭では一九四四年八月一六日に他村で捉えられた二〇名が上幞頭の廟で焼き殺されるという「上幞頭惨案」が起こった。また、水嶺底と羊泉を結ぶ大王像往来の経路上に位置する趙家荘では、一九四四年八月一七日に二五名の村人が殺され村内の「水窖」（水溜

*14　以上については中共山西省盂県県委党史研究室編［1993］及び加藤修弘［2004］を参照。

水嶺底遠景。蔵山から一直線の道が伸びており、地理的にも蔵山との結び付きが強い村であることが分かる（2012年3月、水嶺底村）

め）に投げ入れられるという「趙家荘惨案」が発生している。*15

日中戦争中、日本軍は村人たちの祭りを禁止せず、日本軍の拠点となった進圭社では日本人の隊長も祭りを参観したと伝えられている。*16 ただ、戦乱の中で村人たちは生き延びることに精いっぱいで、蔵山及び三つの地域での大王廟会はともに開催することができなかった。南社周辺の大王像たちはそれぞれの地域に保管され、小規模の雨乞い（小祈）は行われたものの、村人全員が参加するような大規模な雨乞い（大祈）は行われず、廟会も開催されなかったため、神像はそれぞれの村の廟から「総廟」である南社の廟に戻されることはなかった。*17 上嶫頭と水嶺底では大王像は総廟である両村の廟内に保管されたままであったという。*18

大王廟会や雨乞いの継続を考えたとき、戦乱による村の荒廃以上に大きなストレス（災害）となったのは、人材の欠損とコミュニティの人間関係の断絶だと考えられる。日本軍は拠点に中国人の統治組織である「維持会」を設置し、周囲の村々から読み書きのできる「知識人」を集め、そこには多くの村のリーダーや、雨乞いや廟会の神事に携わる人々が否応なく巻き込まれた。更に戦後共産党による政治政策の中で、「維持会」に参加した多くの村人たちは対日協力者として「反革命」のレッテルを貼られ批判や鎮圧（死刑）の対象となったのだった。それによって口頭伝達を主とする村の祭りや雨乞いの儀式は少なからぬ影響を受けた。日本軍の占領というストレスは、後の時代と一繋がりのものとして考えられなければならない。*19

人民共和国になると、一九五四年に毛沢東が「関於中華人民共和国憲法草案」の中で迷信と科学を対置したことをきっかけに、「破除迷信」（迷信を打破する）運動が巻き起こり、売買婚や男尊女卑の習慣が禁止され、女性が解放される一方で、雨乞い、伝統演劇、神降ろし（「神婆」）、宗教やその他の土着の活動も禁止された。このため、この地域で最後に村ぐるみの雨乞

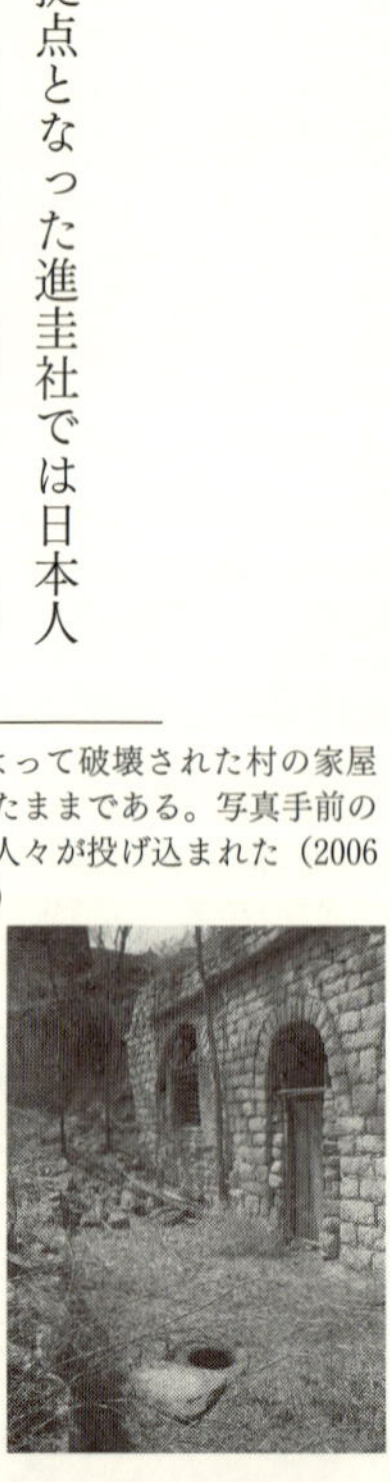
「趙家荘惨案」によって破壊された村の家屋は現在も放置されたままである。写真手前の水窖に殺害された人々が投げ込まれた（2006年3月、趙家荘村）

*15　以上は、盂県志編纂委員会［1995: 431-435］を参照。

*16　上嶫頭村の鄭・Aによると、「日本軍が来てからというもの、（もともと上嶫頭で開催していた）廟会を（日本軍拠点がある）進圭社で日本軍に見せるために行うようになった。「高蹺」（長さ一メートルくらいの竹馬を両足に括り付けて踊り歩き豊年を祈る舞踊）もあれば、ヤンコ踊り（田植え踊りとも。農作業の動作を模して踊ったことが始まりで、どらや太鼓にあわせて歌いながら踊る民間舞踊）もあれば、舞台化粧も施した。ある年の正月一五日、私も進圭社へ見に行った。その時

いが行われたのは、日中戦争終了後の一九四七年から「破除迷信」運動が始まる前の五一年の間である。上幞頭が最後に「大祈」を行ったのは一九四九年であり、[*20] 水嶺底でも同年に雨乞いを行っている。[*21] また、南社では五一年に大王廟会を行った。[*22] 上幞頭では「破除迷信」運動以降、文革終了まで上幞頭の大王像は「村を出ていない」という。[*23]

「迷信」活動を巡るこうした動きと並行して、農村コミュニティでは社会主義建設の名の下に集団化が進められた。一九五二年より初級合作社、一九五六年より高級合作社が導入され、[*24] 一九五八年の大躍進[*25]を契機として人民公社が建設された。大王像を通じて繋がっていた村々は、各大隊に分離・合併され、複数の大隊がひとつの公社に所属した。これによって旧来のコミュニティが壊され、村人たちは新たな政治的コミュニティに組み込まれたのだった。また、農業技術や農機具の革新、食堂や託児所などの経営によって近代化が図られ、村人たちは大規模なインフラの整備に駆り出された。これらの技術革新は、雨乞いに頼らずとも十分な収穫を得る「科学」的方法として喧伝された。さらに夜間には公社の会議や学習活動が開かれ、一九六〇年代後半から七〇年代にかけて、旧社会（一九四九年の人民共和国建国以前）の苦しさを思い、新社会の幸せをかみしめる「憶苦思甜」という思想政治教育が行われた。[*26] 毛沢東の治世のすばらしさを知ることを目的とした大衆参加型の運動で、村人を一か所に集め過去苦しい体験をした人物がその出来事について話して聞かせた。その後の総括において村人たちは過去との対比によって現在の幸せを実感した。こうして、村人たちは物質、精神の両面において旧社会を捨て、新社会を受け入れる、ある種の変容を迫られたのだった。

上幞頭の村人が躍った「高蹺」を見て、日本軍の赤顔隊長（村人によるあだ名）はひと箱の煙草を人だかりの中に投げた。村人たちは争ってそれを拾った。高蹺に乗っていた者たちは皆転んで拾おうとした。隊長はそれを見て大笑いした」（二〇一一年八月二一日、上幞頭鄭宅における鄭・Aからの聞き取りより）。

*17　二〇一五年九月六日、南社村張宅における張・Fからの聞き取りより。

*18　二〇一一年八月二一日、上幞頭鄭宅における鄭・Aからの聞き取りより。

憶苦思甜大会の典型的な状況を示す写真。スローガンなども大書されており、当時宣伝のために撮影されたとみられる（http://blog.sciencenet.cn/blog-117288-847527.html）

文化大革命期（一九六六〜七六年）の雨乞いの中断

伝統的建造物の破壊活動が始まったのは、文化大革命（略称〝文革〟）に入ってからであった。文革中、「破四旧」（旧思想、旧文化、旧風俗、旧習慣を打ち壊す）運動では、毛沢東の指示を受けた都市及び農村の紅衛兵[*27]たちによって、徹底的な神像や廟の破壊が行われ、「迷信」と見なされた活動は暴力的に中断させられた。文革の後半には、毛沢東の指示を受けた大量の都市の紅衛兵たちが「上山下郷」（山に上り里に下る）によって都市から辺境の農村へ次々と送り出された。

文革中に、水嶺底では廟と大王像が破壊され、上嵕頭でも廟の一部が破壊された。南社でも村内の歴史ある廟と廟内に残された大王像が破壊され[*28]、数多くあった石碑は全て西煙鎮と南社を結ぶ橋の建設に使用されたという。南社との間で大王像を往来させていた周囲の村々でも同様に、廟や神像の破壊が行われた。しかし、その中の一村である南貝子村では、文革中も大王像を守り通し、改革開放後、周囲の侯党村、黒石窰、小掌と共に雨乞いと廟会を復活させている[*29]。南貝子村は文革当時の人口が一八〇人という小さな山間の村である。その村で如何にして文革中の度重なる政治運動を避け大王像を守り通したのか。聞き取りによって次のような村内の状況が分かってきた。

南貝子村では、日中戦争中に大王像を南社へ戻すことができなくなったため、それ以降一貫して村内の廟で神像を管理してきた。文革期に「破四旧」運動が始まると、南社及びその周囲の村の紅衛兵たちが毛沢東の政策に呼応して村内の廟や神像を破壊したのに対し、南貝子の紅衛兵たちは、逆に率先して山中の窰洞へ像を隠し守ったのだった。当時南貝子村の紅衛兵だった袁・H（一九四六年生、男）は次のように語る[*30]。

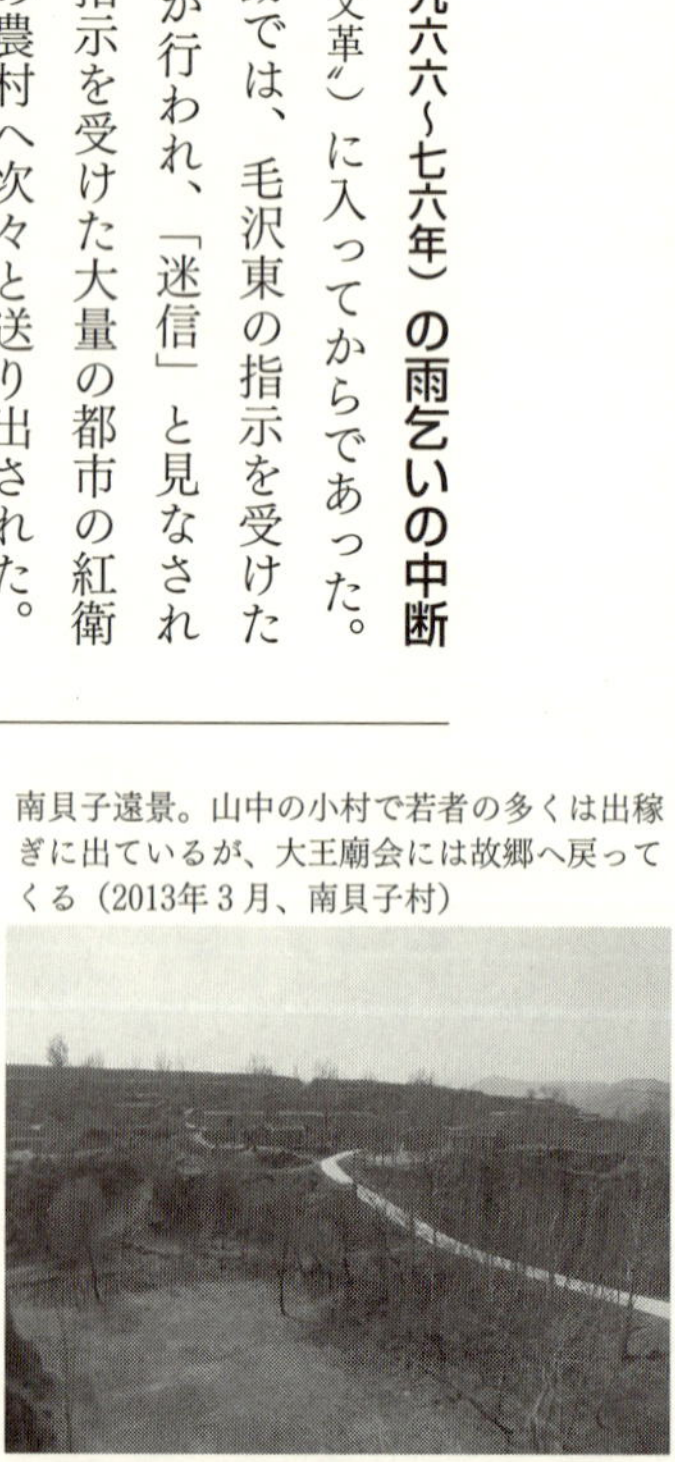
南貝子遠景。山中の小村で若者の多くは出稼ぎに出ているが、大王廟会には故郷へ戻ってくる（2013年3月、南貝子村）

*19　日中戦争期の対日協力者とその家族が後の時代にどのような境遇に陥ったかについては、拙論［石井 2015］で詳しく論じた。

*20　二〇一一年八月二一日及び二〇一二年三月二四日、上嵕頭鄭宅における鄭・Aと鄭・M（一九三二年生、男）からの聞き取りより。二人は当時の雨乞いに参加していた。

*21　二〇一二年三月二五日、水嶺底白宅における白・G及び孫宅における孫・Zからの聞き取りより。二人は当時の雨乞いに参加していた。

袁　文化大革命で毛主席の頃、破四旧立四新[*31]の時期は誰もあの方（原語は「老家」で、大王像を指す）を守れなかった。どうしようもなかったんだ。あの頃は調査に来ると言った。南社公社や西煙公社から。

石井　何を調査しに来たんですか？

袁　我々の働き具合さ。我々が何をしているか見に来た。調査に来たらすぐに見つかってしまう。だから調査と聞いたらすぐに逃げた。大南湾や侯党（いずれも地名）へ行った。十数か所へ隠したんだ。本当にどうしようもない時はあの方を行ったり来たりさせた。……そう、やつらに見つかるのを恐れて、大王爺[*32]を山に隠した。あの山の上へ移し、見つからないように、あちこちへ隠した。そうやって十数年間持ちこたえたんだ。……（大王像は霊験あらたかで、探しに来る他村の村人が後を絶たなかったため）一年間に数回も隠し場所を変えた。時には真夜中にも隠しに行った。……村には廟があって、雨乞いをしたい時はあの方を担いで戻り、（雨乞いを行って）夜中にまた隠しに行った。

石井　それでは文革中もやはり雨乞いを行っていたのですか。

袁　やった。隠れてやった。このことを話し始めたら話は長くなる。あの頃、南社の書記も風の噂でこの村に大王爺がいることを知った。彼も雨乞いには文革前から参加していた。だから彼は雨が必要になると（公社の会議などの席で南貝子の人に）「そろそろ雨が降る頃じゃないかい」と言った。それを聞くと村ではすぐに大王爺を山から連れ帰って雨乞いをした。

人民共和国成立後、行政に関わる者は神事に関わることができない決まりとなっている。それは改革開放後の現在も同様である。このため南貝子でも、村の書記だけは、反対はしなかったが大王像の保護に関わることができなかった。しかし、袁に言わせれば、村の幹部たちに

---

*22　二〇一五年九月六日、南貝子村袁宅における王・G（一九三八年生、男）からの聞き取りより。一九五一年は文革前最後の廟会と言われるが、戦乱後すぐであるため、必ずしも全ての大王像が南社に戻ったとは限らず、簡略化された廟会であった可能性がある。ただし、その時の廟会については、周囲の南貝子村、侯党村の複数の老人が記憶しているため、南社へ周囲の村々から人が集まったことは確かである。

*23　ただし、一九五八〜六〇年の大躍進運動（注25参照）の中での自然災害は例外で、調査地域の中でも李荘、中荘はその

南貝子村内の様子（2013年3月）

とっても雨乞いは必要なものであった。なぜなら「彼らには（糧食を税金として県の役所へ納めるという）任務があったから」。雨が降らなければその任務を達成できない。「公社の書記も後になってどうしようもなくなった。もちろん文革当初は厳しく管理していたが。南社の書記が「雨が降る頃だろう」と言うと、その意味は我々に雨乞いをしろということだった」。

同様の状況は、水嶺底と「神親」関係にある羊泉村でも聞き取られている。羊泉村の李・C（一九三六年生、男）は次のように語る。*33

李　あるある。あの時（文革中）もやはり大王爺を連れてきた。雨乞いを、郷の役所でも強く禁止した訳じゃなかった。なぜって、あの頃は（人民公社の）社員たちも雨が降らないとそわそわした。日照りが続けば作物も駄目になる。本当にどうしようもなくなった時、あいつ（村の責任者）が言った。「社員たちは皆これ（大王爺）を信じている。本当に雨を降らせることができるんだ」。すると幹部は、「分かった、分かった、分かった。どうにでもしろ」と。すぐに村人たちを集めて雨乞いをして跪いた。あの時の雨はすごかった。幹部も見逃したんだ。

水嶺底の白・Gによれば、羊泉村からは文革中もこっそり水嶺底まで大王像を「盗みに」来ていたという。*34 その大王像と、李・Cが言及する大王像が同じものであるかどうかは確認できていないが、後になって羊泉村でも神像を山中に隠した。しかし、文革を通して守りきることはできなかった。

村の中のあの龍王廟にどんな神も皆祭られていた。あの時は「和尚窪」（地名）の窰洞の中に隠してあったんだ。それを雨乞いになると担ぎ出してきた。でも文化大革命の頃、誰が密告した

南貝子大王廟。一時は小学校に転用されたが、改革開放後に廃校となり再び廟として用いられている。写真右には劇台があったが文革で破壊された（2013年3月、南貝子村）

時に雨乞い（大祈）を行っている。大躍進の時期には、自然災害に加え「大煉鋼鉄」（鉄鋼の大増産）が強く推進されたため、農村では農作物の刈り入れさえ行うことができず、収穫量が大幅に減少した。それによって飢餓が起こり調査地域でも餓死者が出ている。

*24　合作社とは、中国における農業協同組合のことを指す。中国では、集団労働を特徴とする半社会主義的性格の初級合作社が作られた後、それを基礎として、集団所有、統一経営、統一分配という社会主義的性格の高級合作社が作られた。

んだか、都市から下放[*35]して来たやつらが皆で神々をひっぱり出してきて、焼いてしまった。その時大王像も一緒に焼いた。

文革当時、村の青年たちは紅衛兵になった。それ以外にもこの地域には都市から紅衛兵たちが「下放」されて来て、村の中で毛沢東の政策を実践したのだった。その紅衛兵たちによって、羊泉村の神像は燃やされてしまった。当時、同様に山に神像を隠した村は他にもあったと推察される。しかし、どの村の大王像も文革期に破壊されていることから、この時期を通して大王像を保護するのが、どれだけ困難であったかが分かる。

南貝子で大王像を保護したのは村の紅衛兵たちだったが、当時、まだ若い彼らが確固たる意志を持って主導的に行動できたのは、南貝子の村人たちがそれを支援し、周囲の村々が一人の密告者も出さずに黙認したためだった。誰もが実際には大王像を必要とし続けたのである。南貝子の大王像は五〇年代の「破除迷信」運動が始まってから文革が終わるまでの約二五年間村内で保護されたが、それは当時の中国の政治状況を考えると容易なことではなかったはずで、そのことを達成するにはコミュニティの凝集力が必要であった。

袁は当時の自分の気持ちをインタビューの中で次のように語っている。

石井　もともと紅衛兵は毛沢東に依拠していて、だから、（毛の指示を受けて）率先して廟を壊さなければならなかったはず。それなのに、あなた方の村の紅衛兵はどうして大王像を保護したのですか。

袁　大王爺に対して申し訳なく思ったからだ。我々は南貝子という村に住んでいる。あの方は

＊25　一九五八～六〇年にかけて、大衆動員によって鉄鋼、穀物生産などの大増産をすることで理想社会の実現を目指した運動。

＊26　以上は盂県志編纂委員会[1995: 158-160]を参照。

＊27　毛沢東の赤い衛兵の意味。文化大革命初期に学生たちが自発的に組織し、知識人に対する迫害、文化財の破壊を行った。調査地域の村々にも紅衛兵が組織された。

＊28　この時期、各村は、紅衛兵によって南社の廟が破壊されるという噂を聞きつけて自村の

羊泉村の廟は文革中に破壊され、現在は劇台のみが朽ち果てた姿で残っている（2010年5月）

ずっと南貝子にいらっしゃった。（日中戦争以降）大蔵山（この地域では南社のことを大蔵山と呼ぶ）が四月一五日の廟会をやらなくなったから、村に戻ってからそのまま南貝子に置かれていた。そうしているうちに、文化大革命がはじまり……もちろん南貝子でも廟は壊した。それでもあの方を壊すことはできなかった。侯党村のように廟も神々も破壊することは南貝子の人にはできなかった。表面上はやった（廟を壊した）。でも、内々にはあの方を保護したんだ。

石井　これはとても重要なことなので、もう少し詳しく教えて下さい。

袁　一人で守ったのではない。たくさんの人が守った。これは南貝子の村人全員に関わることなんだ。老いも若きも皆があの方を尊敬し敬服していた。だから守り通したんだ。そうでなければどうやって守り通せただろうか。

大王像を保護し得たのは、個々人の意志もさることながら、コミュニティが大王像を必要としたことが大きい。大王は雨の神であるだけでなく、病気の治療から人生相談に至るまで生活のあらゆる困難を解決してくれる存在である。また、この地域では未だに灌漑設備が整っていないという背景も、そうした人々の意識を後押ししたと考えられる。小村である南貝子では、飲み水さえも雨に頼っており、雨が降らなければ穀物は育たないばかりか、生活さえ成り立たないのだ。文革期におけるインフラ整備や科学の推進も、広大な黄土高原に農業用水をいきわたらせることはできなかったのである。

南貝子では現在も水窖を使っている。写真右上の溝から雨水が地下へ流れ落ち濾過される仕組みになっている。使われなくなった石臼で蓋がされていた（2015年9月、南貝子村）

大王像を持ち帰ったため、南社の「迎駕廳」には大王像はほとんど残されていなかった。最後まで残った一尊を、南社の村人たちは地方の言葉で「うすのろ大王爺」と呼んだという（二〇一五年九月六日、南社村張宅における張・Fからの聞き取りより）。

*29　南貝子村以外にも腰道湾村でも同様に大王像を隠し通したと言われているが、神像の実物は未見である。

*30　二〇一三年三月二二日、南貝子村袁宅における袁・Hからの聞き取りより。彼は現在南貝子村の廟の管理をしている。

3　雨乞いの復活とその変化

鄧小平による一九七八年の改革開放、それに続く江沢民による一九九二年の社会主義市場経済の導入により、中国では経済の自由化が進んだ。農村では人民公社が解体され、生産責任制が導入される。これによって村人たちは二〇年間続いた集団農業から解放されると共に、文化活動も自由化された。南貝子では、およそ二五年もの間山中に隠し続けた大王像を山から下ろし、村内に再建した廟に安置することになる。それに伴い、文革以前にその大王像を共有していた四村（南貝子、侯党、黒石窰、小掌）での大王像の巡回と、「神親」関係にある陽曲県忻州市の晏村との往来が徐々に再開していった。これはひとつの歴史的レジリエンスの形態であると言えるが、本節ではその経緯と再開による大王コミュニティ及び大王像共有の変化について詳細に見ていく。

四村での大王巡回の再開とその変化

文革中、大王像の保護という困難な役割を、主に南貝子が担ってきたため、改革開放後に四村で巡回を再開する過程は、決して順調ではなかった。[*36]

袁　改革開放になって、迷信のことをとやかく言わなくなったら、二つの村が喧嘩を始めた。あのころはしょっちゅう喧嘩していた。私はやめろと言ったんだが。

＊31　「立四新」は文革のスローガンのひとつ。「破四旧」に対応させて、「新思想、新文化、新風俗、新習慣を打ち立てる」という意味。

＊32　この地域では神々を親しみと敬意を込めて「爺」と呼称する。

＊33　二〇一一年八月二二日、羊泉村李宅における李・Cからの聞き取りより。

＊34　二〇一二年三月二五日、水嶺底白宅における白・Gからの聞き取りより。

＊35　下放とは、都市の知識人

侯党村には壮大な廟があったと言われているが、現存するのは文革で破壊された後の家屋のみである（2013年3月、侯党村）

石井　どの村とどの村が喧嘩したんですか？

袁　黒石窰と侯党だ。彼らは大王像は全村で巡回すべきだと言ってきた。……だから、あの頃お前たちの村は誰も大王像を保護しなかったのに、今になって何を言うのかと言ってやった。彼らは、あのころは南貝子の人のおかげだ。もしも侯党にあったらとっくになくなっていたと言って感謝した。

……（中略）……

袁　もしも大王像を巡回させたら、この村の人たちは不満に感じる。彼らはあの頃誰も大王像に構わなかったのに、今になって欲しいという。あの頃彼らの村にあったら、とっくの昔になくなっていたはずだ。

南貝子の王・Gは次のように言う。*37

王　三つの村は皆取り分がある。当時侯党と黒石窰は何もしてくれなかった。彼らは自分たちのことを信じきれなかったから、（大王像を）我々の村に隠したんだ。どうして守り通すことができたのか（それは南貝子のおかげだ）。今になって言い争ったり喧嘩をしたりしている。なぜって三つの村は皆少しずつ力を出したが、それぞれ自分たちの方がより頑張ったと主張するからだ。

（同席した袁・Hが口を挟み……）

袁　私は黒石窰の外孫で「小輩」（若い世代）だ。彼らは「老輩」（上の世代）の老人を七、八人よこして大王像の巡回を要求した。私は「小輩」だから、文句を言うことができなかった。そうして彼らは大王像をつれて帰ったんだ。侯党も同じような状況で巡回するようになった。

王・Gが「三つの村は皆取り分がある」というのは、文革当初、大王像の保護のために侯党

再建された黒石窰の劇台。劇台と廟が対面式になった古典的な形式をそのまま残している。廟会にはこの劇台で晋劇が演じられる（2013年3月、黒石窰村）

や幹部を鍛錬のために工場や農村へ送り込むことを言う。文化大革命中の一九六八～七六年には、都市で中学高校を卒業した学生たち（紅衛兵）が、僻地の農村や国境地帯の国営農場などに送り込まれた。「鍛錬のため」と銘打っているが、文化大革命期には毛沢東の政策を農村へ伝える目的を持っていた。

*36　二〇一三年三月二二日、南貝子村袁宅における、袁・Hからの聞き取りより。

*37　二〇一五年九月六日、南貝子村袁宅における、王・G及び袁・Hからの聞き取りより。

や黒石窰も協力したためである。しかし、後になって彼らは大王像を全て南貝子に託したのだった。そのことが、大王像保護を巡る村々の見解を複雑にしているのである。黒石窰と侯党の村人は諍いがあったことをあえて筆者に伝えていない。それどころか、大王像の保護は自分たちの手で行ったと語ることさえある。例えば黒石窰の李・Z（一九三〇年生、男）は、次のように語る。*38

李　私はどんなことでもやったことがある。大王像を守るのにも側面から参加した。あの頃は廟を壊さない訳にはいかなかった（だからそこに参加した）。だが、あのお方を山の祠に隠すのにも参加したんだ。……（中略）……あの頃、お上から号令があってやらない訳にはいかなかった。だから廟を壊した。でもあのお方は山の祠まで運んでいくべきだと感じた。……我々は山の上の石の祠に大王爺を八、九年隠し続けた。

石井　八、九年ですか。

李　十数年間隠してから、ようやくあの方を村へ戻すことができたんだ。やはり昔の像のままだった。

同様に、小掌でも、大王像は自らが守ったと語られ、聞き取り調査は難航した。小掌は小さな村であるため、行政上は南貝子と併せてひとつの村とされる。このため、南貝子の雨乞いや廟会にも共同で参加し、大王像保護にも一役買っていたため、それを自らの手柄として、今では語っているのである。その語りは、黒石窰の李のものと類似している。*39

このように、周囲の三村は、大王像の保護に一定程度参加したため、自らが大王像を守った

*38　二〇一三年三月二一日、黒石窰李宅における、李・Zからの聞き取りより。

*39　二〇一三年一二月二三日、小掌村高宅における高・J（一九三一年生、男）からの聞き取りなど。

再建された黒石窰の大王廟。右の写真の劇台の向かいに廟が建っている。廟会では、廟内の神に対して晋劇が演じられ、人々は階段に座って観劇する（2013年3月、黒石窰村）

という意識が強く、それは南貝子の村人たちの意識とは相いれないのである。なお、小掌では、大王像を保護する活動が既に神話化されつつある。[40]

> 斉奈（地名）に、石造りの窰洞がある。とても険しいところだ。今の若者が手に何も持たずに上ったって上るのが難しい。それなのに、大王爺の神輿を四人で担いで上ったら、さっと上れてしまったんだ。……そこへ行くには何も担がなくても這って上がらなきゃならなかった。でも四人で大王爺を担いだら上れてしまったんだ。

このような神話化は、どの村でも始まっている。大王像を担いだら途端に飛ぶように山道を走ったという内容や、大王像に不敬を働いたために、口から緑色の液体を吐いて倒れたなどであるが、それらは皆、語り手自ら、あるいは現在も生きている身近な人の経験として語られるのであり、まさに今、新たな神話が作られようとしていると言える。それらの真偽は定かではないが、南貝子と大王像に対する人々の尊崇の気持ちを高める現実的な役割を果たしている。

四村が巡回を再開したのが何年であるかは分かっていないが、少なくとも一九八六年以前であると考えられる。[41] また、小掌は、村が小さいため南貝子と併せて一村とし、現在では三年に一回各村を回る決まりとなっている。村々の巡回は以前と同様であるが、これらの村は再開後、以前の総廟である南社を排除した。その理由は、文革期に南社の村人が周囲の村と共有の文化的財産であった総廟を勝手に破壊したためだという。大王像巡回を巡る力関係は、こうして、日中戦争以前とは、まったく逆となった。即ち、最も小さい南貝子が最も強い発言力を持ち、続いて侯党、黒石窰、小掌といった中間村。そして以前の総廟である南社の発言権は最も小さくなっている。かつてより、大王像の移動は双方向的であった。再開後はそのかたちを維

南貝子に残された「雨駕」。清朝時代のもので、大王像と共に文革を通して山中に隠されていた（2013年3月、南貝子村）

*40　二〇一三年一二月二三日、小掌村高宅における高・Jからの聞き取りより。

*41　晏村が「神親」関係を復活させたのが一九八六年であるため。その頃には既に侯党へ大王像を巡回させていた。

持しつつも、力関係は逆転してしまったのである。

なお、南貝子は単に四村での巡回を許したのではなく、自らの村に権力の証を残した。それは「雨駕」（雨の神輿）と呼ばれる大王像を運ぶ神輿である。大王像の移動には二種類の神輿が用いられる。「座駕」と「雨駕」である。大王は普段は「座駕」に乗っているが、雨乞いになると「雨駕」に乗り換える。その「雨駕」は常に南貝子に置いてあるため、いざ雨乞いをする段になると、どの村も南貝子に申し入れをし、まずは「雨駕」を取りに行き、それを担いで大王像を迎えに行かなければならない。近年も二年に一度は雨乞いを行っている「神親」の晏村は毎回そのように南貝子を訪れているという。

復活した「神親」関係

晏村は忻州市忻府区の東端にあり、南社からは直線距離で六〇キロ離れている。幹線道路沿いに位置するため、改革開放後の経済発展の波に乗った裕福な村で、規模も大きい。村内には大規模な大王廟と劇台があり、昔から忻州七大廟のひとつに数えられてきた。文革によってそれらは破壊されたが、現在は修復されている。晏村では、文革の前奏であると言われる「四清」（人民公社の帳簿、倉庫、財産、労働点数の四点を改める）運動[*42]が一九六〇年代から激しく吹き荒れた。それに続く文革では、雨乞いに触れることは一切できなかったと言う。しかしながら、改革開放後の一九八六年になって、雨乞いと廟会を再開した。その経緯について、南貝子の袁は次のように語る[*43]。

*42 文革同様、村のリーダーたちの多くが批判され暴力を振るわれた。文革の批判方法の原型があったと言われ、晏村では早くから廟が破壊され雨乞いも中断した。このため、現在聞き取りを行うと、文革以前の雨乞い参加者は極めて少ない。

*43 二〇一三年三月二二日、南貝子村袁宅における、袁・Hからの聞き取りより。

晏村の劇台の様子。晏村の大王廟は忻州七大廟のひとつとされ、文革後に再建された。劇台の対面に大王廟が再建されている（2015年9月、晏村）

忻州の晏村とは数世代の神親だと言う。だが、文革が始まってからはその関係は途絶えていた。十数年途絶えた後に、改革開放になったその後のある年、忻州は旱魃となった。そして晏村の人々は雨乞いを思い出した。しかし、この「神親」は（文革を経て）どうなっているのか、あの大王像はまだ存在しているのかどうか分からない。その頃、もともと大王を迎えに来ていた年寄たちは既に皆亡くなっていた。でも、文革以前の四〇年代の雨乞いの際に一五、六歳だった男の子がたった一人、まだ生きていて、彼の記憶に頼って再び大王爺が存在しているのかどうか探しに来たんだ。彼が村人を連れて、大王像を探しに来た。ここに来て大王像を連れ帰って雨乞いがしたいと言う。しかし、この地の村人たちは大王爺が連れて行かれたら戻って来ないのではないかと心配した。そこで契約書（「合同」）を書いて、（大王像を）我々二つの地域のものだとして再び往来が始まったんだ。

一方、晏村では、一九八三年に文革後初めて大王像を迎えに行った三人の村人のうちの一人である楊・X（一九五〇年生、男）に話を聞くことができた。*44 彼によると、当時二人の老人が大王像を迎えに行くことを計画し、そこに力のある若者で大胆な性格であった楊が加わった。当時は南社の方角さえ分からなかったため、雨雲の見える方向を目指してただひたすら歩いたのだという。そして雨乞いの最中であった侯党村に到着することができた。

石井　八〇年代に雨乞いをした時、その二人の老人はなぜあなたを選んだんですか。

楊　俺は金を使うことを恐れなかった。俺が三〇〇元を出したから、食事もとれるし、電話だってできる。一人の老人は障害軍人証を持っていた。彼は偏屈で肝が大きくて何も恐れなかった。

---

*44　二〇一五年九月八日、晏村大王廟事務室における楊・Xからの聞き取りより。

晏村大王廟内の大王像位牌。本来は大王像と共にあるべきものだが、文革後最初の雨乞いの際に位牌のみ持ち帰って以来、晏村に保管されている（2015年9月、晏村）

もう一人の老人も怖いもの知らずだった。侯党村へ行って食事をした。順調だった。そして晏村に電話をかけた。次の日に戻るから、雨乞いの用意をするように、柳の枝を切って準備をするようにと。戻ったら道の両脇に人がびっしりと立って俺たちを歓迎してくれた。

しかしながら、実際にはすぐに大王像を連れ帰ることはできなかった。

楊　一回目は位牌だけを連れ帰った。三回目にようやく大王爺を連れ帰ることができた。侯党へ行って高・Gに会った。彼が俺たちを騙して言うには、お前たちが大王像を持ち帰ることには同意しないということだった。我々は次の年も行ったがまた断られ、三年目にようやく大王像を連れ帰ることができた。

当時、契約を交わしたんだ。もしあなたたちの村へ大王爺を迎えに行ったならば、必ずそれに応えなければならない。押印もして、向こうの大隊と我々の村で分けた。あわせて五枚。侯党、南貝子、黒石窰、南社、晏村。その時高・Gは他の村が大王爺を連れて行かれることに同意しないと言った。だから我々はその契約書を持って各村を回った。すると他の村は皆同意すると言ったんだ。そうやってようやく、大王爺を連れ帰ることができた。

彼の語りから分かるのは、「神親」の関係が必ずしも安定的なものではないこと、そして、大王像を借用する権利は、南貝子をはじめとする四村が主に握っており、「神親」として別の地域から来る晏村は、大王像を貸し出してもらう立場にあるということである。また、大王像を共有する四村は必ずしも「神親」の関係を手放しで受け入れている訳ではない。財政的な余裕のある晏村は、南社を含めた五村に対して、現在もかなりの額の寄付をしている。それらは

南社廟前の碑には、廟の再建に貢献した人々の名前が彫られているが、再建のための費用を横領した村人の名前が削り取られていた(2013年3月、南社)

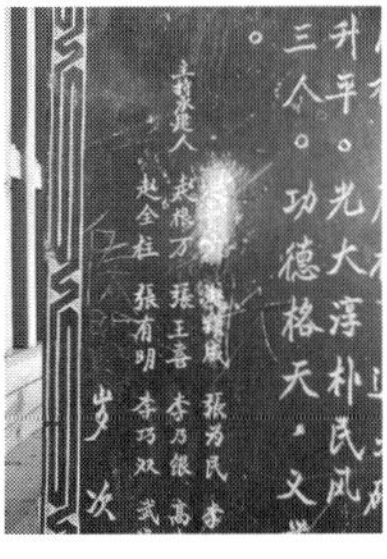

廟の修築や願ほどきの晋劇を演じる劇団を呼ぶ経費に用いられ、廟の前の石碑には必ず晏村からの寄付が刻み込まれている。そのような持ち出しと交換に、現在の関係を維持しているのである。晏村では二年から三年に一回の頻度で雨乞いを行っている。帳簿には毎回約五～七千元（約九万五千円～一三万三千円）の雨乞いの費用と、約一～四万元（約一九万円～七六万円）の廟会の費用が計上されていた。

ただし、晏村と他の四村との関係が悪いわけではない。四村で行った聞き取り調査では、必ず晏村が言及された。晏村と「神親」関係があることを、彼らはむしろ誇らしげに語るのである。神像の往来が先にあり、その行為が繰り返される過程で精神的な信頼関係を伴ったコミュニティが形成されるのだと言えよう。

なお、現在復活している南貝子を中心とした大王像共有の動きは、小規模であるが、それ以前とほぼ同じかたちをしている。日中戦争以前に蔵山や南社を中心にして繰り広げられた大王像の移動のかたちが、今度は中心を南貝子に替えて成り立とうとしていることが分かる。

4　華北農村におけるレジリエンス

本章で論じたのは、中国華北農村の一地域の事例である。しかしながら、中国の歴史としてのレジリエンスを考える時、地方の農村の動きを知ることには重要な意味がある。中央から離れた小さな村ほど高いレジリエンスを有しているためである。本章の例でいえば、大王信仰のコミュニティの中でも、蔵山は早くから皇帝が雨乞いをする場のひとつとして政治体制の中に

大王像座駕は、文革期を通して大王像と共に山中に隠されていた。大王像は普段はこの座駕の中に座ったかたちで廟内に安置されている（2012年８月、黒石窰村）

組み込まれていた。南社もまた、「趙氏孤児」の第二の故郷として名が知れ渡っている。そのような村は「破除迷信」や「破四旧」などの政治運動を逃れることができず、組織が大きいが故に破壊の対象となった。これに対し南貝子のような山中の小村は政治からも価値観の変容からも自由で独自の行動を取ることができ、そのために、大王像を守り通すことができた。こうした村は辺鄙であるが故に中央の統治が行き届かず、独自のネットワークを守ることができたのである。時代を遡れば、蔵山も二千年以上前は趙武が隠れ住んだほどの山奥であったし、「小蔵山」と呼ばれる南社もまた、蔵山のネットワークが何らかの理由で周縁へ移されたものと考えられる。文革期に見られた大王信仰のレジリエンスは、時間軸の上で繰り返されてきたと考えられる。

蔵山をはじめとする大王信仰のネットワークを単純化すると、生命体のようなかたちが浮かび上がる。中心から周縁へ、そしてその更に周縁へ、ネットワークは伸びており、時に「神親」の関係によって、域外の地域に飛び火している。しかもそれらのネットワークは神像が「盗み、盗まれる」ことによって双方向性を持っており、中心が周縁へ、周縁が中心へ入れ替わる可能性を常に有している。だからこそ、中国近現代史における度重なる災害（ストレス）の後も、もともと周縁にあった南貝子が新たな中心として、規模は小さいが同様のかたちのコミュニティを再生しつつあるのではないか。この地域では、南貝子のように古くからの大王像を保持している村は少ないが、多くの村が新たな大王像と廟を作り始めている。それらの村がこの南貝子の大王コミュニティに繋がり、新たな大王信仰のコミュニティが広がる可能性を有している。大王信仰のネットワークは、その形態自体がレジリエンスを有しているのである。

大王信仰によるコミュニティは、現政治体制や価値観とは異なる部分で成立するものであ

南貝子で大王廟の管理をしている袁・Hとその妻。右端は筆者（2013年3月）

り、このために、盂県ではひとつの地域コミュニティの中に、政治と信仰の、二つの中心が存在する。本章で紹介した南貝子、上嶫頭、そして水嶺底は人口や経済で言えば末端に属するが、大王信仰においてはまさに中心的位置を占めているのである。そうした彼らの位置づけは、社会主義の政治的価値観でも、改革開放以後の経済的価値観でもなく、神話、伝説、そして信仰に支えられていると言える。南貝子を巡って新たな伝説が次々に生み出されているのは、このようなコミュニティが有するレジリエンスの働きのひとつであると考えられる。そのことは、「趙氏孤児」の伝説それ自体とも通じている。

滅亡の危機に瀕した趙家の男の子が山中に隠れ住んで成人した後に山から下りてお家再興を果たすという「趙氏孤児」の物語のプロットは、中国における歴史のレジリエンスのあり方を示しているのではないか。大王像を山へ隠し、改革開放後に山から下して巡回を再開するという、南貝子が大王像を守り通した方法は、無意識とはいえ、実は同じプロットをなぞっている。更に言えば、南貝子という辺鄙な小村が文革中の伝統破壊を生き延びたことも、晏村のたった一人の少年の記憶が「神親」関係を復活させたことも、同様のレジリエンスが発揮された例と言い得るかも知れない。前述したように、「趙氏孤児」の物語は様々な劇や作品に受け継がれており、近現代の文学や映画の中にも取り入れられている。こうしたプロットは単なる昔の物語や虚構の作品ではなく、自然災害や政治的権力によって危機に瀕した末端のコミュニティが再生する、中国文化の根本的なレジリエンスのあり方が表現されたひとつのかたちなのである。だからこそ「趙氏孤児」の伝説は二千年もの間広く民間に受け入れられてきたのだろう。

大王像に祈る村人（2013年３月、黒石窰村）

参考文献

日本語

石井弓 2012「山西省農村における雨乞い――農民の視点から「迷信」を捉える」『中国研究月報』66巻6号、pp. 1–19.

石井弓 2015「日中戦争における対日協力者の記憶――オーラルヒストリーの視点から」『思想』一〇九六号（二〇一五年八月）、pp. 67–91.

加藤修弘 2004「大娘たちの村を襲った戦争――山西省盂県の農村から見る日本軍の相貌」石田米子・内田知行編『黄土の村の性暴力――大娘たちの戦争は終わらない』創土社、pp. 126–185.

後藤末雄著、矢沢利彦校訂 1969『中国思想のフランス西漸』平凡社。

森田明 2009『山陝の民衆と水の暮らし――その歴史と民族』汲古書院。

中国語

李晶明編 2010『三晋石刻大全　陽泉市盂県巻』三晋出版社。

閻鐘瑞編著 2010『蔵山文化』山西出版集団、山西経済出版社。

山西省測絵局 1995『山西省地図集』山西測絵局制印大隊。

山西省国防動員委員会交通戦備弁公室編 2003『山西省地図冊』山西科学技術出版社。

中共山西省盂県県委党史研究室編 1993『中共山西省盂県歴史大事記述（上編）』文津出版社。

盂県志編纂委員会編 1995『盂県志』方誌出版社。

大王像。文革中は南貝子で保護され、改革開放後に南貝子、侯党、黒石窰、小掌の4村での巡回を再開した（2012年8月、黒石窰村）

第二部

不条理を生きる
—— 共通の敵を作らずに連帯する

女はまた、共同体の中で大きな紐帯《じゅうたい》をなしていたが、それは共同体の一員であるまえに女としての世間を持ち、そこではなしあい助けあっていた。

(宮本常一「女の世間」『忘れられた日本人』岩波文庫、1984年、p.105より)

第4章

諸帝国の周縁を生き抜く

台湾史における辺境ダイナミズムと地域主体性

言語

若林 正丈

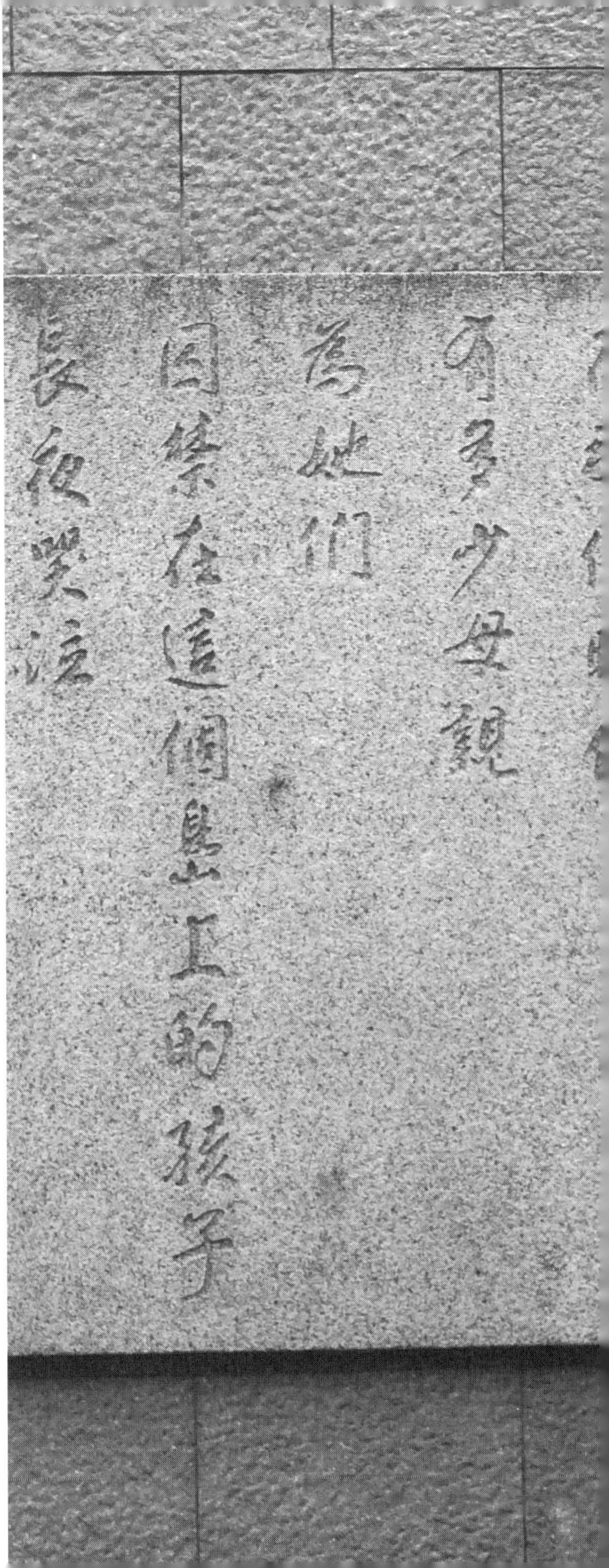

緑島人権紀念碑入口に掲げられた元政治犯の作家柏楊氏の詩──「あの時代、幾多の母親が、この島に閉じ込められた、彼女らの子供のために、長い夜を泣き暮らしたことか」。緑島は、俗称火焼島と呼ばれ、日本植民地期には「浮浪者収容所」、戦後中華民国の長期戒厳令時期には政治犯を収監する監獄が置かれていた（148ページ写真キャプション参照）

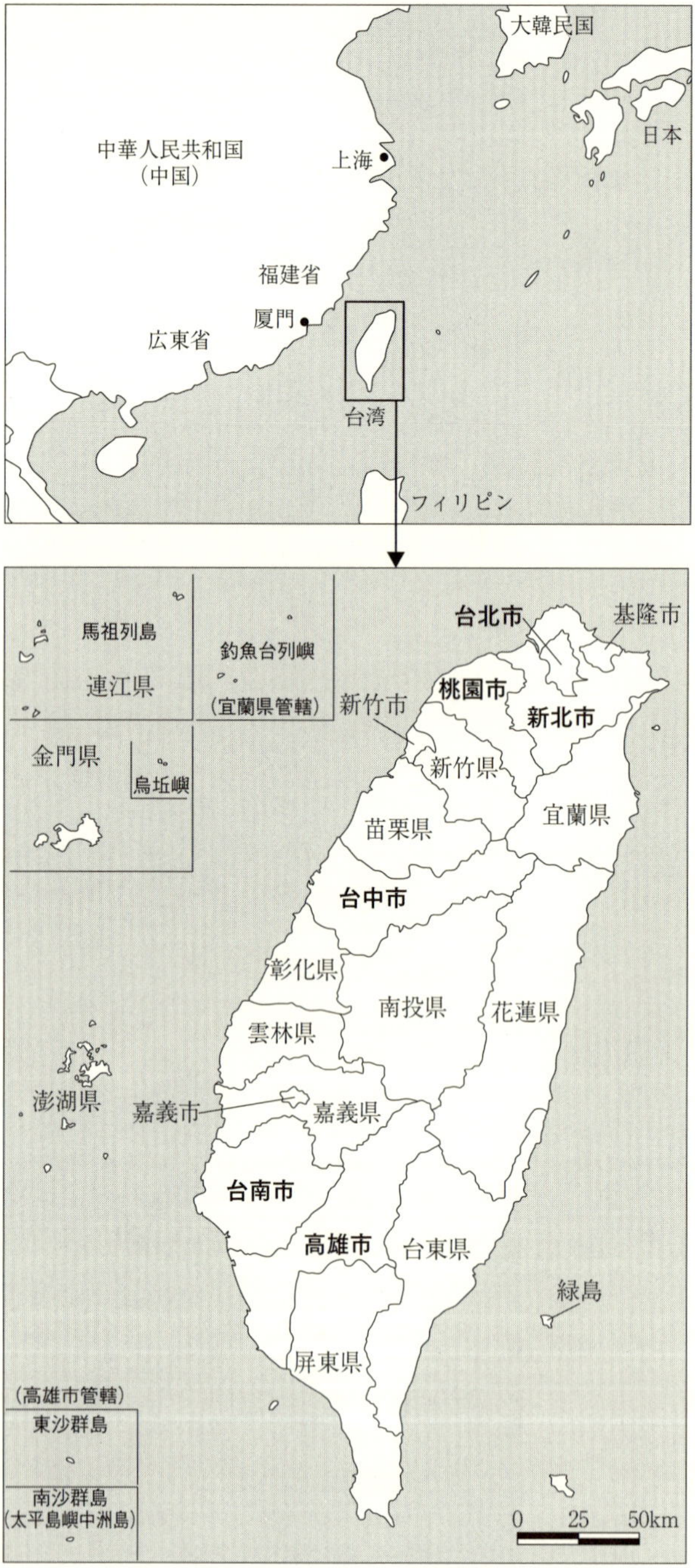

現行の台湾行政区画（太字は行政院直轄市）

「こうした複雑な歴史は、確かに台湾と台湾人に悲哀をもたらしたが、それとともに台湾独自の豊かな多様性と、逆境にあっても挫けない柔軟性を得たことを無視するわけにはいかない」［李登輝 1999: 17］

1　現代台湾先住民の墓——三種の文字四種の名前

先住民墓地の漢字、カタカナ、ローマ字

二〇〇九年三月、台湾は東部の花蓮県を訪れた。迎えに来てくれた友人の車で花蓮空港を発ち海岸沿いの道路に出ると、両側一面に墓地が広がっていた。そこは「花蓮県新城郷第二公設墓地」だった。車を止めてもらって幾つかお墓を見て回ると、墓碑には漢字の他にカタカナやローマ字で名が刻まれているものが多い。台湾先住民の墓である。聞けば、新城郷は先住民族アミ族とサキザヤ族[*1]が多く居住する郷であるという。

「民国七十九年[*2]×月×日立碑」と記された一つの墓碑には、男性と女性のそれぞれの写真が印刷され、男性の写真の下には「民前二十二年×月×日生　曽〇〇」（〇〇は漢字）と漢族名が記され、その右横にカタカナで小さく「コモドアドプ」とも記されている。これが曽〇〇氏の先住民族としての姓名と推測される。女性の写真の下には、「民国三年×月×日生　ツイスビタル　民国三十年×月×日没」と記されている。女性の場合は漢族名が記されず先住民名のみがカタカナで記されているのである。男性の場合は没年が記されず、名前の下に「父親曽〇〇コモルは第一次大戦で日本軍に召集されて南洋で戦死した。謹んで碑を立てて在天の霊を慰める」との内容が中国語で記されている。[*3]

*1　アミ族をはじめ東部平地の先住民族の居住地域は、日本植民地統治期において特別行政区域「蕃地」から一般行政区に組み込まれていったところも少なくなかった［松岡 2012 : 99-101］。サキザヤ族は、戦後においても先住民族の一族と認定されたアミ族の一部分とされていたが、九〇年代後半から始まった行政院による先住民族認定で、アミ族とは異なる先住民族の一つとして認められた。

*2　中華民国は一九一二年元旦創立、したがって「民国七十九年」は一九九〇年、「民前二十二年」は一八九〇年。

花蓮県新城郷第二公設墓地。複数の文字、複数の名前がある先住民の墓碑があった（2009年3月）

日本の敗戦後台湾を接収した中華民国の台湾省行政長官公署は、一九四五年一二月「台湾省人民姓名回復条例」を発令して日本統治末期の「皇民化運動」の中で「改姓名」した台湾人が「中国姓名」を回復することを認めた。その際に、先住民については「回復すべき適切な名前がないときは中国姓名を参照して自ら姓名を定めるべし」とされた。こうして戦後の台湾先住民は中国名を「回復」し、その中国名が法的効力を有するものとなった。前記の墓碑にはこれを立てた者として「長男　曽△△」の名がある。一八九〇年生まれで日本統治期に世を去ったその父の「曽○○」氏に「中国姓名」があったとは考えにくく、後の事情で前記条例に依り遺族が彼に「回復」したものだろう。

目に入ったもう一つの墓碑はキリスト教式のものであった。日本の植民地統治期に台湾総督府は先住民族地区へのキリスト教の布教を禁じていた。*4 戦後各宗派のキリスト教の布教が先住民族地区で始まり、数多くの信者を得た。他にもキリスト教式の墓碑は数多く見られた。筆者の記録してきた墓碑は、「聖名　莫○○」（○○は漢字、その中国語の発音から「モニカ」と推測される）と記された名前の下に女性の写真がすり込まれ、その下にローマ字で〝Dxxx〟（xは実際とは異なる）と記され、さらにその下に「曽□□之墓」（□□は漢字で、漢族女性によく見られる名前）と記されている。「聖名」とは洗礼名であろう。写真を囲んで「安息主懐」（主の懐でやすらかに、との意味）と記されており、名前の右側には十字架と聖書の図案が描かれ、左には生没年（民国二十五～九十二年）が記されている。ローマ字で記された〝Dxxx〟は先住民名であろう。

こうして見ると、この墓地にある墓には、三種類の文字で三種類の名前が記されていることになる。文化人類学者角南聡一郎の台東県大武郷での調査に依れば、漢族名の他に、ひらがなで「みどり」と記された墓碑、また、漢字で日本式名前を「小○○子」と記したものもあっ

*3 第一次大戦が第二次大戦の誤記であるかどうか、あるいは死因不明ないし記述を忌避する必要があってこのようにしているのか、いずれも不明であるが、何らかの形で日本植民地統治期に死去し没年月日が不明と推測される。

*4 但し、タロコ族のチアンという名の女性が、台湾長老教会の洗礼を受け、日本の警察の迫害を受けながら、タロコ族中心に布教していた［黄鳳生他 1994: 54-57］。地理的には近いが新城郷のアミ族などまで布教が及んでいたかはわからない。

曽○○氏の墓碑

たという［角南 2006: 306］。これら日本名は、「蕃童教育所」などの当時の山地先住民用の初等教育機関で学ぶときに先生につけられて自分も周囲もそう呼ぶようになったりしたものと思われる。戦前生まれの台湾先住民の墓には、ひらがなも一種類と数えれば、最多三言語四種の文字、四種類（民族名、漢族名、日本名、洗礼名）の名前が記されている可能性があることになる。

筆者の友人は、それから、この公設墓地からさほど遠くない七星海岸公園に案内してくれた。太平洋に面したなかなか綺麗な海岸で、夏には海水浴客でいっぱいになるという。しかし、背後から轟音が聞こえる。振り返るとそこは先ほど降り立ったばかりの空港で、見れば、轟音を発したのは着陸したばかりの戦闘機である。そこは同時に空軍の基地でもあったのであった。機体から見て、戦闘機は一九九二年ブッシュ（父）米大統領が台湾への売却を決めた、あのＦ16型と思われる。花蓮市内に入っても同機がスクランブル発進の練習を繰り返す轟音が絶えない。友人に聞けば地元の人はもう慣れっこであるという。

その夜は、友人が予約してくれた海岸近くのホテルに泊まった。それは奇しくも筆者が一九七三年初めて花蓮を訪れたときのホテルであった。その当時は日本人団体客で溢れていた。だが、今回一晩眠って目覚めると、ホテルの前に何台も停まっている観光バスは、ほとんど中国大陸からの団体客のものであった。二〇〇八年の総統選挙で民進党の陳水扁から国民党の馬英九へと再度の政権交代が行われ、以後中国との直接の航空交通が実現し、大量の中国人団体観光客が台湾を訪れるようになっていたのである。日本人観光客のバスは一台しかなかった。三十数年でこのホテルの客の主役は交代したのである。海岸の散歩から戻ると、その中国人観光客の頭の上で、その日もアメリカから購入したＦ16がスクランブル発進の練習を繰り返していた。

Dxxx 氏の墓碑

台湾史の辺境ダイナミズム――諸帝国の周縁を生き抜く

台湾は、長くオーストロネシア語族[*5]の言語と文化を持つ現在の台湾先住民族の祖先のみが居住する島だった。そこに一七世紀頃から先住民族にとっての外来者が次々とやってきて歴史時代に入った。外来者とは、対岸中国大陸からの陸続たる漢人の移民、そして、台湾が歴史時代に入って後次々と交代した統治者である――オランダ東インド会社（一六二四～六二）、鄭氏集団（一六六一～八三）、清朝（一六八三～一八九五）、日本（一八九五～一九四五）、中華民国［首都南京］（一九四五～四九）、そして、中華民国［臨時首都台北］（一九四九～）。統治者の交代には何らかの戦争とその余波が伴い、来ては去り（オランダ人、日本人）、さらに来ては定住する（戦後の外省人[*6]、近年の中国大陸、東南アジアなどからの婚姻移民）人口の移動があった。直接の統治者とは言えないが、四九年以後の台湾の中華民国（戦後台湾国家）の背後には、戦後の東西冷戦の一方の雄でありアジア太平洋地域においても最も強力な広域秩序形成主体であるアメリカ合衆国の存在がある。さらに、東西冷戦体制崩壊後には、中華人民共和国が台頭して、激化する内部矛盾に悩みながらもアメリカの覇権に挑戦している。

ところで、ここにいう「広域秩序形成主体」とは、少なくとも東アジア地域においてその本来の政治的境界の外に自己のパワーを投射し、何らかの形で一定期間この地域で広域的に秩序形成を担っていた／担っている政治体を指す。これを「帝国」と略称して台湾史を概括すれば、台湾は、歴史的性格の異なる三種類の帝国の辺境ないし周縁に位置づけられてきた。三種類の帝国とは、最後の世界帝国としての清朝、遅れてきた近代植民帝国としての大日本帝国、そして戦後世界の帝国システムの一つであるアメリカである。近代植民地帝国はまた山室信一の言う「国民帝国」としての性格を有した。戦後のアメリカの帝国システムは、自由主義的価

*5　オーストロネシア語族の居住分布は、太平洋からインド洋まで広範囲にわたり、台湾はその北端に位置し、東はイースター島、南はニュージーランドまで、西はマレー半島、ジャワ、スマトラを経て、マダガスカルにまで及んでいる。

*6　日本の敗戦により台湾は中華民国にその台湾省として編入された。台湾住民は先住民も含めて中華民国国籍を「回復」したものとされ、同時に中華民国戸籍法が適用されて「省籍」も付与された。台湾省籍者が台湾省内に居住していれば「本省人」、他省に居住していれば「外省人」、他省籍者が台湾省に

花蓮空軍基地のF16戦闘機（2009年3月）

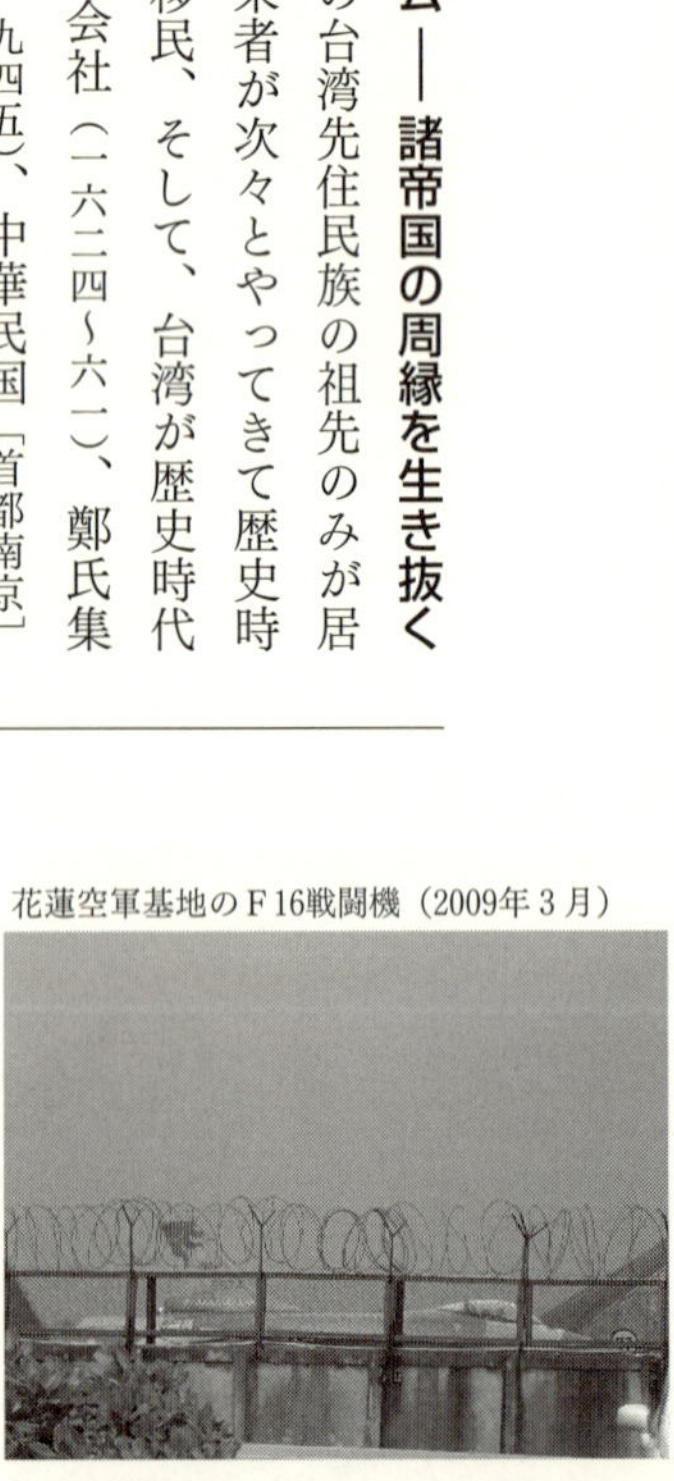

値体系を有し、主権国家システムと資本主義経済システムと共存し、植民地支配を志向せず、他の主権国家内に設置した軍事基地を拠点としたパワーの投射を根幹とする「インフォーマルな帝国」あるいは「借地の帝国」であった（三者の違いを表4-1に整理した）。

戦後台湾国家としての中華民国は、挫折した国民帝国といえる。清朝はその末期には国家の近代化に向けた諸種改革を試みたが、それらの改革は世界帝国の版図を抱えたまま王朝国家を国民帝国に転化しようとするベクトルを有していた。辛亥革命後その課題は中華民国に引き継がれたものの、その中華民国は中国共産党との内戦に敗れ、共産党が樹立した中華人民共和国がさらにこれを引き継いだ。台湾に逃げこんだ中華民国は、「インフォーマルな帝国」アメリカの庇護の下で、その統治範囲を「台湾サイズ」に縮小して国家を存続させるとともに、「反共復国」と「大陸反攻」の国策の下、いわば「中華国民帝国」のイデオロギーと国家体制を維持した。その建前（「中国サイズ」の「大国民」）とその「台湾サイズ」の国家統治（「小国家」）の実際とのギャップに台湾社会は苦しむことになり、民主化後は中国大陸において成功した「中華国民帝国」である中華人民共和国強大化の圧力にますます曝されることとなった。

帝国のパワーの投射がその辺境／周縁に引き起こす歴史的変動を「辺境ダイナミズム」と呼ぼう。台湾という地域の骨格は、近代において三つの異なった種類の帝国のパワーの投射から発動される異なった辺境ダイナミズムによって形作られてきた。その意味で、台湾は「諸帝国の周縁」であり、現代台湾は、これらの異なった辺境ダイナミズムの断絶と連続、破壊と継承のプロセスの繰り返しと累積の上に成り立っている。先住民はもちろん、歴史上の異なる時期に中国大陸から渡ってきて生業を得、台湾に土着した人々とその子孫も、このような諸帝国の周縁を生き抜いてきたのである。

居住していれば、台湾における外省人となる。本省人か外省人かは、このように戸籍法に基づく中華民国国民の行政上の類別に過ぎないが、その後の二・二八事件や「台湾サイズ」に縮小した中華民国の統治の歴史の中で、エスニックなカテゴリーとなっていってしまった（「省籍矛盾」の形成）。しかし、九〇年代には国民身分証の省籍欄が削除されるなどの措置がとられた［若林 2008: 49-51］。民主化進展とともにこの矛盾は緩和し、民主化期生まれの世代では、省籍意識は希薄となっている。

花蓮アスターホテル前の中国人観光客と遊覧バス（2009年3月）

表4－1　台湾をめぐる世界帝国、国民帝国、インフォーマルな帝国

帝国の種類	説明	備考
世界帝国	上帝から天命を受けた天子や、神から統治を委託された予言者、神の名代たる法王などが持つ権力と権威によって、神や天の命令を代行して地上の世俗世界（天下）を治めるという宇宙論的な観念に支えられ、自らを普遍的な存在として絶えずその外延の拡張を志向する。辺境は閉じることの無い開放系として包摂・吸収のダイナミズムが働くことによって帝国の生命力が保持され、内部に相互に対抗する異質性や個別性を多様に内包しながら、それらに対する超越性をもって統合することを志向する［山室 2003］。	清朝末期の諸改革は、その領域の国民帝国化を志向するものだったと見ることができる［若林 2008: 第一章］。
国民帝国	西欧に生まれた諸国民国家が互いに他に対して自己保存をはかる過程で異民族領域を包摂して形成されたもの。国境を越えた民族が資本と軍事という二つのパワーによって、そこで獲得した空間を、自らとは異なる政治社会としてあくまで「外部」に留めおきつつ、なお自らの主権領域として「内部」化していくという相反するベクトルによって形成された超領域政治体［山室 2003］。	中華民国は挫折した「中華国民帝国」、中華人民共和国は成功した「中華国民帝国」。1949年以後の台湾の「中華民国」の「中国国家体制」は、「中華国民帝国」の挫折にもかかわらず、その体裁とイデオロギーを保持したもの［若林 2008: 第一章］。
インフォーマルな帝国	インフォーマルな帝国のシステムは、帝国を頂点におく階層性を持った経済・軍事・価値の保有における下部構造とこれを反映した帝国を中心とするハブ・スポーク状の同盟関係や軍事基地網といった上部構造とを持ち、帝国はこれらを前提としてシステム内の政治体（国家）に対して圧倒的に非対称な影響力を行使する［山本 2006］。	アメリカ帝国は自由主義的価値体系を有し、主権平等を旨とする主権国家システムと資本主義経済システムと共存する。それは植民地保有を志向しないインフォーマルな帝国システムであり、そのシステムを帝国が他の主権国家内に貸借した土地に築く軍事基地網と東アジアに典型的に見られるようなハブ・スポーク状の安保同盟の束を通じて維持する。それは「基地の帝国」、「借地の帝国」であり、「拠点の帝国」でもある［山本 2006］。

＊7　このような概括の仕方は、台湾の歴史家呉密察氏との対話から示唆を得た。

＊8　今の時点で、このような語り方で台湾史を語るのは、もちろん無謀な試みと言える。台湾史上の統治国家交代をめぐる「縦」の継承と断絶、「横」の移入と変容の諸種のバランスシートの解明は、台湾史研究の上で、学界としても、筆者自身としても、いまだ不十分な状態にあるからである。しかし、「歴史としてのレジリエンス」というテーマを投げかけられたとき、台湾研究者としての筆者の胸に宿って去らないのが、「諸帝国の周縁を生き抜く」が台湾

近年立て直された日本人移民村開村記念碑。現花蓮県寿豊郷（旧豊田村）碧雲寺境内。揮毫者は当時の台湾総督府長谷川清（2009年3月）

本章は、このような異なる性格の辺境ダイナミズムの繰り返しと累積のなかから、つまりは台湾を周縁とした諸帝国とその周縁を生き抜く台湾住民との相互作用のなかから、台湾という土地に地域的主体性が立ち上がってきたことを示したい。ここでは、思い切って次のように概括することから始める――「台湾史では、清朝統治下で社会ができ、日本植民地統治下で国家ができ、戦後中華民国統治下で国民（nation）ができた」[*7]。「できた」とはこの場合完了と持続の表現であり、あるものができてその後に関連する変化はあってもその存在そのものは消滅しない、ないしは消滅しにくい、ということである。諸帝国の周縁としての台湾における地域的主体性の形成とは、次のことを意味する――清朝という世界帝国の下でその基礎構造が形成された台湾社会は、日本と中華民国という二つの近代国民帝国の辺境ダイナミズムの中で、「台湾サイズ」の国民の意図せざる形成、換言すればいわば「ネガ」における国民形成が進み、一九八〇年代後半の民主化期以降、四年ごとの総統直接選挙の挙行を中心とする台湾サイズの民主政治の実践や台湾ナショナリズムの影響拡大の中で、「ネガ」の国民が「ポジ」としての国民に読み替えられつつある状況を指す。以下、社会、国家、国民の順でパラフレーズしていく[*8]。最後にこの国民が直面する新たな辺境ダイナミズムについて触れる。

2 社会の形成――台湾社会基礎構造の形成と展開

漢族優位社会の形成

「清朝期に社会ができた」とは、エスニックな社会構成の側面から見た現代台湾社会の基礎

史の中心テーマなのではないか、との思いである。

すでに居住者はいなくなったが、花蓮県歴史遺産として保存されている日本家屋（2009年3月）

構造が清朝期に出来たということを指す。

その基礎構造とは、第一に、オーストロネシア語族の言語と文化を持つ先住民族に対して対岸中国から移住した漢人が主として西部平原の土地を掌握し先住民族に対する優勢を確立したこと、第二に、その基礎構造がエスニックな重層性を持つものとなったことである。

漢人の台湾移住は、オランダ東インド会社が現在の台南に貿易拠点を置き、サトウキビと米の生産のため対岸中国から耕作者を招来して以後本格的に展開した。オランダを駆逐した鄭氏は兵士の屯田制を採用して兵糧確保に努めた。鄭氏降伏後清朝は鄭氏関係者を駆逐したので、一時台湾の漢人人口は減少した。しかし、台湾の版図編入（福建省台湾府として）後の厳しい渡航制限にもかかわらず、対岸の福建省漳州府や泉州府から、ついで広東省北部から陸続たる移民の流れが続いた。漳州・泉州出身者は福佬語を話し、広東省北部出身者は客家語を母語とする客家人であった。「六死三留一回頭（渡航した一〇人のうち六人は死に三人は台湾に留まるのみ故郷に錦を飾れるのは一人だけ）」との諺が伝わっているように、渡航制限の故に悪質な密航斡旋業者が跋扈し、ために台湾渡航は時に悲惨な様相を呈したようであるが、一九世紀初頭まで移民の流れは止まらなかった。

世界帝国としての清朝の台湾版図編入は、近代の帝国主義時代の国民帝国の新領土・植民地獲得とは異なっていた。後者では、新規地域獲得後にはその全領域での実効支配の確立が目指されるとともに新領土での富源開発が何らかの形で推進されるのが通例だが、前者では、版図編入に先立つオランダ支配と鄭氏支配の経緯から、台湾が外部勢力や対清反抗の拠点とならないようにする「為防台而治台」（台湾が脅威となるのを防ぐために台湾を統治する）の方針を旨とした。対外的には、鄭氏打倒後互市諸国（西欧、日本など）との貿易を解禁した後も台湾の港をこ

台南市大内郷頭社忠義廟。平埔族シラヤ族の習俗を残す（1996年３月）

れらには開放せず、台湾の交易を対岸福建の厦門港などとの帝国内部の交易に制限した。対内的には、前記の漢人台湾渡航制限、漢人による平地先住民族[*9]（平埔族、清朝の呼称＝熟番）の土地開拓の禁令、山地先住民族（高山族、高砂族、清朝の呼称＝生番）地域への漢人の進入禁止（「画界封山」）など、漢人移住者増加抑制と先住民族との紛争予防措置がこの方針を体現していた。

このうち、台湾の対外貿易禁止は、産業革命で力をつけた西欧勢力の再来の時期まで打破されない。一方、台湾社会に向かっての予防的な社会現状維持策の有効性は最初から疑わしかった。前記のように対岸から台湾への漢人の密航の流れは止まなかった。漢人による農業開拓が進むと、肥沃な西部平原で生産される米が慢性的な食糧不足に悩む福建に移出され大きな利益を生むようになった。さらにそのことが対岸からの投資の呼び水となって水利建設が盛んとなり、一八世紀に入ると開墾とともに耕地の「水田化」が急速に進んだ。そして、それがさらなる漢人の移住・開拓の呼び水となったのである。

清朝も福建の米不足を補う台湾開発の意義を無視することができず、開発促進と抑制との間で政策も揺れ、台湾渡航制限の中核であった家族帯同禁止措置が一八世紀以降一九世紀後半の完全解禁まで、幾度も弛緩を繰り返したのであった。また、「画界封山」の境界線（「番界」）はしばしばさらに山内に向かって引き直され、漢人との紛争防止のための熟番保護政策も破綻していった。漢人のものとなる熟番地はますます増え、平埔族自身も漢人文化を受け入れる文化変容（漢化）を逼られ、また近隣の農耕に不利な土地に追いやられ、さらには山間の盆地や東部などへの移住を強いられていったのである。

表4-2に、歴史人類学者J・シェファードによる鄭氏統治末期以降の台湾人口推計を示した。数字には山地の高山族の人口は含まれていないが、平埔族の人口は含まれている。平埔族

＊9　清朝はその中華王朝的文化政治の観念から、その統治に服するものを熟番、服さないものを生番と呼んだ。「平埔」は平原の意味で、前者は平埔番とも呼ばれ、今日では学術的呼称として平埔族の呼称が定着している。歴史人類学的研究から、ケタガラン、クヴァラン、タオカス、パセッヘ、パポラ、バブザ、ホアニヤ、サオ、シラヤ、カウカウの一〇族の存在したことが知られている。後述の「台湾原住民族運動」を経て、クヴァランとサオが、「原住民族」としての身分を行政院から認定されている。台南市住民の中にもシラヤ族として「原住民族」認定を求める運動がある。

忠義廟の中の祭壇には「壷を祀る」（1996年3月）

表4－2　台湾の人口変遷（1660～1893年）

年	人口	増加率（%/年）	間隔（年）	増加率（%/年）	間隔（年）
1660	100, 000				
		2. 33	23		
1683	170, 000				
		-23. 53	1		
1684	130, 000				
		2. 28	72		
1756	660, 147				
		1. 15	21		
1777	839, 803				
		0. 98	47	0. 96	116
1824	1, 328, 069				
1893	2, 545, 731				

［Shepherd 2004: 116–117］の記述により、［Shepherd 1993: 161（Table 6. 4）］のデータを一部入れ替え。諸史料記載人口データの信頼性についての議論は、［Shepherd 1993: 154–162］及び［Shepherd 2004: 116］参照。

注1）1684年の人口減少は、鄭氏関係者を台湾から退去させたため。
2）1893年までの数字は、「熟番」（清朝期においても人口増加が少なく4～5万のオーダー）を含み、「生番」を含まない。
3）1756年、1777年、1893年の数字はいずれも「保甲」編成時の報告の内、比較的信頼性があると判断された数字。
4）1824年の人口は、比較的信頼性の高い1777年と1893年の数字から算出した年増加率0. 96%を1824年に投影して算出した数字。それによる人口数から1777～1824年の人口増加率を計算すると年率0. 98%となる。

の人口は清朝期を通じてほとんど増加せず、四万から五万人と推計される。これに対して漢人の人口は、シェファードの一八二四年の推計が正しいとすれば、一七世紀末から一九世紀初めにかけて約一八倍に増加し、先住民族を遙かに優越したことになる。

図4-1には、清朝末期までの開墾地拡大の趨勢を示した。オランダ統治時期に現在の台南周辺に展開し始めた漢人の開墾は、その後さらに北に、南に拡大し、清朝の最盛期と言われる康熙・雍正・乾隆の時期に、西部平原のほぼ全域に拡大していることが見て取れる。

図4-2、4-3、4-4は、それぞれ一六八四年、一八一二年、一八八八年時点での官治行政区画

南投県日月潭にある徳化国民小学校校舎。サオ族の伝説がタイルで描かれている（2009年9月）

と範囲を地図上にプロットしたものである。図4−2は清朝版図編入当初の状況を示す。台湾を反乱の巣にはしない、という清朝の目論見は、漢人優位社会の確立の過程で大きな試練に見舞われた。漢人の、また平埔族の大小の反乱が頻発し、一八世紀の前半と後半に発生した朱一貴の乱（一七二一年）と林爽文の乱（一七八六〜八八年）では、台湾駐在の兵力では鎮圧できず大陸から軍を派遣してようやく鎮圧できたのであった。反乱の背景には、急速に進行する漢人入植に伴う社会的緊張と清朝の官治行政（質、範囲、密度など）とのミスマッチがあった。そして

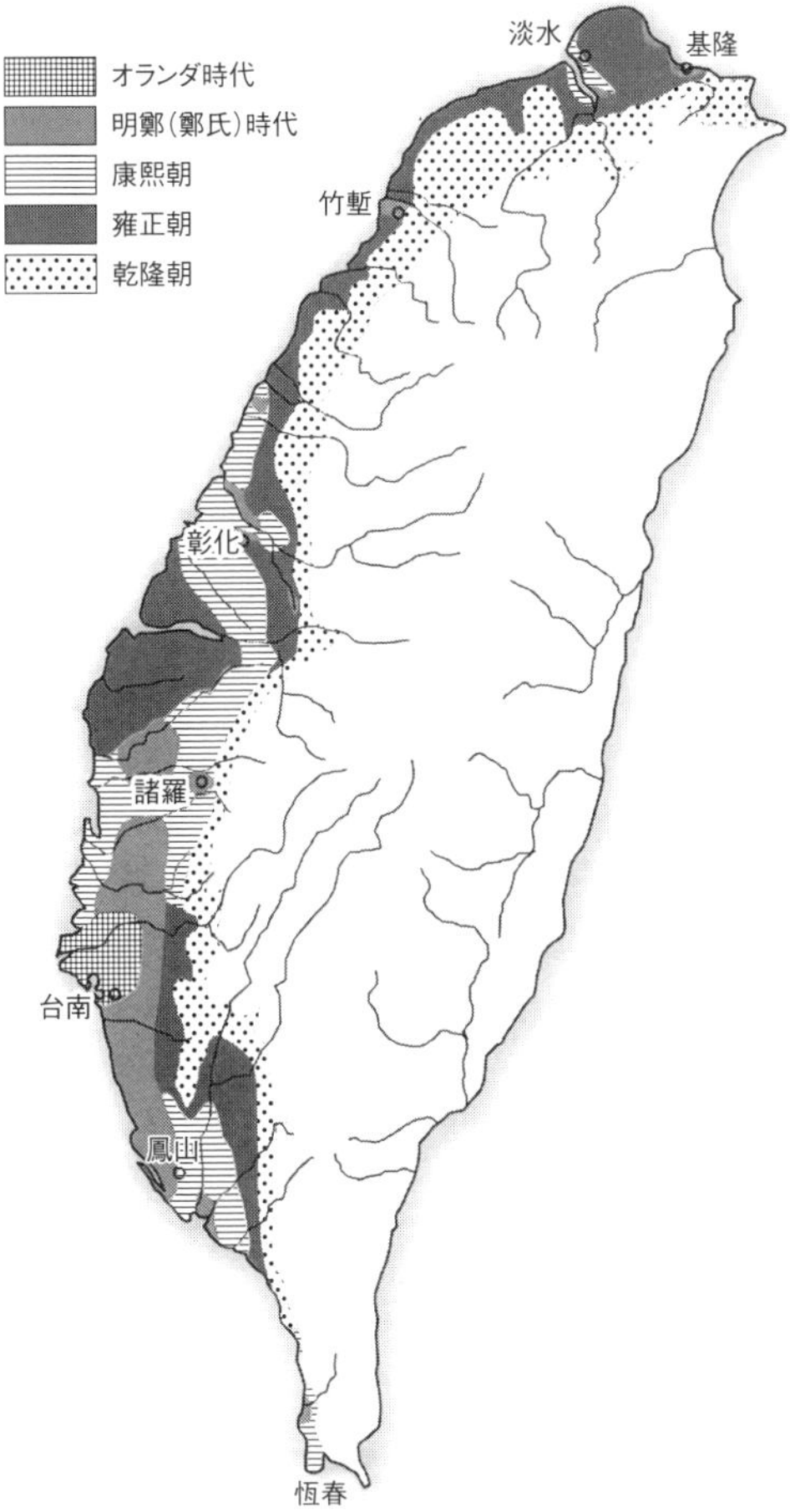

図4−1　清朝期漢人の開墾地拡大の趨勢（周婉窈［2009: 70］より）

注）オランダ時代＝1624〜61年、明鄭（鄭氏）時代＝1661〜83年、康熙朝＝1684〜1722年、雍正朝＝1723〜35年、乾隆朝＝1736〜95年

徳化国民小学校の階段。「台湾原住民族運動」の成果である「原住民族教育法」では、先住民族地域の小中学校は、教育部のカリキュラム以外に民族教育を行う権利が認められた。階段にサオ族語、中国語、台湾語（福佬語）、英語の単語カードが張られているのもその一環（2009年９月）

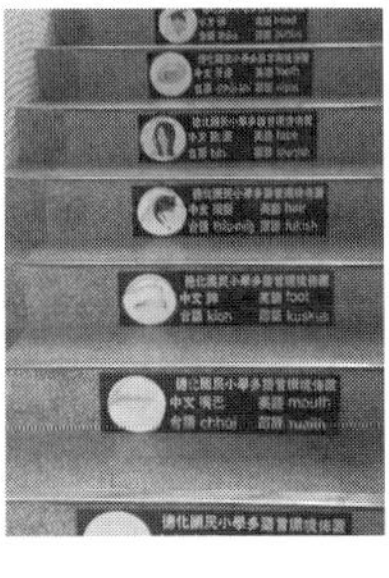

大きな反乱が起こると、その善後策として、熟番地に関する政策の調整や行政区画の調整までが不可避となったのである。図4-3はその調整後の状況を示すものといえる。長期的にみれば、結局、官の抑制・制限を超えて進んだ漢人の開墾・定住地の拡大の後を追って、清朝の官治領域も拡大し密度（ただし、面積当たりの）も増大していったのである（そしてさらに福建省から

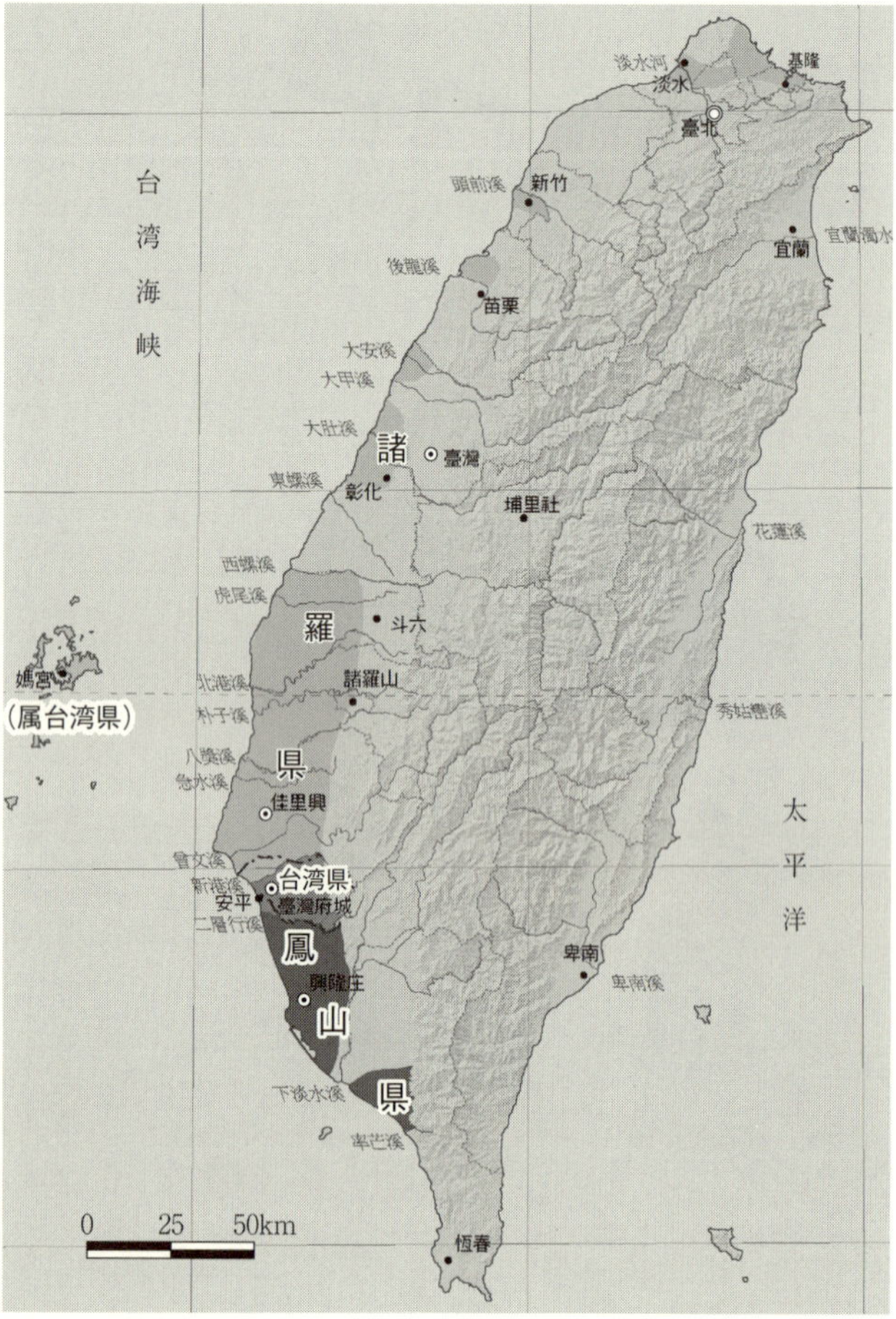

図4－2　清朝の版図編入時（1684年）福建省台湾府の行政区画（一府三県）
（黄清琦氏提供の図を改変）

緑島人権紀念碑に刻まれる白色テロの犠牲となった先住民リーダーの名前。高一生（ツォ族）と林瑞昌（タイヤル族）は、同じ日に銃殺刑に処せられた（2011年3月）

分離して台湾省が設置され、図4-4に示す状況に到った）。

かくして、一九世紀初頭には、台湾の西部平原において中国大陸から移住した漢人の優勢が確立され、その領域を清朝の官治行政が覆うこととなった。清朝の台湾版図編入は、台湾島の土地の上に世界帝国としての辺境が設定されたことを意味していた。山室信一は、世界帝国は

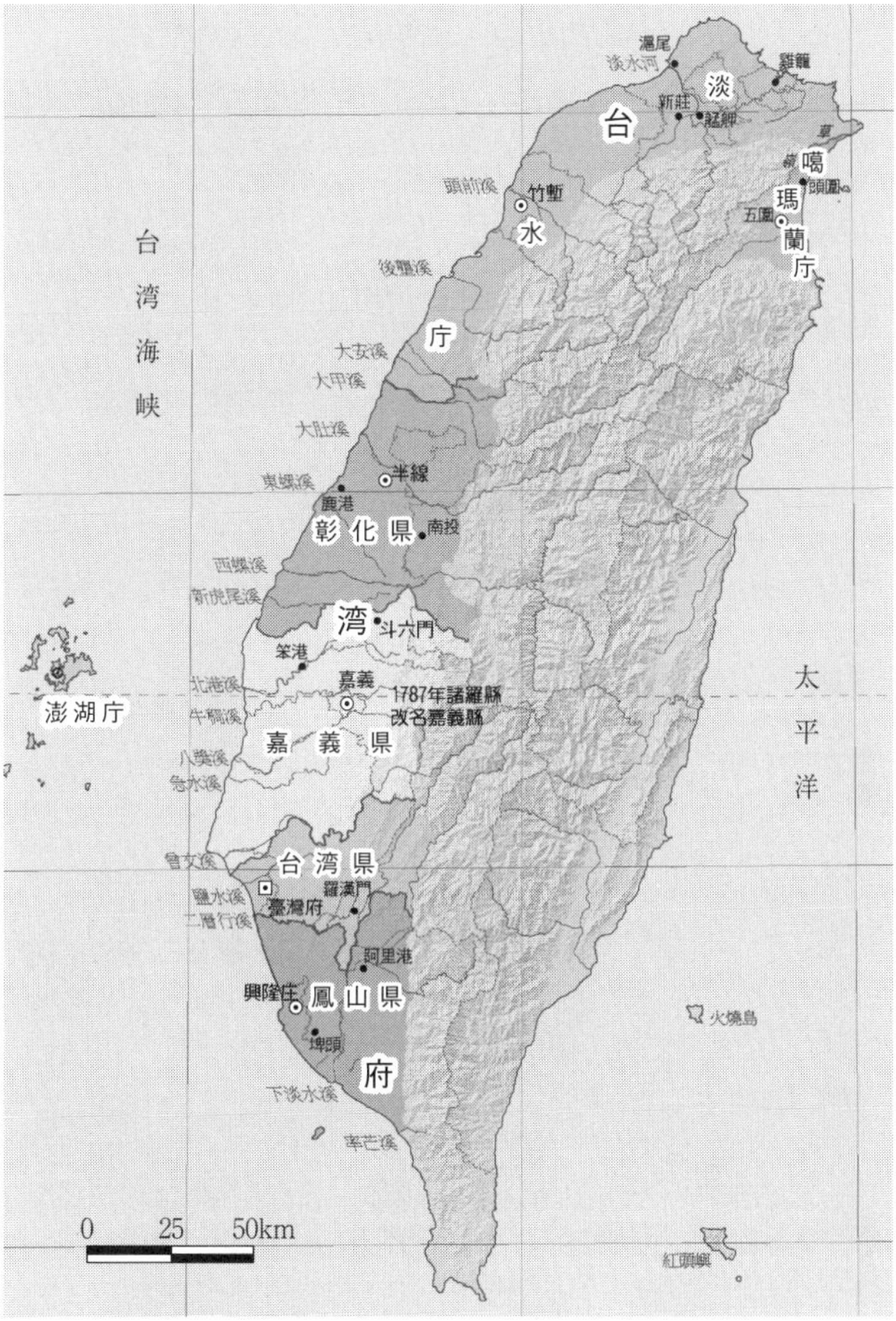

図4-3　19世紀初頭（1812年）台湾府行政区画（一府四県三庁）

（黄清琦編著［2010: 36］の図を改変）

玉井鎮の忠烈祠。玉井は噍吧哖の発音を日本語に当てはめてつけられた地名。噍吧哖事件後、骨が見つかった無縁仏を祀る（1996年3月）

「閉じることのない開放系」であり、「国境を確定して領域を固定し内部の固有性を軸として均質的統治を図る、自他の峻別に基づく閉鎖系としての主権・国民国家とは」異なり、「(世界)帝国の辺境は流動的・不確定であることにおいて帝国としての生命力を持ち続ける」としている［山室 2003: 91–92］。その版図編入の戦略意図に由来する清朝政府の「為防台而治台」方針に

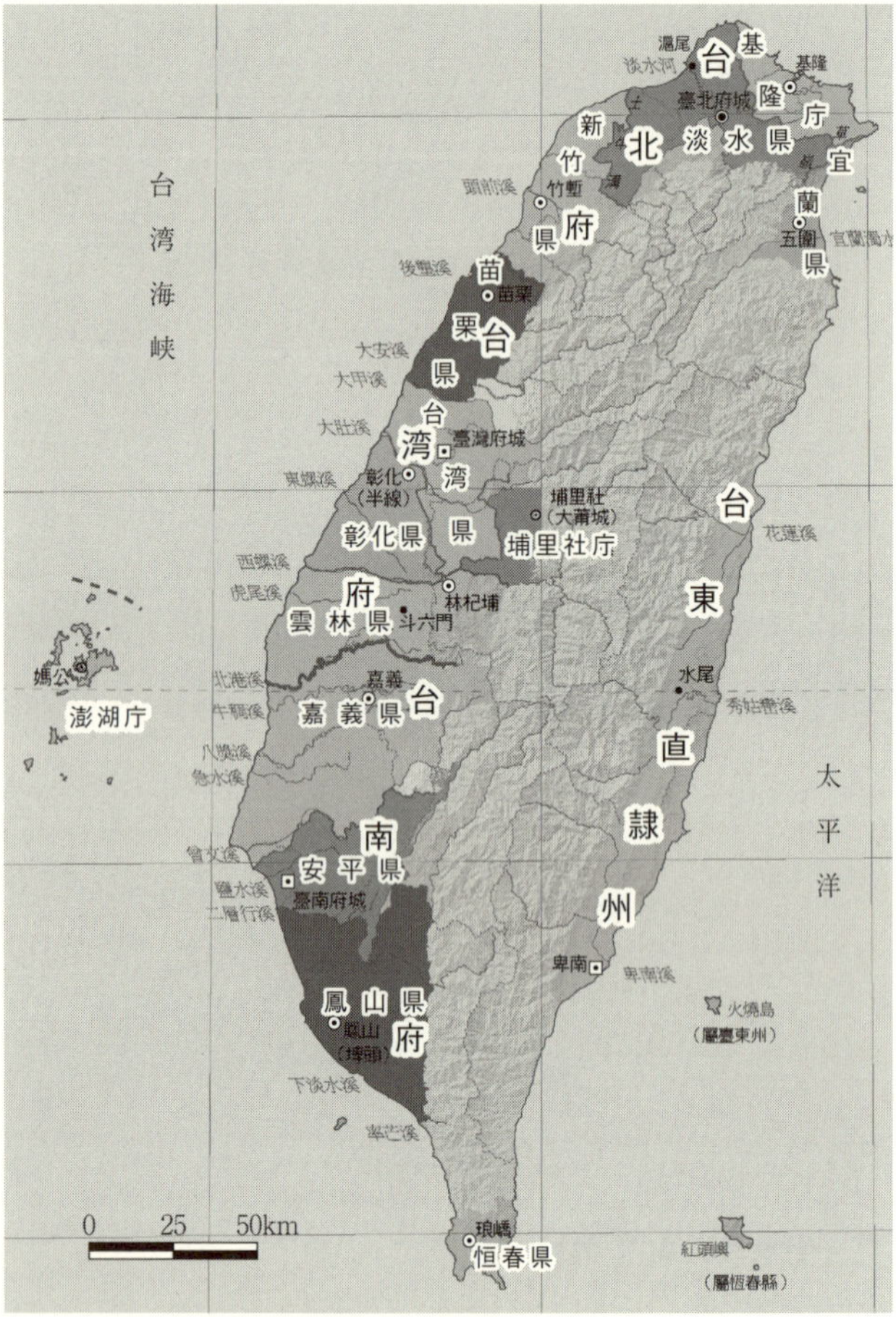

図 4－4　清朝末期台湾省設置後（1888年）の行政区画（三府一直隷州十一県三庁）

（黄清琦編著［2010: 36］の図を改変）

玉井鎮の忠烈祠の内部。見えにくいが、奥の方には噍吧哖事件リーダーたちの写真が置かれている（1996年３月）

もかかわらず、台湾という新たな海の辺境に生じたのは、まさにこのような清朝の世界帝国としての辺境ダイナミズム、すなわち、漢人優位社会の確立、それを跡追いした清朝官治の拡大、そして平地先住民族の大幅な文化変容（漢化）であった。

重層的なエスニック・バウンダリー

ただし、台湾を一つの全体として見た場合、このような辺境ダイナミズムを経て形成された漢人優位にも明白な限界があった。加えて、一八世紀に入り漢人優勢がしだいに確立していくと、漢人の内部に「分類械闘」と称される、移民出身地に沿ったサブ・エスニックな争闘が頻発することとなった。これらから、清朝期に形成された台湾社会基礎構造の第二の特徴が浮かび上がる。漢人優位の社会が重層的なエスニック関係を伴っていることである。筆者は、この点を現代台湾における「エスニック・グループ」に相当する言葉として慣用されている「族群」の語を用いて「多重族群社会」と呼んでいる［若林 2008: 第一章］。清朝期には、台湾の多重族群社会の基礎構造が形成されたのである。

漢人優位の限界の最も明白な点はその地理的限界である。図4-1と図4-4が示すように、広大な中央山脈一帯は、日本の植民地国家がその近代化した軍事力によって「社会制圧」を達成するまで、依然「生番」の世界であり続けた。

ここで社会制圧とは、国家が武力を用いて施政の空間を確保するため反抗勢力を制圧することである。清朝の台湾支配においては、前掲朱一貴の乱や林爽文の乱の鎮圧などが、いわば後付けの社会制圧であり、そこに開いた秩序空間で新たな官治行政の調整が行われたのである。また、世界帝国としての清朝の現状秩序維持至上主義（「為防台而治台」）からすれば、「画界封

戦後再建された西来庵（台南市内、ただし元の場所ではない）。西来庵は噍吧哖事件リーダーの一人余清芳が反抗勢力を組織した齋堂

山」を建前としこそすれ、生蕃地の社会制圧に乗り出すなどは論外であった。確かに、一八七四年の日本の台湾出兵を受けて、台湾渡航制限と「画界封山」が解かれて、「生番」地域実効支配のための軍事キャンペーンと道路開削が試みられた。かくて、康熙帝以来の「為防台而治台」方針は放棄され、西方の辺境地方（東トルキスタン）のみならず、東方の海の辺境台湾でも管理強化の方向に舵を取らざるを得なかったのであり、それは、世界帝国としての清朝の国民帝国化に向かおうとするベクトルの一端を示すものではあった。しかし、その成果は芳しくなかった。一八六〇年代の安平と淡水の開港後、茶とともに樟脳が世界商品となり、原料の樟を求めて漢人業者が北部・中部の山地に入り込んだが、高山族の強い反抗に遭遇した。山地実効支配のキャンペーンは清仏戦争後にも試みられたが効果は部分的なものに止まった。

また、農耕条件の厳しい山地先住民族の領域に漢人が深く入り込むことはできなかった。もちろん、漢人と「生番」とは、全く隔絶した関係ではなく、平地からの影響が皆無であったわけではない。山内の方にしだいに移動する「番界」付近で時に敵対的な接触があり、その一方で「番割」と称する少数の漢人商人が山地に入り込み交易を行っていた。しかし、その交易は、いわゆる「番産品」と塩、銃器、装飾品などとの交換であって、平埔族が農業生産方式から親族組織、名前に到るまでの広く深い、多くの場合民族的アイデンティティを喪失する（漢人への同化）までの文化変容を経験したことに比すれば、その文化変容は微々たるものであった。

前記のように、日本の植民地国家が山地先住民族の領域に本格的に侵入し社会制圧を達成した。山地に初めて国家の支配が浸透し、高山族はこの時に至って深刻な文化変容を経験したが、しかし、日本は「蕃地」には漢人優位が確立している平地とは異なった、警察による特別行政を行い、かつ平地漢人の山地出入を厳しく規制した。したがって、日本統治の半世紀にお

台東県の東海上にある緑島には、かつて政治犯を収監する監獄が置かれていたが、民主化後に廃止され、その跡地と施設は人権テーマパークとして模様替えした。写真はその入口にある「人権紀念碑」(2011年3月)

いても漢人との族群的境界が薄れることはなかった。

山地先住民族地域の存在が漢人優位の「横」の限界であるとすれば、漢人優位にはもう一つの限界、いわば「縦」の微妙な限界が存在する。平埔族の漢化が平埔族のコミュニティの完全な消失やアイデンティティ喪失をもたらしたとも言いがたい部分があることである。平埔族は、土地を喪失して社会的に周辺的地位に追いやられ、また広く深い漢化を経験した。しかし、日本植民地期の平地地域のセンサスにおいて、台湾総督府当局は「種族」欄を設け、平埔族（「熟番」）については「熟」の文字をそこに記入させた。かく調査された「熟番」の数は、一九〇五年のセンサスで四万六四三二人、三五年では五万七八一二人であった［詹素娟 2005: 148–150］。漢化が進んでいたため日本当局は行政的には一般行政区に入れて漢人と区別しなかったのであるが、そこには、センサスでの認知を促すほどには「熟番」のコミュニティが存在していたのだと言えよう。

また、シェファードが指摘するように、一九世紀に台湾でもキリスト教布教が認められると、村落毎に集団的に入信した例があり［Shepherd 1993: 390］、また、日本植民地時期に日本人民俗学者が記述したように、元シラヤ族居住地域では、その他の文化要素は完全に漢化しているにもかかわらず、「壷を祀る」独特の儀礼を保持している集団が存在した［国分 1981］。これらは、微弱なものであっても、漢人との間に族群的な境界を維持していこうとする平埔族側の意志の現れとみることができる。

清朝期に形成された台湾社会のエスニックな重層性は、しかし、これに止まらない。加えて、漢人内のサブ・エスニックな境界も生じていた。一八世紀後半に台湾社会での漢人優位の傾向が明白になるとともに、清朝は前記「分類械闘」の頻発に悩まされることになる。「械

人権紀念碑内部には、白色テロ時期受難者の名前がプレートに刻まれて紀念されている

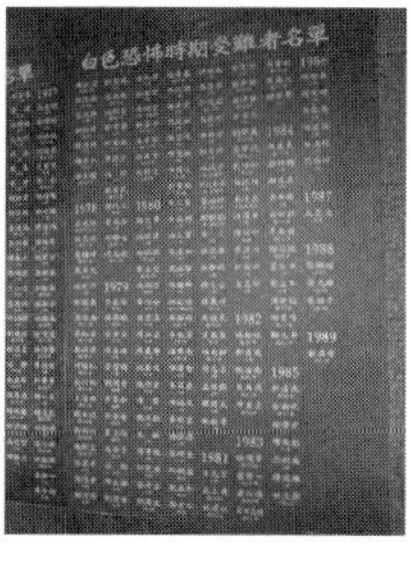

闘」は、漳州人、泉州人、客家人の如何なる組み合わせでも発生し、時に、清朝が発動する族群分裂政策を契機に「民変」(反官蜂起)が「械闘」に転化した。「分類械闘」は一九世紀後半になると頻度は減少し、また「分類」の内容も前記のようなものではなくなっていったが、その後も「福佬人」(漳州人+泉州人)と「客家人」の言語的差異と相互偏見は消滅せず族群的境界は残った。

かくして、清朝期台湾の多重族群社会は、漢人と高山族、漢人と平埔族の関係に加えて、こうした漢人内のいわばサブ・エスニックな関係も重層していたことになる。そしてそれぞれの関係の形成の経緯と性質は異なる。「多重」と形容する所以である。その後台湾には、植民地統治民族として最多四〇万ほどの日本人がやってきて、一部は定住し台湾が故郷となった(いわゆる「湾生」日本人)が、かれらも日本の敗戦とともに去り(連合軍命令による「引揚」)、台湾社会に歴史上存在した族群の一つとして記憶されることとなった。ついで一九四九~五四年にかけて中華民国中央政府と軍とともに百余万の外省人がやってきて、台湾に良好な棲息の地を得てその大部分は定住し今日に到っている。その第二世代以降の世代にとっては台湾がまさに故郷である。また、近年は東南アジアや中国大陸からの婚姻移民が増加し台湾社会の新たな族群的要素として浮上している。

ただ、多重族群社会の構造は、このように変動を被ったのであるが、その漢人優位とその下での族群的多重性という基礎構造は不変なのである。この族群的多重性を帯びた基礎構造があったからこそ、民主化とともに「想像された」「台湾サイズ」の国民は、多文化的なものとして想像された(「族群的多文化主義」)のである〔田上 2015: 第一章〕。

人権紀念碑から元政治犯監獄エリアに向かう道

3 国家の形――社会制圧と可視化プロジェクト

社会制圧

「日本植民地統治期に国家ができた」とは、もちろん台湾に主権独立の国家が誕生したという意味ではない。ここでいう「国家」とは、具体的には台湾総督府、すなわち近代日本が台湾に外挿的に形成した植民地統治機構である。この国家は、清朝の台湾における統治機構（福建省台湾府～台湾省）とは、二つの面で明確な違いがあった。一つは、社会制圧の全面性、もう一つは、統治下の社会と自然とを可視化して掌握し、そこから国家が必要とする資源を流用するシステム構築（「可視化プロジェクト」、後述）における徹底性である。前述のように、清朝もその末期には、西欧列強の新たな脅威に直面して世界帝国から国民帝国化に向かおうとするベクトルを示し、台湾統治政策においても、社会制圧の全面性や可視化プロジェクトの徹底性の追求の志向を示した。しかし、それが果たせないまま、台湾を日本に割譲することとなったのであった。

まず、社会制圧の面から見ていこう。日本は、清朝から平穏な状態の台湾を引き継げたわけではなかった。前記のようにそもそも山地先住民族地域に国家統治が及んでいなかったし、平地の漢人地域においても、日本自身による新たな社会制圧が必要であった。清朝は日清講和条約批准書の交換までは行ったものの、すでに台湾に生じていた混乱を恐れて早々に在台官吏の引き上げを命じ、官有物の引き継ぎを行わず、現地の混乱を放置した。日本軍台北進駐前に

元国防部感訓監獄入口。内部に監獄遺構を利用した様々な施設と展示がある

は、最後の台湾省巡撫唐景崧らの一種の外交的手段としての「台湾民主国」樹立による割譲阻止の企てがあったが、それが失敗した後も、各地の義軍が進駐する日本軍に頑強に反抗した[黄昭堂 1970]。日本軍は一八九五年五月台湾北部に上陸し、六月台北に台湾総督府を開設したものの、その後数ヶ月台湾「平定」のため、一旦軍政を敷いて、もう一つの日清戦争のいわば「番外編」の戦争遂行を強いられたのであった。

さらに、同年年末から各地に地方統治機構設置が始まると、これに襲撃を加えるゲリラ的反抗が各地で発生し、こうした反抗勢力の最後の根城の制圧には一九〇二年までかかった。また、さらに日露戦争後からは、規模は小さくなったが間歇的な武装集団による警察派出所襲撃などの発生を見た。これらのうち最後で最大の事件が、一九一五年の噍吧哖事件であり、平地漢人優位の一般行政地域での清朝期「民変」の性格を帯びた武装反官事件はこれでようやく後を絶った。*10 ここまで、二〇年の歳月を要したことになる。これは、台湾社会のいわば「刀狩り」の完成でもあった。

社会制圧の進展とともに開かれた施政の空間に最も早く入り込んだのは、警察であった。結果的にほぼ数個の村落に対して一つの警察官派出所を置き、そのもとで各村落に伝統的な隣保自治組織であった保甲制（戸単位の編成とし一〇戸で一甲、一〇甲で一保を標準とした）を復活して組織し、警察の補助隣保組織とした。社会の基層での行政組織構築・整序が手間取る中、住民監視とコントロールのための植民地国家の官治のアームは、警察官派出所とその監督下の保甲組織という形で、清朝科挙官僚がそこまでの直接の浸透を意欲もしなかった末端の村落レベルまで伸ばされたのである。

山地先住民族地域については、平地での漢人の抵抗鎮圧が一段落した後にようやく着手され

---

*10　噍吧哖事件は、別名余清芳事件、西来庵事件とも呼ばれる。各地での反日蜂起を企図したが事前に発覚、余清芳、江定をリーダーとして草深い南部農村で武装蜂起した。八月には噍吧哖（現台南市玉井郷玉井）で警察側の激しい報復的殺害が行われた。総督府は、臨時法院を開設し事件に匪徒刑罰令を適用して、一九五七名を起訴、うち八六六名に死刑判決が下された。これには日本国内でも批判が強まり、後大赦により減刑が行われたが、その前にすでに九五名の死刑が執行されてしまった[周婉窈 2013: 106–108]。

展示館内の緑島政治犯監獄全体を示すジオラマ。野菜などの不足を補うため、政治犯自身が段丘の上の土地を開拓して野菜などを栽培した

た。様々な試行錯誤の後一九一〇年から一四年にかけて「五カ年計画理蕃事業」と銘打った軍と警察による制圧キャンペーンが遂行された。先住民族の政治・社会単位でもあり場合によっては交戦単位でもあった「社」の銃器は、警察の管理下に置かれて、山地の社会制圧が基本的に完成した。*11 山地先住民族地域は、「蕃地」と称されて漢人地域とは別の警察による特別行政（「理蕃行政」）がしかれ、警察官駐在所が統治機構となる直接支配のシステムが構築された。また「社」は自律性を失い「理蕃警察」管理下の「部落」へと変容させられていった。加えて、前記のように平地漢人の山地往来は厳しく制限された。これらの「部落」では、高山族の定住農民化を展望して理蕃警察が慣習の管理、「蕃童教育所」の教育や稲作の指導などを通じて選択的に持ち込む日本文化が、先住民族の文化変容を誘導する、あるいは「塗りつぶす」［松岡 2012: 141–142］文化アイテムとなったわけである。

かくして、日本の植民地国家は、清朝が本格的には手をつけなかった山地も含めた社会制圧を「台湾サイズ」の空間において完遂したことになる。

可視化プロジェクト

交易によって生きる港市国家を別とすれば、一定の領域の上に立つ国家はその安定的存続のために、その領域内から経常的に資源を獲得する必要がある。また、一時的略奪のみでは国家は持たない。国家は、統治下社会から資源を流用する仕組みを作り、その目的に沿うように（あるいは目的に沿う限りにおいて）、社会を国家官僚の机上において見えるようにしていかなければならない。その過程で可視化された社会の諸相は、一定の方式で「国家の帳簿」に登録されていき、かくして社会は国家に掌握される。これが可視化プロジェクト（state legibility project）

*11　ただし、山地での反官事件はその後も発生しており、その最後で最大のものが、一九三〇年の霧社セデック族の蜂起事件であった。霧社蜂起事件については、春山［2008: 第Ⅰ部］参照。

感訓処獄舎と運動場

である。社会は可視化に対して抵抗するであろう。そこで、何らかの社会制圧による施政空間の確保がその前提条件であるが、国家はまた一面社会への妥協によって抵抗を軽減しようともするだろう。また、可視化プロジェクトが一定の成功を見れば、流用システムの形成に沿って社会の一定の側面は、多くの場合国家からみて資源の流用がしやすいように、単純化されていくことになる。[*12]

植民地台湾における可視化プロジェクトの中核は、なんと言っても、一八九八年から一九〇五年にかけて行われた「土地調査事業」およびその関連事業であった。[*13] 土地調査事業は、広義には、西部平原地帯の土地に対する地籍調査（地形調査、土地権利調査、土地台帳や地籍図の作成）、村落・市街地図作成、および土地制度・土地税制の改革や土地権利登記制度の設定など調査に基づいた制度改革までを含む一連の事業を指す。関連事業とは、並行して進められた警察―保甲のシステムによる人籍の把握（戸口調査）や近代的センサスの実施、および台湾漢人社会の各種習慣を確認する「旧慣調査」などである。

これらの事業の展開の実際については先行研究[*14]に譲り、ここでは土地調査事業および関連事業による地籍・人籍・地理の可視化が行われたことの意義を確認するに止めよう。

第一は、よく指摘される財政的・経済的意義である。西部平原地域の地籍の全面的精査の遂行によって、これまで未課税の「隠田」が多数見つかり、地租増税が可能になり、かさむ武装反抗鎮圧費用で圧迫されていた総督府財政の改善に一定の貢献をなした。社会制圧の並行によって守られ遂行された土地の可視化は、直截に社会からの流用性を増大させたのである。

また、地籍精査の結果に基づいて行われた「地租改正」と土地権利登記制度により、「一田二主制」と称された台湾の土地所有慣行の単純化と土地権利の法制化が行われた。各種のバリ

*12　可視化プロジェクト概念は、Scott［1998］およびその議論を台湾山地先住民族社会変容の理解に応用した松岡［2012］よりヒントを得た。

*13　さらに、土地関連の後続事業としての林野調査事業（一九一〇〜一四年）、官有林野整理事業（一九一五〜二五年）、森林計画事業（一九二五〜三五年）が進められた。前二者は、「申告ヲ為サザル土地ノ業主権ハ国庫ニ属ス」（「台湾土地調査規則」第七条）と宣言されたが故に遂行が必要とされ、後者は「理蕃」政策上も不可欠であった。

監獄構内の反共標語「滅共復国」（共産党を滅ぼし国家を復興する）

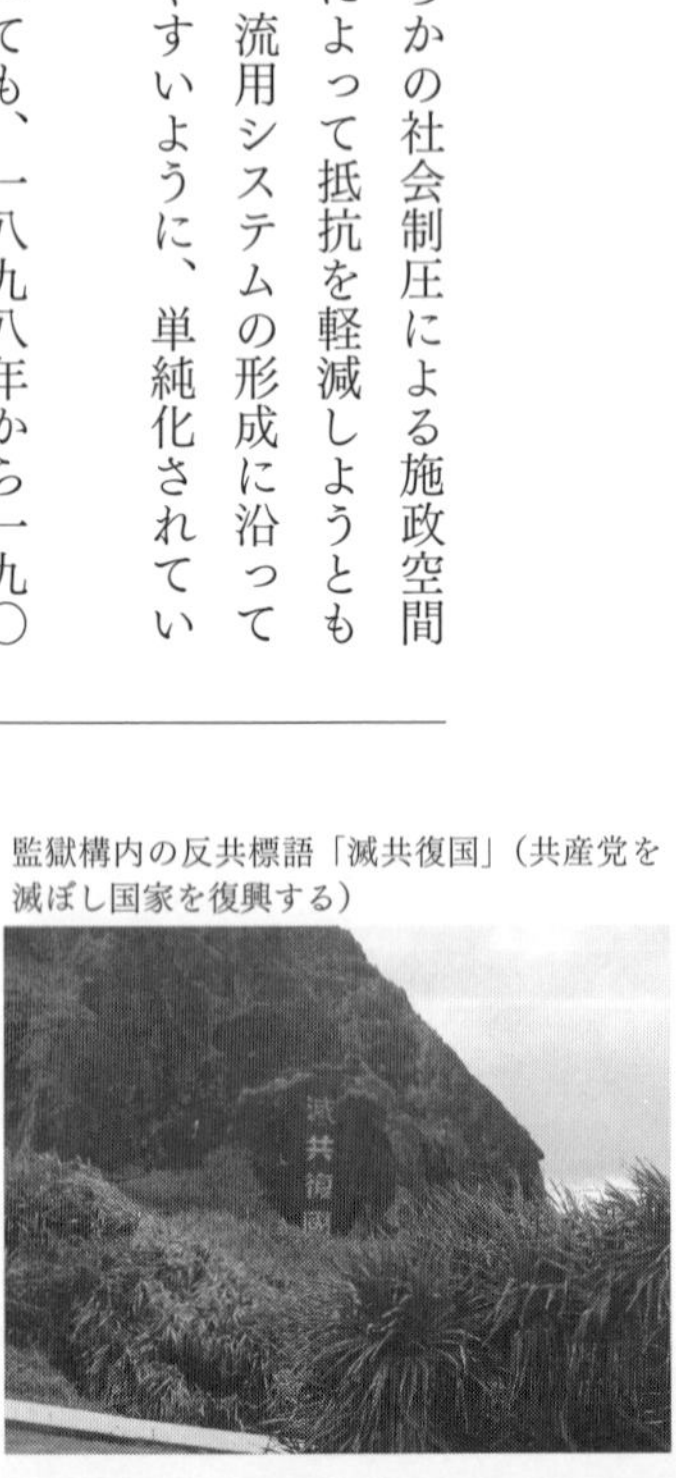

エーションはあるが台湾の田園には一般に「大租戸」（開墾に由来する大租というレントを小租戸から取る）と「小租戸」（大租を納め、佃戸から小租［小作料に相当］を取る）の二人の権利関係者がいた。「地租改正」では、前者の権利を台湾総督府が買収することによって放棄させ、後者を以て土地の「業主権」の保有者と認定し、これに地租を課すこととした（一九〇四年「台湾地租規則」）。田園の土地関係は、地主―小作人関係に単純化された。*15 また、地籍の精査を経て土地台帳と地籍図に記載され認められた土地に関する各種権利は、相続などの場合を除いて、「台湾登記規則」（一九〇五年）によって国家に登記していない場合の移動は無効とされた。

こうして、台湾の一筆毎の土地の属性（位置、面積、権利関係者、水利および地味などの等級）が、国家と資本の前に可視化され、権利関係は単純化されるとともに、国家権力により法的権利として保証され、その法的移動のルールもより明確となった。このことは、台湾研究の古典『帝国主義下の台湾』の中で矢内原忠雄が土地調査事業を台湾経済「資本主義化の基礎工事」の重要な一環として位置づけているように、商工業資本（とりわけ日本資本）にとっての取引コストを軽減するものであった［矢内原、1988: 18］。「資本主義化の基礎工事」のその他の措置、すなわち全台湾を結びつけ台湾を日本に結びつける交通インフラの整備（南北縦貫鉄道、道路網の整備および基隆港、高雄港の整備）、貨幣・度量衡の統一（台湾銀行券の発行、メートル法の採用）などの施策と結びついて、近代製糖業の導入と発展を中心とする植民地開発の成功が導かれたのであった。

第二は、行政的政治的意義である。地籍調査に際しては、農村部では自然村落を一単位として土地査定が行われた。実施に際しては、当該村落の事情に明るい地元有力者が総督府側官吏とともに加わる地方土地調査委員会が作られた。そして、まず地元有力者を会同した実地調査

*14 日本統治下台湾経済に関する古典的研究として矢内原忠雄［1988］、土地調査事業そのものについては、江丙坤［1974］、呉密察［2015］、地図作成に関する先行研究としては、魏徳文他［2008］参照。

*15 小租戸が保有するものと認定された「業主権」は、この単純化によってほとんど近代法に言う所有権に近いものとなった。後一九二三年に日本本国の民法が台湾にも延長施行されると、名実ともに所有権となったのである［魏 1996］。

獄舎監房内の様子。元政治犯自身が作った紙人形で再現

で村落の境界が画定され、その範囲内の土地権利所有者の査定が、提出された土地申告書と土地実測に基づき、地方土地調査委員会によって行われ、土地台帳と地籍図が作成された。その際には三角測量技術を導入した地形図も作成された。最も詳細な「庄図」（計三万七八六九枚作成）に記載された土地には、村落の境界線の他、地号、地番や主な建物が掲載された。さらに庄図を基礎としてより広域な「堡図」（二万分の一）が四六六枚作成された。

　これらの地図は、土地台帳・地籍図のデータや戸口調査のデータと相まって、台湾総督府の官僚のオフィスにおいても、西部平原全域＝一般行政地域の村落レベルまでその自然的人文的様態が把握できることを意味した。これによって、台湾領有以来暗中模索が続いた台湾総督府の地方行政は、堅実な知識的基盤をえることになり、*16 これに基づき末端からの地方行政構築が進展していき、一九二〇年の地方制度改正による地方公共団体設置（州・市―街・庄制、州・市会、街・庄協議会の設置）、一九三五年の限定的地方自治の実施と「地方議会」の制限選挙の実施（街・庄協議会員の半数民選、州・市会議員半数の街・庄協議会員による間接選挙）へと到るのである。*17

　このように、土地調査事業は、先行した警察―保甲のシステムに助けられながら、末端における地方行政の基礎を構築していくプロセスでもあった。そして、前記のように、地方土地調査委員に地元有力者が動員されたことから推測して、この過程は、一方で武装反抗する中間団体を鎮圧し台湾社会の非武装化をはかるとともに、一面地主資産家層の土地権利を国家の力で再保証しつつ、彼らの中から植民地統治への「協力者」を析出していく政治的可視化の過程でもあった。植民地の地方行政の構築はこのような意味でも可視化プロジェクトの成果の上に進められたのだと考えることができる。

　このように、台湾総督府という「国家」は、力を背景とした監視・懲罰するシステム（警察

自分が入っていた監房の前で監獄生活の解説をする元政治犯のボランティア

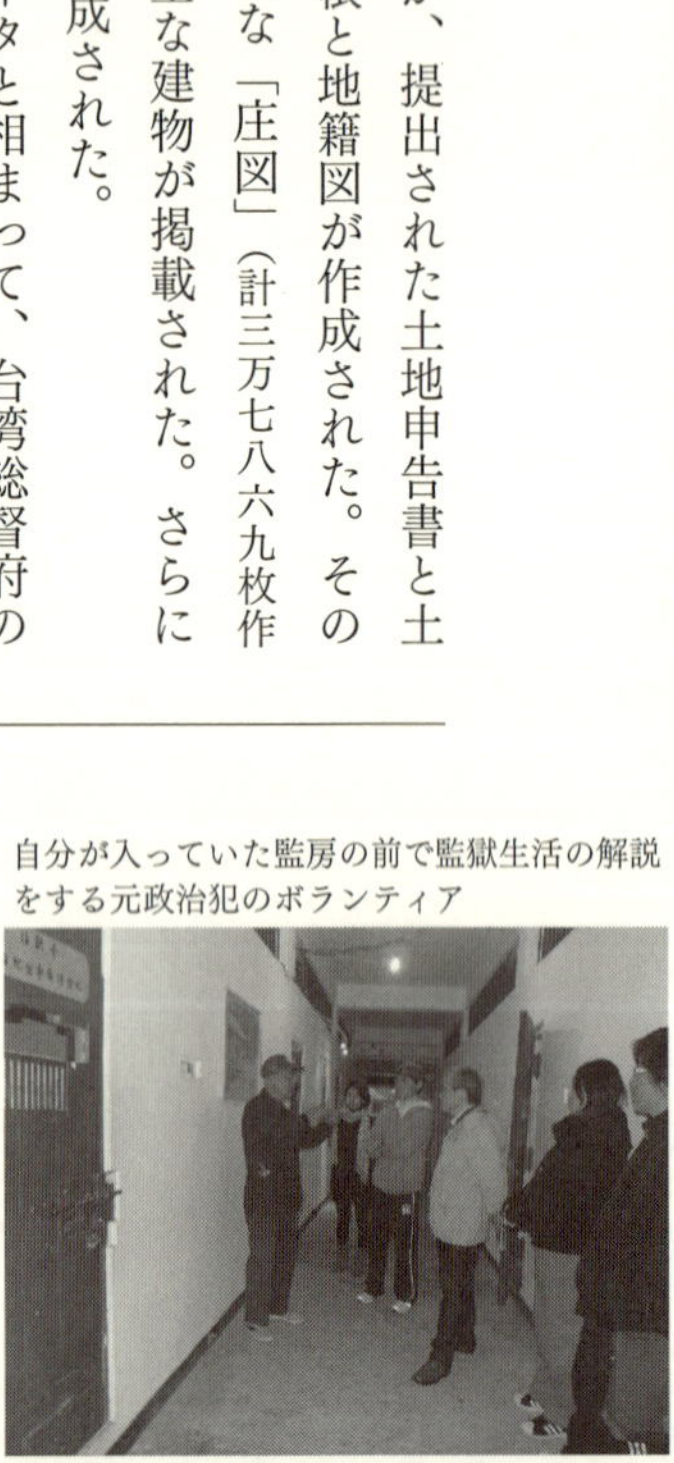

*16　藍奕青によれば、土地調査段階で台湾開拓以来形成された村落三一三一の村落の存在が確認されたが、これらは一九〇五年に四八六の街・庄・社の行政区画に整理された［藍 2012: 85］。

*17　一九二〇年以降の地方行政改革に関しては、謝政徳の一連の論文参照。謝によれば、「半数民選」の方針とこれら「地方議会」の有権者資格制限（二五歳以上の男子、独立生計者、市街庄税年額五円以上納税）は、それぞれの議会において、台湾人議員が過半数にならないことを狙って設計されたもので、結果もその通りになって

—保甲）として、また学校教育や社会教育を通じた規律・訓練・教化するシステムとして形成されたばかりでなく、社会・自然を調査しその動向をフィードバックする知識のシステムでもあり、その知識に基づき「合理的に運営をはかる行政システム」［林勝偉 2005: 107］としても形成されたのであった。国家のこうした機能は、世界帝国清朝統治下の台湾では、系統的発展ははかられないままであったと言える。日本統治期には、「清朝期にできた」社会の上に、このような国家機構が「できた」（完了）のである。

継承される近代国家の基礎構造

日本の敗戦、植民地帝国の崩壊とともに、「清朝期にでき」さらに植民地国家の可視化プロジェクトの洗礼を受けた社会の上に、また新たな国家が外挿された。太平洋戦争の戦勝国としての中華民国が、台湾とその住民を国土・国民に編入したのである。ここから、また新たな国家と社会の関係が始まるが、この国家は台湾社会の統治においてゼロから出発したのではなかった。日本が清朝から台湾を受け取った場合と異なり、台湾の新たな統治機構とされた台湾省行政長官公署は、ほとんど全ての在台日本国家資産を平穏のうちに台湾総督府から受け取ることができたのである。

一九四五年一〇月に正式に事務を開始した行政長官公署は、翌月から台湾における国家機構と日本資産の「接収」作業を開始した。その過程はスムーズに進み、翌年四月には終了が宣言された。行政機構については、各地とも実際に要した時間は三週間ほどで、このため接収の正式終了を待たず、四五年一二月には植民地時期の五州三庁制に代わる八県九市の新しい行政区画が発表され、県長・市長の任命が次々と行われ、地方行政が開始された［若林 2008: 42］。こ

いるという［謝 2011a: 48–61］。こうした「設計」は、住民状況の動態的な計数的把握無しには不可能である。

元国防部景美看守所跡に作られた景美人権文化テーマパーク入口（2014年3月、台北市）

の過程で、日本植民地国家の行政・警察・司法機関などが土地調査以来蓄積した膨大な地籍資料・人籍資料が、日本敗戦間際の米軍大空襲で一部分失われたものの、ほぼまるまる引き継がれたのであった〔李志殷 2010: 103–104〕〔李秀屛 2011: 33–35〕。また、台湾総督府官僚がその机上に台湾社会をモニターできるように掌握した各種統計なども、早速目がつけられ整理された*18。前述のように、日本国家は台湾の地籍・人籍把握のシステム構築に領有から一〇年の歳月をついやしたのであった。「革命に成功した指導者は旧国家の配線を相続する」〔アンダーソン 2007: 266〕というが、中華民国は旧敵日本の植民地国家の「配線」を引き継ぎ取り込んで、自身の統治機構をすばやく「再起動」することができたのである。

ただ、台湾はその後数年動乱の中に置かれる。行政長官公署の行政開始からまもなく台湾社会の混乱が始まり、翌四七年には、反政府暴動の勃発とその後の本土からの派兵による大規模弾圧（二・二八事件）が発生してしまった。このことは、日本が残した「配線を相続」したものの、そして大陸からやってきた当初の中華民国の一群の官僚は、その上層部は台湾総督府が残した可視化プロジェクトの成果の意義を理解していたとしても、「接収」した国家機器を実際に運用する能力に大きな問題があったことを示している。それゆえ、清朝がかつてそうしたように、統治を開始してから後付けで社会制圧を実行しなければならなかったのである（二・二八事件犠牲者は推計一万八〇〇〇～二万八〇〇〇人）。

動乱はこれにとどまらなかった。中国大陸では国共内戦が激しさを増し、結果四九年末には敗北した中国国民党政権が中華民国中央政府を台北に移転した。これより先、同年五月には戒厳令が施行されて、台湾での共産党摘発、いわゆる「白色テロ」が激しさを増していた（ちなみに戒厳令は一九八七年七月に解除されるというまれに見る長期戒厳令となった）。ついで、朝鮮戦争の勃

*18　台湾行政長官公署は、旧総督府の統計担当職員（留用日本人職員と台湾人職員）を動員して膨大な統計資料を整理し、急ぎ『台湾省五十一年来統計提要』（台湾省行政長官公署統計室編印、一九四六年一二月）を編纂し省政の参考資料として刊行した。同書は、全二四類（暦象、土地、人口から行政、司法、教育、各種産業など）に分け、五四〇枚の統計表を収録している。この『統計提要』の意義については、姚人多〔2001〕参照。

*19　台湾現代史家の何義麟は、二・二八事件後に作られた「国民身分証」による住民管理体制

獄舎の一つの外観。反共標語もそのまま残してある

発とともに米軍が台湾海峡に介入し、中華民国は、アメリカ帝国システムの周縁に位置づけられ、領域をほぼ「台湾サイズ」に縮小したまま存続を保つこととなった。植民地国家台湾総督府と管轄範囲がほぼ重なる戦後台湾国家の形成である。こうした激動の中での戦後台湾国家の形成と展開において、植民地国家の諸遺産がどのような意義を持ったのか、それを的確に描いていくには、筆者自身、また学界としても研究の蓄積は不足している。しかし、こうした動乱に先立って、中華民国の政治エリートが植民地国家の「配線」を引き継ぎ、社会資源流用の基本資料である人籍と地籍の資料を掌握し、台湾での統治機構を自身の手で「再起動」し、行政機構を立ち上げることができていた、という「順番」は、その後の戦後台湾国家の存続にとって軽視できない重みを持つだろう。[*19] こうした意味において、「日本植民地統治期にできた」国家の「持続」の側面は、限定的つきながら確認できると言えよう。[*20]

4　国民の形成——意図せざる国民形成の偶然的連続

「議会政治無き明治維新」

台湾の地理的位置がもたらす地政学的必然と国際政治的偶然の結合のなせる技であろうか、台湾が日本の植民地統治下には入ってから今日まで百二十年余の歳月が流れたが、その間台湾が中国大陸国家の統治下に入っていたのは一九四五～四九年の四年間だけであった。つまり、一九世紀末からほぼ一世紀以上中国大陸と台湾とは別個の政治的枠組みの中にあった。この間に統治国となった日本も中華民国も、それぞれに台湾住民をそれぞれの国民に包摂しようと務

やその後「白色テロ」時期の住民管理は、植民地期の保甲制度や警察による戸口管理のシステムが制度的インフラストラクチャーを構成していたと指摘している［何 2014: 119-121］。

*20　陳思宇［2011］は、戦後台湾の中華民国経済官僚制について、アメリカの多額の経済援助注入とその在台援助執行機構の存在を触媒として、その後の産業化を運営する「マクロ経済統治体制」が築かれていったとしている。中華民国中央政府官僚制やそれに被さっていった「インフォーマルな帝国」アメリカからの「横」の移植、そして日本植民地開発のソフト、

「第一法廷」の入口。戒厳令下では政治事件の民間人被告も軍事裁判で裁かれる。民主運動の動向に大きな影響を与えた1979年12月美麗島事件の軍事裁判の公判もここで行われた

めた。だが、日本は半世紀後に敗戦により支配の放棄を余儀なくされ、中華民国は領域を「台湾サイズ」に縮小し、その国策たる「反共復国」（全中国範囲での中華民国統治の復活）を果たせないまま、七〇年代以降の政治変動の時代を迎えた。

「中華民国統治期に国民ができた」の「完了」の側面とは、日本植民地統治下から戦後の「台湾サイズ」となった中華民国統治下へと、いわば「意図せざる国民形成」の機制が連続してしまい、その果てに、一九七〇年代以降、筆者が「中華民国台湾化」と呼ぶ政治構造変動のなかで、事実上の「台湾サイズ」の国民の存在が顕在化してきたことを指す。「中華民国台湾化」とは、七〇年代初頭まで堅持されてきた（中華民国の）正統中国国家としての政治構造が、台湾のみを統治しているという一九四九年以後の現実にそったものに変化していくことである［若林 2008: 13］。

このかつての敵国と敵国との間の国民形成の奇妙なリレーを、それぞれの時期の参政権付与による政治的国民形成の様態から見てみよう。

可視化プロジェクトにおいて、近代国家は新たな科学技術と組織技術でもって統治下の社会を深く可視化し、それに属する個人を詳しく数え上げ、その資源を流用する。労働力や財ばかりではない、学校教育などを通じてその形成に強く関与しもした個人の才能、そして究極的には生命（徴兵制度）までも流用していく。しかし、国家は、このように個人を数え上げその資源を流用していくと、さまざまにタイムラグが生じたとしても、流用の客体として主体化した個人を、長期的にはその流用の代価として徐々に様々な政治的権利の主体として行かざるを得ない。広い意味での「代表無くして課税無し」の原則が参政権拡大の機制となって作動するのである。近代日本における戦争動員（国民の生命の流用）と納税額による選挙権制限の緩和とが

第一法廷の内部。記者席から被告席、裁判官席を見る

ハード両面のインフラの遺産などの「縦」の影響が、戦後台湾の発展にどうからみあったのか、興味深い課題である。

からみあって普通選挙権実現に至る歴史がその代表的な事例であるといえよう［三谷 1993］。
「代表無くして課税無し」、すなわち可視化による流用対象としての主体化された住民への政治的権利の付与という流れは、植民地期全体を見渡せば確かに存在した。だが、そこには日本本国に比しても大きなタイムラグが存在したことが、ここでの問題である。地租や「地方税」（課税開始一八九八年）などの負担者である地方有力者は、土地調査事業を経て堅固な基礎を得た地方行政の機構の末端に従属的に組み込まれていったが、前述のように、その地方行政は、一九二〇年の地方制度改正に至ってようやく、州・市・街・庄の行政単位を自身の予算を有する「地方公共団体」とし、その後の地方自治推進への出発点とされた。そして、三五年にいたって初めて「半自治」が実施され、台湾住民は初めて地方行政に関して限定的な範囲で限定された資格の選挙権を有することになった（三五年と三九年に選挙実施）。これは、一八八〇年の日本本国の町村議会設置に遅れること半世紀以上であり、かつ台湾人知識層が二一年より民族運動の一環として続けてきた「台湾議会設置請願運動」の中止がその実質的な政治的交換条件であった［若林 2001: 161–162］。

さらに日中戦争・太平洋戦争における軍夫動員、陸海軍志願兵動員、徴兵制実施という労力と生命の流用を経て、四五年四月改正衆議院選挙法台湾延長施行により国政参政権の付与が行われた。ただし、男子二五歳以上で納税額による資格制限つきであった［岡本 2011: 98］［近藤 1996: 第六章］。第一回帝国議会招集は一八九〇年で、日本の台湾領有前のことであった。徴兵制実施は、四五年一月だから、前記国政参政権付与はこれと抱き合わせであり、実際には選挙は行われなかったから、台湾人にとっては全くの「画に描いた餅」であった。

台湾の歴史家周婉窈は、植民地期に日本がいわば「上から」進めた台湾の近代化について、

獄舎面会室内部。外側にも椅子と電話が置かれていて、面会に来た家族・友人とは電話で話をする。別にその会話を録音するための録音室もある

「明治維新の海外版と見ることができるが、それは議会政治を抜きにしたものだった」と評している［周婉窈 2014: 140］。「議会政治無き小明治維新」――日本の国民帝国の台湾における辺境ダイナミズムを、あえて一言で形容するなら、これであったと言えるだろう。

また再びのタイムラグと台湾ナショナリズム

日本の植民地国家が台湾人への参政権付与につけた大きなタイムラグの根拠は、「漸進的内地延長主義」という統治方針であった。台湾総督府の施政下で台湾住民の「民度」が次第に本国並みに近づくにつれて、地方自治から始まって国政参加へ、制限選挙権から普通選挙権へとその「政治的処遇を改善」していく、というのである。「民度」の判断基準を決め到達度を認定するのは統治者側である［若林 2001: 54–64］。「漸進的内地延長主義」の植民地住民「政治的処遇改善」のロジックを図4-5に示した。

この論理で「漸進」する時間は、政治的権利に目覚めた「今夜自由が欲しい」被統治者側にとっては無限の時間であった。統治者側が主導権を握るこうしたタイムラグの存在が、台湾という地域カテゴリーを「大日本帝国」という国民帝国の中で政治化し、「台湾サイズ」の何らかの政治共同体を想定するナショナリズムを生み出す源泉の一つであったと言える。一九二〇年代初頭から三〇年代初めまで、台湾議会設置請願運動、台湾文化協会、台湾民衆党といった諸運動・団体が登場して展開された抵抗的政治・社会・文化運動では、「台湾は台湾人の台湾なり」「(台湾人は解放を求める) 弱小民族」といった言説で、民族的自由の希求が表明されていた［Wu, Rwei-Ren 2003］［陳翠蓮 2008］。

参政権付与による国民形成という点に関しては、台湾総督府から中華民国の台湾省の間には

*21 中華民国の「国父」とされる孫文には、清朝打倒の革命後反革命勢力を制圧する「軍政」から、「先覚者」たる国民党が人民を訓練しつつ政府を担う「訓政」、憲法を制定して人民が政治に参与する「憲政」の段階へと進む、という三段階政治発展論があった。一九四七年に中華民国憲法が制定・施行されて、名目上中華民国は「憲政」の段階に入った。それ以前が「訓政」の段階。

立法院増加定員選挙ポスター公設掲示板(1983年末、台北市内)。左上の江鵬堅が「党外選挙後援会」推薦候補、後に民進党の初代主席となった

大きな飛躍があった。台湾を編入後「訓政期[*21]」の民意機関としての「参政会」の各級選挙が早速行われ、「憲政」実施のための中央民意代表選挙がこれに続いた。男女普通選挙はこの段階であっさりと実現した。公職選挙を挙行するには誰が有権者かがわかる必要がある。植民地国

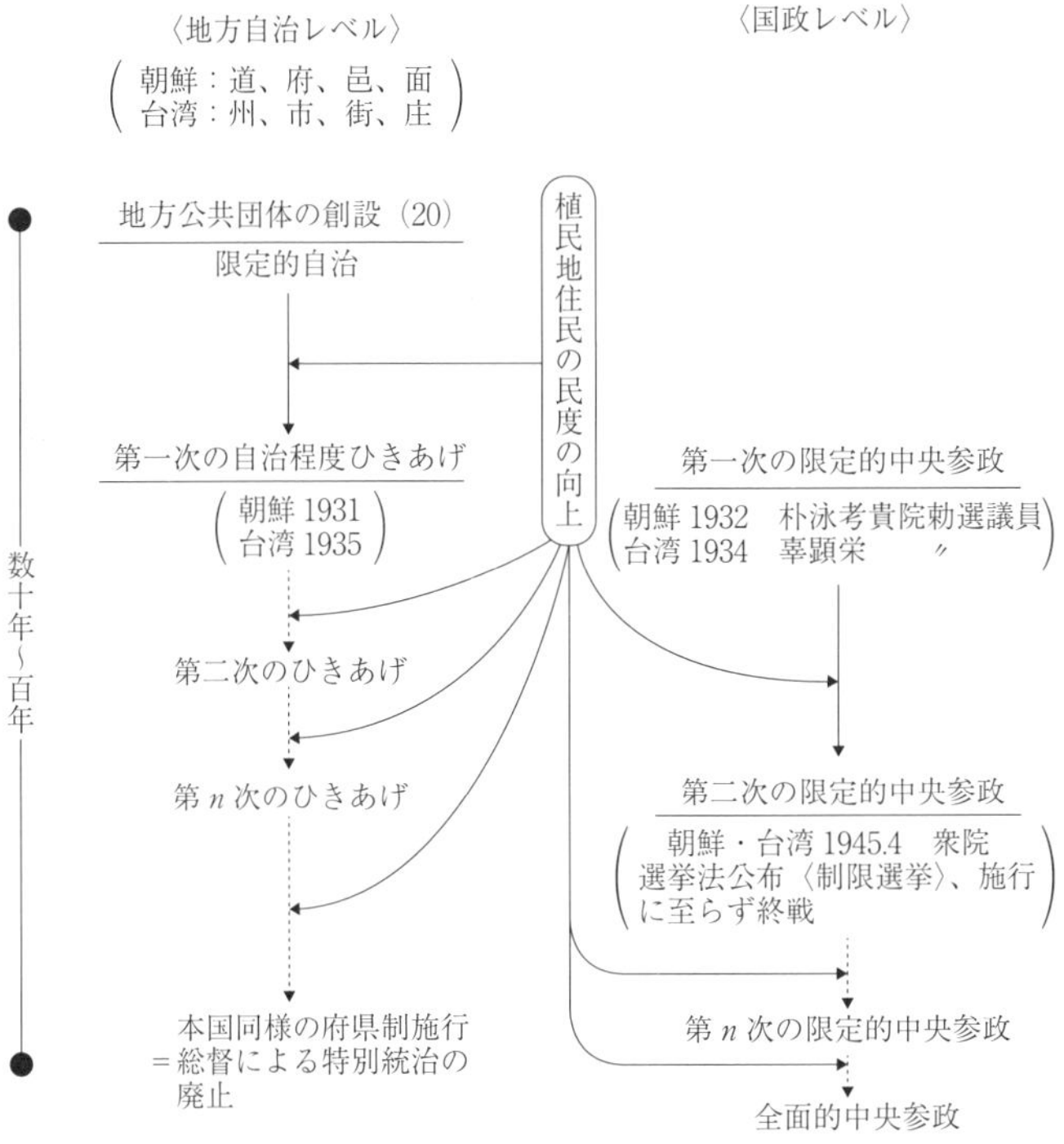

下線をつけたのは 1945 年 8 月までに実現したもの。

図 4－5　「漸進的内地延長主義」の植民地住民「政治的処遇改善」のロジック
（［若林 2001: 61］より）

「党外」候補の私設掲示板（台北市士林区）。「選挙区内で国民党が800元で票を買っている。800元で買収されて、自分の一票を汚すようなことはするな」と呼びかけている

家から引き継いだ人籍資料で地方行政がいち早く「再起動」できたことが、この素早い対応に反映しているだろう。

台湾における中華民国の政治的国民形成の問題は、国共内戦敗北、中央政府の台湾撤退、すなわち中華民国の「台湾サイズ」への縮小によって生じた。中華民国憲法施行（四七年一二月二五日施行）以後は、台湾住民も中華民国公民としての政治的権利をフルに得たことになるが、中華民国憲法施行による憲政体制がすぐに内戦モードにされて恒常化してしまい（国民大会による「反乱鎮定動員時期」宣言と「同臨時条項」制定による総統の権限強化）、それがそのまま中華民国が台湾サイズに縮小される際にも台湾に持ち込まれたことによって、台湾住民の政治参加に関しては、男女普通選挙権が憲法で付与されたという新たな条件のもとに、中華民国公民となった台湾住民の期待との間に新たな別の形のタイムラグが生じた。

一九五〇年三月総統に復職した蒋介石は、「大陸反攻」を叫び「反共復国」が挑戦を許さない「基本国策」とされた。それに合わせて、内戦期に選出された国会（国民大会、立法院、監察院）の定期改選を停止したため、非改選の国会（後の民主化期に「万年国会」と揶揄される）が作り出された。中国大陸で選挙は不可能、では台湾だけで選挙すると「台湾国会」になり、基本国策と齟齬を来してしまうからである。一九七〇年代初めの米中接近の衝撃の下で、この非改選国会の部分定期改選（非改選議員はそのまま）が導入されたのが一九七二年、「党外」と称されたオポジションの長い民主化運動が奏功して、国会全面改選が実現したのが一九九二年、総統の直接選挙実現が、一九九六年であった。一九五〇年から地方公職選挙は実施されてはいたものの、中華民国憲法施行により台湾住民にも完全な公民権が付与されたはずの一九四七年末から、それぞれ二五年、四五年、四九年のタイムラグがあったことになる。

1983年末、立法院増加定員選挙で台北市内「党外」候補事務所の壁一面に掲げられた縦幕。「中央の政策決定の独占を打破し、台湾住民の命運を自分の手に握ろう」と訴えている

「台湾サイズ」に縮小している中華民国が全中国を代表しているという基本国策の建前の下で、このタイムラグもまた「台湾」をいう地域を政治化してしまい、中国国民党の公定中国ナショナリズムに対抗する台湾ナショナリズムを生んだ。七〇年末から八〇年代初めにかけての再度の対外危機（対米断交、米国の対台湾防衛性武器売却に関する米中共同声明など）と美麗島事件（台湾独特のオポジション「党外」勢力による第二次野党結成運動への大弾圧）を経て、「台湾前途の住民自決」が「党外」、ついで結成に成功した民主進歩党（民進党）の中心的スローガンとなっていった。

「台湾前途の住民自決」の言説においては、将来の台湾の政治的帰属についてはオープンである（公民投票などの結果中国との「統一」が選ばれるかもしれないし、「独立」が選ばれるかもしれない）が、今「中華民国」という国家的枠組をまとっている台湾住民の政治共同体が、それ自身で自身の国家的帰属を決める主権的団体（すなわちネイション）であることを前提としている点で、すでにして台湾ナショナリズムの言説である。[*22]「主権独立の台湾共和国の樹立」（一九九一年採択の民進党綱領）が台湾ナショナリズムの最大綱領であるとすれば、これはその最小綱領であろう。

民進党はその後、この最大綱領を党大会決議文などで棚上にしつつ、民主化期の各種選挙に参加し、民主化した中華民国の合法政党としての地歩を築いていき、二〇〇〇年には、総統選挙の相対多数当選の制度下で与党国民党勢力の分裂を利して同党の陳水扁を総統に当選させ、初めての政権交代を実現させた。その後、立法院多数を占める国民党に翻弄されつつも、〇四年には陳水扁は再選され、〇八年まで政権を維持した。〇八年から二期続いた国民党馬英九政権の後、一六年には民進党は党首蔡英文を総統に当選させ、同時に立法院も過半数を制して、再度政権に返り咲いた。

*22 中国国民党版であれ中国共産党版であれ、中国ナショナリズムのロジックでは、台湾は先験的に中国の一部分であり台湾住民は中国人である、とされる。「台湾住民自決」論はこの先験的前提を否定することで、「台湾住民」を主権的団体、すなわちネイションとして想像しているのである。

台北市郊外の小学校校庭で開かれた公設演説会（1983年末、立法院増加定員選挙）。公設なので、必ず「国父孫文」と国旗を背後にして演説しなければならない。横では次の候補が順番を待っている

第一回総統直接選挙当選後の李登輝（国民党）も、一九九九年には、中国と台湾は「特殊な国と国の関係」とする、いわゆる「二国論」を主張するようになり、[*23] 国民党が政権復帰を果たした〇八年総統選挙キャンペーンの最終局面では、同党も「台湾の未来の選択は必ず台湾人民の決定による」との新聞広告を打った［若林 2008: 299］。台湾からただ一人だけ選ばれる公職選挙となれば、いずれの党派の候補も、明示的であれ非明示的であれ、何らかの形で台湾ナショナリズムの最小綱領に寄り添った見解を表明せざるを得ないのである。

「大国民・小国家」の虚構の解体

一個の国民帝国としての中華民国は、台湾においても当然に上からの国民形成に努めた。それは国民党版の公定中国ナショナリズムに基づく「(反共的) 中国人」への国民形成であり、言うまでもなく、台湾海峡を隔てて対峙する中華人民共和国における共産党主導の国民形成とは対抗的かつ別個の政治社会化工程として進められたものであった。この政策の下に、事実上ほぼ台湾のみしか統治しない「小国家」の下で、その国家の国民形成政策により、台湾住民は新たな「国語」（中国標準語）を学び、「大国民」（全中国的政治共同体の一員）として自己を想像するよう求められたわけであるが、実際には六〇年代に入れば「反共復国」はますます遠い夢となっていったのであった。そして、当然ながら、こうした国民想像は、「台湾サイズ」でしか有効でなかった。結局、「反共復国」が果たせない状況では、公定中国ナショナリズムに基づく上からの国民形成は、いわば「ネガ」の形において事実上の「台湾大」の国民を形成していくことにもなってしまったのであった。[*24]

「ネガ」の「台湾大」の国民形成という点では、日本が台湾で行ったことも似たようなもの

*23 李登輝は台湾海峡両岸の関係が「国と国の関係」であることの一つの根拠として、総統直接選挙の挙行をあげ、「(同選挙に基づき) 組織された国家機関は台湾住民のみを代表し、国家権力の正統性もまた台湾住民の意思に基づくものであり、大陸住民とはまったく無関係なのである」としている［若林 2008: 226］。

*24 八〇年代から九〇年代にかけて、中国が呼びかけた「一国家二制度」方式による「祖国の平和的統一」に対して台湾民衆の反応が芳しくないことについて、「蒋介石の反共教育」にその原因を帰すコメントがしば

公設政見演説会場の外には、各候補の宣伝カーがひしめき、会場に集まる有権者にスピーカーで盛んに呼びかけビラ配りをする(1983年末、立法院増加定員選挙)

だった。前記「議会政治無き小明治維新」の中には、「国語」（日本標準語）教育を柱とする学校教育体系の漸次的構築があった。学校にあがった児童・生徒は、日本がもたらす「文明」の展示に出会う[*25]とともに、従順な「帝国臣民」へと自己形成するよう求められた。だが、「内地人」に対して「本島人」と呼称されたそのステイタスは、政治的処遇としても（前述）、また人籍上の地位[*26]にしても、「二等臣民」であったのである。前記の抗日的台湾ナショナリズムの言説は、この「ネガ」の表記である「本島人」を「ポジ」の主体である「台湾人」に読み替えようという言説として、一九二〇年代の植民地の限られた言論空間に進出したのであった。

一九七〇年代初めに限定的な形で始まり、八〇年代後半から野党結成容認・長期戒厳令（一九四九～八七年）解除などで本格的移行過程に入った台湾政治の民主化は、九〇年代に入り、前述のように九二年の国会全面改選、九六年の総統直接選挙の実現で一段落した。それは、中華民国憲法に修正条文をつけていく「憲政改革」という形式をとる穏健・漸進的手順で進められたもので、憲法本文、そして当然ながら国号、国旗、国歌などの国家表象もそのままではあった。

しかし、その内実においては、政治エリートの族群的構成、政治権力の正統性および国民形成イデオロギーなどの台湾化、すなわち筆者が「中華民国台湾化」と呼ぶ広範な政治構造変動が進んだ。戦後の台湾ナショナリズムは、戦後台湾の中華民国が中国内戦態勢を恒常化させて生じたタイムラグの中で、台湾という地域カテゴリーが政治化して生まれたものであり、これも「ネガ」として形成されていた台湾国民を「ポジ」の「台湾人」に読み替えていくイデオロギーであった。そして、中華民国台湾化という構造変動の中で言説展開が為されたが故に、この二回目の読み替えが刈り取ったものは、日本植民地統治期よりはるかに大きかった。

しば中国の学者から出されたことは、間接的に「ネガ」の形での国民形成の存在を照射しているといえよう。

*25　この「文明」との出会いの場としての学校を許佩賢は「魔法の学校」と形容している［許 2012］。

*26　可視化プロジェクトで作られた植民地台湾の人籍制度は、警察が調製する「戸口調査簿」として作られ、一九三五年に至りようやく「台湾戸籍」が「内地」の「本籍」と同等のものと規定されるまで、治安取締の資料としての色彩の強いものであった。統治末期に徴兵制が

国民党を批判する「党外」候補個人演説会の傍らでは様々な人々が発話する。写真は、政府の迫害への抗議活動を行う新約教会の信徒（1985年11月統一地方選挙）

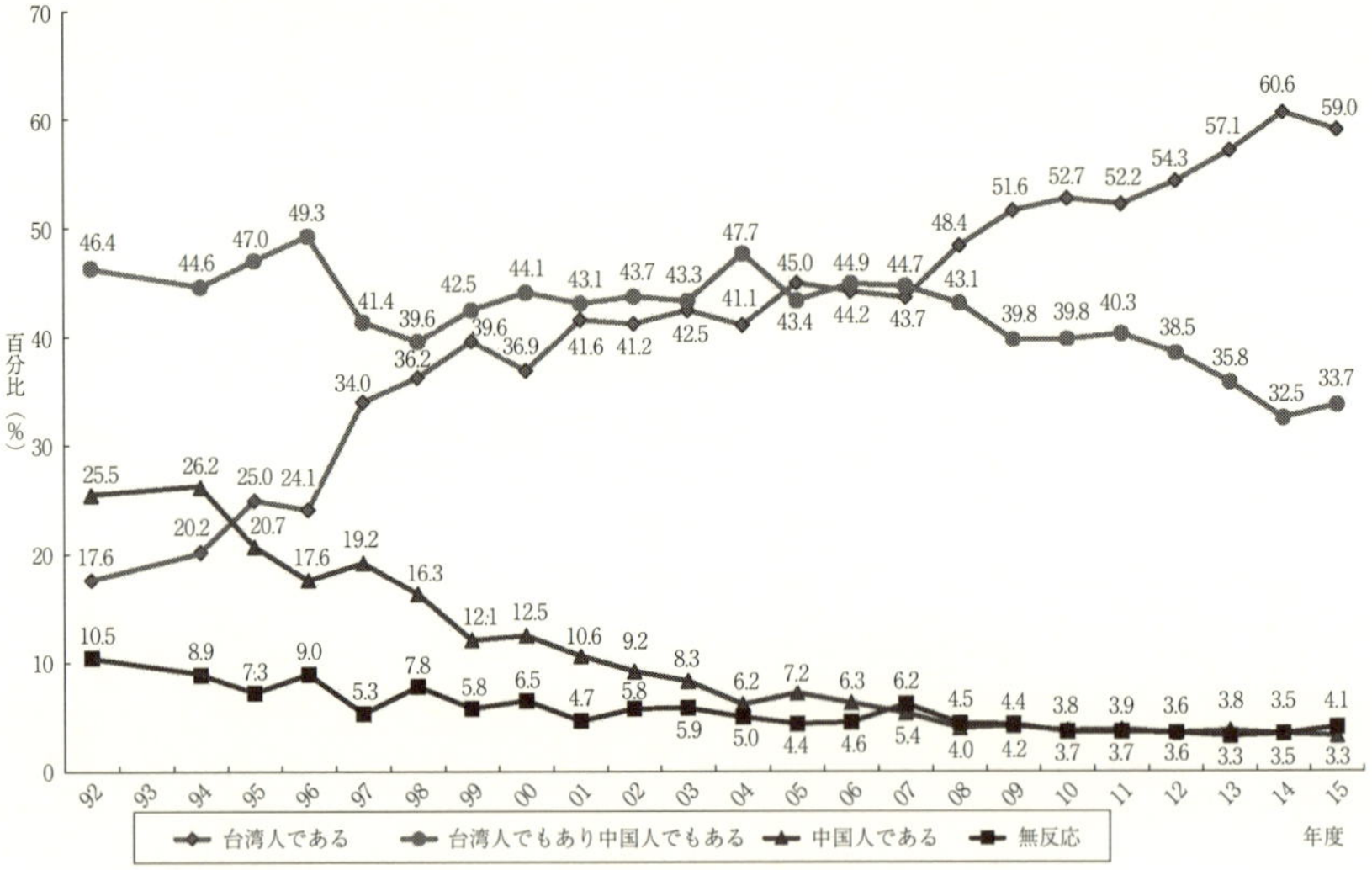

図4－6　台湾民衆のアイデンティティ自己認識の趨勢と分布（1992～2015）
（資料來源：國立政治大學選舉研究中心重要政治態度分佈趨勢圖）

図4-6に、台湾・政治大学選挙研究センターが九〇年代初頭より実施している、台湾民衆の「台湾人である」、「台湾人でもあり中国人でもある」、「中国人である」というアイデンティティの自己認識の趨勢と分布を示した。この図の「台湾人である」の数値の変化を観察すると、政治制度の民主化のとば口であった国会全面改選が行われた九二年にはまだ二〇%に満たなかったものが、その後の四年ごとの総統直接選挙挙行の翌年（九七年、〇一年、〇五年、〇九年、一三年）に比率があがり、二〇〇九年には五割を越えてその後も一定期間上昇を見せている。民主化改憲によって実現した「台湾サイズ」の有権者の共同体において実施される国政選挙は、「台湾サイズ」の国民の存在を「ネガ」から「ポジ」に

敷かれたときも、本国の戸籍法は延長施行されず、統治の最後まで、「内地人」と「本島人」の法的身分は「同化」されなかった。先住民には別途「蕃社台帳」が調製された〔遠藤 2013: 183-186〕。

民進党候補の個人演説会の模様（1986年12月、増加定員立法院・国民大会選挙）。「党外」は9月に民進党を結成、国民党に対して組織名のあるオポジション政党が初めて参戦した。候補者の背景の幕に「民主進歩党」「民主の新たな希望、新党で台湾を救おう」とのスローガン

転換していく国民形成イヴェントの意義を兼ね備えているといえる。総統選挙をめぐる政局は、その一年前から始まる。四年ごとに巨大なエネルギーを投入して展開される「中華民国総統」選挙は、「ネガ」の台湾国民を「ポジ」に読み替えつつその存在を騒々しく確認する国民儀式でもある。台湾社会はそれをすでに六回経験しており、生まれた時から「台湾サイズ」の国民＝民主体制下の有権者共同体としての政治生活しか知らない青年有権者がすでに投票権を行使し始めている。*27

5　新たな辺境ダイナミズムと地域主体性

底辺からの主体性——台湾原住民族運動と「正名」

以上、小稿は、台湾先住民の墓碑に記された名前と文字とに「塗り重ねられた」諸帝国の辺境ダイナミズムの痕跡をてがかりに、「諸帝国の周縁を生き抜く」台湾の物語を綴ってみた。もちろん無理を承知での試みであるが、筆者には今のところこれ以外に台湾について「歴史としてのレジリエンス」を語る語り口を見出すことができない。

筆を擱くにあたって、二つのことを述べておきたい。一つは、先住民族／先住民の名前に関することである。中華民国台湾化の展開とともに、ある面ではそれをリードする形で、先住民族の権利回復の運動が起こった。いわば、台湾社会の族群的底辺、内部植民地化された底辺からの主体性の主張である。先住民族運動の主張は多岐にわたったが、自身の名前に関しては、二つの側面での「正名（名を正す）」を主流社会に求めた。一つは、族群としての呼称、もう一

台北市内のある投票所で行われた公開開票の模様（1986年末）。係員が候補者名につけられた印を見て「○×（候補者名）一票」と唱える。後頭部が見えているのが開票立会人

*27　これら青年層では、二〇一〇年代には「台湾人」が大多数のアイデンティティとなっている。図4-6の調査とサンプルは異なるが、台湾・中央研究院社会学研究所の二〇一三年の調査では、一九～二四歳で九三・三%、二五～三四歳で八七・一%となっている［呉介民 2015: 26］。

つは先住民個人の名前である。前者に関して、先住民族は、清朝期には「生番」、日本植民地統治期には「生蕃」ついで「高砂族」、中華民国期には「山地同胞」などの他称がずっと押しつけられてきた。これに対して、八〇年代前半から始まった先住民族運動は、族群としては「台湾原住民族」、個人の身分については「原住民」と自称し、主流社会にもその呼称を用いることを求めた。かれらの運動が台湾現代史の叙述において「台湾原住民族運動」と記述される所以である。民主化の進展とともに「正名」要求は受け入れられ、一九九四年の第三次改憲で「原住民」の語が「増修条文」に書き込まれ、九七年第四次改憲では「国家は多元文化を肯定する」との多文化主義理念とともに「積極的に原住民族の言語及び文化を維持発展させる」との文言で憲法上に認知された。

後者については、一九九五年に到り「姓名条例」が改正され、「伝統名」（民族名）を戸籍に登録する権利が認められた。原住民は本人が望めば、かつて強制的に「回復」された漢人名から民族名を回復し法的に有効な身分登録上の名前とすることができるようになったのである［若林 2008: 327–329］。日本人や漢人のそれとは異なり、さらに民族毎にも異なった命名システムを持つ先住民の名を、カタカナで戸口調査簿に記入する、ついで部分的ではあるが日本式姓名を付与する（日本植民地統治期）、さらに一斉に強制的に漢人名を持たせる、といったそれまでの国家の行為は、いうまでもなく可視化プロジェクトの重要な一環であった。「伝統名」を回復するといっても、姓と名とを持つ漢人の命名システムは、近代化された社会でのその利便性もあってすでにかなり定着しているし、漢人との通婚や異なる民族の先住民同士の通婚も珍しくない状況では、回復に技術的困難もあり、個人名の「正名」の広がりは鈍いようである。*28 もちろん「伝統名回復」は、一九一五年の日本による山地先住民族社会制圧後に二つの外来国家

選挙集会などで応援に使う小旗。候補者陣営が集会参加者に配る。2000年総統選挙時の民進党候補のもの

*28　行政院原住民族委員会の統計によれば、二〇一五年四月三〇日現在で「伝統名」を登録している原住民は、二万四三六〇名、原住民総数五四万一九八七名の四・四九%にあたる［行政院原住民族委員会 2015］。

の統治を貫いて進行した可視化プロジェクトとそれがもたらした単純化の社会的帰結を単に元に戻そうというのではない。その帰結が普遍的に存在している状況のなかで先住民族の新たな主体性を追求する歴史的実験が進行中なのである。

新たな辺境ダイナミズムと地域主体性

もう一つは、「中華民国統治期に国民ができた」の「持続」の側面についてである。「持続」プロセスの起点を、前述の政治的国民形成の議論に沿って一九九六年の初回総統直接選挙の挙行、すなわち民主体制の設置の時点におくならば、小稿脱稿の時点まで、ほぼ二〇年それは持続していると言えるだろう。

とはいえ、この「持続」は、その成長・安定に厳しい制約を課す環境におかれ続けてきた。そして、今やその環境そのものも刻々と変化する時代に入っている。すでに与えられた紙数は尽きている。あえて一言で言えば、その制約の最大要因は「中国要因」であろう。強大化する中国は、主権不完整の非承認国家台湾[*29]に「一つの中国」フォーマットの受け入れを迫り、軍事的脅威を与え続けるのみならず、増大する経済力、さらにはそれを利した台湾内部への政治的浸透の政略（「以商囲政」）をも推進している［呉介民 2015］。台湾は、引き続き繁栄を求めるなら、他の周辺国・地域と同様に、中国経済のダイナミズムに参入しなければならないが、しかし政治的自立を維持しようとすれば、中国との関係を損ね、ひいては経済の繁栄を損ねるかもしれない（「自立と繁栄のディレンマ」）。新生の台湾「国民」は、総統選挙の回を重ねる毎に民主化台湾への愛着を強めるが、自身の経済的利益を考えれば、その台湾の主権性を否定し、多数の短距離ミサイルの照準を台湾に合わせる中国との良好な関係を求めなければならないだろう

*29　D・クラズナーは、国家主権には、①国際的法的主権、②ウェストファリア的主権、③内部主権、④相互依存的主権の四つの側面があるとしている［Krasner 1999: 3-4］が、一九七〇年代初頭以後非承認国家化した台湾の中華民国は、李登輝以後の諸政権の様々な試みにもかかわらず①を欠いたままである。

2012年総統選挙の応援小旗。国民党陣営のもの

（「麺麭《パン》と愛情のディレンマ」）。

こうしたディレンマをもたらす「中国要因」とは、本章の用語法で言うなら、これまで敵国同士がバトン・リレーするように台湾に社会、国家、国民を形成してきた近代の辺境ダイナミズムとは異なる、成功した「中華国民帝国」の新たな辺境ダイナミズムが押し寄せていることを示しているのだろう。強まるこの新たな辺境ダイナミズムの流れの中で、「諸帝国の周縁を生き抜く」智恵とレジリエンスは如何に発揮されて行くのであろうか。

参考文献

日本語

アンダーソン、B.（白石隆他訳）2007（原著1991）『定本　創造の共同体　ナショナリズムの起源と流行』書籍工房早山。
遠藤正敬 2013『戸籍と国籍の近現代史　民族・血統・日本人』明石書店。
岡本真希子 2011「植民地在住者の政治参加をめぐる相剋 ――「台湾同化会」事件を中心として」『社会科学』（同志社大学人文科学研究所）40巻3号、pp. 95–131.
何義麟 2014『台湾現代史　二・二八事件をめぐる歴史の再記憶』平凡社。
黄昭堂 1970『台湾民主国の研究』東京大学出版会。
黄鳳生他 1994「植民地支配末期における山地原住民への福音の進展と迫害」大川四郎編著『美麗島の傷痕』編著者発行、pp. 52–65.
江丙坤 1974『台湾地租改正の研究』東京大学出版会。
国分直一 1981『壺を祀る村』法政大学出版局。
呉介民（平井新訳）2015「「太陽花運動」への道 ―― 台湾市民社会の中国要因に対する抵抗」『日本台湾学会

2012年総統選挙の応援小旗。民進党陣営のもの

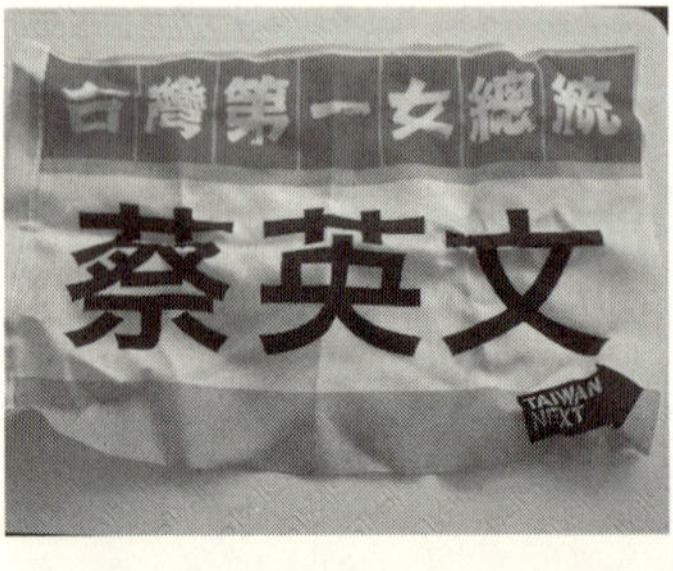

報』17、pp. 1–37.
呉密察 2015「台湾土地調査事業の歴史的意義（1898–1904）」、日本台湾学会二〇一五年度学術大会報告（仙台・東北大学）。
近藤正巳 1996『総力戦と台湾　日本植民地崩壊の研究』刀水書房。
謝政徳 2011a「大正九年台湾地方制度の成立過程（一）――台湾総督府による地方政治改革事業を中心に」『阪大法学』60巻6号、pp. 181–207.
―― 2011b「大正九年台湾地方制度の成立過程（二・完）――台湾総督府による地方政治改革事業を中心に」『阪大法学』61巻1号、pp. 159–181.
―― 2012a「植民地時代末期台湾の「地方議会」とその実態（一）」『阪大法学』62巻1号、pp. 45–73.
―― 2012b「植民地時代末期台湾の「地方議会」とその実態（二・完）」『阪大法学』62巻2号、pp. 247–264.
周婉窈（濱島敦俊監訳）2013（原著2009）『増補版　図説台湾の歴史』平凡社。
菅野敦志 2011『台湾の国家と文化　「脱日本化」・「中国化」・「本土化」』勁草書房。
―― 2012『台湾の言語と文字　「国語」・「方言」・「文字改革」』勁草書房。
角南聡一郎 2006「戦後台湾における所謂塔式墓の系譜とその認識」五十嵐真子・三尾裕子編『戦後台湾における〈日本〉』風響社、pp. 289–311.
田上智宜 2015『四大族群と新移民　多文化主義による台湾の社会統合』東京大学大学院総合文化研究科博士論文。
春山明哲 2008『近代日本と台湾』藤原書店。
松岡格 2012『台湾原住民社会の地方化　マイノリティの二〇世紀』研文出版。
三谷太一郎 1993「戦時体制と戦後体制」、大江志乃夫他編『岩波講座　近代日本と植民地8　アジアの冷戦と脱植民地化』岩波書店、pp. 315–360.
矢内原忠雄 1988（原著1929）『帝国主義下の台湾』岩波書店。
山本吉宣 2006『「帝国」の国際政治学――冷戦後の国際システムとアメリカ』東信堂。
山室信一 2003「『国民帝国』論の射程」、山本有造編『帝国の研究――原理・類型・関係』名古屋大学出版会、

選挙グッズのペットボトル。2004年総統選挙、民進党陣営のもの

pp. 87–128.
李登輝 1999『台湾の主張』ＰＨＰ研究所。
若林正丈 2001『台湾抗日運動史研究　増補版』研文出版。
——— 2008『台湾の政治　中華民国台湾化の戦後史』東京大学出版会。

中国語

行政院原住民族委員会 2015「104年04月全國各郷鎮市區原住民羅馬拼音傳統姓名人口數統計」http://www.apc.gov.tw/portal/docDetail.html?CID=65CCA9579A9BF68C&DID=0C3331F0EBD318C2E7635E7C8786BF63　二〇一五年一二月三一日閲覧
魏家弘 1996「台湾土地所有権概念的形成経過——従業到所有権」国立台湾大学法律学研究所碩士論文。
魏徳文・高傳棋・林春吟・黄清琦 2008『測量台湾　日治時期絵整台湾相関地図1895–1945』台北：南天書局。
許佩賢 2012『太陽旗下的魔法学校　日治台湾新式教育的誕生』新北：遠足文化。
黄清琦編著 2010『台湾輿圖暨説圖研究（修訂再版）』台南：國立臺灣歴史博物館。
周婉窈 2009『台湾歴史図説　増訂本』台北：聯経出版。
——— 2014『少年台湾史』台北：玉山社。
詹素娟、2005「台湾平埔族的身分認定與變遷（1898–1960）——以戸口制度與国勢調査的「種族」分類為中心」、中央研究院台湾史研究所『台湾史研究』12-2, pp. 121–166.
台湾省行政長官公署統計室編 1946『台湾省五十一年来統計提要』台北：台湾省行政長官公署統計室。
陳思宇 2011「冷戦、国家建設治理技術的転変——戦後台湾宏観経済治理体制的形成（1949–1973）」国立台湾大学歴史学研究所博士論文。
陳翠蓮 2008『台湾人的抵抗與認同　一九二〇〜一九五〇』台北：遠流出版公司。
姚人多 2001「認識台湾——知識、権力與日本在台之殖民治理性」『台湾社会研究季刊』第42期、pp. 119–182.
藍奕青 2012『帝国之守　日治時期台湾的郡制與地方統治』台北：国史館。
李志殷 2010「台湾土地登記制度変遷之研究」国立政治大学法律学院碩士論文。
李秀屏 2011「戦後初期台湾戸政制度的建立與相関問題之探討（1945–1947）」国立中央大学歴史研究所碩士論

選挙グッズのバッジ（1996年第1回総統選挙）。人物2人の図案は国民党の正副総統候補（必ずペアで立候補）、名前入りは新党（党名）推薦の候補のもの、鯨の図案は民進党のもの。バッジが流行ったのはこの時だけのようである

文。
林勝偉 2005「政治算術 —— 戦後台灣的国家統治與人口管理」政治大学社会学系博士論文。

英語

Krasner, Stephen D. 1999. *Sovereignty: Organized Hypocrisy*, Princeton: Princeton University Press.
Scott, James C. 1998. *Seeing Like a State: How Certain Schemes to Improve the Human Condition Have Failed*, New Haven: Yale University Press.
Shepherd, John R. 1993. *Statecraft and Political Economy on the Taiwan Frontier, 1600–1800*, Stanford: Stanford University Press.
———. 2004. “Some Demographic Characteristics of Chinese Immigrant Populations: Lessons for the Study of Taiwan’s Population History,” Wang Gungwu and Ng Chin-keong, eds. *Maritime China in Transition, 1750–1850*, Wiesbaden: Harrassowitz Verlag, pp.115–137.
Wu, Rwei-Ren. 2003. *The Formosan Ideology: Oriental Colonialism and the Rise of Taiwanese Nationalism, 1895–1945*, Ph.D. thesis, the University of Chicago.

選挙グッズの団扇（2016年総統・立法院同時選挙）。総統候補が強いときは、立法院議員候補は争って総統候補とペアでグッズに登場しようとする

第5章

難民とパレスチナ問題

ナクバ〈以後〉を生きる

故郷

長沢 栄治

2014年夏・ガザ攻撃で約２万戸の家屋が破壊され、数十万人が難民化した。国連学校からあふれ出た難民の一部は、病院の公園や歩道に避難した。避難民たちは飲み水の不足に苦しんだ（土井敏邦氏撮影）

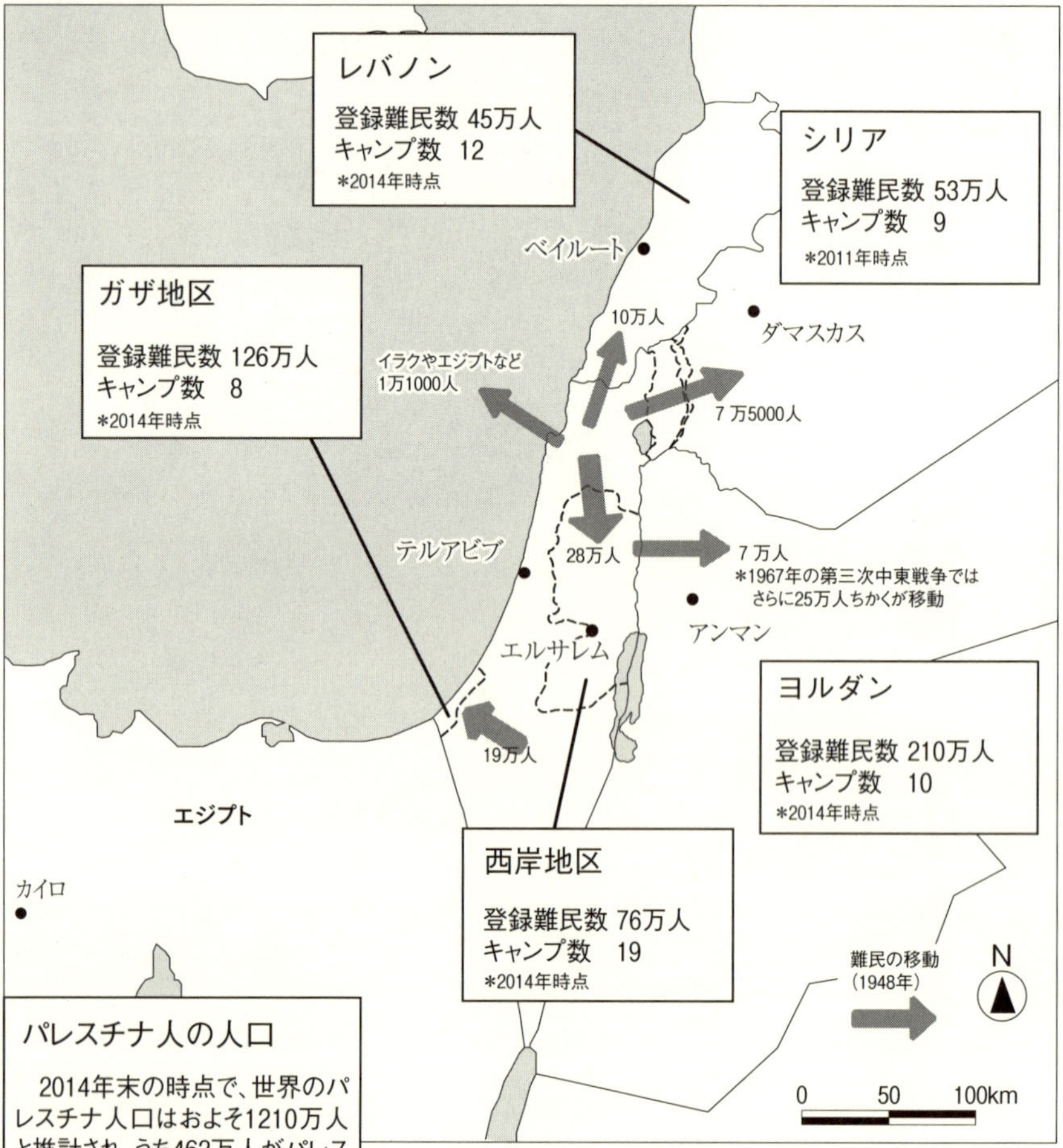

パレスチナ人の人口

2014年末の時点で、世界のパレスチナ人口はおよそ1210万人と推計され、うち462万人がパレスチナ自治区（西岸地区・ガザ地区）に、146万人がイスラエル国内に暮らしている。

また、534万人がアラブ諸国に、67万5000人がその他の地域に暮らしている。

（出典）
パレスチナ報道情報局（WAFA）、PASSIA
UN, A/AC.25/6 (28 Dec.1949.)
登録難民数はUNRWAのWebサイトに依拠

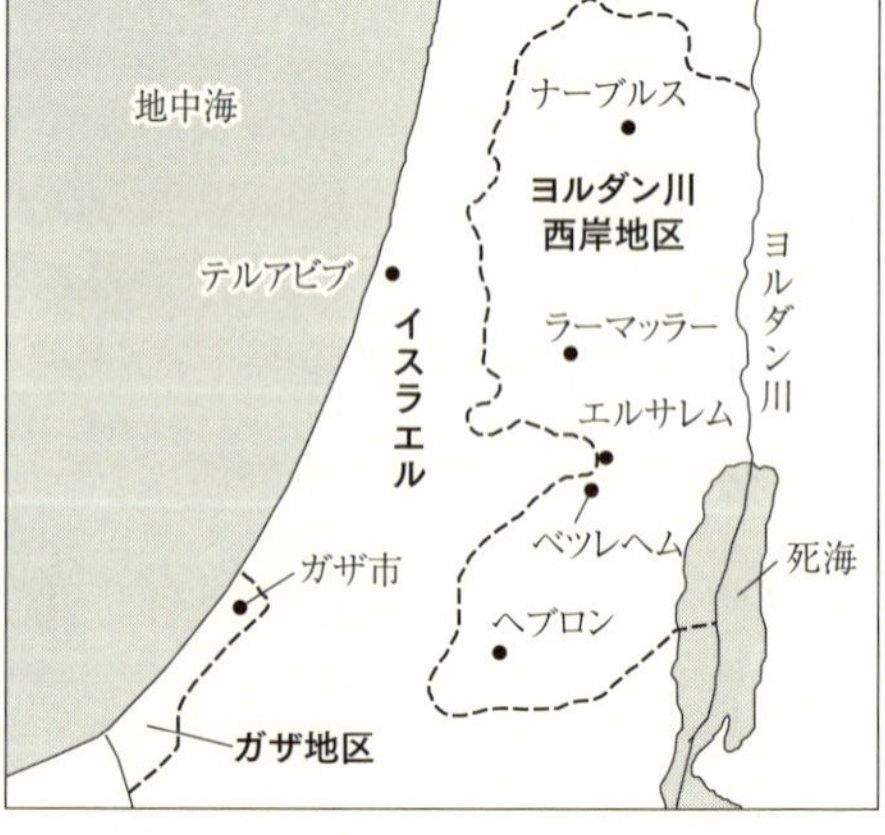

（鈴木啓之氏作成）

歴史の基準年としての二〇一一年

二〇一一年三月一一日から、長い月日が過ぎた。ただし、その日々の長さは人によって大きく異なる。また時間の重さは、その人によって一様ではない。

あのとき私たちの多くは、大震災の惨劇と原発事故の怖しさを決して忘れまいと誓った。この経験をこれまでの生活や社会のあり方を考え直す原点にしようと考えた。しかし、あのときに提起され、真剣に議論された問題に対して、私たちはその後確かな答えを見いだし、新しい道を進むことができただろうか。これまでの暮らし方を考え直してみようという思い、また経済の仕組みや政治の進め方も見直さなければならないという決意は、社会全体としてどんな形となって現れただろう。残念なことに、そうした決意とはまったく異なる、あるいは正反対の思いもしなかった道を日本は今、進んでいるように見える。

私たちにとって忘れられない三・一一の年、二〇一一年は、はるか遠くに暮らすアラブの人たちにとっても、大事な歴史の節目の年となった。この大震災の日からちょうど一月前の二月一一日に、それまで三〇年近くもの間、専制的な権力をふるっていたエジプトの大統領が宮殿を追われた。この民衆革命の影響は甚大であった。アラブ世界全体に変革を求める市民の運動が一気に広がった。

そもそもこのアラブ革命の発火点は、前年二〇一〇年一二月に、チュニジアの地方都市で起きた事件だった。警察の理不尽な仕打ちに抗議した露天商の野菜売りの青年、ムハンマド・ブーアズィーズィー君の焼身自殺未遂である。その半年前、エジプトのアレキサンドリア市で警察の腐敗を告発したために惨殺された青年、ハーレド・サイード君の名前とともに彼の名前は長く歴史に記憶されることになるだろう。「僕らは皆、ハーレド・サイード」というフェイ

エジプト革命で命を落とした殉難者（シャヒード）の青年を描いた壁画（革命グラフィティー）（2012年3月、カイロ）

図5−1　タハリール広場にて革命の要求のプラカードを掲げる老人（エジプト・カイロ、2011年9月）

スブックは、エジプト革命という燎原の火を燃え上がらせた。彼ら二人の若者の姿は、全アラブの人々に社会の不正や政治の腐敗、生活の困窮に抗議して立ち上がる勇気を与えた。人々の要求は、「パン、自由、尊厳」であった。そして「民衆は体制の打倒を望む」と声の限り叫んだのだった。

革命当時、チュニジアとエジプトでは数多くの若者が、弾圧の暴力に対して自らの身をさらし、治安警察の暴力やスナイパーの銃弾に倒れていった。その姿は、津波からの避難において身を投げだした人たち、あるいは原発事故に立ち向かった勇気ある人たちのそれと重なる。二〇一一年に殉難した彼らに対して、日本とアラブ世界それぞれで後に残された者たちは責任を負っている。

二〇一一年三月から、三年半が過ぎた二〇一四年一一月、エジプトのムバーラク元大統領に無罪判決が下された。同大統領には、二〇一二年夏に、革命当時のデモ隊への発砲指令の殺害容疑で終身刑の判決が一度出ている。そのやり直しの裁判が行なわれた結果、無罪判決となったのだ。その一方で、革命後に選挙によって選ばれたムルシー元大統領に対しては、二〇一五年六月に革命時の脱獄容疑などで死刑判決が下された。このムスリム同胞団出身の大統領は、二〇一三年七月、二回目の民衆蜂起（六月三〇日革命）と軍事クーデタで政権の座を追われた。

革命のタハリール広場。兵士と市民との連帯
（2011年2月、竹村和朗氏撮影）

その後、クーデタを率いたシーシー国防大臣が大統領に選ばれると、同胞団に対する弾圧が強化される一方、革命に参加した若者たちも、新しく制定されたデモ規正法により多数が逮捕・拘留された。頻発するテロと報道統制の中、革命は出発点に戻ってしまった、いやそれ以上にひどくなったという声もある。*1

ムバーラク元大統領に対して無罪判決が出された同じ二〇一四年一一月、日本では福島原発事故問題に対して、「原発被害糾弾　飯舘村民救済申立団」が結成されたという報道があった。村民たちは、東電の対応や政府の政策を批判し、「謝れ！　償《まや》え！　かえせ　ふるさと飯舘村」という横断幕を掲げて東京の中心街でデモをした。デモの参加者の一人は、「自分たちは難民だと思っている。原発さえなければ孫と一緒に暮らせたのに」と語っている。*2

その後、二〇一五年七月に原子力規制委員会が川内原発の再稼動の認可を決定するなど、事態は二〇一一年前へとずるずると後退を続けている。これまで原発廃絶を求める数々の運動が、全国各地で長い間、辛抱強く続けられてきた。しかし、その後に起きた事態の変化を見るなら、惨劇や恐怖を忘れないと語った人々の多くは、しだいに「日常」の生活の中に戻り、あるいは引きこもり、何かを変えようという気持ちは、社会全体として薄らぎつつあるように見える。しかし、現在でも故郷を追われ、奪われた数多くの人たちが依然として、困難な生活を続けている。その数は、復興庁の統計によれば、若干減ったとはいえ、二〇一五年六月末現在で、依然二〇万七〇〇〇人以上を数える。*3

仕事のため、子どもの健康のため、家族離散という生き方をよぎなくされている人たち。今も仮設住宅などで避難の生活を強いられている人たち。また、災害によって奪われた命に尽きせぬ思いを寄せ、傷ついた心を抱えながら、必死に生きている人たちがいる。

*1 エジプト革命の展開については、［鈴木 2013］［長沢 2012a］［長沢 2015a］を参照。

*2 『週刊金曜日』一〇一七号（二〇一四年一一月二一日）。

*3 復興庁ホームページ「避難者数の推移［二〇一五年六月三〇日］」http://www.reconstruction.go.jp/topics/main-cat2/sub-cat2-1/20150630_hinansha_suii.pdf

人災で故郷を追われた「日本の中のパレスチナ人」飯舘村村民の想いを追ったドキュメンタリー映画『飯舘村―故郷を追われる村人たち―』（2012年６月制作、土井敏邦監督）

1　難民の十字路――中東

アラブ革命と難民問題

二〇一一年、チュニジアとエジプトで市民による非暴力の抗議活動で始まったアラブ革命は、その後まもなく暗転した。エジプトの状況は、さきほど見たとおりである。一方、リビアやシリアでは、非暴力の抗議運動が旧政権の容赦ない暴力で弾圧され、これに対抗して平和な運動は武装闘争に転化した。さらには外国勢力の軍事介入あるいは軍事支援によって、血みどろの内戦に突入した。リビア内戦には、ＮＡＴＯやアラブの湾岸産油国が合同で軍事介入した。この介入は、「人道的介入」に代わる「保護する責任」という新しい標語で正当化された。その結果、リビア内戦では、イラク戦争を上回る武器が投入され、内戦後には、これらの大量の武器が（そしてリビアの元傭兵たちが）、サハラ以南のアフリカやシリアなどに流出し、各地での内戦やテロ活動に使われていった。また戦闘中、四〇万人の難民が生まれた。その中には、近隣のアラブの国に逃れるパレスチナ難民の姿もあった。リビアでは内戦の末、カダフィー体制は打倒されたが、混乱は続き、新しい国造りの方向性は未だ見えていない。

　リビアと同様にシリアでも、非暴力の平和な運動で始まった市民の革命は、当局の苛烈な弾圧によって、いつ終わるとも知れぬ内戦に変わった。外国勢力が反体制側と現政権側の双方に加担し、あるいは軍事援助を行なった。域外からの介入ではアメリカなど西側諸国とロシアが、域内ではサウジアラビアとイランが宗派対立（スンナ派／シーア派）を利用して、双方に肩

シリア革命の小さな殉難者ハムザ君を描いた絵。2011年３月シリア南部のダラア市で政府批判の落書きをした少年が拷問死。その後革命が陰惨な内戦に変わっていった

入れし、そこへダーイシュ（ＩＳ）の台頭が加わり、この内戦は複雑怪奇な様相を呈するようになった。その結果、シリア内戦は大量の難民・避難民を生みだしている。

シリア難民の数は、二〇一四年で三〇〇万人といわれていたが、翌一五年夏の段階では四〇〇万人を超えたという。これは正式に登録された国外の難民数であり、国内避難民は七六〇万人に達する。シリアの総人口は二二〇〇万人であるから、五人に一人近くが国外の難民、これに国内避難民を加えると全国民の半数を超える数字となる。さらに四年間の内戦で犠牲となった死者は二三万人を数えるとも言われる。

二〇一一年に起きた福島原発事故、そしてアラブ革命の暗転は、それぞれに故郷を追われ、さまよう多くの難民を生みだした。その規模や強いられている厳しい暮らしの状態、苦しみの有りように異なるところがあろうが、いずれの人たちもまた難民である。

難民の十字路 —— 中東

中東は難民の十字路である。この地域では、これまで大小様々の難民の波が生まれてきた。中東という地域の中に発生し、あるいは地域の外から方向を変えて打ち寄せてきた数々の難民の波の中で、現在のシリア内戦による難民は、大きな波の部類に属する。一九九一年の湾岸戦争直後、イラク北部のクルド人は、中央政府に対して蜂起したが、徹底した弾圧を受け、一五〇万人がシリアなどに難民となって流出した。その後、二〇〇三年のイラクへの米英軍の攻撃（いわゆる「イラク戦争」）のときには、イラクからヨルダンやシリアなどに一二〇〜四〇万人の難民が流出した。今回のシリア内戦の混乱の中で台頭したダーイシュの魔手から逃れた住民だけで八五万人いるともいう。

聖書で有名なゲリジム山から見るパレスチナのバラータ難民キャンプ（2012年8月、鈴木啓之氏撮影）

以上の断続的に起きた難民の波は、それらが関連しており、さらにはそれぞれの原因が互いに複雑にからみあっている。これらの連続した難民の波は、そもそもアフガニスタン内戦（一九七九〜八九年）によって生みだされたものだ。それ以降、中東は難民の震源地の一つであり続けている。アフガニスタン内戦の直接の背景は、一九七九年のイラン・イスラーム革命という激震であった。その繰り返される余震と、それ以上に過剰な域外からの軍事介入によって、難民が東西と南北、国境を越えて移動の波を繰り返してきた。

以上の難民の波の中には、トルコからイランへ、そしてシリアへと弾圧と虐殺を逃れて移動を繰り返してきた少数民族＝宗派、アッシリア人の人たちがいる。また、世界最大の国内避難民を生みだしたスーダン内戦の悲劇がある。*4

パレスチナ難民問題の中心性

これらの中東の数多くの難民の波の中で、パレスチナ人はたえずその中心にあった。彼らは数々の弾圧や虐殺にさらされ、各地での紛争による移住を繰り返した。ヨルダン内戦（一九七〇年）があり、レバノン内戦（一九七五〜八九年）があった。湾岸戦争（一九九一年）時には、当時のパレスチナ指導部（PLO）がイラクを支持した懲罰として、三五万人がクウェイトから追放された。虐殺事件としては、内戦中のレバノンにおけるタッル・ザアタル（一九七六年八月）、サブラとシャティーラ（一九八二年九月）の難民キャンプでの虐殺事件、シーア派民兵組織によるキャンプ戦争（一九八四〜八五年）がよく知られている。最近ではシリア内戦中のヤルムーク・キャンプへの攻撃が悲惨な映像を伝えている。「国際社会」からほとんど非難の声も聞こえない最近のイスラエルによるガザ地区攻撃（二〇一四年八月）は、虐殺以外の何ものでもない。

ナーブルス郊外バラータ難民キャンプを案内するムハンマドさん（2013年8月、ヨルダン川西岸、鈴木啓之氏撮影）

*4　スーダン内戦は、第一次内戦（一九六三〜七二年）と第二次内戦（一九八三〜二〇〇五年）に区別されるが、それ以外にエチオピアなどの周辺国にも広がり、入れ子式となった紛争（ダールフール紛争、二〇〇三年〜）や南スーダン内戦（二〇一三年〜）を引き起こすなど複雑に展開した。[栗本 1996] などを参照。

パレスチナ難民の問題は、第二次世界大戦直後の「国際社会」にとって、また、設立まもない国連にとって大きな試練となった。パレスチナ難民は、当時世界最大の難民問題であり、他の難民とは区別された専用の救済機関（国連パレスチナ難民救済事業機関ＵＮＲＷＡ）が作られた。しかし、今も変わらないパレスチナ問題の中心性とは、難民の規模だけではない。このパレスチナ問題が、難民という現象を通じて、世界の矛盾を根本的なかたちで表しているからである。難民発生の直接的な背景は、国連のパレスチナ分割決議である。その筋書きが米ソ両大国の思惑に沿って決められたことは今ではよく知られている。その後、長年にわたって「国際社会」がパレスチナ問題を事実上、放置し続け、その矛盾がますます深まってきた結果、現在、再び大きな難民の波が生まれている、と言うべきなのである。

難民問題は、近代国家の形成の失敗、あるいはその国家の歪みが生みだした歴史の悲劇である。難民を「人権と安全な生活を保障すべき国家を持たない人たち」を指すとするなら、パレスチナ人は、まさにその典型である。パレスチナ問題は、中東における国民国家の形成が抱える矛盾の中心であり、この問題の困難さは、近代欧米の国民国家形成における最大の暗部、ユダヤ人問題とつながっていることにある。ただし、こうした矛盾の全体の構造を解説することが、本章の目的ではない。難民問題、あるいは難民としての経験が、こうした大きな問題につながる糸口だという点について、本章の内容からいくつかの論点を示すことができれば幸いである。

中東難民問題の起源

シリア内戦において難民が直面した悲惨な経験の中でも、ダーイシュによる迫害は、長く歴

ナーブルス旧市街・名物のお菓子クナーフェ（チーズ焼き菓子）のお店（2014年９月、鈴木啓之氏撮影）

史に記録されるだろう。このイラク戦争の混乱の中から生まれたダーイシュと、かつてベトナム戦争が生みだしたポル・ポト派クメール・ルージュは、よく似ていることに気づく。両者とも、それぞれの「反近代・反西洋的」蛮行もさることながら、外国勢力の介入による国家権力の空洞化が生みだした異形の過激なイデオロギー集団だからであろう。*5

このダーイシュの攻撃を受け、シリアのトルコ国境のクルド人の町、アイン・アルアラブ（クルド語名コバニー）は、二〇一四年秋以降、戦略拠点として注目されるようになった。報道で知ったことだが、この町に隣接するトルコのシュリュジュ県には数千人が眠る「アルメニア人の墓地」があるという。現在、多くの難民が逃げ惑うこの地域には、今から百年前に多数のアルメニア人が命を落とした歴史がある。*6

アルメニア人の強制移住と虐殺は、近代中東の難民問題の原点である。彼らアナトリア在住のアルメニア人は、多様な宗派民族の共存の仕組みを持っていたオスマン帝国で長年にわたり、平和を守られ暮らしていた。しかし、彼らはこの多民族国家が、列強の圧力の下、国民国家としてのトルコ共和国に転換していく歴史の中で最大の犠牲者となった。またこの問題は、第一次世界大戦中に、ロシアや東欧さらに西欧の一部でも行なわれた組織的な民族浄化の動き、ジェノサイドの一部でもあった。*7

当時の民族的狂気による蛮行は、現在のダーイシュによる目を覆いたくなる野蛮行為とどのような差があるといえるであろう。かつて難民が逃げ惑う十字路となったトルコ国境からは、大量のアルメニア人の難民がシリアやレバノンなど近隣の東アラブ地域に流入した。彼らアルメニア人のこころの傷は、現在でも癒されておらず、歴史的な責任を問う国際問題の一つとなっている。

---

*5　ダーイシュとクメール・ルージュとの比較については、［長沢 2015b］を参照。

*6　アルジャジーラ英語版（Al-Jazeera English）二〇一四年四月一〇日　http://www.aljazeera.com/news/middleeast/2014/10/kobane-explained-what-so-special-about-it-2014102160333364111.html

*7　アルメニア人の強制移住と虐殺の問題は、［佐原 2014］の実証的研究で詳しい分析がなされている。

ナーブルス旧市街のモスク内の風景（2014年9月、鈴木啓之氏撮影）

まさに今から百年前に起きた第一次世界大戦こそが、難民の世紀としての二〇世紀の幕を開けた。よく言われるように二〇世紀は戦争の世紀であるのと同時にまた「難民の世紀」でもあった［豊田 2002］。二一世紀は、これまでのところ大国間の全面戦争という世界大戦こそ起きてはいない。しかし、戦乱の火は消えることなく、難民問題はさらに拡大し、継続して起きている。依然として「難民の世紀」は続いている。

難民は海を渡る

アラブ革命と難民問題の関係を問う場合、内戦の問題だけではなく、難民・不法移民による地中海での数多くの惨劇に言及しなければならない。地中海を密航船で中東・北アフリカからヨーロッパに渡った難民・移民の総数は、二〇一四年だけで二一万八〇〇〇人と推計される。そして、この危険な航海で三五〇〇人の人たちが水死したという。この中には数多くのシリア人難民が含まれており、「地中海難民」は最大級の人道的問題となった。[*8]

しかしここで、注意したいのは、地中海を渡る人々の波が、難民を生みだすシリアなどでの内戦が起きる以前から、そもそもアラブ革命の当初から始まったということだ。チュニジア革命の成功に人々が歓喜していたまさに二〇一一年の春、多くの若者たちが職を求めてイタリアに渡った。その中継地点となったイタリア最南端の島、ランペドーサに殺到する人々の数にイタリア政府は、当時、非常事態宣言を発したほどだった。[*9] またエジプトでも同様のことが起きた。同年の夏には、アレキサンドリアから密航船に乗っていた数多くの若者たちが沈没により水死したニュースを記憶している。

革命が起きているその最中に、自分の国に希望を持つことができずにどうして多くの若者が

＊8 BBC News 二〇一五年四月一五日 http://www.bbc.com/news/world-europe-32371348

地中海難民危機の問題についてはJoseph Micallef 'Reflections on the Mediterranean Refugees Crisis,' The Huffington Post, 7. 15. 2015 http://www.tommyjp.com/2011/08/facebook.html を参照。

二〇一四年末でヨーロッパには六五万人の難民が到達、うち二二万人が地中海で救助された難民であり、この「地中海難民」の約二〇%は東地中海から（その大半がシリア難民で近隣諸国に三六〇万人いる難民の中から）、また、八〇%がリビアなど北アフリカからであったという。

ヘブロンのクーフィーヤ（頭布）工場。日本製の機械が使用されている（2014年9月、鈴木啓之氏撮影）

国外に出ていこうとしたのであろう。その一方で、革命に期待をかけ、移民するのを止めたり、海外から戻って来たりした青年もまた少なからずいたのだが。

あまり指摘されていない事実だが、アラブ革命をきっかけにヨーロッパを目指す人々の数が増えたのは、それまで人々の移動を妨げていたチュニジアやリビアの抑圧体制が革命によって打倒されたからである。革命が起きるまでEU諸国は、難民や移民が流入してこないように、北アフリカの独裁体制にその管理を委託してきた。革命直後、チュニジアのベンアリー体制に対してフランスが治安対策の装具や機材を供与し、民衆運動の抑圧を支援してきたことが分かって非難を浴びた。しかしそれだけではなく、両国は経済援助などの見返りに、移民規制を行なうパートナーシップ協定を結んできた。リビアのカダフィー体制もまた、サッダーム・フセイン体制が米英軍の攻撃（イラク戦争）で打倒されて以降は、外交政策を全面転換して欧米に接近し、この移民規制の協力に積極的に応じた。イタリアなどからの治安情報の提供や技術支援があり、さらには国境を越えて入って来る不法移民の人口衛星を使っての監視システムも導入されていたという。[*10]

難民の定義をめぐる不条理

地中海難民の問題は、アラブ革命の原因となった抑圧体制が今まで誰のために機能してきたのかという点を明らかにした。すなわち、北アフリカの独裁体制は、EUに流出する経済難民や不法移民を防ぐ壁として機能していた。と同時に注意したいのが、こうした経済難民や不法移民を生みだす経済危機こそが、革命のもう一つの原因であったことである。命の危険を冒してまでも地中海を渡る「不法移民」がなぜ生まれるのか、という問題である。

シュアファート難民キャンプ（東エルサレム）の分離壁（2008年9月、鈴木啓之氏撮影）

Amnesty International, Europe's Sinking Shame: The Failure to Save Refugees and Migrants at Sea, 2015 https://www.amnesty.org/en/documents/eur03/1434/2015/en/

*9　アルジャジーラ英語版（Al-Jazeera English）二〇一一年三月二〇日 http://www.aljazeera.com/news/europe/2011/03/201132135258524383.html

*10　二〇〇四年にEU加盟国の外部国境の機能的調整の運営に関するヨーロッパ機関（略称Frontex）が設置されて移民の統制が行われていた［Marfleet

アラブ革命の暗転によって発生した内戦、とくにシリア内戦は大量の難民を生みだした。彼らは「政治難民」と定義される。シリア内戦の難民は、アフリカからの経済難民や不法移民と一緒に命をかけて地中海で同じ密航船に乗る。同じ密航船に乗り合わせた政治難民と経済難民・不法移民とを区別する根拠はどこにあるのだろう。地中海難民の悲劇によって、「南」から押し寄せる難民や不法移民の「処理」が、EUをはじめとする「北」の国々の最大の課題となった。しかし、この人間の波の「処理」において使われる難民の定義や分類は、はたして普遍的な正義や公正な価値にかなったものであろうか。アラブ革命の背景となった現代世界の構造的な矛盾、相互に関係しあう諸要因は、経済難民と政治難民を同時に生みだしてきたといえるのではないだろうか。

レバノンのパレスチナ難民キャンプの青年が抱える閉塞感と、エジプトやチュニジアの失業青年の絶望には共通したものがある。前者は無国籍の難民であるが、その政治難民による亡命申請は拒否されている人たちである。後者は、国籍はあるが、彼らを救い保護すべき国家の経済政策からは見捨てられた人たちである。密航船に乗って地中海を渡る彼ら若者の姿の中に、警察の不正な仕打ちに対する抗議のため焼身自殺を図ったブーアズィーズィー青年の絶望が見いだされる。

難民問題に対してこれまで冷淡な対応を示してきた日本において、難民の視点に立った議論を理解してもらうのは難しい。難民の問題について、安定した余裕のある生活を送っている自分とは関係のない他人の問題と考えている人が多いからである。福島原発事故に遭いながら、または数々の自然災害で繰り返し、苦難を背負う人たちが生まれる同じ列島に暮らしながら、難民問題を他人事と思う人が多いからである。二〇一一年の原発事故に際して、首都圏に居住

and Cetti 2014: 232-233]。

ナーブルス南部のフッワーラ検問所（2008年9月、鈴木啓之氏撮影）

する人たちが大量の難民にならなかったのはまったくの偶然である。もし、そうであったら、二〇二〇年の東京オリンピックどころではなかったろう。

テレビの画面の向こうに見える遠いところで苦しい生活を送る人たちのことを考える。それはたんなる「同情」ではない。難民となる災厄は、誰にでも起こりうる。福島原発事故のように、自然災害によって矛盾が露呈され難民を生みだす問題もある。それぞれの難民問題の背景にある不条理、あるいは不正は、この世界全体の中で相互に結びついている。難民問題を私たちの三・一一の問題、あるいは日本が経験してきた近代化の歪みの問題との関係で考えることはどのようにしてできるだろうか。これから私たちにとってもっとも遠い向こう側にいる人たち、パレスチナ難民の問題を、彼らを襲った災厄（ナクバ）の問題から取り上げてみるのが、本章の次の目的である。*11

2　ナクバを語る

ナクバとは何か

ナクバとは、アラビア語で「カタスロフィー」、つまり「破局」や「災厄」を意味する。ただし、現在のアラブ世界において、ナクバといえば一九四八年五月に始まるパレスチナ人の「追放・離散という大破局」（板垣雄三）のことを指す。*12 また、岡真理は、『アラブ、祈りとしての文学』の中で、ナクバとは「あってはならない出来事」であると的確に言い表している［岡 2008: 270］。

*11　本章を執筆するに当たって、筆者は板橋区の平和を考える市民の皆さんと行なってきた議論から多くを学んだ。この議論は、筆者が役員を務めるパレスチナ学生基金（ガザ難民の学生を支援）との共催セミナーの実施を通じて深められた。本章はこの議論の中間報告である。議論に参加した皆さん、大原社会教育会館の斎藤真哉さん、ピース・スコーレ（平和の学校）の児玉周さん、ピースファクトリー（平和を創る講座）の長田光子さん他、すべての方のお名前は書けませんが、議論に参加された皆様に感謝します。

*12　このとき発生した難民の

カランディア検問所にある「エルサレム」の看板（2012年9月、鈴木啓之氏撮影）

そのとおりである。ナクバとは、これまでの人生がわずか一日の間に、あるいは数時間の内に壊されてしまう出来事である。これまでの暮らし方をあきらめ、まったく新しい生き方を強いられる、あるいは世の中の見方を変えて日々の生活に立ち向かわなければならない出来事である。そのようなナクバが起きたからこそ、その人の現在がある。ナクバとは、それを体験した人にとって、理屈では説明できない不条理であり、理不尽きわまりない出来事である。

　こうした意味において、ナクバは、私たちそれぞれの個人的な体験に引きつけて理解することができる。災害、病気、事故や事件による不条理な体験、異常者や通り魔の犯行、場合によってはテロ（たとえば、九・一一事件の犠牲者）というナクバを私たちは、ある日突然に体験する。あらゆる理不尽で不条理な出来事として、ナクバは私たちの周辺で、あるいは私たちの中で起きつづけている。

個人の体験としてのナクバ

ナクバとは「あってはならない出来事」である。そんなことがその人の人生にあってはならないこと、決して起きてはならないことである。それらの災厄、取り返しのできない極限的な出来事を、その「程度」や「規模」に応じて「大きなナクバ」「小さなナクバ」などとして分類したとして何の意味があるだろう。事故や病気などによる個人的な災厄にしても、集団的な体験としてのナクバでも、究極的にはナクバの経験は個人のものである。同じナクバを一緒に経験したとしても、それぞれのナクバはあくまで被った個々人にとってのナクバである。同じナクバであっても、それが意味するところは一人一人違う。一まとめにできるものではない。

　一九八〇年八月に起きた新宿駅西口バス放火事件は、戦後日本における無差別殺人事件の原

総数は、五〇万人から一〇〇万人まで様々な推計があるというが、奈良本英佑『パレスチナの歴史』［奈良本 2005: 170-171］と木村申二『パレスチナ問題研究序説 ── 国連の分割決議成立過程と紛争の激化一九四五～五二年』［木村 2000: 323］は、いずれもイスラエルの「新しい歴史家」の一人、ベニー・モリスの六五万人という推計値を紹介している。

エルサレムの離散村（リフタ村）跡。1948年のナクバの際に住民が離散して廃墟となっている（2013年8月、鈴木啓之氏撮影）

点とも言われる。ＮＨＫスペシャル「聞いてほしい　心の叫びを　～バス放火事件　被害者の三四年～」は、この「ナクバ」をめぐる優れたドキュメンタリー作品である（二〇一四年二月二八日放映）。事件の被害者の一人でノンフィクション作家の杉原美津子さんは、火傷の治療の結果、Ｃ型肝炎に罹り、そのために肝臓がんを発症して人生最後の日々を送っている。番組は、彼女が無差別殺人事件と加害者への「赦し」の問題に向き合う姿を追う。杉原さんは「加害者」の「こころの闇」、それを生みだした現代社会の不条理に迫ろうとする。その一方で番組は、この同じナクバを経験した他の被害者と彼女との対話を描くことによって、二人の感情の齟齬、越えられないこころの壁にも焦点を当てている。それはナクバという体験の持つ絶対的な個別性を示すものである。[*13] たしかにナクバの体験はその人、個人に属するものである。しかし、だからといってナクバを自分だけの特殊な体験と強調するあまり、それを特別視してはならない。それは個人ではなく、集団で経験したナクバについてもいえる。ナクバはその人だけ、その人たちだけに起きたものではない。たしかにナクバの体験は、決して他の人には理解できない、しかも一回限りのものだ。それゆえ他の人たちと簡単に分かち合える性質のものではない。しかし、そのナクバは、確かに他のナクバとつながっているのである。

ナクバの不条理と向き合う

ナクバを引き起こすのは、この世の不条理である。しかし、個々のナクバを引き起した不条理はそれぞれに異なる。理不尽の有り様は、それぞれに個別的であって、安易な比較は許されない。比較はできるものではないし、ナクバの記憶を抱えて生きている人たちが安易な比較をしてほしくはないと考えるのは当たり前のことだ。あなたのナクバは他の人と同じだ、誰でも

パレスチナ・ビールゼイト大学での学生選挙
（2011年3月、鈴木啓之氏撮影）

*13　杉原美津子さん（一九四五～二〇一四年）は、『炎を越えて――新宿西口バス放火事件後三十四年の軌跡』［杉原 2014］を残して世を去られた。

同じような目に遭っているのだ、などとは言われたくない。繰り返しになるが、ナクバはあくまで個人にとっての意味を持つものであるから、単純に一まとめにされて誰か知らない人に代弁され、勝手に利用されてしまってはたまらないと思う。

しかし、このことは一つのナクバを特別視し、あらゆる比較を拒絶するという態度とは別のものである。自分たちのナクバと同列に置くことはできないし、置いてほしくないという気持ちが起こるのは当然である。が、他の人たちのそれぞれのナクバを、自らの体験に引きつけて理解すべきときもある。なぜなら、ナクバをもたらす問題は、しばしば互いに根っこでつながり、関連しあっているからである。ナクバを生みだす不条理、理不尽さに立ち向かうためには、他の地域、異なる時代に起きたナクバにも関心を向けなければならない。

世の中の不条理、あるいは不正は互いに結びついている。それぞれの矛盾は根底でつながっている。その代表的な例として、パレスチナのナクバと、アウシュヴィッツのホロコースト、あるいはショアーとも呼ばれるユダヤ人のナクバの結びつきの問題がある。しかし、現代世界で実際に顕著に見られるのは、特定のナクバの経験の個別性、あるいは固有性を強調し、それを特権化しようとする動きである。それは歴史的記憶を利用する権力による動きであり、その結果として新しいナクバが作りだされていく。

このような権力の動きの一例として、宮田光雄は、『ホロコースト〈以後〉を生きる』の中で、「ホロコーストを政治的に利用しようとする道具化」あるいは「《神話化》の傾向」を批判する。その結果として「絶対悪としてのアウシュヴィッツ＝ホロコーストが《無―歴史的な》グレーゾーンに押しやられ」、「ホロコーストという《トランプの切り札》」が、新しく発生するナクバの批判に対する「免罪」に用いられてしまう、と［宮田 2009: 239–241］[*14]。

＊14　本章のタイトルは、内容は遠く及ばないが同書のそれに倣って付けた。

ヘブロン旧市街。入植者によるゴミ投下を防ぐ金網越しに兵士がみえる（2008年9月、鈴木啓之氏撮影）

また、矢野久美子は、ハンナ・アーレント研究の中で、こうした動きを「受難の特権化」と名づけている［矢野 2004: 102］。いったい、誰がホロコーストとその犠牲者の記憶を自分のものとして語ることができるのだろうか。このように問いかけるとき、「『受難』を暴力的な自己内省化のための「アルキメデスの点」としてはならない」［矢野 2004: 87, 103］。

世界の他の場所で起きているナクバに目を閉ざし、自分だけのナクバの記憶に内向した「憐れみの情熱」あるいは「同情」ではなく、ナクバを経験した他の人たちと同じ地平に立った「連帯」をこそ目指さなくてはいけない。

ナクバの体験を語るということ

ナクバを語ることとは、それを体験した人にとって容易なことではなかった。パレスチナ人の難民たちの多くは、ナクバを自分たちの弱さを示す屈辱のシンボルとして、長らくその経験を話すことを恥としてきたという。レバノンの難民キャンプを調査した人類学者のダイアナ・アランの『革命の難民たち――パレスチナ人の追放経験』の指摘である。彼女の研究によれば、ナクバを語り、記憶しようという運動が本格的に展開するのは、一九九〇年代になってからだという［Allan 2014: 41］。

一九九〇年代といえば、すでにナクバから五〇年が過ぎようとしていた時期である。ナクバの記憶を残そうとする運動がこのときに起きた背景には、一九九三年のオスロ合意があった。この和平合意は、パレスチナ独立国家の幻想を振りまく一方、難民の帰還権の問題を「最終的地位交渉」の対象にするという建前を述べながら、事実上はそれを棚上げにした。こうした難民問題の切り捨ての原因を問うならば、オスロ合意それ自体が、一九六〇年代後半から難民の

アハマド・サアディー氏。イスラーム地域研究連続セミナー（早稲田大学）での講演風景（2006年3月、長沢美抄子氏撮影）

＊15 アハマド・サアディーさんは、NIHUプログラムイスラーム地域研究により二〇〇六年、日本に招聘された。その在外研究をもとに書かれた近著に、イスラエルによる国内パレスチナの抑圧体制を告発した *Thorough Surveillance* [Sa'di 2014] がある。

＊16 ナクバを記憶する映像作品として、同時期に公開されたミシェル・ハリーフェとエヤル・シヴァン監督『ルート181』（二〇〇四年）もここで挙げておきたい（Michel Khaleifi and Eyal Sivan. Route 181: Fragments of Journey in Palestine and Israel）。同作

運動として始まったPLOによるパレスチナ解放革命の挫折の産物であったからに他ならない。一九八二年のイスラエルのレバノン侵攻によるPLOの敗北は、革命の挫折の始まりだった。その中から生まれた絶望、さらには難民問題をパレスチナ問題の「解決」から排除しようとする露骨な策動に対する抗議の感情を背景にして、一九九〇年代にナクバの記憶を残そうとする動きが起きたと考えてよいだろう。

この動きはその後、多くの成果となって現れた。代表的な例を挙げれば英文論集『ナクバ――パレスチナ、一九四八年、記憶が呼び覚ますもの』[Sa'di and Abu-Lughod 2007] がある。同書は、イスラエル国内で厳しい抑圧の中で研究を続けているパレスチナ人政治社会学者のアハマド・サアディーと、パレスチナ人を父に持つ人類学者のライラ・アブールゴッドの共同編集によるものである。[*15] また日本人フォトジャーナリストの広河隆一が長年の取材をもとに制作した浩瀚な記録映画『パレスチナ1948 NAKBA（ナクバ）』（二〇〇八年）も歴史に残る作品となるだろう。[*16]

ナクバから半世紀もの歳月が過ぎた一九九〇年代になって、その記憶を集め、残そうとする運動が起きた背景に、難民たちの高齢化の問題があったのは言うまでもない。彼ら彼女たちが語らなければナクバの記憶は忘れ去られ、またその記憶の消滅を望む勢力もまた確実に存在したからである。

ナクバの記憶を残し伝える運動が起きるまで長い時間がかかったのは、パレスチナだけではない。広島や沖縄でも同じだった。被爆から七〇年を迎えた二〇一五年、広島の被爆者の平均年齢はすでに八〇歳を越えたという。社会学者の直野章子は、原爆被害に関する大量の絵を手がかりに被爆者の聞き取り調査を行なった。これらの絵が描かれたのは、被爆からすでに三〇年経った一九七〇年代半ばであり、被爆者の平均年齢は六〇歳を越えていた。直野が調査を始

品は、二〇〇五年山形国際ドキュメンタリー映画祭で最優秀賞を受賞した。

51日間続いた2014年夏・ガザ攻撃の最中に現地を取材し、「何が破壊され、イスラエルの狙いは何だったのか」を追ったドキュメンタリー映画『ガザ攻撃2014年夏』（2015年7月制作、土井敏邦監督）

めたのは、さらにそれから三〇年後であった。被爆者たちが長い間、胸の奥に秘めていたことを語り始めるには、それだけの年月が必要だった。*17

沖縄の場合、凄惨な地上戦から六〇年以上が過ぎた二〇〇七年に、戦争の記憶を語る運動が突如として盛り上がりを見せた。この年に起きた「集団自決」や「軍の強制」をめぐる教科書検定の問題がきっかけだった。これまであまりの悲惨さゆえに語ることもはばかられ、タブー視されてきた沖縄戦に関する多くの事実が語られはじめた。*18

ナクバの体験を語り、描き残そうとする試みは、一九九〇年代以前にも一部で行なわれていた。ただしその目的は、最近の体験を語る運動とは時代的背景を異にしていた。そのもっとも優れた例は、小説による表現である。岡真理は、『アラブ、祈りとしての文学』の中で、パレスチナ人作家ガッサーン・カナファーニーの「ラムレの証言」を紹介している［岡 2008: 63–69］。*19

岡はこの短編小説が、作家がまだ二〇歳のとき、ナクバからわずか八年経ったばかりの一九五六年に書かれたことに注目する。少し長いが引用しよう。

> ナクバを表象することの、とりわけパレスチナ難民自身がそれを表象することの困難と、その表象が現代世界においてはらみもつ幾重もの思想的意義について考えれば考えるほど、ナクバからまだ十年とたたない、その悲劇の直接的な影響のなかで人々が苦闘していた当時、パレスチナ人にとってナクバとはいかなる出来事であったかを、自身、難民であった作家ガッサーン・カナファーニーが、人間の物語として、小説作品に描き残しているということが、何かとてつもなく稀有な、奇蹟のように思えてならない（傍点は原文のまま）［岡 2008: 59］。

作家であると同時にパレスチナ解放運動の闘士であったカナファーニーの小説執筆の動機は

*17　直野章子さんが被爆から三〇年経ってようやく描くことができた二二〇〇枚の絵の作者について調査した成果は、『「原爆の絵」と出会う――込められた想いに耳を澄まして』［直野 2004］にまとめられている。また、福島原発事故について書かれた『被ばくと補償』［直野 2011］も参照。直野さんは、注21で紹介されるパレスチナ国際シンポジウムの広島セッションにも参加した。

*18　「集団自決」をめぐる教科書記述の検定に抗議して二〇〇七年九月には大規模な県民集会が開催された。

占領地ガザでたくましく生きる若い女性ガーダ。古居みずえ監督作品ドキュメンタリー『ガーダ　パレスチナの詩』（第6回石橋湛山記念早稲田ジャーナリズム大賞受賞）より

明らかである。[20] 彼が残した珠玉の作品群は、岡が述べるように「人間の物語」として人類の文学史上に残る価値を持つ。しかし同時に、パレスチナ人の抵抗運動の思想的な基盤として書かれたものであった。岡の表現によれば、シオニストという敵を見定めることによる「尊厳を賭けて抵抗する「パレスチナ人」という主体の形成」のための文学であった［岡 2008: 275］。

その他にも数は少ないが、難民たちのナクバの体験に注目し、それが抵抗運動の基盤となる可能性に着目した研究も見られた。イギリス出身の人類学者ローズマリー・サーイグ『パレスチナ人——農民から革命闘士へ』［Sayigh 1979］はその先駆的研究である。ナクバ体験研究の古典ともいえる同書は、一九七五～七八年に行なわれた難民の聞き取り調査に依拠している。レバノン内戦の最中になされたこの調査が、当時のパレスチナ解放運動の高揚を背景にしていたことは、同書の序文にも明らかである。[21]

藤田進『蘇るパレスチナ——語りはじめた難民たちの証言』［藤田 1989］もまた、パレスチナ問題に対する同様の観点から書かれた労作である。同書は、人々の証言にもとづいて一九四八年の村人たちの闘いと、それ以前の一九三六～三九年のアラブ大反乱の記憶を結びつけることで、キャンプの抵抗運動、革命運動の「夢」を語っている。

一九九〇年代に始まるナクバの体験を語り、描き残そうとする動きは、これらの先行する作品・研究とは、共通する点もあれば大きな違いもある。ナクバを語る二つの時代、一九七〇・八〇年代のＰＬＯ率いるパレスチナ革命の時代と、革命の挫折後、とくにオスロ合意の一九九〇年代以降の現在との間には、取り戻すことができない時間が、残酷な時間のクレバスが走っているからである。

エリヤース・ホーリー『太陽の門』（一九九八年）は、ナクバの記憶を描き残そうとする最近

*19 「ラムレの証言」の日本語訳は［カナファーニー 2005］で読むことができる。

*20 ガッサーン・カナファーニー（一九三六～七二）は、ＰＦＬＰ（パレスチナ解放人民戦線）の機関誌編集長などとして活躍。姪とともにイスラエルの情報機関によって一九七二年七月八日自動車に仕掛けられた爆弾で爆殺された。代表作の邦訳には、『太陽の男たち／ハイファに戻って』［カナファーニー 1988］がある。

ローズマリー・サーイグ氏（イスラーム地域研究国際シンポジウム「ナクバから60年——パレスチナと東アジアの記憶と歴史」に参加）（2008年12月、長沢美抄子氏撮影）

の動きを代表する小説である。岡は、上記の二つの時代の対比をふまえながら、カナファーニーの古典的な作品との比較を試みている。*22 岡が注目するのは、ホーリーが一九七〇年代当時ナクバについて書かれた文献はほとんどなかった、と述べた言葉である。彼の発言は、カナファーニーの小説には「真の意味でのパレスチナ人のナクバの経験は描かれていない」という意味が込められているのではないか。すなわち、民族解放という「大きな物語」のために執筆されたカナファーニーの小説では語られることのなかったナクバの記憶があるのではないか、というのである［岡2008: 273］。

そこでナクバについて語られなかった事実として例に挙げられるのは、『太陽の門』で描かれる赤子の窒息死という出来事である。シオニスト兵の攻撃から逃れる中、子どもが声を立てるのをとがめられた母は、毛布にくるみ泣き声を消そうとする。しばらくすると、子どもの顔色が蒼黒く変わっていた、という話である［Khoury 2006: 200–203］。*23 このようなパレスチナ人が他のパレスチナ人を殺すという出来事は、民族の団結を必要とする解放闘争の大義の前では都合の悪い事実とされて語られてこなかったのではないか。*24

この『太陽の門』が紹介する逃避行の悲劇の話は、沖縄戦で逃げ込んだガマ（洞窟）で赤子が殺された話とあまりにもよく似ている。それは沖縄の場合も、すでに述べたように、あまりの悲惨さゆえに語ること自体が躊躇される出来事であった。そのように考えるなら、パレスチナ人の逃避行の悲劇が語られなかったのは、解放闘争という政治的な目的のためなのではなく、あまりに悲惨な出来事だから、語るのがタブー視されてきたからなのだろうか。これは難しい判断を要する問題である。

沖縄戦の残酷な経験の場合にも見られたように、語られないことを利用して歴史から事実を

*21 ローズマリー・サーイグさんは、NIHUイスラーム地域研究が「ナクバ六〇年」の二〇〇八年に組織した連続シンポジウム（イスラーム地域研究東京大学拠点・京都大学拠点・広島市立大学共催）に参加された。ナクバの記憶を原爆体験との比較の中で議論した広島セッションの中で、彼女は少女時代に広島への原爆投下のニュースを聞いたときのエピソードを紹介された。原爆投下の成功に喜ぶ周囲の人たちの反応に衝撃を受けた彼女が、故国イギリスを離れる決意をしたという話であった。こうした他人の痛みに対する想像力、問題の理解力を持つ人であるからこそ、彼女は

2014年夏ガザ攻撃で、夜中に突然、イスラエル軍に爆撃を受け、腹部に重傷を負った生後2ヵ月の女の子。両親とも爆死した（土井敏邦氏撮影）

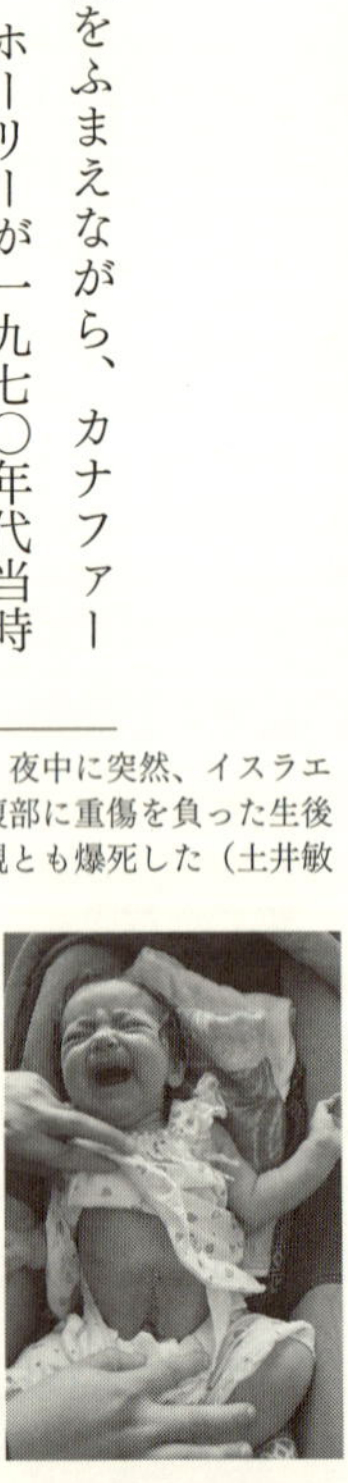

消し去ろうとする動きがある。アウシュヴィッツの深刻な事実を否定しようとする動きがあることには慄然とするが、しかし、人間がそんな残酷なことを行なうはずがない、という素直な感情を利用して、正確な事実を調べると称し、記憶を消し去っていこうとする動きは確かに存在する。

この点に関して言うならば、ホロコーストに対しては、自分は「ああではなくてよかった」と安堵するのではなく、「人間はどんなことでも為しうる」ということを戦慄とともに認識すべきである、という前掲の矢野久美子の主張は傾聴に値する［矢野 2004: 104］。

ナクバを通じた残酷な体験の数々、残虐な行為の目撃や、遺体と対面した体験、またナクバ以降に難民として直面した差別や抑圧、そうした口に出すことさえ勇気が要る残酷な体験をあえて語り残そうとするのは何のためであろう。

『太陽の門』に登場するシャティーラ難民キャンプの女性は、ナイフで殺された子どもたちのことを話したくないと語る。あの子たちは毎晩、風のような声で語りかけてくる。その意味は聞き取れないけれども、私はあの子たちが語ってほしくないということは知っている［Khoury 2006: 239］。これは一九四八年のナクバではなく、一九八二年のサブラ・シャティーラの虐殺のナクバの記憶について語っているのである。

語るのを阻む、自身の中のこころの苦しい壁を乗り越え、あるいは「ナクバ産業」とも揶揄されるような「大きな物語」の中に回収し、党派的利害のために利用しようとする動き［Allan 2014: 59–60］に抵抗しながら、難民が語る言葉はどのような意味をもって世界に伝えられていくのだろう。それに対してこうしたナクバの体験を聞く側は、何によって応えることができるのか。あるいは、それを同じ人間の体験として共感することは、他の人たちにとってどうした

その後、パレスチナ難民問題に向かっていったのであろう。このシンポジウムの彼女の報告については［Sayigh 2009］を参照のこと。

＊22　Ilyās Khūrī, *bāb al-shams*, Beirut: Dār al-Ādāb.1998. 英訳は、［Khoury 2006］。以下の引用は英訳版から行なう。

＊23　古居みずえさんの取材によれば、一九六七年戦争のときにイスラエル兵が窓を叩きながら家の前を通り過ぎていくときに、子どもたちに泣くのを止めるように諭したという母親（ガーダの父方の祖母）の話が

2014年夏のガザ攻撃で最も甚大な被害を受けたガザ市シュジャイーヤ地区。一角は完全に瓦礫の山となっていた（土井敏邦氏撮影）

ら可能であるのか。

岡は、エリヤース・ホーリーの『太陽の門』を紹介する中で、作家がパレスチナ人ではなくレバノン人であることにも注目する。パレスチナ人は、彼らを取り巻く「暴力的な現実から物理的にも精神的にも解放されて、六〇年前のナクバの暴力を小説に表象することは、幾重もの困難にはばまれている」。だからこのようにナクバの体験を表象できたのは作家がレバノン人であったからではないか、と［岡 2008: 53］。

岡の指摘は、他者あるいは第三者の果たすべき役割を示している。このことは、前掲のローズマリー・サーイグの先駆的研究や、広河隆一の記念碑的仕事についても言える。

ホーリーの『太陽の門』とサーイグの『パレスチナ人――農民から革命闘士へ』に登場する話は、内容がいくつかの点で重なっている。二つの作品ともレバノンの難民キャンプの人たちから聞いた実話にもとづいているからである。以下では、いずれもパレスチナ人ではない二人が紹介する話から、パレスチナのナクバの体験を実感することの意味について考えてみたい。

ナクバにおいてもっとも深刻な体験は、人間の尊厳の喪失である。安全で普通の暮らしをしている人にとって「尊厳」や「名誉」などという言葉はピンと来ないだろう。尊厳や名誉とは失い、あるいはそれが脅かされることによって初めて知るものだからである。一九四八年のナクバの発生時、パレスチナのある村人は「たった一二時間で私たちは尊厳のある生活から屈辱の只中へと落とされてしまった」と語る［Sayigh 1979: 84］。また、彼らが村を離れたのは、妻や娘たちの名誉（貞操）を守るためであった［Sayigh 1979: 87］。最近の研究では、ナクバに際して、当時どのような性的暴行があったかも明らかにされている。前掲の『ナクバ』［Sa'di and Abu-Lughod 2007］では、第一章でクーラ村での強姦や暴行の証言がなされている。

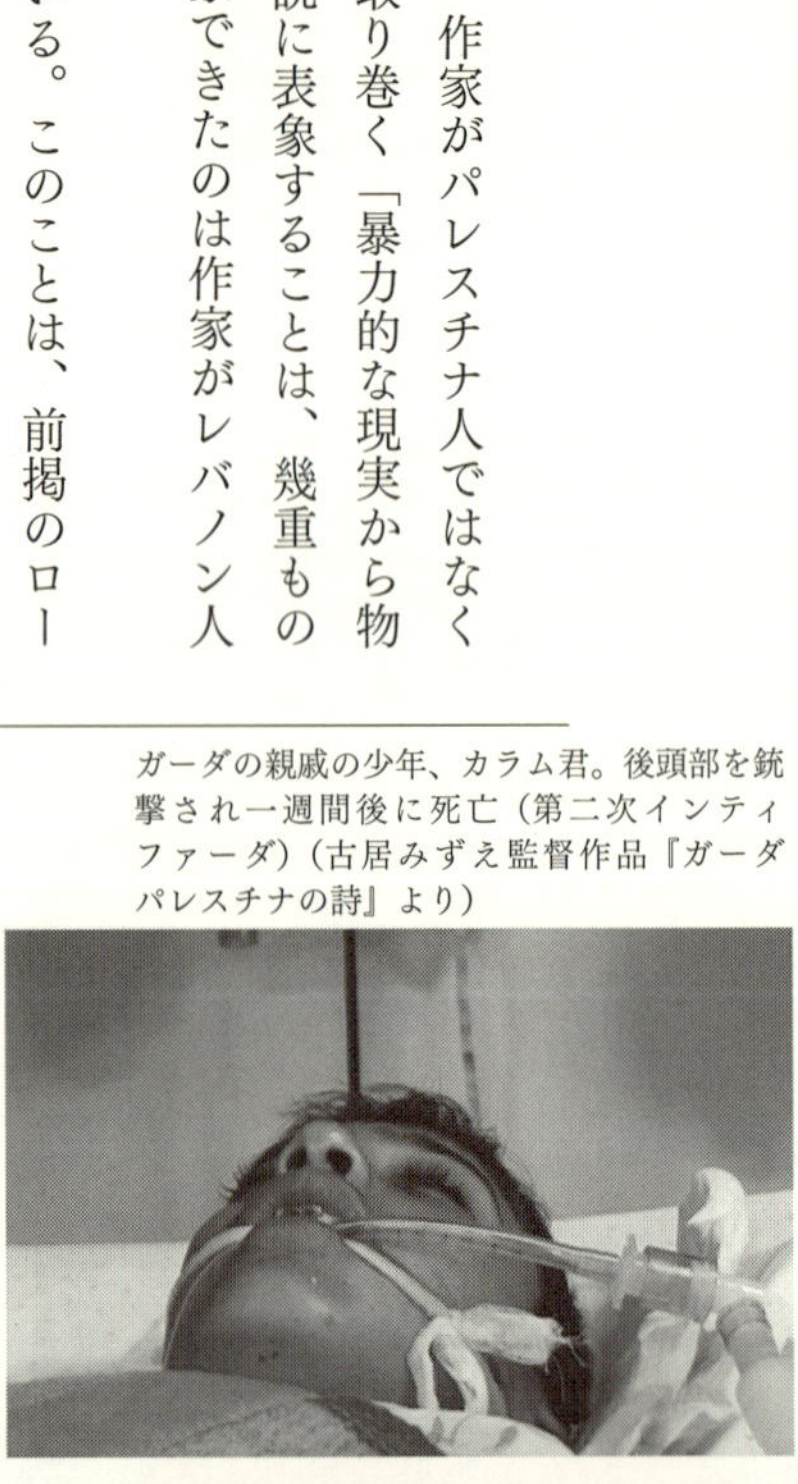
ガーダの親戚の少年、カラム君。後頭部を銃撃され一週間後に死亡（第二次インティファーダ）（古居みずえ監督作品『ガーダ パレスチナの詩』より）

ある［古居 2006: 98］。同様の話は繰り返されてきたのである。

*24 同様に語られない事実としては、インティファーダ以降の激しい闘争とイスラエルの抑圧政策の中で発生した、占領地区の内通者（裏切り者）の悲劇がある。内通者に対する制裁や処刑は、多くが覆い隠される恥ずべき事実とされた。しかし、それは繰り返されるナクバの悲劇の一つに他ならない。多くの内通者たちは占領地区からイスラエル領に逃れ、密かに暮らしている。映画『パラダイス・ナウ』（ハニ・アブ・アサド監督、フランス・ドイツ・オラン

命を脅かされ、尊厳を犯されることの恐怖をこころで受け止めて理解することは難しい。人間としての尊厳を守るために必要なもの、住むところや食べ物、さらに裸の体を隠す服さえない状態の中で初めて理解できるものであるから。

パレスチナだけではなく、多くのナクバにおいて、それを体験した人が他人に語れない深刻な体験として、遺体との対面がある。それぞれの場面で遺体と向き合った記憶は、先ほどの逃避行での赤子の死に顔にかぎらず、こころの中から拭い去ることはできない。前掲の二作品で、ともに伝えられるのが、シオニスト兵によって殺された村人たちの妻たちの話である。狂ったように鶏たちが飛び回る道路の上を、夫たちの遺体を引きずっていって埋葬する描写がある。殉難者（シャヒード）なので湯灌せずに弔ったが、今でもイスラーム教徒として正しく埋葬できたかどうかが気がかりだと妻たちは語る［Khoury 2006: 171–3］［Sayigh 1979: 91］。東日本大震災の犠牲者の方々の遺体をめぐる数々の話は、今も私たちのこころに重くのしかかっている。

ナクバが過ぎ去った後でも、犠牲者の遺体と、その人間として守らなくてはいけない尊厳の問題は続く。『太陽の門』には、荒れ野に散らばった遺骨を拾い集めている女性の噂の話が登場する。避難中に殺され、埋葬されないままで放置された人たちの骨を探す気のふれた女についての噂は、当時、ガリラヤ地方全域を震え上がらせたという。しかし、その女性は野生のチコリを集めていただけだということで話は終わっている［Khoury 2006: 57］。似たような怪異譚は、他のナクバが起きた土地でもありそうである。

ナクバにおける遺体との出会いで、想像を絶する経験をするのは子どもたちであろう。前掲の直野章子によれば、原爆直後の広島では多くの子どもが家族や肉親の遺体を自分たちで火葬

ダ・パレスチナ合作映画、二〇〇七年公開）では主人公の自爆攻撃を行なう青年の父親が内通者という設定となっているが、これは例外的な表現である。

カラム君にキスをする母親（古居みずえ監督作品『ガーダ　パレスチナの詩』より）

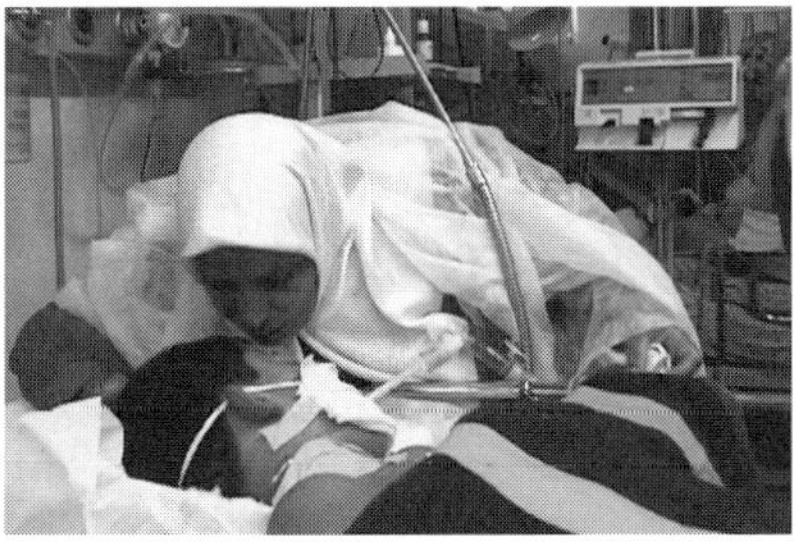

したという。[25] パレスチナの取材を続けている映像ジャーナリスト土井敏邦の作品には多くの子どもが登場する。その中で、イスラエルの攻撃を受けた二〇〇八年のガザで、一〇歳の少女が数多くの遺体の顔を一つ一つ見ながら、とうとう父母を探し当てたという話が胸を打つ。[26]

　パレスチナのナクバは、今も繰り返されている。二〇一四年夏のガザ攻撃についての土井の記録映画の中で、ベランダで夕涼みしていた二人の息子を爆撃で殺された年配の女性は「これはナクバだ」と叫ぶ。甥の一人は、叔父たちの無残な遺体の記憶に毎晩、悪夢にうなされる。[27]

　ナクバは遠い過去の話ではない。今がナクバなのである。前掲の人類学者ダイアナ・アランは、調査中にそのことに気がつく。ナクバ六〇周年が迫る二〇〇四年に一九四八年の記録映像を見せようとしたとき、若者たちは同じ難民キャンプの青年が二〇〇〇年一〇月の第二次インティファーダに連帯するデモに参加してイスラエル軍に殺された記録映像を観たがる姿にアランはショックを受ける［Allan 2014: 59–60］。難民の女性は彼女に言う「ナクバを調べているんだって？　これがナクバさ」［Allan 2014: 91］。記憶のナクバではなく、今起きているナクバに目を向けるべきだ、と。繰り返されるナクバとは、一九四八年のナクバとサブラとシャティーラの虐殺の記憶が重なり合うようにして描かれる『太陽の門』のテーマでもあった。

　岡が紹介するカナファーニーの小説「悲しいオレンジの実る土地」には、難民となって流浪する中、道端で買ったオレンジを「手放さなければならない愛しいわが子であるかのように、胸に抱えて嗚咽する女たち」の姿が出てくる［岡 2008: 70］。また「故郷の大地から暴力的に断ち切られたオレンジの実が乾涸びていくさまに、パレスチナの大地から引き剥がされた難民の父親の姿を重ねた」［岡2008: 286］という場面もある。[28] 広河や土井と同じく、パレスチナを取材している映像作家の古居みずえの作品『ガーダ　パレスチナの詩』にも、オレンジをめぐ

2014年夏、侵攻したイスラエル軍の砲撃で、各々6人の子を持つ2人の息子が顔を吹き飛ばされた。母親はイスラエルとハマースの両方に責任があると訴えた（土井敏邦氏撮影）

＊25　クローズアップ現代「ヒバクシャの声が届かない～被爆七〇年“語りの現場”で何が」（二〇一五年八月五日放送）。

＊26　「ガザは今どうなっているのか　ガザ攻撃一周年・映画とシンポジウムの集い」（二〇一五年七月二〇日）での映像より。

＊27　土井敏邦監督作品『ガザ攻撃　二〇一四年夏（Attack on Gaza 2014 Summer）』（二〇一五年）。195ページ写真参照。

＊28　「悲しいオレンジの実る土地」の日本語訳は［カナファーニー 2006］で読むことができ

る話が出てくる。ナクバ以前のパレスチナの村の暮らしの記憶を保存しようと思い立った若い女性ガーダが、家をイスラエルのブルドーザーで壊された高齢の女性ハリーマと出会う場面である。ハリーマは切り倒されたオレンジの実をもぎながらガーダに渡す。人々の生活そのものであった郷土（ワタン）を象徴するオレンジをめぐって、二つの作品ではパレスチナの繰り返されるナクバが扱われている。*29

難民たちは、繰り返しナクバを経験するナクバ〈以後〉の日々の中で、いったい何を頼りに、そして何を求めて生きていくのか。

3　ナクバ〈以後〉を生きるということ

難民と差別

パレスチナ人が難民として生きるということは、差別と管理を受けることであった。異郷の地で暮らす難民の苦境と差別について、ローズマリー・サーイグは、ナクバ直後のパレスチナ難民の事例を紹介している。難民たちは汚くて怖いと蔑まれ、物乞いの生活を続けた。同じアラブ人の同胞から子どもが水を飲むのを拒絶され、畑の野草を売りつけられることもあった[Sayigh 1979: 104–105]*30。

福島の原発事故から逃れてきた人たちの一部は、福島県から来たということだけで放射能汚染が移るという不当な差別を受けた。酷い差別は、最初の暖かい支援や受け入れが過ぎた二年ほど経ったところで始まったともいう。「被災者　帰れ」という落書きや、かつての水俣病者

る。

*29　古居みずえ監督作品『ガーダ　パレスチナの詩』（二〇〇七年）。196ページ写真参照。

*30　さらには食習慣の違いから、魚を食べているとパレスチナ人は蛇を食うと侮辱される話、レバノン人の子どもがパレスチナ人を遊び相手に「買う」ことを親にねだる話などが紹介されている［Sayigh 1979: 125］。後者の話は、レバノン内戦においてスンナ派ムスリムの多いパレスチナ人が右派キリスト教徒勢力と対立した背景、そして内戦後はパレスチナ人の存

ガーダが家を壊された100歳の女性ハリーマから話を聞くシーン（古居みずえ監督作品『ガーダ　パレスチナの詩』より）

に対する中傷を思い出させる補償金をめぐる嫌がらせや「プロ避難民」、「避難民特権」という暴言を浴びせられることもあった。しかし「プロ避難民」という酷い中傷は、言葉の正しい意味においてパレスチナ人にまさに該当するかもしれない。悲しい話だが、今回のシリア内戦の他の難民に対して、パレスチナ人は「プロの難民」として避難生活に優れた対応能力を持っていたとも聞く。また、シリア難民のキャンプがしだいに発展してスラム住宅地区に発展していく様子は、かつてのパレスチナ難民キャンプの発展とよく似ているという話もある。[*31]

管理される難民

パレスチナ人は、難民となった当初から見張られ、管理される存在であった。そうした状況は今日も続いている。彼らは、人権と安全を守ってくれる国家という、いわば保護してくれる「家族」を最初から奪われた「国際社会」の孤児であった。国家を奪われた孤児たちは、その多くが成長しても行き先のない孤児院としての難民キャンプの中に閉じ込められ、数世代そのままの状態で過ごしていくことを強制されている。多くの人はあきらめているが、レバノンの難民キャンプから、何度となくヨーロッパの国に亡命申請しては連れ戻される若者の例もあった。二〇一五年夏以降、ヨーロッパでの難民受け入れが問題となっているが、今後とも基本的な状況に変化はないだろう。[*32]

パレスチナ難民の場合、「国際社会」から管理を委託されたＵＮＲＷＡは、難民支援機関としてのジレンマを当初から抱え、今日にいたっている。すなわち、難民を支援しながら、しかしその事業が難民問題の根本的解決ではなく、難民の存続を維持するメカニズムに組み込まれているというジレンマである［Hanafi et al. 2014］[*33]。同様のジレンマは、難民支援の国際ＮＧＯ団

礼拝中のハマース幹部を殺害するため、イスラエル軍はモスクを爆撃した。幹部だけでなく、多くの住民が殺害された（2014年夏・ガザ攻撃、土井敏邦氏撮影）

在がレバノン社会の不安定化の原因だとして差別されていく問題を象徴している。

*31　難民問題の取材を精力的に続けている産経新聞カイロ特派員大内清さんによる。

*32　「国際社会」による管理の対象としての難民の定義は、第二次世界大戦直後の難民の認定と登録の作業から始まった。一般難民（国籍を持つ国が保護の対象とする）となるか、連合軍（アメリカ軍・イギリス軍）の管理・保護下にはいるかという区別がその始まりであった。

体もまた抱えている。

パレスチナ難民が「国際社会」、とくに既存のアラブ国家において、注意深く監視され、管理される対象であるということは、最近のシリア内戦をめぐる状況であらためて明らかになった。以下は、シリアのパレスチナ難民の「再避難民化」に関するヒューマンライツウォッチからの報告である。*34

シリア内戦の戦闘激化に伴い、パレスチナ人難民キャンプへの攻撃も始まった。ダマスカス南部のヤルムーク・キャンプはすでに二〇一二年には政府軍による包囲があり、多くの犠牲者が出た。この惨劇について報道は少なかった記憶がある。こうしてシリアに住む五四万人のパレスチナ難民の約半数、二七万人が当時、避難民化した。難民の一部は、隣国ヨルダンに逃れたが、かつて一九七〇年にヨルダン内戦のときに逃げてきた人たちの入国は厳しく制限された。彼らには、シリアのパレスチナ難民管理局（パレスチナ・アラブ難民行政局）発行のＩＤカードや旅券（トラベル・ドキュメント）が供与されずに、期限が切れたヨルダンのパスポートしか持っていなかったからである。*35

ヨルダン政府は、内戦が始まった二〇一一年四月からシリア在住のパレスチナ人避難民の入国を拒否する姿勢を見せ、二〇一三年一月にはこれを正式に表明した。パレスチナ難民の避難民たちは、ヨルダンの市民権を持つ避難民さえも強制送還され、公式証明書を剥奪され身分証明書を持たずに、政府側と反政府側のチェックポイントの間で立ち往生する事態となった。しかし、こうした入国禁止措置にもかかわらず、二〇一四年七月の段階で流入したＵＮＲＷＡの支援を要請するパレスチナ人避難民が一万四〇〇〇人以上に達した。避難民の多くは、密入国業者に七五〇ヨルダン・ディナール（約一〇〇〇米ドル強）の料金を支払って入国に成功してい

*33　同書の代表編者のサリー・ハナフィーさんは、ヤルムーク難民キャンプ出身の社会学者。注21で紹介したナクバ六〇周年連続シンポジウムに参加した。彼の報告については[Hanafi 2009]を参照のこと。

*34　Human Rights Watch. *Not Welcome, Jordan's Treatment of Palestinian Escaping Syria*, August 2014 http://www.hrw.org/node/126091

*35　一九七〇年ヨルダン内戦は、王制の転覆を狙ったとしてパレスチナ解放運動勢力とヨルダン政府の間で起こった戦闘であり、数千人のパレスチナ人が

イスラエル軍はハマースだけでなく、住民の産業基盤も破壊した。攻撃は農業用の灌漑ポンプにまで及んだ（2014年夏・ガザ攻撃、土井敏邦氏撮影）

た。

ヨルダン政府は、パレスチナ難民を特別扱いし、他のシリアからの避難民の収容施設への受け入れを拒否し、王室関係の福祉財団の管理下に置いた。このようにパレスチナ難民の避難民を隔離して管理する体制は、二〇〇三年の米英攻撃後のイラクからのパレスチナ難民の避難民に対してもなされたといわれる。

このようにパレスチナ人が分断・隔離されて、管理下に置かれるのは、こうした内戦や外国軍の侵攻にともなって避難民化する場合だけではない。パレスチナ人を物理的に、また制度的に分断・隔離して管理する網は、さまざまな形で日常の生活の中で有効に機能している。ヨルダン川西岸地区のパレスチナ人は、イスラエルの作った分離壁と点在し増殖する入植地によって生活の場を分断され、数多くのチェックポイントなどによって人とモノの動きを制限されている。彼らは、その難民登録の有無にかかわらず、依然として実質的な「占領」下にあるという意味で全員が難民である。今後、「国際社会」の「圧力」によって見せかけの国家ができても、真の意味での「独立」、人々の生きる権利と安全を護る国家ができるか、その展望は明らかでない。

ヨルダン川西岸地区以上に、分断・隔離による管理が明確に見えるのは、ガザ地区である。天井のない収容所、あるいは巨大な刑務所にたとえられる。「テロ集団」ハマースを支持している住民への集団懲罰が「国際社会」によって承認された結果、ガザ地区は、歴史上きわめて稀で異常な封鎖状態に置かれている（冷戦初期の西ベルリンには空輸による支援システムが作られたが）。イスラエルによる異常な封鎖体制は、たとえば住民一人当たりの食糧摂取量（カロリー量）を厳密に計算するほどの徹底した物資の搬入規制政策に象徴されている。*36

シリアに逃れた。

*36 「ハアレツ」紙（二〇一二年一〇月一七日）によれば、一人二二七九カロリー（一日）に設定された消費量のため、食糧の域内生産（自給量）と搬入量を厳密に計算され、統制管理されている。食糧のうち、一〇〇%自給はジャガイモくらいであり、野菜八〇%、果物一〇〇%、肉類四七%が自給。小麦粉・米・食用油・砂糖などの基礎食料物資、そしてベビー・フードなども全部輸入に頼っている。

イスラエルの封鎖強化により、家庭用のプロパンガスの供給量が激減し、市民生活は大混乱に陥った（2014年夏・ガザ攻撃、土井敏邦氏撮影）

こうした日常的な難民の「管理」に加えて、イスラエルの「定期的な」軍事侵攻（二〇〇八年、二〇一二年、二〇一四年）は、水道施設や発電所などの生活インフラを破壊し、また医療施設などにも甚大な被害をもたらしている。最近の土井敏邦の記録映画によれば、攻撃はガザ地区の基幹産業にも及んだ。域外にビスケットなどを輸出していたガザ最大の菓子メーカー、アウダ製菓会社の工場への爆撃がそうである。なぜ菓子工場まで破壊の標的にするのか。まったくの想像ではあるが、製菓会社の名前「アウダ」に理由があるのかもしれない。「アウダ」とは「帰還」を意味する。攻撃は、難民の故郷への帰還の願いを打ち壊すことを願ったものなのか。もしそうだとしたら、イスラエルがどれほどに難民の帰還を恐れているかを示すものである。*37

ワタン（故郷）を取り戻すということ

人々はナクバによって何を失ったのか。多くの人たちは、ナクバによって奪われて、初めて失ったものの大切さに気がつかされたという。それまで当たり前のように思っていたものの大切さ、かけがえのなさを知らされたという話である。ただし、ナクバという不条理と直面して分かった、思い知らされたものとは、それぞれの人にとって異なっていたはずである。

ナクバによって奪われたものは、失われた時間だと答える人もいるであろう。東日本大震災の後、仮設住宅での長期の暮らしをよぎなくされた若い女性にとって、それは取り戻せない二〇代の貴重な時間であった。それがさらに長い期間続いた場合、世代を超えて時間は奪われ続けていっただろう。失われた時間はどのようにして、個々人において、あるいはナクバを蒙った人々全体において回復することができるのか。

パレスチナのナクバにおいて、失われたものとして多くの人が語るのがワタンである。ワタ

*37　注27と同じく、土井敏邦監督作品記録映画から。

イスラエルはハマースと関係のない工業地帯も攻撃した。ガザ最大の商社「パイオニア」では輸入した電化製品が砲撃によって全部焼失した（2014年夏・ガザ攻撃、土井敏邦氏撮影）

ンとは、土地と結びついた故郷、あるいは祖国を表すアラビア語である。ナクバによって失って初めてワタン（故郷）の大切さを知ったと、パレスチナの普通の村人たちは訴える。小説『太陽の門』には、彼らにとってのナクバをもたらした「戦争」の意味、そしてナクバによって失ったワタンをめぐる次のような描写がある。

「おれたちは、自分たちの家を守るために戦っているのに、やつら（シオニストの兵隊）は違った。やつらは攻めて来たり撤退したりするのが自由自在な軍隊だったんだ」［Khoury 2006: 178］。シオニスト兵がバルフォア宣言で約束された「民族的郷土」である国家の建設を目指しているのに、パレスチナ人の村人には、自分たちが戦っている戦争の意味が分からなかったというのである。

戦争の意味を理解できなかった農民たちは、国連のスウェーデン人将校に向かって訴えた。「停戦って何ですか？　閣下。おれたちは戦争とは関係ないんです。ただ、村に帰りたいだけなんです。どうか戻してください」「おれたちは兵隊じゃあない、ごく普通の一般人です。戦闘がどんなものか知らないで戦っているのは半分はいるのです。誓って言います。彼らは敵に向かって鉄砲を撃っているだけなのです」［Khoury 2006: 182］。

そして村人たちは、帰れなくなって初めてワタンの意味を理解した。「村が陥落したときに初めて郷土（ワタン）という意味が分かった。ワタンとは、オレンジやオリーブやアッカのエルジャッザール・モスクではないのだ。このワタンが深い穴に落ちつつあるとき、自分がその全体の一部であって、それが死んでしまえば、自分も死んでしまうということなのだ」［Khoury 2006: 177］。

自分たちに降りかかった不条理な災厄の背後にあるものは何か、当時のパレスチナのアラブ

第二次インティファーダで占領に抵抗する人たち（古居みずえ監督作品『ガーダ　パレスチナの詩』より）

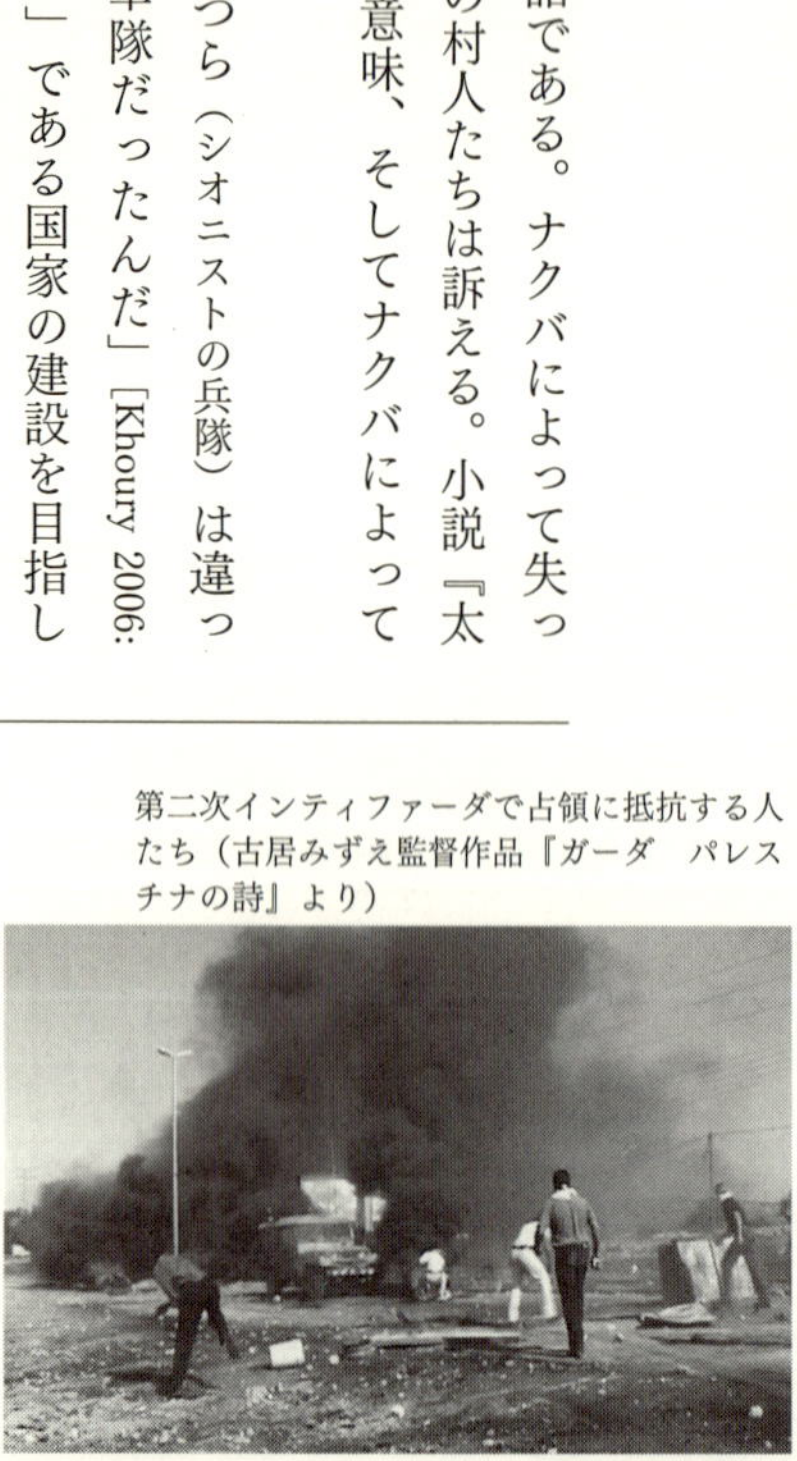

＊38　東京と京都で三回の講演会が開催された。映画と講演会「「難民として生きる」キファー・アフィフィさん講演会」（二〇一四年六月八日）では広河隆一（DAYS JAPAN）の解説、キファー・アフィフィの語る「難民として生きること」（通訳・山本薫）、コメンテーターの黒木英充（東京外国語大学）、ゲストの伊藤和子（ヒューマンライツ・ナウ）で議論が行なわれた。

＊39　彼女はその後、収容所での長期の拘留と残忍な拷問を受けるが、広河の尽力により釈放された。国境近くの悪名高い収

人の多くはほとんど理解できなかった。さらにいうなら当時、明確な民族主義の思想を身につけていたのは、都市部の知識人・労働者の一部だけだった。ワタンの政治的な意味を理解し、その回復を目指す闘争を本格的に始めたのは、彼らナクバ第一世代の次の世代、息子・娘の第二世代（革命の世代）によってである。それはナクバから二〇年近く経った一九六〇年代半ばのことであった。

ただし、このパレスチナ革命の運動は、すでに述べたように一九八〇年代以降、押しつぶされるように挫折する。しかし、この革命の挫折が明らかになった時点でも、なおワタンを闘争によって取り戻そうとする難民の姿は消えることがなかった。

広河隆一監督作品『パレスチナ1948 NAKBA（ナクバ）』に登場する難民の女性闘士キファー・アフィフィさんもその一人である。二〇一四年六月に彼女は日本に招聘され、「難民として生きること」について話を聞く機会があった。[*38]

闘争（キファーハ）という名前を持つ彼女だが、はじめから武装闘争の道を選んだのではない。サブラ・シャティーラの虐殺を生き延びた彼女は、その後に起きたキャンプ戦争で斃れた兄弟たちの道を歩むことを誓い、解放運動に身を投じた。彼女たちの部隊は、パレスチナ（イスラエル）の国境近くでイスラエル兵によって拘束される。しかし、彼女は捕まったとき、たとえ死んでもパレスチナに「帰還」できることをむしろ喜んだと語った。[*39]

もちろん武装闘争によってワタンを取り戻すことがいかに困難であるかは、パレスチナ人自身が身をもって理解している。しかし、今でもその道が放棄されたわけではないという点にも注意を喚起しておきたい。ハマースによる闘争への支持がそれを示している。抑圧の状況が続く中、彼らは絶対にあきらめない。帰還（アウダ）という言葉はいつも彼らを勇気づける。ワ

容所は、その後二〇〇六年のイスラエルのレバノン侵攻によって破壊され、「歴史的遺産」としては残っていない。

キファーさん講演会（2014年6月、東京大学東洋文化研究所にて、鈴木啓之氏撮影）

タンを取り戻すのが誰の目にも難しく見えるきわめて残酷な未来を前にして、彼らの希望はどこから出てくるのか。

ワタンに戻ることが難しい人たちがいる。原発事故が起きた福島県の一部の地域では、故郷のお墓に納骨もできないという嘆きの声が聞こえる。難民となったパレスチナ人の間では、今も故郷の村に埋葬されたいという人もあって、それをハッジ（イスラームの巡礼）という言葉で表現するほどに願っているという［Sayigh 1979: 107］。こうした多くの難民の郷土への帰還が事実上、絶望視されている状況を横目で見ながら、土地の交換（イスラエル領内のアラブ人居住地区と西岸占領地のユダヤ入植地）を策謀する動きさえ見られる。*40

こうした絶望的な状況の中で、ナクバの記憶を大切にすることにどんな意味があるのか。小説『太陽の門』には、かつて追い出されたパレスチナの家々の古い鍵を集めて本を書くという話を聞いた女性が、そんなことをするよりも難民キャンプを出てデンマークにでも移住できるビザでももらった方がよっぽど良い、と語る場面がある［Khoury 2006: 107］。

こうした状態の中から、取り戻すべきワタンとは何かを今一度、考えたとき、ワタンとはたんなる「土地」ではないのだという岡の発見は大きな示唆を与える。岡は『棗椰子の木陰で——第三世界フェミニズムと文学の力』で、カナファーニーの名作『ハイファに戻って』で語られる言葉に注目する。それは「ワタンとは何か、きみは分かるかい。ワタンとは、このようなことのすべてが起こらないということなのだよ。」という語りである。すなわち、ワタンとはナクバのような出来事が「起きてはならない所」、「土地」や「場所」ではなく、ナクバが「起きてはならないということ」、「こと」なのだと［岡 2006: 286］。

ワタンを論ずる岡の次の文章も引用したい。

*40　リーバーマン計画として知られる。*Jerusalem Post*（二〇一四年一月六日）http://www.jpost.com/Diplomacy-and-Politics/Israeli-Arabs-reject-Libermans-bid-for-land-exchange-with-Palestinians-337173を参照。

ベイルートのキファーさん一家（2015年6月、鈴木啓之氏撮影）

> 閉ざされたキャンプの中で獣のように喉を掻き切られて殺されていくしかなかった者たち。なぜなら私たちにはワタンがないから。私たちを守ってくれるワタンがないから。社会的差別。「難民」として蔑まれ、亡命を決意する若者たち。なぜなら私たちにはワタンがないから。私たちに人間としての尊厳を与えてくれるワタンがないから。［岡 2006：281］

以上の岡の指摘は、さきほどの『太陽の門』におけるワタンに関する語りとも重なる。ワタンとは、たんに土地の問題ではない。ワタンを論ずることは、たんなる土地のやり取りの問題ではないのだ。ワタンとは、人間の尊厳を守るものである。正確に言えば、個々の人間の尊厳を守るだけではなく、ワタンで生き、ワタンに守られてきた人々の集団としての権利に係るものである。

ここで原発事故の例を挙げてみよう。原発事故によって帰るべき故郷を失った人への補償としては、避難生活に伴う精神的苦痛に対する損害補償がなされ、あるいはさらに「長期間の故郷喪失に関する慰謝料」が支払われたりすると聞く。また個人が持っていた資産に対する補償が支払われるかもしれない。しかし、これらは個人の権利の侵害に対してなされるのであって、故郷をともにした人々全体がワタンを持つ権利についてはほとんど考慮されることはないのではないか。

故郷＝ワタンを持つ権利は、世界人権宣言には書かれていない。この宣言のおおもととなる近代西欧の市民革命の「人権宣言」には、共同体の束縛から解放された「個人」の権利しか書かれていないからである。国際法では「国家」の権利は書かれている。しかし、国家を持たない人たちの権利を守ってくれるはずの国際人権法で、共同体としてのワタンを持つ権利はどのように論じられているか。

エルサレム・アル＝クドゥス大学の囚人博物館に展示されるイスラエルの刑務所に収監されたパレスチナ人政治囚たちの手紙（2012年3月、鈴木啓之氏撮影）

ワタンを取り戻すとは何か。どのようにそれは可能なのか。ワタンは、人々の生活の場であり、自然と結びついている。そしてナクバによって失われたまま、戻ってこない自然もある。しかし、一度は汚染の奈落に深く突き落とされた水俣というワタンのように、ふたたび甦ることもあるかもしれない。[*41] 何世代かかっても必ず帰還する、ワタンを取り戻すと念ずるパレスチナ人のように、決して希望を捨ててはいけない。

ワタンとは人間の尊厳に係るものである。それは人々の人間としての誇りを支えるものである。ワタンを取り戻すとは、人間としての誇りを取り戻すことである。パレスチナの場合、取り戻すことができるワタンが将来、どのような形を取るのかは分からない。しかし、人々は決して絶望しない。彼らは希望を失うことなく、自分たちの尊厳を回復し、維持するために、人として生きる権利を一つ一つ守り、また奪い返す運動を進めている。そのことがワタンの回復につながると信じているからだ。たとえば、代表的な人権運動組織、パレスチナ人権センター代表のラジ・スーラーニー弁護士の奮闘がその例である。[*42]

彼らはまた、ナクバ以前の記憶を取り戻す、それらを記録して維持するという、草の根的なしぶとい文化的な営みも続けている。サーイグが先鞭をつけた「楽園だった」農村の生活文化の記録を残そうとする運動がそうであり、古居が紹介する若い女性ガーダの聞き取り調査がその後に続いている。

こうした運動や学術調査の形を取らなくても、難民として生き延びるために家族の絆を大切にする日々の生き方それ自体が、彼らがワタンを回復するための大切な素地を作っている。いかに巧妙で、なおかつ残忍な制度や政策が講じられようとも、この人間の絆を簡単に切断することはできない。もちろん、こうした人間の絆において、宗教には果たすべき積極的な役割が

---

*41　かつて恐ろしい公害をもたらした汚染の海は、今、美しい姿を取り戻しているという。[尾崎 2013] を参照のこと。

*42　二〇一四年一〇月一一～一二日に「ガザの人権を考える──ラジ・スーラーニ氏とガザ映画上映会」が東京大学経済学部教室で開催された。

パレスチナ人権センター代表ラジ・スーラーニー弁護士（土井敏邦氏写真提供）

ある。このことは、イスラームという日本人にはなじみの少ない宗教の例を持ちださなくても、たとえば津波で故郷を奪われた人たちが復活させた村祭りの例などから容易に理解できる。

現在、沖縄では、ふたたび基地建設によってワタンの破壊が繰り返されようとしている。そして、この長く続く「占領」体制に抵抗する運動が勢いを増している。沖縄においてワタンを回復する試みは、多くの示唆を与えてくれる。かつて基地による土地接収で一度は消滅した小湾集落という共同体が墓地を再建し、また御嶽ウツウタキ、火の神ヒヌカンなどの拝所を統合したお宮を作るなど「神々の引っ越し」をして復元されたという例は、ワタンの回復における宗教の役割を教えてくれる。*43

パレスチナにおいても沖縄と同様、「不正な占領」を終わらせることこそが、ワタンを取り戻す第一の条件である。すでに述べたように、二つの占領地区に暮らすパレスチナ人は、諸地域に散って暮らしている同胞と同じく、ワタンを奪われた難民である。とくに西岸地区の人々は、入植地の増殖によってたえずワタンが蝕まれていくという「緩慢な難民化」に日々、直面している。ワタンを回復するためには、人々の絆や日常的な努力だけではなく、それに応える新しい連帯の政治の形を国際的に作り上げていかなければならない。難民と私たちの間には、国際的な権力政治や偏見と無関心によって深く掘られた溝が

図5-2　バラータ近くの教会のタペストリー　司祭が入植者に殺害された様子をあらわしている（2014年9月、パレスチナ・ヨルダン川西岸、鈴木啓之氏撮影）

*43　『よみがえる小湾集落』［小湾字誌編集委員会　2003］参照。本書をご教示していただいた後藤晃氏に感謝する。

ナーブルスのファラーフィル（揚げ豆団子）屋（2013年8月、鈴木啓之氏撮影）

ある。この溝を越えて、彼らの日々の闘いに応えるために私たちができることとは何か。彼らの訴えに応えることこそが、実は私たち自身のためなのだ、ということにまず気づくところから始めなければならない。

4　むすびに――歪みと不正

二〇一五年現在、地中海を南から北に向かって渡る難民たちの姿が「国際社会」の大きな関心を集めている。しかし、今から七〇年近く前、まったく反対の方向から、つまり北から南へと向かう「難民船」が、大戦後まもない欧米社会の同情を引いたことがあった。一九四六年の夏、ハガナ（シオニスト防衛軍、後のイスラエル国防軍）が、四二〇〇人の非合法移民を船に乗せてパレスチナに強行上陸させようとし、イギリス委任統治当局によって阻止された事件である。[*44]

この「難民船」がその後の世界に与えた影響は大きかった。しかし、パレスチナに住むアラブ住民は、ヨーロッパからの非合法移民船に乗ったユダヤ人の話を聞いて、まさか彼らと同じ難民の道をわずか二年後に、自分たちがたどるとは想像もしなかったろう。これらの難民への国際社会の同情を利用して、自分たちを故郷から追いだす計画（「ダレット計画」で知られる）が実行に移されることなど、彼らは知るよしも無かった。

難民とは、決して我が身の上には起こりえない他人事ではない。現在、多くのシリアから脱出している難民の人たちもまた、自分たちがパレスチナ人と同じような境遇になったのはどうしてなのか、その深い歴史的な理由や悪意ある策謀を知らないままに困難な生活を送ってい

ヨルダン・アンマン市フセイン難民キャンプの風景（2015年8月、臼杵悠氏撮影）

*44　その後、この事件をめぐる話は映画化された。『栄光への脱出』（オットー・プレミンジャー監督作品、アメリカ、一九六〇年制作：ポール・ニューマン主演）。ハリウッド映画と中東問題を解説した［村上 2007］を参照。

る。

七〇年前、ナチ・ドイツが打倒され、アウシュヴィッツから解放された後、ユダヤ人たちは、なぜ故郷の村や町に帰れずに避難民となってしまったのか。当時のユダヤ人避難民問題については、野村真理の最近の研究『ホロコースト後のユダヤ人――約束の地は何処か』（二〇一二年）［野村 2012］が明らかにしている。

一九四七年夏、パレスチナ分割の国連決議が準備されていた決定的な時期、ドイツ・オーストリア・イタリアに滞留していたユダヤ人避難民は、二四万七〇〇〇人と推計される［野村 2012: 50］。彼らは故郷に戻ろうとして追い返され、戻るなら撃ち殺すというビラをまかれ、実際に財産の返還を求める人が殺害される例もあった［野村 2012: 21–23］。さらには中世以来の儀式殺人の噂が流れ［野村 2012: 24］、実際にまたポグロム（反ユダヤ人暴動）も起きた（一九四六年七月四日キルツェのポグロム）［野村 2012: 25–27］。まさに「ナチなき後、ホロコーストがポーランド人によってより完成度を高められた事実に慄然とせざるをえない」という事態が起きていたのである［野村 2012: 28］。こうしてホロコーストを生き残ったユダヤ人避難民たちは、帰るべきワタンを完全に失うことになった。*45

当時のアメリカでは、一九二四年の移民法以来の北西ヨーロッパ系白人プロテスタントの「人種的」危機意識から、ユダヤ人の特別受け入れ（一九四八年六月難民法）に対しては、「非キリスト教徒の共産主義者」の大量受け入れの拒否を含めて、国内からの反発が強かった［野村 2012: 75］。また、ソ連をはじめとする東欧諸国では、民衆の間の激しい反ユダヤ感情に加えて、共産主義者とユダヤ人を同一視する俗説の流布を共産党の各政権は警戒した［野村 2012: 22］。こうして当時の「国際社会」が東西で結託して作った「ユダヤ人の移住に対して世界が

---

*45　繰り返されるユダヤ人のナクバの歴史については、第一次世界大戦期のポーランド支配下のガリツィア地方からのユダヤ人追放と難民化を考察した野村真理『隣人が敵国人になる日』［野村 2013］を参照。前掲のアルメニア人追放・難民化と同時代の現象であった。

ヨルダン・アンマン市フセイン難民キャンプの女性たちが作ったパレスチナ伝統刺繍（2015年8月、臼杵悠氏撮影）

設けた理不尽な障壁」（ヨーロッパの連合軍高官の発言）［野村 2012: vi］によって、パレスチナのアラブ人がワタンを失うナクバへの道が開かれることになった。もちろん、こうした事実を知らずにいた楽観的なアラブ人は、パレスチナ人だけではなかった。エジプトの反シオニストのユダヤ系共産主義者は、第二次世界大戦後の明るい楽観的な風潮の中で、ユダヤ人問題はヨーロッパの新しい民主的な体制の下で解決できると信じていたのである（長沢『アラブ革命の遺産――エジプトのユダヤ系マルクス主義者とシオニズム』［長沢 2012b］を参照）。しかし、現実には欧米のユダヤ人問題は、地中海を越えて中東およびアラブ世界に重心を移動させつつあった。その七〇年後、パレスチナ問題の放置の結果、現在の中東の惨憺たる状況がある。こうした状況が覇権国による軍事・政治介入の結果だと言われることが多い。しかし、問題の放置もまた「介入」の一つの形なのである。問題の放置の結果として占領という不正が堂々と行なわれている。こうした不正は、現代世界に最大の歪みを作りだしている。「不正という歪み」は、世界という人間の「体」の病気の元となり、多くの人に苦しみを与えている。「歪」という漢字は「不」と「正」からなっている。世界の歪みの本質は「不正」である。現在、起きている難民の波もこうした歪みの結果に他ならない。そしてこの歪みの起源がヨーロッパでユダヤ人を襲った数々のナクバにあることも同時に確認しなければならない。

抑圧体制の打倒に民衆が立ち上がった二〇一一年のアラブ革命は、パレスチナの人々にも明るい希望を与えた。二〇一一年五月一五日の「ナクバの日」、レバノン側のイスラエル（パレスチナ）国境近くのマルーン・ラアス村には、シリアやレバノンの多数のパレスチナ難民が、すべての党派・組織を超えて、バスを連ねて集結した。当時の他の国のアラブ革命と同じく、非暴力で行なわれたこの平和な運動に対し、イスラエル側のスナイパーによる銃撃によって一〇

ガーダの父方の祖母が伝統的なやり方でパンを焼く。奪われた故郷の村を思い出す（古居みずえ監督作品『ガーダ　パレスチナの詩』より）

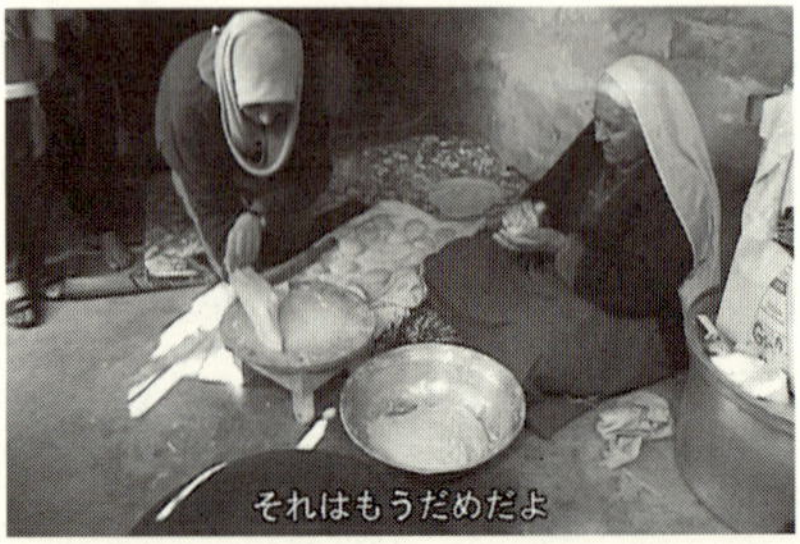

＊46 *Counter Punch*（二〇一一年三月一一日）http://www.counterpunch.org/2011/05/16/nakba-sunday-at-maroun-al-ras/

名が死亡、一二〇名以上が負傷したという。*46

　これは多くのパレスチナ人が斃れた数々の惨劇事件の一つとして、歴史の記憶の中に埋もれていくのかもしれない。それが一瞬にして終わった虹色の夢であったにしても、しかし、パレスチナ人は希望を失わない。世界の歪みを正す、不正を終わらせるために闘う彼らの姿は、ワタンを回復するために闘うすべての人に勇気を与えている。

参考文献

日本語

岡真理 2006『棗椰子の木陰で――第三世界フェミニズムと文学の力』青土社。
――― 2008『アラブ、祈りとしての文学』みすず書房。
尾崎たまき 2013『みなまた　よみがえる』新日本出版社。
カナファーニー、ガッサーン（黒田寿郎・奴田原睦明訳）1988［原著1963, 1970］『太陽の男たち／ハイファに戻って』河出書房新社。
―――（岡真理訳）2005［原著1956］「ラムレの証言」『前夜』3号、pp. 248-253.
―――（岡真理訳）2006［原著1963］「悲しいオレンジの実る土地」『前夜』8号、pp. 240-246.
木村申二 2000『パレスチナ問題研究序説――国連の分割決議成立過程と紛争の激化　一九四五～五二年』丸善プラネット。
栗野鳳（編）1992『難民　移動を強いられた人々』アジア経済研究所。
栗本英世 1996『民族紛争を生きる人びと――現代アフリカの国家とマイノリティ』世界思想社。
小湾字誌編集委員会 2003『よみがえる小湾集落』小湾字誌編集委員会。
佐原徹哉 2014『中東民族問題の起源――オスマン帝国とアルメニア人』白水社。
杉原美津子 2014『炎を越えて――新宿西口バス放火事件後三十四年の軌跡』文藝春秋。
鈴木恵美 2013『エジプト革命――軍とムスリム同胞団、そして若者たち』中公新書。

ガーダの父方の祖母が故郷の詩を歌う（古居みずえ監督作品『ガーダ　パレスチナの詩』より）

豊田直己 2002『難民の世紀　漂流する民 ― フォト・ルポルタージュ』出版文化社。
直野章子 2004『「原爆の絵」と出会う ― 込められた想いに耳を澄まして』岩波ブックレット。
――― 2011『被ばくと補償』平凡社新書。
長沢栄治 2012a『エジプト革命 ― アラブ世界変動の行方』平凡社新書。
――― 2012b『アラブ革命の遺産 ― エジプトのユダヤ系マルクス主義者とシオニズム』(東洋文化研究所紀要別冊) 平凡社。
――― 2015a「「七月三日体制」下のエジプト」『石油・天然ガスレビュー』49-2、pp. 1-16.
――― 2015b「序章」日本国際問題研究所『グローバル戦略課題としての中東 ― 二〇三〇年の見通しと対応』pp. 1-7.
奈良本英佑 2005『パレスチナの歴史』明石書店。
野村真理 2012『ホロコースト後のユダヤ人 ― 約束の地は何処か』世界思想社。
――― 2013『隣人が敵国人になる日 ― 第一次世界大戦と中東欧の諸民族』人文書院。
古居みずえ 2006『ガーダ　女たちのパレスチナ』岩波書店。
宮田光雄 2009『ホロコースト〈以後〉を生きる』岩波書店。
村上由美子 2007『ハリウッド映画一〇〇年のアラブ ― 魔法のランプからテロリストまで』朝日新聞社。
矢野久美子 2004『ハンナ・アーレント、あるいは政治的思考の場所』みすず書房。

英語

Allan, Diana. 2014. *Refugees of the Revolution: Experience of Palestine Exile.* California: Stanford University Press.
Hanafi, Sari. 2009. Haifa and Its Refugees: The Remembered, the Forgotten and the Repressed. *Kyoto Bulletin of Islamic Area Studies* (『イスラーム世界研究』) 第3巻1号、pp. 176-191.
Hanafi, Sari, Leila Hilal and Lex Takkenberg (eds.). 2014. *UNRWA and Palestinian Refugees: From Relief and Works to Human Development.* London and New York: Routledge.
Khoury, Elias. 2006. *Gate of the Sun.* Trans. Humphrey Davies. London: Vintage Books.

ガザ北部の農民夫婦ウンム・バシールと詩を詠む夫（古居みずえ監督作品『ガーダ　パレスチナの詩』より）

Marfleet, Philipp and Fran Cetti. 2014. "Identity Politics": Europe, the EU and the Arab Spring. Tareq Y. Ismael and Glenn E. Perry (eds.). *The International Relations of the Contemporary Middle East.* London and New York: Routledge.

Sa'di, Ahmad H. 2014. *Thorough Surveillance: The Genesis of Israeli Policies of Population Management, Surveillance and Political Control towards the Palestinian Minority.* Manchester: Manchester University Press.

Sa'di, Ahmad H. and Lila Abu-Lughod (eds.). 2007. *Nakba: Palestine, 1948 and the Claims of Memory.* New York: Columbia University Press.

Sayigh, Rosemary. 1979. *Palestinians: From Peasants to Revolutionaries,* London: Zed Press.

———. 2009. Hiroshima, al-Nakba: Markers of New Hegemonies. *Kyoto Bulletin of Islamic Area Studies*（『イスラーム世界研究』）第3巻1号，pp. 151–169.

イスラエル軍によって破壊された住居跡を歩きながら決意を語るガーダ（古居みずえ監督作品『ガーダ　パレスチナの詩』より）

第6章

脆弱な土地に生きる

バングラデシュのサイクロン防災と命のボーダー

支援

日下部 尚徳

サイクロンに伴う高潮によって破堤した防潮堤に、住民が鉄板の簡易橋をかけて渡っている様子。被災後もたくましく生きる人びとの生活力を感じさせる（2009年7月、シャトキラ県シャムナゴール郡、サイクロン「アイラ」被災地にて）

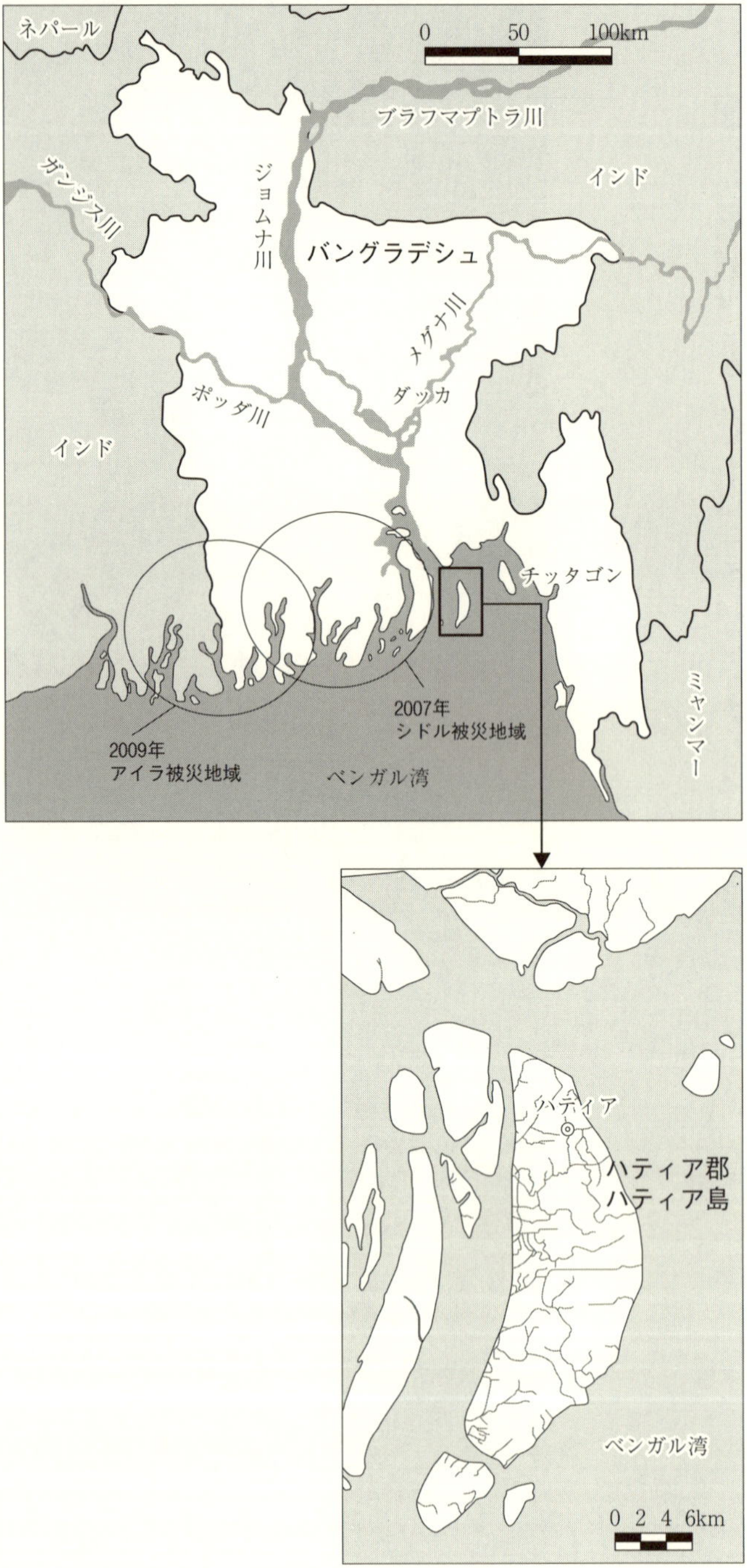
ネパール
0 50 100km
ブラフマプトラ川
ガンジス川
ジョムナ川
インド
バングラデシュ
メグナ川
ポッダ川
ダッカ
インド
チッタゴン
ミャンマー
2007年
シドル被災地域
2009年
アイラ被災地域
ベンガル湾
ハティア
ハティア郡
ハティア島
ベンガル湾
0 2 4 6km

バングラデシュは、人口一億五五八〇万人、面積約一四万平方キロメートルで、シンガポールなどの都市国家を除けば、世界第一の人口密度を有する。このような世界有数の人口規模も影響し、バングラデシュの貧困課題は深刻である。それは、アマルティア・セン[*1]（Amartya Sen）とムハマド・ユヌス[*2]（Muhammad Yunus）という貧困をテーマとした二人のノーベル賞受賞者がバングラデシュにそのルーツをもつことからも逆説的に理解される。現在でも国民の約四割が一日一・二五ドル未満での生活を余儀なくされており、国連機関や政府系援助機関、NGOなどの国際援助機関が様々な対策を講じている。

また、同国は大型の熱帯低気圧（サイクロン）や洪水によって、多くの人的・物的被害が発生している災害頻度の高い地域でもある。一九八〇年から二〇一〇年までにバングラデシュにおいて発生した二三四回の自然災害による被害は、死者一九万人以上、被災者のべ三億人以上で、推定経済損失は一七〇億ドルにおよぶ［Prevention Web 2010］。同国を襲う災害の中でも、サイクロンは大規模な人的被害が発生することから（図6-1）、人びと、特に貧困層の生活に深刻な影響を与えてきた。これまでに、一九七〇年[*3]に五〇万人[*4]、一九九一年には一四万人の人びとがサイクロンによって命を奪われている。これらは二〇世紀以降に世界を襲った大型の熱帯低気圧（サイクロン、台風、ハリケーン）[*5]による人的被害の中で上位二位を占めている（表6-1）。

このような甚大な被害が発生することから、国連機関や日本の国際援助機構（JICA）などの二カ国間援助機関、国際NGOなどの支援により、防潮堤やサイクロンシェルター等の避難施設の建設、気象予報レーダー等の予警報システムの導入、マングローブ防潮林の整備などの対策がとられ、それ以降一九九一年ほどの死者数は記録されていない。

しかし、二〇〇七年一一月に上陸したサイクロン「シドル（Sidr）」では死者・行方不明者四

＊1　アジア初のノーベル経済学賞受賞者であるアマルティア・センはインドの東ベンガル州（現在のバングラデシュ）で名の知れた学者一族の家系に生まれた。セン自身は、一九三三年にインドの西ベンガル州シャンティニケタンに生まれるが、幼少期を東ベンガル州ダッカで過ごし、一五〇万人とも三〇〇万人とも言われる死者を出した一九四三年のベンガル大飢饉を経験する。飢饉や貧困のメカニズム、人間の安全保障などに関する研究で知られる。

＊2　ムハマド・ユヌスは、一九四〇年にインドの東ベンガル州（現在のバングラデシュ）

配給物資を持ち帰る女性。袋の中身は米で重量がある（アイラ被災地域）

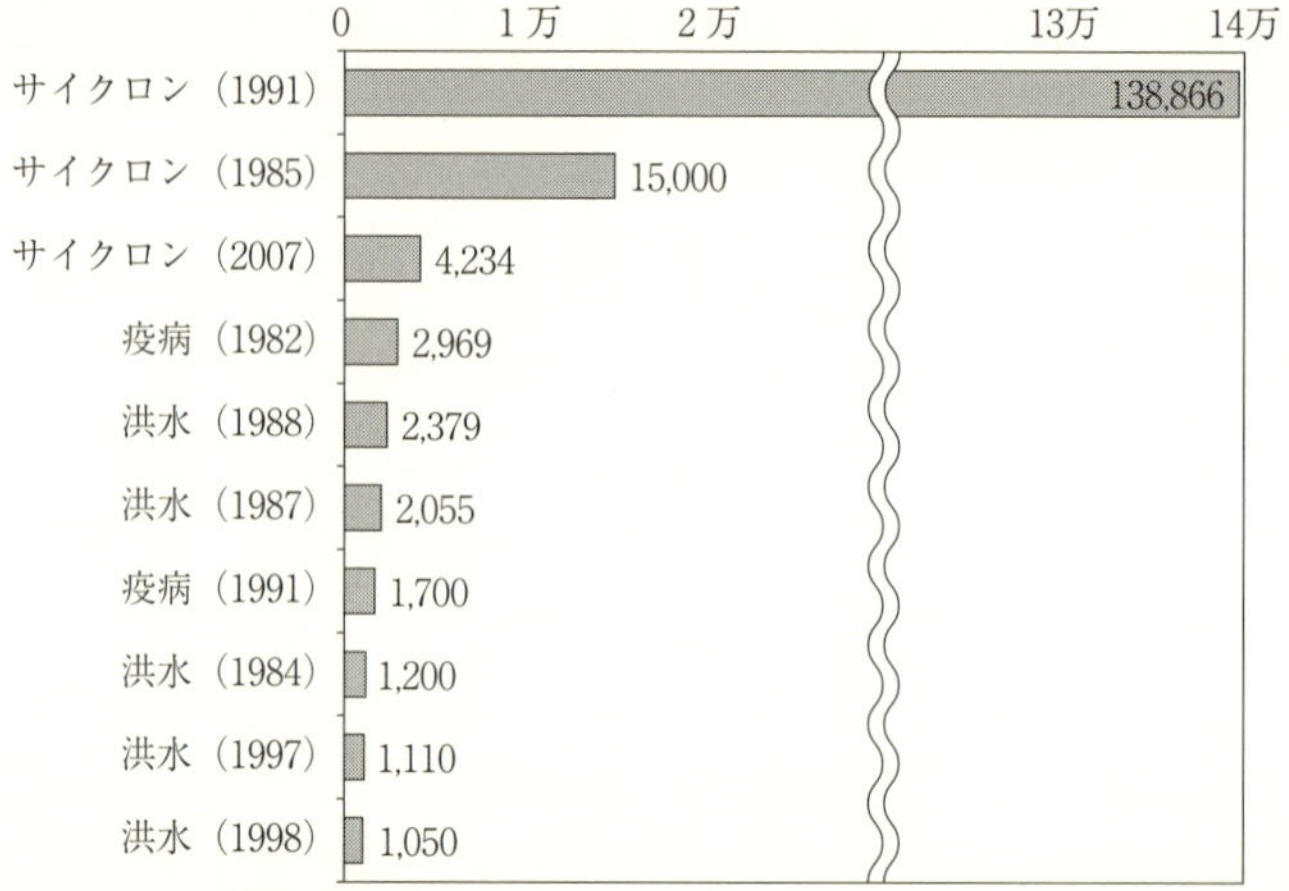

図6－1　災害死者数上位10災害（1980～2010年）
［Prevention Web 2010］より作成

〇〇〇人以上、被災者八九二万人の被害が発生するなど、いまだサイクロンによる被害は深刻だ。また、二〇〇九年五月に上陸したサイクロン「アイラ（Aila）」では、死者・行方不明者一九〇人、被災者約三九〇万人の被害に加え、長期にわたって高潮が被災地域に滞留したため住民の生活を圧迫し、その後の復興を困難なものにした。

　これらのことから、現状のバングラデシュのサイクロン防災は、人命を守るという意味では一定の成果をだしてきたといえるが、一方で被災者を減らす試みや、被災後の生活再建にはいまだ大きな課題を抱えていると言える。その意味で、サイクロン「シドル」と「アイラ」は、バングラデシュの防災政策を人道的見地から人命を守るという段階から、被害を最小限に抑え、住民の生活を守るための被害軽減策を包含した内容へと昇華させる必要性を提起した災害であったといえる。

　避難施設への事前の避難行動によって一命

食事を作る様子。サイクロンに伴う高潮によってかまどが使用できなくなると、煮炊きができなくなり生活に支障をきたす

チッタゴンに生まれる。一九七四年の大飢饉をきっかけに、貧困層に無担保で少額の資金を貸し付けるマイクロクレジットを発案し、実施機関としてグラミン銀行（ベンガル語で農村銀行の意味）を設立した。ビジネスの手法で貧困削減に資するマイクロクレジット事業が評価され、同銀とともに二〇〇六年にノーベル平和賞を受賞した。

＊3　バングラデシュは一九七一年にパキスタンより独立して独立国家となった。本章においては、バングラデシュ独立以前に発生した同地域におけるサイクロン被害も分析の対象としているが、便宜上バングラデシュ

を取り留めたとしても、高潮によって家財一式を失う、世帯主が高潮に流され働き手を失う、といった人的・物的被害が発生し、生活再建の大きな障害となる。サイクロン被害による生活水準の低下は地域の災害脆弱性を高め、次の災害への対応力を低下させることから、災害高リスク地域における被災住民の迅速な生活再建が防災上の課題となるのは論を俟たない。これは、サイクロンによって生活が継続できないほどのダメージをうけないようにするための抵抗力や、被災後に元の生活を取り戻すための回復力といった、災害高リスク地域に住む人びとのレジリエンスに関する議論に他ならない。

本章は、バングラデシュのサイクロン常襲地域における住民の避難態様、および被災後に抱える生活再建課題について、住民の視座から明らかにしようとする試みである。また、災害リ

表6－1　大型の熱帯低気圧に起因する死者・行方不明者数

年	国	死者・行方不明者数
1900	アメリカ	6,000
1906	香港	50,000
1928	アメリカ	2,000
1945	日本	3,700
1947	日本	1,900
1954	日本	1,700
1965	バングラデシュ	57,000
1970	バングラデシュ	500,000
1971	インド	10,000
1977	インド	20,000
1985	バングラデシュ	10,000
1991	バングラデシュ	140,000
1991	フィリピン	6,000
1994	中国	1,000
1994	ハイチ	1,100
1996	中国	2,800
1996	ベトナム	1,000
1997	ベトナム	3,700
1998	インド	2,900
1998	ニカラグア	3,300
1998	ホンジュラス	13,700
1999	インド	9,500
2004	アメリカ等	3,000
2005	アメリカ	5,300
2005	グアテマラ等	1,600
2007	バングラデシュ	4,200
2008	ミャンマー	138,400

［内閣府 2010］より作成
注1）20世紀以降に起こった死者・行方不明者1,000人以上の事例を表示
2）バングラデシュで発生した被害を灰色で、バングラデシュの防災政策の転機となった1970年、1991年の被害を濃灰色で表示

と表記する。

*4　一九七〇年被災当時はパキスタンからの独立前で東パキスタンと呼ばれており、このサイクロン被害に対する西パキスタン（現在のパキスタン）側の東パキスタン（現在のバングラデシュ）に対する支援の遅れが独立運動への機運を高めた。

*5　大型の熱帯低気圧は、発生した地域によって呼称が異なる。北太平洋の西部や南シナ海で発生したものは台風(typhoon)、大西洋やカリブ海、北太平洋の東部で発生したものはハリケーン(Hurricane)、インド洋やオーストラリア近海

アイラ被災地域の名産であるエビをつかったカレー

スクの高い地域に貧困層が移り住むことにより、災害被害が貧困層に集中する社会構造についても言及したい。これらを通じて、「貧困」と「自然災害」というバングラデシュにおける二つの「災害」と隣り合わせの生活を送る人びとの苦悩と、構造物による被害抑止・軽減を中心とした現状の防災政策や復興支援政策の課題を提起したいと考えている。

1　バングラデシュにおけるサイクロン被害と対策

バングラデシュにおけるサイクロン被害の特徴

バングラデシュを襲うサイクロンは、熱帯低気圧の規模としては他地域に比べて著しく大きいわけではない。しかし、①限られた土地での人口圧の増加、②沿岸部を中心に広がる広大な低地、③サイクロンによって発生する大規模な高潮、によって沿岸地域を中心に被害が拡大する。

バングラデシュにおける人口密度の高さは前述の通りだが、これは同時に、同国における土地の価値が非常に高いことを意味する。ダッカやチッタゴンなどの大都市圏だけでなく農村地域においても土地は最も重要な資産だ。地代を払うことなく、自ら耕すことのできる土地を手に入れることは、貧困層にとっての悲願であるといえる。そのため、たとえ災害リスクが高かったとしても、生活の糧となる土地を求めて、貧困層は移住を繰り返すこととなる。

また、バングラデシュは国土全体がデルタ地帯に位置しており、海抜三メートル以下の土地が一部で内陸一〇〇キロメートルにまで達する地盤高の低い地形である。国土の三分の二が五

高潮による壊滅的な被害（シドル被災地域）

で発生したものはサイクロン（cyclone）と呼ばれる。バングラデシュに上陸する大型の熱帯低気圧はインド洋で発生するため、本章においてはサイクロンの呼称を使用する。

メートル以下であり、台地は全面積の八%、丘陵地は一二%にすぎない［Mosharraf 1996］。南部の沿岸地域は特に地盤高が低いことから高潮が浸水しやすく、サイクロン高リスク地域*6に指定されている（図6-2）。高潮は大型の熱帯低気圧に伴う気圧の低下によって引き起こされる海面上昇と、向岸風による海水の吹き寄せによって、海水が津波のように陸地に吹き寄せる現象で、満潮が重なると潮位が高くなり、被害が拡大する傾向にある。一九九一年のサイクロンは満潮時にバングラデシュを襲ったため、最大約七・五メートルの高さの高潮が発生し、大きな被害がでた。一方で二〇〇七年のサイクロン「シドル」は一九九一年サイクロンと同規模であったにも関わらず、干潮時であったため、高潮の高さは比較的低く、浸水エリアは小規模にとどまった。バングラデシュにおいては、サイクロンの襲来が満潮時に重なると、六メートル以上の高潮が発生することが指摘されている［Haque and Blair 1992］。

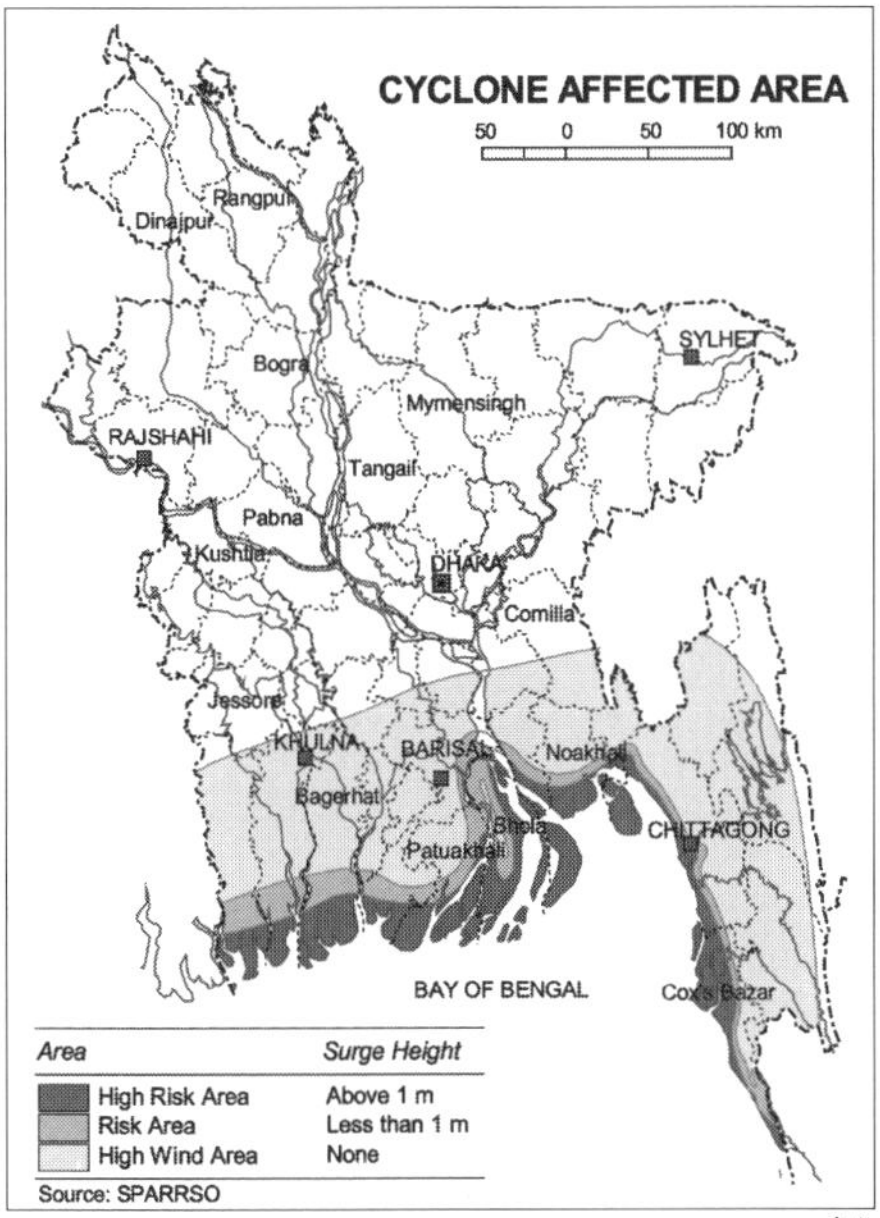

図6-2　沿岸部に広がるサイクロン高リスク地域*6
（Bangladesh Space Research and Remote Sensing Organization より入手資料）

バングラデシュにおけるサイクロン防災

バングラデシュにおいては、高潮が内陸に浸水するのを防ぐ手立てとして防潮

2007年シドルによって発生した高潮の高さを示すNGOスタッフ（シドル被災地域）

*6　Bangladesh Space Research and Remote Sensing Organization より入手した資料によると、サイクロンに伴い一メートル以上の高潮が発生する可能性のある地域をサイクロン高リスク地域（High Risk Area）、一メートルには満たないが高潮の危険性がある地域をリスク地域（Risk Area）と指定している。また、高潮の恐れはないが、強風によって被害が発生する可能性がある地域を強風地域（High Wind Area）としている。本章における表記は、右記の区分に従う。

堤を、それでも浸水を止められなかった場合の避難先としてサイクロンシェルターの建設をそれぞれ進めてきた。

南部沿岸地域と島嶼部を防潮堤で囲むという構想は、東パキスタン時代の一九六一年に始まり、独立後はバングラデシュ水開発委員会（Bangladesh Water Development Board）に引き継がれた。一九七八年までに総延長約四〇〇〇キロメートル、高さ四・五メートルの堤防が海岸線沿いに造られ、それらを補強する目的で植林が行われた。これらの堤防は大潮と満潮が重なったときの水面上昇時に、海水が内陸に浸水するのを防ぐことを主目的として建設されたことから、単に土を盛っただけのものが大半で、サイクロンによる高潮に十分に耐えられるほどの強度はもっていない。そのため大型のサイクロンが発生する度に損壊または決壊し、修復に大きな費用と時間を要してきた。近年では、堤防をコンクリートブロックで補強することにより、サイクロンの高潮にも耐えうる防潮堤が増えてきているが、保守管理が行き届かず、十分な成果を上げられていない。

一方、浸水した高潮から人命を守る施策としては、盛り土による高台避難場所である「キッラ」[*7]やコンクリート製の高床式サイクロンシェルターが建設されてきた。サイクロンシェルター建設計画は東パキスタン時代からあったが、キッラに比べて費用がかさむことから、計画は思ったように進まず、六〇年代の建設は一三二棟に留まった。その後、五〇万人が死亡した一九七〇年サイクロンを経て、世界銀行の支援のもと二三八棟が七〇年代に増設された。八〇年代においては、一万人以上が死亡した一九八五年サイクロンを受けて、バングラデシュ赤新月社、現地NGOなどが主として学校を兼ねた新たなデザインのシェルターを建設し、約四〇〇棟が完成した。そして、一四万人もの人命が奪われた一九九一年のサイクロンにおいて、

保守管理が行き届かずコンクリートブロックが破損した防潮堤（ハティア島北部）

*7　土を盛って高台を作っただけのキッラは、サイクロンシェルターの主流化から、次第に作られなくなっていった。しかし、家畜の避難場所としても機能することや、設置費用が安価で多くの人を収容できることから、近年再評価されつつある。

シェルターによって多くの人命が救われたとの認識から、避難場所設置による防災施策の主流はキッラからシェルター建設へと移っていった。国際援助機関は、一九九〇年代に南部沿岸部を中心に一四〇〇棟のサイクロンシェルターを建設している。また、二〇〇七年サイクロン「シドル」、二〇〇九年サイクロン「アイラ」の被災地域においても、複数の国際援助機関による支援のもとシェルター建設が進められた。現在のシェルター総数は二五〇〇棟あまりと推定される［日下部 2015a］。

これらサイクロンシェルターは、事前に避難することにより、サイクロンによって引き起こされる高潮から人命を守ることを目的として造られている。住民はシェルターの二階部分に避難することにより、高潮から逃れることができる。シェルター一棟あたりの収容人数は、三〇〇人程度のものから二〇〇〇人程度のものまでと規模に差があるが、実際に想定された人数が収容できるのか疑わしいものも多い。

2　住民避難から考える防災支援課題

住民の避難意識

筆者は二〇〇七年シドル上陸から一カ月後と二カ月後の二度にわたり一〇カ所の被災地を訪問し、被災者に対してベンガル語によるインタビュー調査を実施した。この調査から被災当日の住民の行動を分析したところ、サイクロンの襲来の事実を知りながらも、事前にシェルターに避難しない住民が多数存在することが明らかになった［日下部 2008a, 2008b］。

アイラ被災地域において建設中のサイクロンシェルター

日本の支援によって1994年に建設されたサイクロンシェルターであることを示すプレート

住民が避難行動をとらない要因としては、家畜や漁船などの「家財」を置いては逃げられないという差し迫った生活事情と、今回は避難しなくても大丈夫だろうという精神的な油断の二つが挙げられる。被災地で避難しなかった理由について尋ねると、「唯一の資産である家畜を置いて避難することはできない。自分だけ助かっても、家畜が死んでしまってはその後の生活が立ちゆかない」、「生き残ってもマイクロクレジット*8で買った網が流されてしまっては、借金だけが残ることになってしまう」といった回答が複数みられた。

また、バングラデシュ南部沿岸地域では年に四〜五回避難警報が住民にだされる。その都度、仕事を離れて避難をしていると、避難警報に対する慣れが生じ、今回は避難しなくても大丈夫だろうという油断につながる。特に貧しい沿岸部の農村地域では、一日仕事をしなければ、ただでさえ苦しい生活が一層深刻になることから、避難するか、それとも仕事を続けるのかという選択は切実なものとなる。事実、被災者から「三週間ほど前にサイクロン避難警報が出されたが、雨風が強かっただけで高潮は来なかった。だから今回も大丈夫だろうと思い避難しなかった」という証言が聞かれた。

一九九一年サイクロン以降、サイクロン防災の要はシェルター建設にあるとの認識がバングラデシュ政府や国際援助機関にある。特に二〇〇七年のシドルは、シェルターの増設が死者数を大幅に減少させたという議論が、住民の避難行動を分析することなくなされている。しかし、多目的シェルター委員会の委員長を務めたJ・R・チョードリー教授は「もしシドルが沿岸地域の潮位が最大となる三時間前、もしくは五時間後に到達していたとしたら、高潮によって過去のサイクロン同様恐ろしい被害が発生しただろう」と述べ、シドルの死者数が同規模の過去のサイクロンと比べて少なかった要因は、シェルター支援の成果ではなく、干潮時に上陸

マイクロクレジットで買った牛。農村住民にとっての貴重な資産である

*8　貧困層・低所得層を対象に、無担保で少額の資金を貸し出す仕組み。ムハマド・ユヌスが発案し、グラミン銀行によってその取り組みがバングラデシュ全土に広まった。これにより、それまで金融機関から融資を受けにくかった貧困層が、小商いなどの事業を始めるための資金を得られるようになり、貧困から脱却することが可能になったとされる。

したことによって高潮の水位が下がり、被害範囲が縮小したことにあると指摘している［Gawher 2011］。

また、筆者の別調査では、シドルの際に調査対象住民の半数以上が、避難警報が発令されたにもかかわらず事前の避難行動をとっていなかった［日下部 2011］。つまり、住民の大半は、シェルターを事前の避難所としてではなく、高潮によって家が流された後に一時避難場所として使用しているといえる。

一般的にシェルター建設によるサイクロン防災は、事前に避難したくても避難場所がないことがサイクロン被害を拡大させてきたという仮説のもとに実施されている。つまり、避難先としてのシェルターさえあれば、住民は最低限の貴重品とともに、着の身着のままで避難するということを想定している。しかしながら、貴重品が現金や通帳、クレジットカードといった携帯性に優れ、価値の保蔵機能を有したものであることが想定されている先進諸国と異なり、現金収入が乏しく、貨幣経済が十分に浸透していないバングラデシュの農村地域では、食糧や家畜といった直接生活の糧となる家財が最も重要な財産となっている。これらは、避難の際に携帯するというよりは、運搬の必要があり、避難行動の妨げとなる。

住民避難とサイクロン防災

今後、現地のコンテクストを踏まえ、事前の避難率をあげ、サイクロン被害を軽減するには、住民の生活の基盤となるような家財を保護するための施策が必要となる。加えて、シェルター建設といったハードの支援だけでなく、避難訓練や防災教育などを通じて、避難行動に円滑に移れるようにするためのソフト面でのサポートも必要不可欠だ。例えば、家畜を高台へ移

食糧や貴重品を高潮から守るために土に埋めるトレーニングをしている様子（バングラデシュ赤新月社より入手資料）

動するトレーニングや、食糧や貴重品を高潮被害から守るために、容器にいれて土に埋めるといった、その土地に見合った防災知識の普及を行う必要がある。住民にとって大切な財産である食糧や家畜へのダメージは、生活再建の大きな妨げとなる。サイクロン被害による生活水準の低下は地域の災害脆弱性を高めることから、人命だけに焦点を絞ったこれまでのシェルター支援では、レジリエンスの向上は見込めないと考えられる。

また、警報への不信を軽減するために、精度の高い情報を遠隔地の住民にまで届ける仕組みを構築することも重要だ。最新の気象レーダーなどが導入され、気象予報の精度があがる一方で、七〇年サイクロンの後に組織されたCPP（Cyclone Preparedness Program: サイクロン防災プログラム）[*9]以外に、遠隔地の住民への警報伝達を目的とした取り組みはなされていない。また、地域ごとの詳細な避難指示をだす仕組みも整っていないため、住民は不確かな情報しか得ることができず、結果としてサイクロン警報を軽視し、油断へとつながる。現在バングラデシュで電気供給のある世帯は全体の四六・五％である。残りの半数以上の世帯、農村部では六割以上の世帯に電気が通じていない［BBS 2010］。そのためテレビやラジオ、携帯電話、インターネットといった情報ツールの普及率も都市部から遠隔地になればなるほど低い。その実情を踏まえた上で、住民が精度の高いサイクロン情報にアクセスするための施策を講じる必要がある。

このように、これまでの被害抑止・軽減を目的としたサイクロン防災は、施策する側の机上の構想のもとに実施されており、住民の生活環境やニーズが十分に反映されているとは言えない。いくらシェルターを建設しても、住民が事前に避難しなければ、その効果を十分に発揮することはできない。最新のレーダーを導入しても、そこで得た精度の高い情報を、それぞれの地域住民が適切に判断できる形で届けなければ、警報の軽視につながるだけである。今後は、

*9　コミュニティにおける予防警報伝達で大きな成果をあげている取り組みとして、CPP（Cyclone Preparedness Program）がある。CPPはバングラデシュ赤新月社を母体とし、組織維持費を主としてバングラデシュ政府、活動経費を他国の赤十字・赤新月社からの支援によって運営されている。一度の災害による被害としては未曾有の規模となった七〇年サイクロンの後に、電気がひかれていないような遠隔地を含むサイクロン常襲地域に警報の伝達・避難誘導を行うことを目的として一九七二年二月に国際赤十字赤新月社連盟が主導して組織された。一九七三年六月にバ

ボランティアがメガホンやサイレンでサイクロン警報を伝えるCPPの取組み（パンフレット［BDRCS 2002］の表紙より）

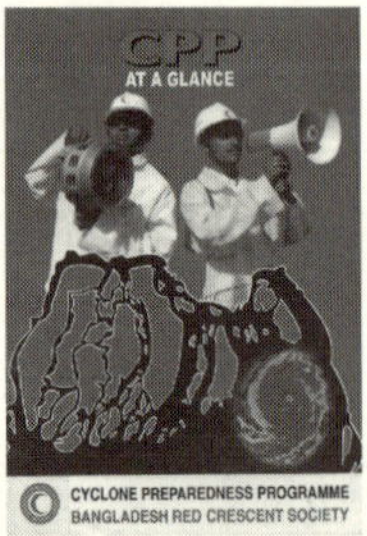

住民の視点からサイクロン防災を見直し、地域に相応しい形へと発展・応用させる必要がある。

3　災害間比較から考える支援のミスマッチ

被災地では何がおきているのか

次に被災後の復興課題について、サイクロン「シドル」と「アイラ」を比較する形で考えたい。これにより、同じサイクロン災害であっても、サイクロンの規模や被災状況、被災地域の地理的・社会的特質、支援内容によって、復興課題に差異が生じることを明らかにしたい（本章扉裏の地図参照）。

これら二つのサイクロンは被災状況もさることながら、復興の過程に大きな差異が生じた。観測史上最大級の大型サイクロンであったシドルは、事前に大規模な被害がでることが予想されていたため、政府や軍、CPPなどから十分な注意喚起と支援の準備が行われており、スムーズに復旧・復興フェーズに移ることができた。一方のアイラ被災地域では、もともとサイクロン常襲地域でないことから、現地行政機関やNGO、コミュニティに災害対応の能力が十分になく、サイクロンに対する危機意識も薄かった。また、上陸直前に急激に勢力を増したことから、事前の対策が十分にとられておらず、緊急救援の初動が遅れた。加えて、当時復興の過程にあったシドル被災地において、NGOが大規模に復興事業を実施しており、アイラの緊急救援に資金が回らなかったことも応急対応の遅れにつながった。現地NGOは多くの場合、国際NGOや政府系援助機関、国連機関からの資金提供を得て、被災地での活動を展開する。

ングラデシュ政府が資金提供を承認したことから、CPPはバングラデシュ赤新月社と政府の共同プログラムとして現在まで実施されている。サイクロン襲来時には、バングラデシュ赤新月社のボランティアが直接村々をまわり、サイレンやメガホンなどで住民にサイクロン襲来を伝える姿が見られる。しかし、資金不足からCPPが十分に機能していない地域も少なからず見られる。

支援を求めて道沿いに仮住居を建てる住民（シドル被災地域）

図6－3　災害マネージメントサイクル概念図
災害マネージメントサイクルは、災害の事前対応である「被害抑止」、「被害軽減」から、災害発生後の事後対応である「応急対応」、「復旧・復興」を経て、さらなる事前対応に繋げていく過程を連続させることによって、類似災害への防災体制を強化し、好循環へと発展させることを目的として考えられたモデルである

アイラの場合には、人的被害、とりわけ死者数が過去のサイクロンに比べて軽微だったこともあり、世界的な注目を浴びず、海外の支援団体の関心も薄かったため、資金が集まりにくかった。そのため、初期段階での支援に遅れが生じ、被災コミュニティは自力で生活復旧活動をスタートせざるをえなかった。このことが、後に述べる感染症などの二次被害の拡大につながり、復興の遅れにつながったと考えられる。以下に、災害マネージメントサイクルにおける応急対応フェーズと復旧・復興フェーズの課題を、住民と支援団体への聞き取り調査をもとに論じたい（図6－3）。

応急対応フェーズにおける支援する側の課題

シドルの被災地域においては、程度の差こそあれ、十分な支援がなされたが、支援過多による住民の援助依存が問題視された。「家を直してしまうと支援物資がもらえなくなってしまうから、家はあえて修理しなかった」という証言も被災住民から聞かれた。支援団体の担当者によると、家は非常に粗末な作りであるが、中に入ってみると、米、油、豆、ミネラルウォーター、ブランケットなどの支援物資がうず高く積まれているといった状況が多くの家庭で見ら

海水が引かず、浸水した状態が続いたアイラ被災地域。中央部に胸まで水に浸かって自宅まで家財を取りに行く女性と子どもの姿が見える

れた。

一方で、アイラ被災地域においては、支援物資が届かず、応急対応段階においては、生存に必要な水や食糧の確保が問題となった。住民は地域の有力者から物資の提供を受けたり、不衛生な水を飲料水として使用したりすることにより、生命の維持を図った。その後も安全な飲み水の確保とトイレなどの衛生環境の改善は大きな課題となった。

また、支援にコミュニティの住民が参加した事例は両地域ともに聞かれなかった。短期的な支援においても長期的な支援においても、住民の側への聞き取り調査等は行われておらず、支援する側の経験則による支援内容であったことが予想される。そのため、一時的にペットボトルの水が大量に支援されるが、その後に水源の復旧などの支援は行われないなど、支援とニーズのミスマッチに関する証言が多く聞かれた。

復旧・復興フェーズにおける支援する側の課題

シドル被災地域においては、下痢などの感染症が大規模に発生したという報告は聞かれなかったが、アイラ被災地域においては、被災後長期にわたり感染症が問題となった。シドル被災地域においては、迅速な水・食料の配給や家屋・トイレの修復支援がなされ、援助機関による感染症対応薬の配給も大規模に実施された。一方で、アイラ被災地域では、長期にわたり安全な飲み水が確保できず、衛生環境も悪化したことから感染症が拡大した。

また、両被災地域において、グラミン銀行やNGOからマイクロクレジット*10の融資を受けている住民が、返済困難に陥った。マイクロクレジットは、貧困世帯に無担保で小額の資金を貸し出す仕組みである。サイクロン災害によって、融資を受けて買った家畜や小商いの店が流さ

*10 バングラデシュにおいては、グラミン銀行に加え五〇〇団体以上のNGOがマイクロクレジット事業を行っている。災害多発地域において実施されているマイクロクレジットに対する保険システムの導入など、災害リスクを担保する何らかの施策が求められているといえる。

支援によって復旧されたトイレ（シドル被災地域）。トイレの左上に支援団体を示すパネルが貼られている

れたり、耕作権を得た田畑が潮に漬かってしまったりするなど、マイクロクレジットの債務者も大きな被害を受けた。シドル被災地域を視察したグラミン銀行のムハマド・ユヌス総裁（当時）は「債務帳消しはできない」との立場を示した上で、被災した債務者に対して債務返済期限の延長と生活再建費用の融資を無利子で提供する支援を実施した。また、ASA（Association for Social Advancement）[*11]やBRAC（Building Resources Across Community）[*12]などの大手NGOも返済の延期を表明した。

一方で、アイラ被災地域においては、グラミン銀行による返済の猶予措置がなかったとの証言が聞かれた。ASAやBRACなどのNGOは、被災後にマイクロクレジットによる新たな融資は中止したが、それまでに貸し付けたマイクロクレジットの回収は継続した。

応急対応フェーズにおける住民の生活再建課題

シドル被災地域では、サイクロン被災後、政府、NGO、国連機関などによって、翌日から米や飲料水の緊急支援が開始され、一年程度継続された。しかし、アイラ被災地域においては、日常的に使用していた堤防の上の道路が、破堤によって寸断され、地域によっては緊急支援物資が到着するまでに一カ月以上かかる地域もあり、住民の生活は困窮した。サイクロン被災地域における緊急支援物資としては、米や飲料水、油や小麦などの食糧支援に加え、テント、ビニールシート、毛布、調理器具などが支給された。現金の支給や、浸水で流された家屋に対する支援など生活再建に向けた支援も行われている。これらの支援内容は両地域に共通するものであるが、シドルに比べ、アイラのほうは支援の量が十分でなく、支援団体の数も少なかった。アイラの方がシドルに比べて人的被害が少なかったことから、NGOや政府による支

*11　シャフィクル・ハック・チョードリー（Shafiqual Haque Choudhury）によって一九七八年に設立された現地NGO。当初は教育支援活動などに従事していたが、一九九二年からはマイクロクレジット専門のNGOとなった。バングラデシュ国内に三〇〇〇店舗近い支店を持ち、五三二万人にマイクロクレジットを貸し付けている。

*12　ファズル・ハサン・アベット（Fazle Hasan Abed）によって一九七二年に設立されたバングラデシュ最大のNGOで、一〇万人以上のスタッフを抱える。マイクロクレジットの

グラミン銀行本部で説明を受ける学生。壁面にはユヌス博士の写真が飾られている

援も小規模となり、そのことが原因で、被災者の生活環境を悪化させ、感染症などの二次災害につながったと考えられる。

また、シドル被災地域では、高潮の水が一日程度で引いたのに対し、アイラの被災地域では大規模に防潮堤が破損したため、長期間にわたり海水が内地に滞留する状況が続いた。そのため、住民の多くがサイクロンシェルター、友人宅、堤防の上で避難生活をおくった（図6-4）。

図6-4　高潮が引かず、堤防の上での生活を余儀なくされる住民
（アイラ被災地域）

土地の価値が高い一方で、所有権が不明瞭なケースも多いバングラデシュの沿岸地域では、土地を実効支配することが資産を守る上で重要となる。そのため、高潮が引いた後にすぐ元の土地に戻れるよう、居住地近隣の堤防や高台など、沈まなかったわずかな土地に被災者が仮住居を建て、密集して生活をおくった。これにより一部被災地域では農村スラムが形成され、住環境の悪化や新たな災害に対するレジリエンスの低下を招いた。多くの世帯で、一家の働き手である男性が他地域に出稼ぎに出たため、これらの地域では女性や子ども、高齢者の姿が目立つ。被災後に不衛生な環境下で感染症などのリスクにさらされるのは多くの場合、体力的に成人男性に劣るこのような災害弱者であるといえる。

貸付総額は、グラミン銀行を抜き、バングラデシュの中で最も大きい。マイクロクレジット以外にも、教育や保健、衛生、収入向上など多様なプロジェクトを展開している。アフガニスタンや南スーダンなど、バングラデシュ国外でも支援活動を実施している。ＢＲＡＣは当初 Bangladesh Rehabilitation Assistance Committee の略称として使用されていたが、現在では Building Resources Across Community が正式名称となっている。

マイクロクレジットの貸付金を回収する様子（シャプラニール＝市民による海外協力の会提供）

復旧・復興フェーズにおける住民の生活再建課題

復旧・復興段階においては、NGOや国連機関が実施する「キャッシュ・フォー・ワーク(Cash for Work)」や「フード・フォー・ワーク(Food for Work)」*13のほか、不定期に実施される日雇い労働に参加して生計をたてる住民が男女ともに多かった(図6-5)。これにより、防潮堤などの復興は進んだが、人びとはいつまでも続くわけではないこれらのプログラムに自らの生計を委ね、今後の生活の糧になる田畑での仕事や、魚漁の仕事に戻らなくなるという問題が両地域において顕在化した。荒れたままで放置された田畑や、漁船の残骸などがアイラの被災地域においては長期間にわたってみられた。

家屋の修復や仕事道具の購入のために、マイクロクレジットを利用している住民も多数存在する。マイクロクレジットは容易に借り入れを行うことができるため、被災後の生活再建のために借りる住民も多いが、収入手段の回復が見込めないままの借り入れにより重債務に陥るケースも少なくない。

図6-5　キャッシュ・フォー・ワークに従事する被災者　道路や堤防の修復などを被災者が請け負うことによって、地域の復興と、被災者の収入向上を目指す

*13　現金もしくは食料支給と引き替えに一定の労働に従事することを義務付ける援助手法。現金が支給される場合をCash for Work、食料が支給される場合をFood for Workという。道や堤防、橋といった社会インフラの修繕事業に従事することにより、地域と個人の両面から復旧・復興を促す取り組み。

アイラ被災地域の主要産業であるエビ養殖も大きな被害を受けた

被災後の復興課題に関する考察――支援する側とされる側

両地域の応急対応段階においては、遠隔地に住む人びとがユニオン（バングラデシュの最小行政単位）の中心部で実施されることの多い配給にアクセスしにくいという問題が見られた。緊急援助で配給される物資は、ペットボトルの飲料水や数十キロの穀物などであり、母子世帯や高齢世帯の住民、遠隔地の住民などにとっては、運搬が困難である。そのため、ペットボトルの水などは途中の市場で売却してしまい、自分たちは居住地近くの、あまり清潔とはいえない池にたまった水などを浄水することなく飲料水として使うといったケースが聞かれた。

また、緊急救援段階においては、支援対象世帯選定にあたり支援団体のスタッフが地域をまわって家の損壊具合や被災状況をみて判断し、支援物資の引き替え証を渡していく。そのため、住民は支援団体のスタッフが頻繁に通る幹線道路脇や防潮堤の上に粗末な居を構え、支援物資が提供されるのを待つ。自宅が再建され見栄えがよくなると支援物資がもらえなくなる可能性があることから、人びとはなかなかもとの土地に戻ろうとせず、生活を再建する復旧・復興のフェーズに移行しようとしない。

このような問題は、被災者の側に責任があるわけではない。援助する側の都合で、プロジェクト運営がしやすい場所に支援が集中するという現象は、他の被災地域においても頻繁にみられる。バングラデシュにおける災害応急対応などは、海外からの支援にその多くを頼っており、無数の国際援助機関がプロジェクトを実施している。現段階ではそれらをすべて統轄する仕組みは構築されていないことから、個々の援助機関の都合と思惑が支援に反映されやすい。応急対応の段階で、支援の平等性を担保するのは困難な作業ではあるが、複数の支援団体が入り乱れて緊急援助活動に従事する中で、平等性への配慮を諦めてしまってはならない。政府に

配給の様子。被災直後には、政府や海外援助によって緊急支援物資が配給される。米や水など、重量があるものが多く、母子家庭などは運搬に支障をきたす

しろ、国際援助機関にしろ、支援にアクセスできない社会グループや、援助が入ってこない地域の存在を認識し、支援に取り残される人びとをださないための方策を、平時の段階で検討しておく必要があるだろう。

4　災害被害を拡大させる社会構造

脆弱性を高める社会構造——ハティア島の事例を中心に

バングラデシュにおいては、ジョムナ（ブラフマプトラ）川、ポッダ（ガンジス）川、メグナ川などの大河川をはじめとした河川の流域、および河口に位置する島々で、土壌の浸食・堆積作用による急激な地形変化が繰り返されている。筆者が二〇〇三年から継続的に調査を行っているノアカリ県ハティア郡ハティア島においては大規模な島土の浸食と堆積によって、島の形状が時代によって大きく変化している。特に島の北側は上記大河川がベンガル湾に流れ込む勢いで島土の侵食が日々進んでおり、逆に南側では浸食された土砂が堆積することにより新しい土地が出現している。そのため、過去には賑わいを見せた島北部の村々が海に沈み、一方で島南部において、高潮の進入を防ぐ防潮堤の外側に堆積作用によって新たな土地「堤外地」が形成されるといった現象が見られる。激しい島土の侵食により、北側では防潮堤ごと土地が削られ、逆に南側では海の側に新しい土地が形成されることにより、防潮堤が内陸に退いて堤防としての機能を果たさなくなっていると言える。

現在も島北部における土壌浸食は深刻であることから、これらの地域では、居住地・農地の

大河の水圧によって日々浸食される島土。これによりハティア島北部の土地は削られ、逆に南部には新たな土地が生まれる（本文参照）

減少や喪失にともなう住民の人口移動が頻繁にみられる。筆者がハティア島の南東部堤外地において、六地域三五五世帯を対象に行った質問紙調査によると、九一％の住民が土壌浸食によって土地を失ったのが原因で、現在の堤外地に移住してきている［日下部 2015b］。つまり、北部で土地を失った住民が、土地を求めて堆積作用によって新たに出現した東南部の堤外地に移り住むという構図がみられた。その他、慢性的な洪水の被害を避けるために移住している住民も八％みられ、土壌浸食や洪水などの自然災害を要因とする移住が看過できない割合で存在することがわかる。移住元は、土壌浸食が深刻な最北部のホルニユニオンが七七％を占めたが、ハティア島外からの移住や浸食被害の少ない島西部からの移住も見られた（図6-6）。

このように、浸食によって土地を失った住民の一部は、新たな居住地を求めて防潮堤の外に土壌の堆積作用によって新たに誕生した堤外地へと移住する。それとは別に貧困層が耕作地を求めて堤外地に移動するケースもある。自然発生した堤外地は人が住むことが想定されていないため、サイクロンをはじめとした種々の災害対策がとられていないことが一般的である。ハティア島は、シドル・アイラの直撃は免れたものの、一九九一年のサイクロンでは当時の人口二九万二〇〇〇人のうち、島南東部を中心に六〇〇〇人もの人が亡くなった。このような、危険性の高いことが明白である堤外地への移動を余儀なくされるのは、経済水準が低く、災害や病といった突発的な事故に対する抵抗力が弱い貧困層であることが大半である。堤外地住民の家屋は主として竹・藁などによって造られているため、サイクロンによる強風や高潮の直撃を受けると簡単に倒壊してしまう。一九九一年のサイクロンによる死者の多くは、倒壊してしまった家を離れた際、あるいは家ごと高潮にのまれた際の溺死によるものが大半であった［萱野 2001］。

広大な堤外地と、そこで遊ぶ子どもたち（ハティア島南部）

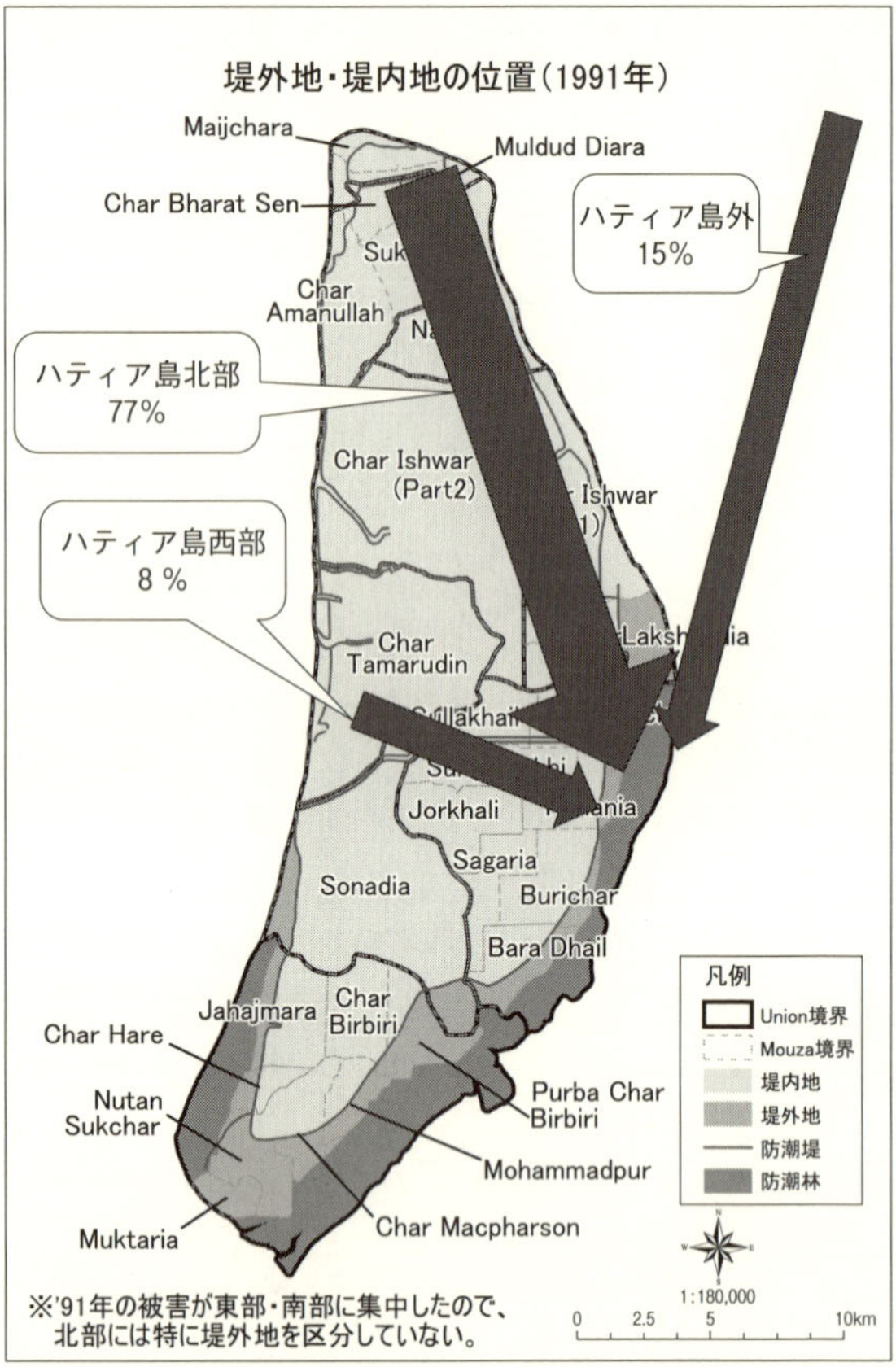

図6－6　ハティア島南東部の堤外地への移住元割合

［日下部 2015b］より（地図は土木研究所資料第4093号『バングラデシュ・ハティア島における1991年サイクロン災害要因に関する事例研究』別添資料４堤外地・堤内地の位置（1991年）より転載）

ハティア島は、浸食と堆積を繰り返すことにより南に移動しており、人びともそれにあわせて移住するが、この変化に防災施策が追いつかないのが実情である。地域の脆弱性の高まりは、災害被害を拡大することから、脆弱性を生み出す社会構造に対する理解と対策を早急に進める必要がある。

防潮堤の外に形成されたハティア島南東部の堤外地（防潮堤の上から撮影）

災害被害と貧困

一九七〇年以降、世界における熱帯低気圧の発生頻度は増加していないが、「リスクに物理的に直面する人口」は三倍近くとなっている［ISDR 2011］。特にアジア地域には、サイクロンなど熱帯低気圧に伴う暴風雨関連災害死者数の九四・四％、被災者数の九四・二％、全災害における死者数の五五・五％、被災者数の八一・六％が集中している［IFRC 2015］[*14]。

アジアにおける災害被害が拡大する背景としては、急速な経済発展に伴い人口が都市部に集中することによる無秩序な都市開発や、安全性を軽視した土地の利用が指摘されている［IFRC 2010］。急激な都市化に伴う人口増加のあおりを受けて、安全な土地を取得できない人びとの大部分は貧困層である。そのため都市部貧困層における災害被害の発生・拡大が、アジア全体の災害被害の増大の原因になっていると考えられている。

バングラデシュにおいても首都ダッカへの人口集中に伴い都市スラムが拡大し、洪水や地震による災害被害拡大の可能性は否定できない。しかしながら一方で、サイクロンによる被害の大半は高潮災害によるものであるため、被害はベンガル湾に面した沿岸地域に集中している。これら沿岸農村部においては、防潮堤や大河の中洲を中心に農村スラムが形成され、サイクロン被害の温床となっている。一見するとバングラデシュの豊かな農村風景に溶け込んだぼくとつとした生活スタイルであることから、農村スラムにおいては都市スラムのような明らかに周縁化された様相はみられない。しかし、都市スラム同様に住民の貧困の度合いは高く、災害に対する抵抗力は低い。

バングラデシュにおける災害研究においては、洪水の増加が地域の発展と個人の経済成長を阻害しうることや、貧しい世帯ほど資産の売却や借入によって洪水被害に対応していることな

＊14　二〇〇五年から二〇一四年にかけて発生した大型の熱帯低気圧による死者数、被災者数をもとに算出した［IFRC 2015］。

藁と竹で造られた脆弱な家屋（ハティア島堤外地）

どが明らかにされている［Mallick et al. 2005］［Ninno and Smith 2003］。これらの研究は、洪水災害において、その被害が被災住民の貧困の度合いをより深めることを指摘している。

また、洪水多発地域における貧困問題を扱った研究としては、ターナーを中心とした調査グループによる研究がある。これらの研究は、内陸部において地形変化の激しい大河川沿いと中洲を事例として扱ったものであるが、バングラデシュにおいては、それら地域の貧困率が高く、洪水の被害は川沿いと中洲に移り住まざるを得ない農村貧困層においてより深刻であることを指摘している［Tanner et al. 2007］。

一方で、大型の熱帯低気圧による災害では、二〇〇五年にアメリカのニューオリンズを襲ったハリケーン「カトリーナ」の犠牲者が、同市内で最も貧しい地域に集中していたことが明らかになっており、災害被害と貧困の関連性が、住宅や医療制度といった社会的コンテクストのもとで指摘されている［Rowland 2007］［Perry et al. 2006］。社会開発が進んでいるとされる国においても、地域的にみると著しい貧困や社会的な疎外が災害被害を拡大する要因となっていると考えられる。

バングラデシュに関する前述の研究は、洪水を事例に災害被害と貧困との関連性を考察したものであるが、サイクロン災害においてはこれまで、貧困課題との関連性が明確な主題として扱われてこなかった。バングラデシュにおけるサイクロン災害では、全般的に災害に対する備えが不十分である南部農村地域において、一時的には貧困かどうかの区別なく、地域住民全員に壊滅的な被害が発生する。また、熱帯低気圧の規模や進路によって被害態様が大きく異なることから、バングラデシュのサイクロン災害においては被害の大小が外力の差異によるものなのか、他の社会的要因に起因するものなのかが不明瞭である。そのため、これまでのバングラ

藁と竹で造られた脆弱な家屋内部（ハティア島堤外地）

デシュにおけるサイクロン災害研究や実際の防災政策においては、貧困との関連性が十分に考慮されてこなかったと考えられる。

貧困と災害の悪循環

本章のサイクロン災害に関する一連の考察では、被災前の防災課題と被災後の生活再建課題を明らかにすると同時に、貧困層において被害が増大する社会構造を微視的視座から分析し、貧困を主要因とした農村部における災害被害拡大プロセスを提起した。具体的には、①貧困に関連した種々の要因によって避難行動がとれないことによる低い防災力（第2節）、②不十分な復興支援政策と慢性的な貧困による低い回復力（第3節）、③生活基盤の弱い貧困層が災害の危険性の高い堤外地に移り住むことによって高まる地域の災害脆弱性（第4節）を指摘した。

堤外地に代表される南部沿岸地域における農村スラムでは、農村部における人口圧からはじき出された土地なし貧困層が、土地を求めてサイクロンや浸食といった災害被害が発生する危険性の高い土地に移り住むといった構図がみられる。さらに、移り住んだ先の土地が浸食によって失われたり、高潮被害によって家財一式が失われたりすることによって、住民の貧困の程度がさらに深まり、農村スラムにおける災害脆弱性も高まることとなる。これらのことから、バングラデシュの南部沿岸地域においては、以下のようなサイクロン災害と貧困の悪循環が認められると考える（図6-7）。

①生活基盤の弱い貧困層が災害リスクの高い堤外地に移り住むことによって高まる地域の災害脆弱性（図6-7-(a)）

防潮堤の浸食を防ぐために設置された柵

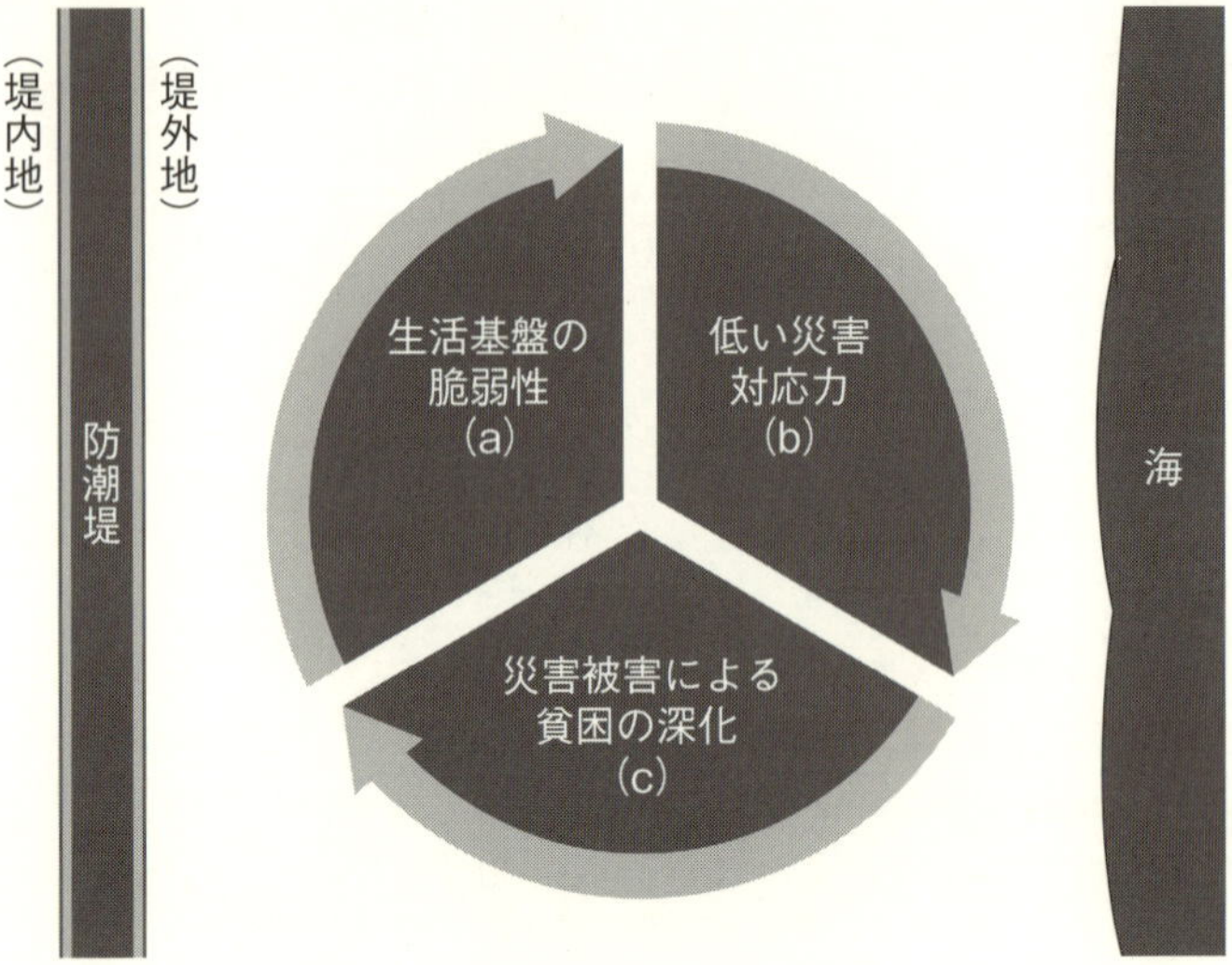

図6−7　貧困を主要因とした災害被害拡大要因の悪循環

②貧困に起因する要因によって避難行動がとれないことによる低い災害対応力（図6-7-(b)）

③貧困層に災害被害が集中することによる貧困の深化（図6-7-(c)）

つまり、バングラデシュにおけるサイクロン災害においては、外力の影響を受けやすい土地の人口圧の増加によって災害そのものの発生確率が上がることに加え、[15]そこへは外力への抵抗力が弱い貧困層が集中する。貧困層は災害脆弱性が高く、地域の防災力も十分でないことから、貧困層を中心にレジリエンスは低下し、サイクロン被害は拡大することとなる。そして、このようにして繰り返される災害被害によって貧困の度合いがさらに深刻化すると考えられる。

＊15　サイクロンが発生したとしても、それによって人びとに被害が生じなければ災害にはならない。一方で、外力が弱い小規模な熱帯低気圧であっても、人的・物的被害が発生することによって災害となる。

ハティア島のサイクロンシェルター

5　バングラデシュのサイクロン防災に関する考察

サイクロン防災の課題

これまで、バングラデシュにおいてはサイクロンの外力が作用しても災害を起こさないための被害抑止対策として防潮堤を、災害が起きることは避けられない前提として発生被害の低減と範囲の限定を目的とした被害軽減対策としてはサイクロンシェルターを中心とした、構造物を用いたハード的な防災政策で対応してきた。

しかし、これらの対策は三つの課題を抱えている。一つは構造物によるハード的防災政策が常に直面する課題である維持管理の問題である。防潮堤にしろ、サイクロンシェルターにしろ、一〇年に一度の大型サイクロンにも耐えうることを目的として建設された構造物が、日常的なメンテナンスがいきとどいていないことにより、被災時に予定された効果を上げられないでいる。防潮堤の部分的な破堤や、シェルターの外壁が破損している、床や階段が抜けているといったケースが、高リスク地域では多く見られる。このような維持管理体制の欠如は、物理的な防災力の向上に資することがないだけでなく、シェルターに避難することを躊躇させる要因にもなりうる。

二つ目に、建設の段階で住民への聞き取り調査等、十分なフィージビリティ調査[*16]を行っていないことによる現地ニーズとのミスマッチがある。防潮堤が建設されることによって、漁船が海にでることができなくなる、排水設備が不十分であることから堤内地に水がたまってしまう

---

*16　プロジェクトの実施可能性について、主として社会的・技術的・経済的・財務的側面から調査するもの。こうした調査を行った上でプロジェクトが本当に問題解決に資するのかが検討され、実施の可否が決定される。

メンテナンスがされておらず、壁が破損し、鉄筋がむき出しになったサイクロンシェルター

といった問題から、住民が自ら防潮堤を壊すといったケースも聞かれる。また、シェルター建設に地域的な偏りがあったり、[*17] 必ずしもリスクが高い地域に集中的に建設されたりしているわけではないことから、シェルター数の増加が被害削減に結びつかず、地域の防災力強化に結実しない。

さらに、女性や子ども、高齢者、貧困層といった社会的弱者の声が反映されないことも、構造物による防災が十分に機能しない要因となっている。シェルターにおいて、部屋やトイレが男女別に設置されていないことが、バングラデシュのようなイスラーム社会においては、女性が事前に避難行動をとることを拒む原因となり得る。また、貧困層にとって生活を維持する上で重要な資産であり、投資の対象でもある家畜を避難させるスペースが設けられていないことも、住民のシェルターへの避難意思を削ぐ結果となる。

これまで、国際援助機関による防潮堤やシェルター建設などの大規模公共事業の意思決定プロセスに、地域住民の意見が反映されることはなかった。また、維持管理責任の明確化もなされていないことから、これら構造物は地域住民への配慮もないままに造られ、大部分がそのまま放置されているというのが実情であるといえる。

なぜ取り残される人びとが生まれるのか

バングラデシュのように貧困対策や保健・教育政策など、直近の目に見える優先課題が山積している国では、いつ発生するのか長期的な予測がつかないサイクロン災害などへの対応が後回しになる傾向がある。このような貧困課題を有する多くの国々においては、海外からの支援である国際援助が、防災政策において大きな役割を果たす。

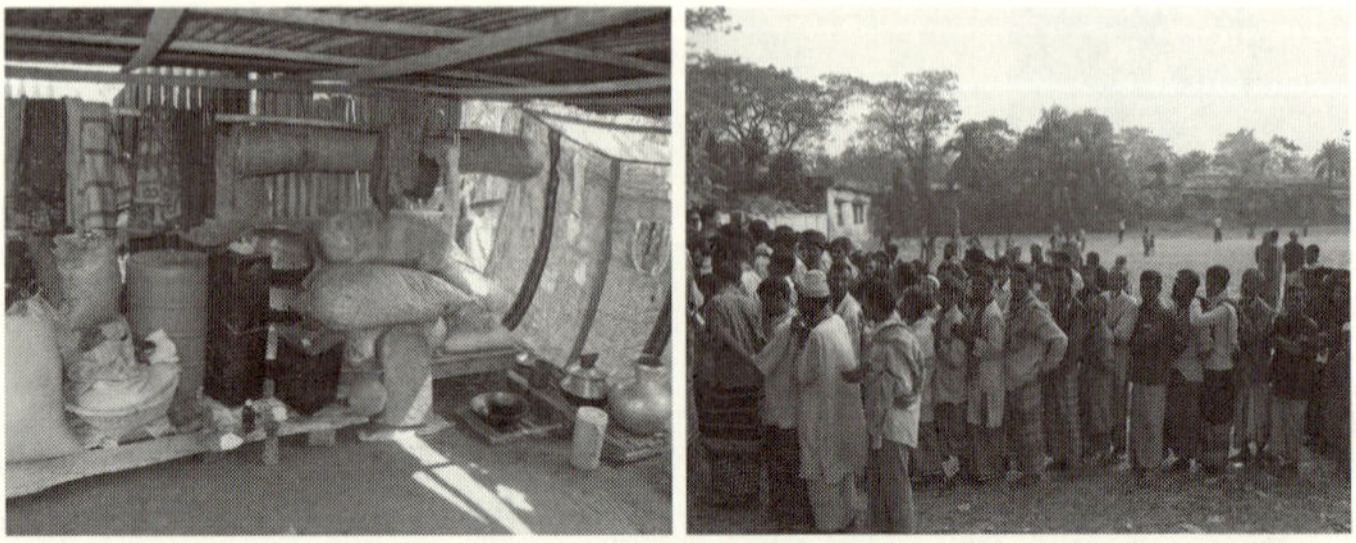

仮住居の中に積まれた配給物資（左）と配給の様子（右）。配給物資は米や水など重いものが多いことから、配給に並ぶのは大半が男性である

*17　シェルター設置にあたっては、住民に用地を提供してもらう必要があることから、土地を持つ有力者の敷地内に建設されるケースが少なからずある。そのため、必ずしもリスクの高い地域にシェルターが集中的に造られているわけではない。

これら国際援助機関にとっては、長期間の関わりが必要となる防災教育や、災害高リスク地域の貧困削減支援を実施するよりも、シェルターを造って、目に見える実績を伸ばすほうが、負担が少ない。また、高リスク地域に住む最貧困層に対して防災支援を施すよりも、比較的貧困の度合いが軽度な住民を対象としたほうが、効果がでやすいことも、堤外地のような地域の住民が取り残される要因となる。河川浸食によって流された土砂が別の場所に堆積することによって新たに出現した堤外地は土地の所有権が不明瞭であるケースが多く、国際援助機関が手を出しにくいといった別の課題もある。

バングラデシュ政府にとっても、高リスク地域の貧困削減に対する支援よりも、気候変動の被害者であることを訴え、地球温暖化によってサイクロンの規模と発生数が増加するという仮説のもと、それによる人的被害軽減策としての防潮堤・シェルター建設は要請しやすいといった背景もある。また、サイクロンの被害が大きければ大きいほど国際援助機関からの資金も集まりやすいことから、無理をしてまで高リスク地域に住む貧困層に支援をする必要はないという理屈も成り立つ。実際に、死者数が二〇〇人程度だった二〇〇九年アイラは、死者四〇〇〇人の二〇〇七年シドルに比べると応急対応段階での支援は圧倒的に少なかった。

さらに、商業都市チッタゴンが位置する南東部*18を除く南部沿岸地域の災害高リスク地域は、経済的に重要度が高いわけでもなく、そこで暮らす貧困層を守ったとしても、大幅な税収や政治家の得票につながらないことも、政府の対応を鈍くさせる要因の一つと言える。

このような施策者側の理屈が、防災政策から抜け落ちる住民の存在に見て見ぬふりをすることを容認する社会風土につながり、結果として取り残される人びとを生み出すと考えられる。

*18 チッタゴン周辺は、九一年サイクロンの後、植林や防潮堤・シェルターの建設が集中的に行われた。しかし、それ以降大型サイクロンが同地域を襲っていないため、これらの効果は未知数である。

マングローブを植林することによって作られた防潮林。高潮や暴風を弱める効果が期待されている

地域事情と住民参加

本章でバングラデシュを事例に示したように、それぞれの社会には防災への取り組みの成否を左右する多くの社会的・文化的固有要素があり、あらゆる社会に適用できる共通の防災力向上プロセスが存在するわけではない。日本のように避難訓練や防災教育によって住民の防災意識が高く維持されており、消防団や自治会などの地域の防災組織の存在を前提とした上での堤防建設や避難施設の設置と、バングラデシュにおける防潮堤・シェルター建設は、同じ構造物による防災施策であっても、社会的コンテクストにおける意味合いは全く異なるといえる。また、政府による復興支援への一定の信頼や、生活再建のための災害保険システムの有無によって、住民の避難行動にも大きな差が出る。そのため、日本におけるこれまでの構造物を重視した防災の知見をそのままバングラデシュに適用することはできないと考えるのが妥当である。

今後の防災支援においては、地域固有の社会背景への配慮をいかに担保していくのかが課題となる。バングラデシュでいえば、これまでの防災政策において周縁化されてきた堤外地の貧困層のレジリエンスを高め、自助・互助[*19]への意識と実践力を向上させることが必要である。これは言葉をかえれば、開発援助研究で繰り返し議論がなされてきた住民参加の視点を防災政策に取り込むことに他ならない。そのためには、学校教育における防災教育や住民の避難訓練などを通じて地域住民の防災意識を向上させるといった地道な取り組み（図6-8参照）と平行して、取り残される人びとが生まれないよう、防災支援において住民の意見が反映されるスキームを構築する必要がある。

防災は、住民の日々の営みの中に位置づけられなければその効果を十分に発揮することはできない。そのため、他の開発課題同様、そこに暮らす人びとの参加を前提とした政策立案と、

＊19　ここでいう自助・互助とは、当事者である自分自身とその家族が、自らの力で災害に対応する能力と、近隣の親しい住民が協力し合って災害を乗り切ることを指す。

被災時において重要な水分補給源であるココナッツの実

その効果を低減する可能性のある地域固有の阻害要因への働きかけを同時に実施していく必要があるだろう。

しかしながら、日々の生活を維持するのが精一杯である貧困住民に、防災政策への参加を促し、住民主導のイニシアティブへと結実させるには長い時間がかかる。現段階においては、地域密着型のＮＧＯや地域研究者などが彼らの声を代弁し、地域社会のニーズを防災政策に反映

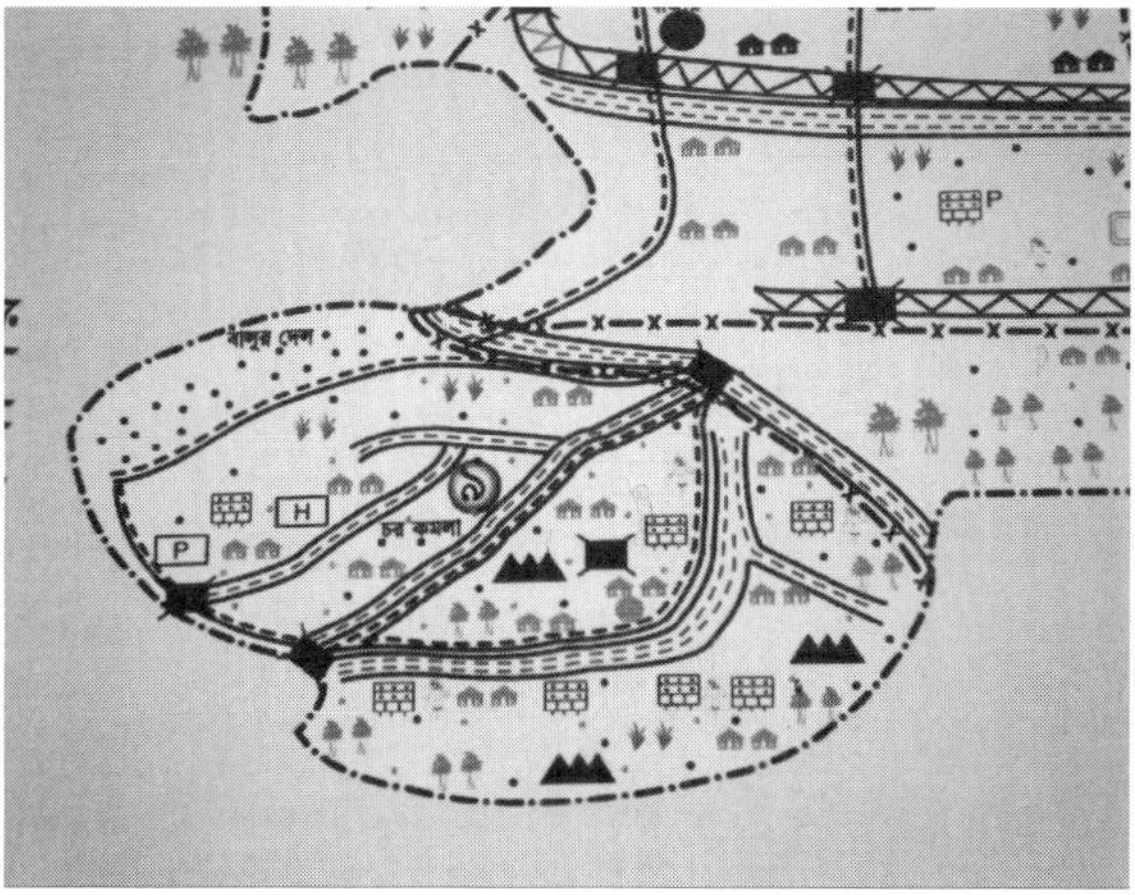

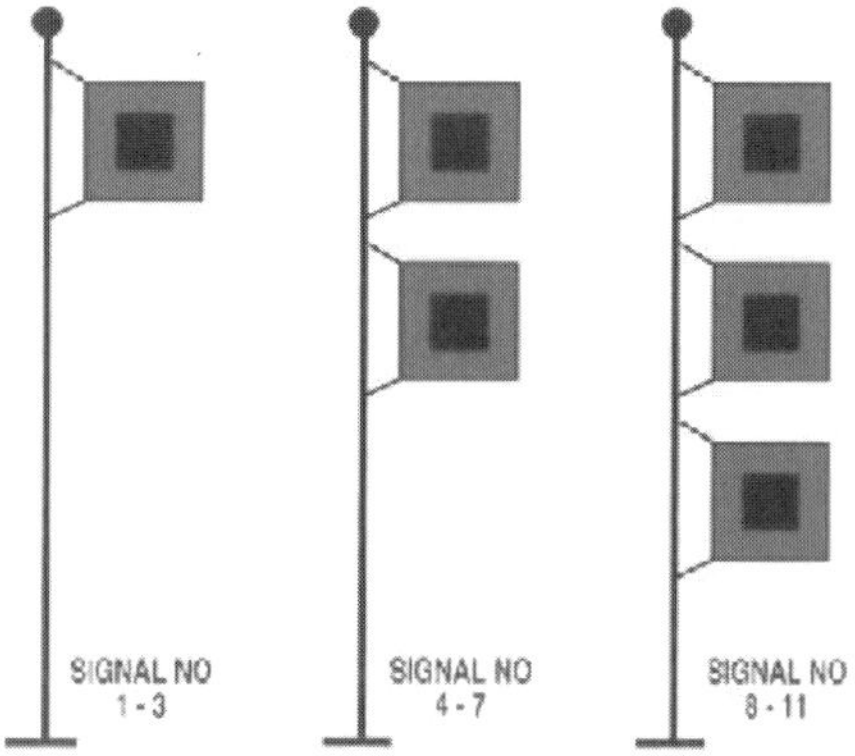

図6－8　アイラ被災地域に設置された防災マップ（上）**とサイクロンの規模を示す旗**［BDRCS 2002］（下）。防災マップには、シェルターの位置や高台の場所が示されている。旗は、電気が通じていないところでも目視で確認できるよう、シェルターや役所の屋上などに設置される。シグナルの強さによって旗の数が異なる

サイクロンシェルターは平時においては小学校として使用されているものが多い

させていくことが現実的であると考える。

貧困と災害

バングラデシュの防災課題は開発課題と同義である。高潮によって壊滅的な被害が発生したとしても、土地を求める貧困層は堤外地への移動を繰り返す。その背景にあるのは、慢性的な貧困課題である。近年のバングラデシュ経済の好調は、縫製業の発展と出稼ぎ労働者からの海外送金によって維持されている。しかしながら、貧困層はこれら成長牽引セクターへのアクセスが難しい。縫製工場で働くにも最低限の読み書きができる必要があり、出稼ぎにでるにも仲介業者への仲介料や渡航費を工面する必要がある。堤外地住民の教育水準は全国水準に比べ圧倒的に低く、またダッカやチッタゴン近郊に集中する縫製工場への就職情報を得るのも難しい。まして、海外に出稼ぎにでるための資金を工面することなど到底不可能である。

二〇一〇年段階において、バングラデシュでは全人口の三一・五％が国の定めた貧困線[*20]に満たない生活を送っている［GEDPC 2014］。一九九〇年の五六・七％に比べれば改善傾向にあるが、一億六〇〇〇万人近い人口規模を考えると、貧困がバングラデシュにとって一番の「災害」であることは明らかだ。この慢性的な災害である貧困こそが、サイクロン被害の温床であるといえる。

災害による甚大な被害は、それまでの地域社会の発展プロセスを一瞬で無にし、貧困の度合いをさらに高める。そのため、貧困地域における災害被害を軽減し、前述の貧困を主要因とした災害被害拡大要因の悪循環を絶つには、すべての開発政策に防災の要素を入れ込むことが必要となる。二〇一五年九月にニューヨークで開催された「持続可能な開発に関するサミット」

*20　一日の摂取カロリーが二一二二キロカロリーに満たない人の割合。

ハティア島などの島嶼部へむかう船。首都ダッカからハティア島までは15時間程かかる

によって採択された「持続可能な開発目標（SDGs: Sustainable Development Goals）」では、貧困、飢餓、ジェンダー、保健、気候変動といった項目に対して二〇三〇年を期限とした目標を定めている。SDGsは開発政策をより優先度の高い開発目標に振り向ける役割を担っており、SDGsにおける一つ一つの課題が、地域の災害脆弱性との関連性を有している。そのため各目標への取り組みが自然災害に対するレジリエンス向上につながる可能性を秘めているといえる。しかし、災害脆弱性をどれだけ軽減できるかは、各目標の達成に至るプロセスの中に防災の視点をどのように入れ込むのかにかかっている。例えば、高潮対策が施されていない学校をいくら建設しても大型サイクロンによって高潮が発生すれば流されてしまい、その時点で開発政策としての成果も防災政策としての成果も生み出せないことになる。

防災を個別のイシューとせず、貧困が災害被害に及ぼす影響を認識し、災害に対する配慮がなされた貧困削減政策が実践されなければ、貧困に起因する災害被害拡大要因に対処することは難しいと考える。

命のボーダーとしての防災施策

防災政策の範囲外である堤外地の住民が、日々災害の危険にさらされていることは間違いない。住民自身もそのことを認識しているが、居住地や耕作地を持たない貧困層は、日々の生活を優先せざるをえないことから、堤外地での生活を選択する。彼らの悲願は防潮堤の内側に土地を得て移住することである。

このように考えると彼らにとっての防潮堤は、防災政策のもと作られたボーダー（境界線）である。防潮堤が建設される前には、ハティア島の住民は平等に災害の脅威にさらされる存在

ハティア島行きの船の上でお祈りをする人びと

であった。しかしながら、防潮堤がつくられることにより、安全を享受できる存在と、できない存在に線引きがなされる。防潮堤によって、堤防の内側の土地は災害に強い価値のある土地となり、堤外地は災害リスクの高い危険な土地となる。サイクロンの危険性がより高い沿岸地域の土地に貧困層が移り住むという構図は、防潮堤ができる前からみられた現象であるが、防災政策として防潮堤が建設されることにより、命のボーダーがより明確に顕在化したといえる。

サイクロンシェルターに関しても、近隣に避難所がある住民とない住民とでは、減災の側面からみて被災時の生存可能性に大きな開きがある。ハティア島の堤外地は、堤防の外の土地が日々拡大していくという特殊な自然環境下にあるが、日本においても河川の氾濫や鉄砲水の危険性のある河川堤防外の河原などには、路上生活を余儀なくされた貧困層が移り住むことが多い。貧困層が災害の危険性の高い地域に移住していくといった構図はバングラデシュ以外でもみられる現象である。

これらのことから、防災を含む社会開発という行為そのものが、人間生活に境界線を引き続ける行為であると言える。特に開発資金に限りのある途上国[*21]においては、全地域一律の開発政策を実施することが困難であり、多くのプロジェクトが局地的な対応にとどまっている。局地的な防災政策は、地域を安全な土地と危険な土地へと分断し、土地の価値が低い危険な土地へは貧困層が移住する。

バングラデシュにおいては、防潮堤やシェルター建設などのハード面での災害対策資金は国際援助機関に大きく依存していることから、各ドナーの意向と都合が大きく影響し、全体の整合性を欠いている。資金に限りのある防災支援においては、その恩恵にあずかれる住民とあず

島嶼部では、移動にこのような小舟を使う。バイクなども運ぶことができる

*21　本稿においては、便宜上「先進国」と「途上国」という単語を使用する。しかしながら、途上国が目指す社会が、貧富の格差の拡大や資源の乱獲、環境破壊とともに経済活動を拡大させ、その意味でのみ発展していると表現されている現状の先進国である必要はない。また、途上国とよばれる地域に住む人びととの知識や経験、人間性が、先進国に劣ることを意味するものではないことは、論を俟たない。

かれない住民が存在するという事実を、支援を実施する側は再認識する必要がある。そして、そのしわ寄せは多くの場合、貧困層などの社会的弱者にくる。このような防災政策から取り残される人びとをなくし、地域のレジリエンスを高めていく取り組みが、今後途上国における災害被害を減少させる上で必要不可欠であると言える。

本章では貧困という深刻な課題をもつ地域社会の中にあっては、防災政策が予定された機能を発揮しないことを示した。これはなにも貧困に限ったことではなく、ジェンダーや少数民族などの社会的マイノリティ、子どもや高齢者、障害者などの社会的弱者といった他の視点に立てば、レジリエンスの向上を妨げる異なる要因がみられると考えられる。

二〇一五年三月に、宮城県仙台市で開催された第三回国連防災世界会議（The 3rd World Conference on Disaster Risk Reduction 2015 Sendai Japan）で採択された「仙台防災枠組 2015–2030」では、「全てのセクターにわたる防災の主流化」が盛り込まれた。数値目標こそ盛り込めなかったものの、障害者などの社会的弱者への配慮やジェンダーの視点も確保された。これらを実現するためには、災害被害を人的・物的被害の量からだけ捉えるのではなく、災害被害の所得階層分析や、ジェンダー分析など、災害被害の質を問う調査・研究が必要不可欠となる。これにより、被害が誰に、どのように集中するのかを明確化し、命のボーダーとしての防災施策から取り残される人びとの存在をなくしていく取り組みが必要となるだろう。

謝辞

本章第3節におけるサイクロン「シドル」・「アイラ」の比較研究は、公益財団法人ユニベール財団の助成を受けたものである。ここに謝意を表する。

庶民の社交場である御茶屋。人びとは甘い紅茶を飲みながら世間話を楽しむ

参考文献

日本語

萱野智篤 2001「水屋とサイクロンシェルター――防災文化の交流に向けて」『北星学園大学経済学部北星論集』第39号、pp. 39–52.

日下部尚徳 2007「NGOと住民――バングラデシュ・ハティア島におけるNGOの軌跡」『南アジア・アフェアーズ』4、岐阜女子大学南アジア研究センター、pp. 17–58.

――― 2008a「バングラデシュの被災地から（上）――課題多いサイクロンからの復興」『時事トップ・コンフィデンシャル』11483号、時事通信社、pp. 6–11.

――― 2008b「バングラデシュの被災地から（下）――巨大サイクロンが残した教訓」『時事トップ・コンフィデンシャル』11522号、時事通信社、pp. 2–7.

――― 2011「バングラデシュにおけるサイクロン防災と住民避難に関する研究」『上智アジア学』29号、上智大学アジア文化研究所、pp. 137–153.

――― 2015a「サイクロン被災地域における避難所建設の現状と課題――バングラデシュ・ハティア島における一考察」『コミュニケーション文化論集』13号、大妻女子大学、pp. 43–65.

――― 2015b「サイクロン高リスク地域への移住に関する研究――バングラデシュ・ハティア島を事例とした一考察」『大妻女子大学紀要』文系47、大妻女子大学、pp. 39–53.

土木研究所 2008『バングラデシュ・ハティア島における一九九一年サイクロン災害要因に関する事例研究』独立行政法人土木研究所、水災害・リスクマネジメント国際センター。

内閣府 2010『平成二二年版 防災白書』内閣府。

英語

Aid Effectiveness Unit (AEU). 2010. *Aid Effectiveness: Bangladesh Context*, ERD.

Bangladesh Bureau of Statistics (BBS). 2010. *Statistical Yearbook of Bangladesh 2009*, Bangladesh Bureau of Statistics, Statistics Division, Ministry of Planning.

大きなカボチャを市場で売る男性。市場は売買の場所としてだけでなく、人びとの社交場としての役割も果たしている

Bangladesh Red Crescent Society (BDRCS). 2002. *CPP at a Glance,* BDRCS.

Dasgupta, Susmita, Mainul Huq, Zahirul Huq Khan, Manjur Murshed Zahid Ahmed, Nandan Mukherjee, Malik Fida Khan, Kiran Pandey. 2011. *Cyclones in a Changing Climate: The Case of Bangladesh,* World Bank.

Gawher Nayeem Wahra. 2011. *Shelter from the Storm,* Himal.

General Economics Division Planning Commission, Government of the People's Republic of Bangladesh (GEDPC). 2014. *The Millennium Development Goals: Bangladesh Progress Report 2013,* GEDPC.

Haque, C. E. and Blair, D. 1992. "Vulnerability to Tropical Cyclones: Evidence from the April 1991 Cyclone in Coastal Bangladesh," *Disasters,* 16(3): 217–229.

International Strategy for Disaster Reduction (ISDR). 2009. *Global Assessment Report on Disaster Risk Reduction: Risk and Poverty in a Changing Climate,* International Strategy for Disaster Reduction.

———. 2011. *Global Assessment Report on Disaster Risk Reduction: Revealing Risk, Redefining, Development,* International Strategy for Disaster Reduction.

International Federation of Red Cross and Red Crescent Societies (IFRC). 2010. *World Disasters Report 2010: Focus on Urban Risk,* International Federation of Red Cross and Red Crescent Societies.

———. 2015. *World Disasters Report 2015: Focus on Local Actors, the Key to Humanitarian Effectiveness,* International Federation of Red Cross and Red Crescent Societies.

Kusakabe, Naonori. 2008. "A Shift from Disaster Management to Disaster Preparedness: Lessons from the Cyclone Sidr in Bangladesh," *South Asian Affairs,* 5: 53–73, Center for South Asian Studies Gifu Women's University.

Mallick, Dwijendra Lal, Atiq Rahman, Mozaharul Alam, Abu Saleh Md Juel, Azra N. Ahmad, Sarder Shafiqul Alam. 2005. "Floods in Bangladesh: A Shift from Disaster Management Towards Disaster Preparedness," *IDS Bulletin,* 36(4): 53–70.

Mosharraf, Hossain (ed.). 1996. *World Atlas,* Graphosman.

Ninno, Carlo and Lisa C. Smith. 2003. "Public Policy, Markets and Household Coping Strategies in Bangladesh: Avoiding a Food Security Crisis Following the 1998 Floods," *World Development,* 31(7): 1221–1238.

豪華なサリーで着飾る花嫁と父。結婚式には村中の人びとが参列し、お祭りのような賑わいになる

Perry, Michael, Adrianne Dulio, Samantha Artiga, Adele Shartzer, David Rousseau. 2006. *Voices of the Storm: Health Experiences of Low-Income Katrina Survivors*, Henry J. Kaiser Foundation.
Rowland, Diane. 2007. *Health Care: Squeezing the Middle Class with More Costs and Less Coverage*, Henry J. Kaiser Foundation.
Tanner, Thomas, Ahmadul Hassan, KM Nabiul Islam, Declan Conway, Reinhard Mechler, Ahsan Uddin. 2007. *ORCHID: Piloting Climate Risk Screening in DFID Bangladesh; Detailed Research Report April 2007.* Institute of Development Studies, University of Sussex.

インターネット資料

Prevention Web. 2010. Bangladesh（http://www.preventionweb.net/english/countries/asia/bgd/），二〇一〇年一二月一九日取得。

援助物資を頭に乗せて運ぶ子ども（シドル被災地域）

第三部

科学技術と生きる
―― 社会の災いとして認定する

私たちは、人類として、人類に向かって訴える ―― あなたがたの人間性を心に留め、そしてその他のことを忘れよ、と。もしそれができるならば、道は新しい楽園へむかってひらけている。もしできないならば、あなたがたのまえには全面的な死の危険が横たわっている。

（「ラッセル・アインシュタイン宣言（1955）」日本パグウォッシュ会議ウェブサイト http://www.pugwashjapan.jp/r_e.html より）

第7章

「ヒロシマ」における回復の諸相

複数の当事者性をめぐって

越境

川口 悠子

1948年8月6日、広島市で第2回平和祭が開催された。平和祭は現在まで続く平和記念式典の前身となる行事。会場は現在の平和記念公園内で、元安川を挟んで原爆ドームが見える。“No More Hiroshima's”の大きな看板が、主催者の広島市などが国外の平和運動を意識していたことをうかがわせる（中国新聞社提供）

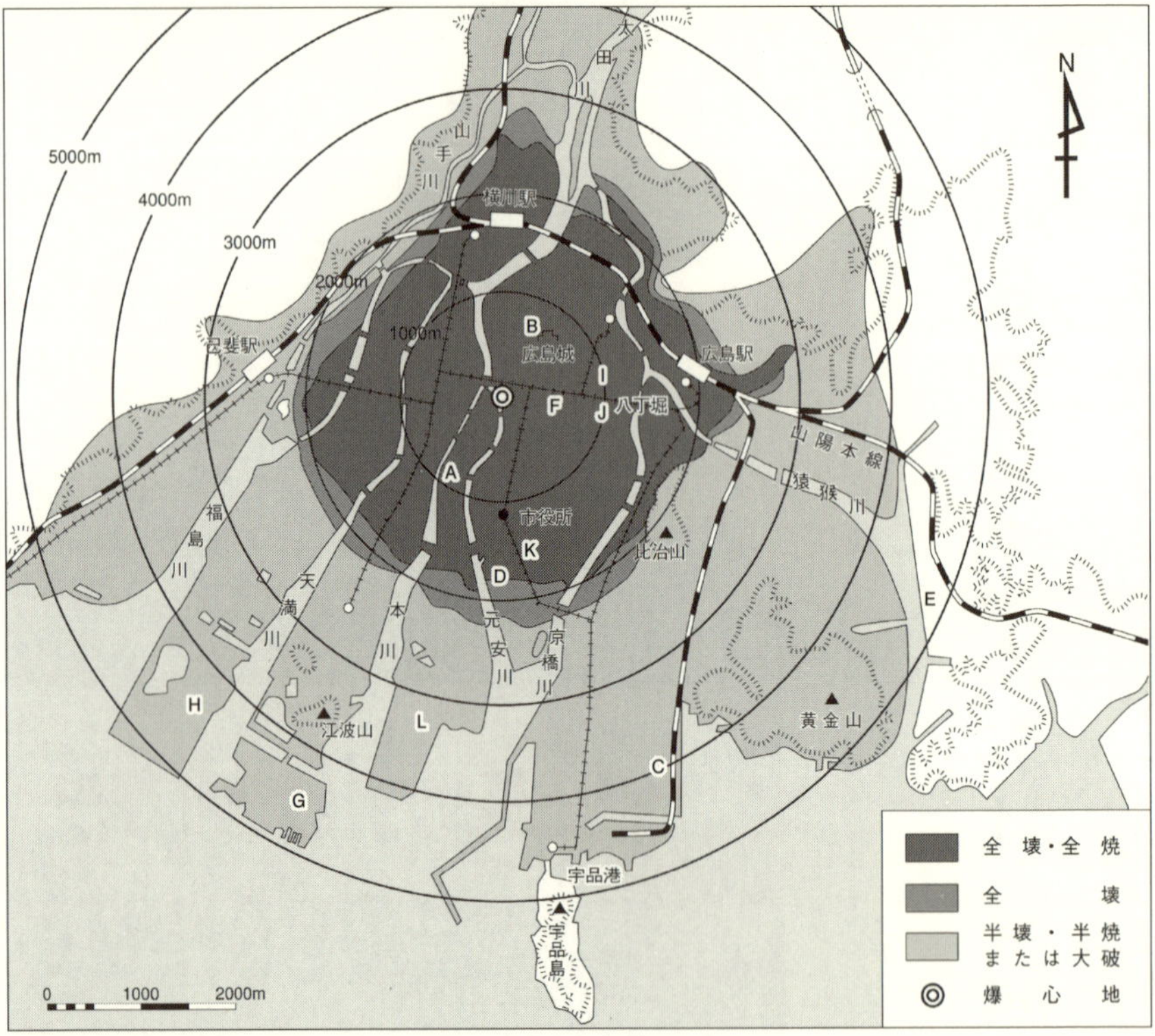

原爆被害のようす（1946年８月、広島市調査）
広島平和記念資料館からの提供データをもとに、筆者が地点名（Ａ～Ｌ）を追加した

A　広島県庁
B　中国管区司令部
C　陸軍船舶練習部
D　広島赤十字病院
E　東洋工業
F　福屋百貨店
G　三菱重工広島造船所
H　三菱重工広島機械製作所
I　広島中央放送局
J　中国新聞社
K　広島文理科大学
L　吉島陸軍飛行場

1　はじめに——原爆による被害と回復

一九四五年夏の原爆投下は、広島と長崎に暮らす人々にとって、言葉に尽くせないほどの災いだった。それは、一瞬で多くの生命が奪われたということに留まらない。からくも生き残った人々の多くは、放射線による後遺症[*1]に苦しんだ。傷ついた身体では働くこともままならず、あるいは生活を支えてきた家族を失ったことで、戦後の生活再建は困難になった。支えとなったはずの地域共同体も失われたことが困窮に拍車をかけ、にもかかわらず日本政府による援護は遅々として進まなかった。日常生活のなかで、また就職や結婚といった場面で、偏見と差別に直面させられることも少なくなかった。さらに、肉親や友人を含む多くの人々の、人間としての尊厳を奪われた死を目撃したこと、またその中で生き残ったことで、トラウマ的記憶や罪悪感にも苛まれた[*2]。このように、原爆投下が生み出した被害は「からだ」「くらし」「こころ」のすべてに現在まで続く長期的な影響を及ぼすものであって、そこからの回復は容易ではないことが、これまでの調査で明らかにされてきた［伊東 1985: 45–63］。経済復興を遂げて繁栄を謳歌する日本社会の隅に取り残されるようにして、手探りで戦後の生活を歩んできた原爆被害者[*3]も少なくなかった［濱谷 2005］。

しかし、原爆投下直後の凄惨な状況に比べると、このような長期的な被害の諸相や、そこからの長い再建のプロセスは、国際的にはもとより、日本国内においてもあまり知られていないのではないか。その理由について本章では、「ヒロシマ・ナガサキ」が、誰を当事者とする、

*1　放射線の長期的な影響としては、ケロイド、白内障、白血病、がん、胎内被爆者への影響などが知られている。また貧血や抵抗力の低下、慢性的な体調不良、倦怠感、加えて外傷や熱傷の後遺症なども被爆者を苦しめた。

*2　語ることのできない体験については、原爆被害者が自身の体験を描いた「原爆の絵」を分析した［直野 2004］を参照。

*3　本章では、原子爆弾の被害者を指して「被爆者」ではなく「原爆被害者」と呼ぶ。理由は、①「被爆者」には、原爆で直接に傷害を受けてはいない人

爆心地付近を再現したジオラマ（広島平和記念資料館）。現在の平和記念公園とその周辺には住宅や商店が軒を連ねていたが、住民のほとんどが死亡、地域共同体も破壊された

どのような意味を持つできごととして認識されるようになっていったのかという視点から考える。以下ではまず、世界の人々にとって、そして日本と米国それぞれの人々にとっての「ヒロシマ・ナガサキ」の意味を、研究史を整理しつつ検討する。[*4] そして筆者自身の研究に触れつつ、「ヒロシマ・ナガサキ」についての国内外の多様な関心が交錯するなかに、戦後初期の広島の歴史を位置づけなおすことを試みる。原爆被害は世界で、そして日本社会で広く記憶されたゆえに忘却された、同時にその忘却も、「ヒロシマ」をめぐる歴史記憶の形成に影響を与えた――いささか奇妙に聞こえるかもしれないが、そのように考えることができるのではないだろうか。

2　世界の「ヒロシマ・ナガサキ」

「ヒロシマ・ナガサキ」は、今日に至るまで、世界的な関心の対象となってきた。ただしその関心は、直接的に被害をこうむった広島と長崎の人々への共感に直結してきたわけではない。より強かったのは、人類全体に核兵器はいかなる危険をもたらしうるかという視点からの関心であった。

　このような視点は、広島と長崎に現出した惨状に触発されたものであると同時に、当時の人々が生きていた世界の情勢によって増幅されていた。第二次世界大戦の終結からまもなくして、米国とソ連という二大国の対立は覆い隠せなくなった。その後も、両国が核軍拡を進める傍ら、イギリス、フランス、中国なども次々と核兵器を開発し、[*5] 世界各地で繰り返される核実

（たとえば家族を奪われた人）は含まれない、②「被爆者」は、後述する被爆者援護立法の対象者を定めるための法的なカテゴリーという側面を持つが、傷害を受けていても制度上の要件を満たさず「被爆者」と認定されないケースがある、③その要件は関係する法律の改正によって変化し、したがって「被爆者」の定義も変遷してきた、④そもそも原爆による放射線の影響を受けたかどうかを医学的に判断すること自体が難しい、などである［直野 2015: 16–19, 41–56］。

＊4　「核」をめぐっては、これまで無数の研究が積み重ねられてきた。そのテーマは、広島・長崎の被害状況や被害者の戦後史、原爆投下決定に至る背景や日本の降伏への影響、冷戦と米ソ両国をはじめとする核政策の変遷、あるいはそれに対抗する反核・平和運動の展開、さらに原子力エネルギー政策や反原発運動など多岐にわたる。近年で

験の危険性や、核抑止論の危うさも明らかになった。核兵器は紛れもなく、およそこの地球上の人類すべてにとっての脅威となり、人々は、自分自身の頭上で核兵器が炸裂する未来、あるいはいわゆる「死の灰」（放射性降下物）が地球を覆う未来——もしくは未来の不在——を脳裏に描くようになった［紀平 1998］。一例として、冷戦の一方の当事者として、核の脅威を直接的に感じていた米国での世論調査がある。ソ連がいまだ原爆開発の途上にあり、米国の核独占が続いていた一九四七年初めでさえ、五三％の回答者が、次に戦争が起きた場合、自身の住む都市に核兵器が投下される危機は「きわめて現実的である」と考えていた［Wittner 1993: 55–79］。

言いかえると、強大な破壊力を持つ核兵器が戦後世界に遍在したことで、人類全体が現在、そして未来における核兵器の潜在的被害者の立場に立たされた[*6]。この当事者性の広がりは、核をめぐる関心が高まり、「ヒロシマ・ナガサキ」が反核・平和の世界的なシンボルとなった理由の一つである。しかしこれらの当事者の多くにとって、「ヒロシマ・ナガサキ」は第一に人類社会にとって、そしてその一員たる自分自身にとっての問題であり、原爆被害者の身の上に思いを馳せられる人は、けっして多くはなかった。

3 ナショナルな「ヒロシマ・ナガサキ」

以上のように、核兵器は人類全体に対する脅威となり、「ヒロシマ・ナガサキ」は、その象徴となっていった。同時に、とりわけ原爆を投下した側の米国と投下された側の日本では、その歴史のなかで国民全体にとって意味のあるできごと、いわゆるナショナル・ヒストリーの重

は、「核」イメージの変遷や、世界各地の「ヒバクシャ」を横断的に検討するものも増えてきた。

*5 米国による人類最初の核実験は一九四五年七月一六日、ソ連が核実験に成功したのは一九四九年八月。以降、イギリス（一九五二年）、フランス（一九六〇年）、中国（一九六四年）と続く。その後インド・パキスタン・北朝鮮も核実験をおこない、イスラエルも核保有国とみなされている。

*6 このような視点から核兵器を描いた作品の例として、オーストラリア在住のイギリス

原爆ドームは戦後しばらく放置されていたが、1960年代から被害の象徴として保存の声が高まり、1996年には世界遺産に登録された。老朽化対策が課題となっている

図7–1　米国・ニューメキシコ州ロスアラモス郡立歴史博物館の展示　「太平洋戦争の終結」という見出しで焼け野原の広島・長崎のパノラマ写真が貼られ、原爆使用と戦争終結とが直結している。いっぽうで死者や負傷者の写真はない

要なひとこまとして認識されるようになった。

　日本と米国で「ヒロシマ・ナガサキ」に対する理解が大きく異なることはよく知られているが、それはこのことが背景にある。米国では、第二次世界大戦は民主主義を守った「よい戦争」であり、その勝利のために原爆使用は必要だったという認識が一般的だった*7。終戦直後の一九四五年八月後半の世論調査では、八五％が原爆の使用を肯定している［Boyer 1994: 183］*8。さらに冷戦において核軍拡が決定的な重要性を持つとみなされたことで、核保有を肯定するとともに広島と長崎への原爆使用を正当化する言説はさらに強化されていった［ウィンクラー 1999: 133–137］。米国政府が、占領下（一九四五年八月〜一九五二年四月）の日本や米国において情報統制をおこなったことの影響も大きい。統制は原爆による被害状況、とりわけ放射線被害の隠蔽のみならず、戦後の核実験にも及んだ［ブラウ 2011］［高橋 2012］。こうして、多くの米国市民の意識のなかでは、「ヒロシマ・ナガサキ」は第二次世界大戦の勝利を象徴するもの、かつ戦略的優位を確保するために必要なものとなり、ふたつの都市における被害状況にまで想像力のおよぶ人は、やはり少数派だった（図7–1）。

　こうして形成されたナショナルな認識枠組の強さを如実に示したのが、一九九四年に起き

人作家ネヴィル・シュートの近未来小説『渚にて』（一九五七年）がある。核戦争により北半球の国家が全滅し、最後に残ったオーストラリアにも放射性降下物が徐々に迫るという物語はベストセラーとなり、一九五九年には米国のスタンリー・クレイマー監督によって映画化された。日本では黒澤明監督の映画『生きものの記録』（一九五五年）が、水爆実験や核戦争の危険から逃れようとブラジル移住を計画する男性と、彼を「狂人」扱いする人々を描いている。

*7　第二次世界大戦から帰還した米軍兵士のあいだには、原爆投下によって対日戦争が終結したため、日本上陸作戦が不要となり、自身の命が助かったのだと感じた人も多かった。原爆投下を正当化する世論の背後には、このようなかたちの当事者性も存在する。

*8　時間の経過と世代交代に

た、いわゆるスミソニアン論争だった。原爆投下五〇周年となる一九九五年に向けて、米国ワシントンDCにある国立航空宇宙博物館が用意を進めていた特別展は、原爆被害者の写真や遺品などの展示を含み、米国社会での歴史認識を問い直す内容だった。その展示内容が一九九四年初めに明らかになるやいなや、米国内では、空軍の退役軍人らを中心に批判が高まった。いっぽう、展示の継続を求める声も、米国内の平和運動団体や宗教団体、歴史研究者、また広島市・長崎市や原爆被害者から上がった。*9 しかし米国連邦議会で展示中止を求める決議が採択されるなど批判は根強く、最終的には予定されていた展示は中止され、広島に原爆を投下したB-29爆撃機「エノラ・ゲイ」号の機体の一部と乗組員の証言ビデオのみが展示されることとなった［油井 2007: 1-33］［NHK取材班 1996: 141-183］。この論争のあと、米国と日本のナショナルな記憶のあいだのギャップの存在、そして対話の必要性がそれ以前よりも強く意識されるようになった。*10

国民共同体としての「われわれ」にとっての「ヒロシマ・ナガサキ」という視座が支配的だったのは、日本も同様である。前述の情報統制の影響もあって、占領期の日本社会では原爆被害の悲惨さと復興の困難さはあまり知られておらず、全国メディアで少しずつ取り上げられるようになったのは、一九五二年四月に占領が終結してからのことである。この年八月には、『アサヒグラフ』が負傷者や死者の写真を多数掲載して読者に強い衝撃を与え、また同月に公開された映画『原爆の子』（新藤兼人監督）などでは、原爆による被害が戦後も続いていることが描き出された。だが日本社会に広く理解が浸透するには至らなかった。広島・長崎の都市復興はいまだ途上にあり、被害者らは健康上の問題や経済的困難を抱えて沈黙を強いられていた。

ともない、米国でも原爆投下に否定的な声が増えつつある。一九九一年と二〇一五年にそれぞれおこなわれた世論調査によると、原爆投下は正当化されると考える人は六三%から五六%へと減少し、正当化されないと答えた人は二九%から三四%へと増加している［Stokes 2015］。

*9 原爆被害者や広島市・長崎市は、展示の変更に反対する要請書を送るなどした。

*10 その成果として、たとえば［Hein and Selden 1997］［Hogan 1996］などがある。また、航空宇宙博物館での展示中止を受けて、一九九五年夏に

ニューメキシコ州ロスアラモスのバス停。路線バスの名称やロゴは、原爆開発の中心地としての歴史が肯定的にとらえられていることを物語っている

そして一九五四年三月、マグロ漁船の第五福竜丸がビキニ環礁での水爆実験で被災し、のちに乗組員一人が亡くなった、いわゆるビキニ事件によって、核に対する関心は一気に高まり、[*11]原水爆禁止を求める草の根の署名運動は日本各地に広がった。ただし、当初危惧されたのは、放射性降下物による健康への影響だった。その関心が原爆被害者らに向けられたのは、翌一九五五年八月に広島市で開催された第一回原水爆禁止世界大会がきっかけだった。大会参加者らは、被害者らの語りを聞いて被爆の後遺症や生活の困窮の深刻さを知り、[*12]それが原水爆禁止という運動の目的と密接に結びついた問題であることを理解したのだった［川崎 2004］［藤原 1991］。

このことは原爆被害者が立ち上がるきっかけともなった。広島では、占領期から原爆被害者の小規模な団体[*13]がいくつか活動を始めていたが、原水爆禁止運動と並行して、広島県と長崎県の被害者を中心に組織化が進められ、一九五六年八月、全国組織となる日本原水爆被害者団体協議会（日本被団協）が誕生した。その後、日本被団協は原爆被害に対する国家補償と原水爆禁止を掲げ、組織の面でも活動の面でも大きく発展していった[*14]［宇吹 2014: 119–172］。一九六〇年代前半には原水爆禁止運動の分裂を受け、活動が低調になったこともあったが、六〇年代末からはふたたび活性化する［直野 2015: 56–64］。戦後日本社会における平和思想を考えるとき、「ヒロシマ・ナガサキ」がそのシンボルのひとつであること、原爆被害者が果たした役割が大きかったことに、疑問の余地はないだろう。

だが、「ヒロシマ・ナガサキ」の認識が、「日本人」全体を当事者とするものとして固定されてゆくプロセスは、忘却をともなうものでもあった。なるほど日本政府は内外で「唯一の被爆国」という表現を使い続け、佐藤栄作首相が一九六七年に提唱した「非核三原則」を国是とし

第五福竜丸は、一度は廃船として放置されていた。1968年に市民のあいだから保存運動が始まり、1976年以降は都立第五福竜丸展示館（東京都江東区）で公開されている

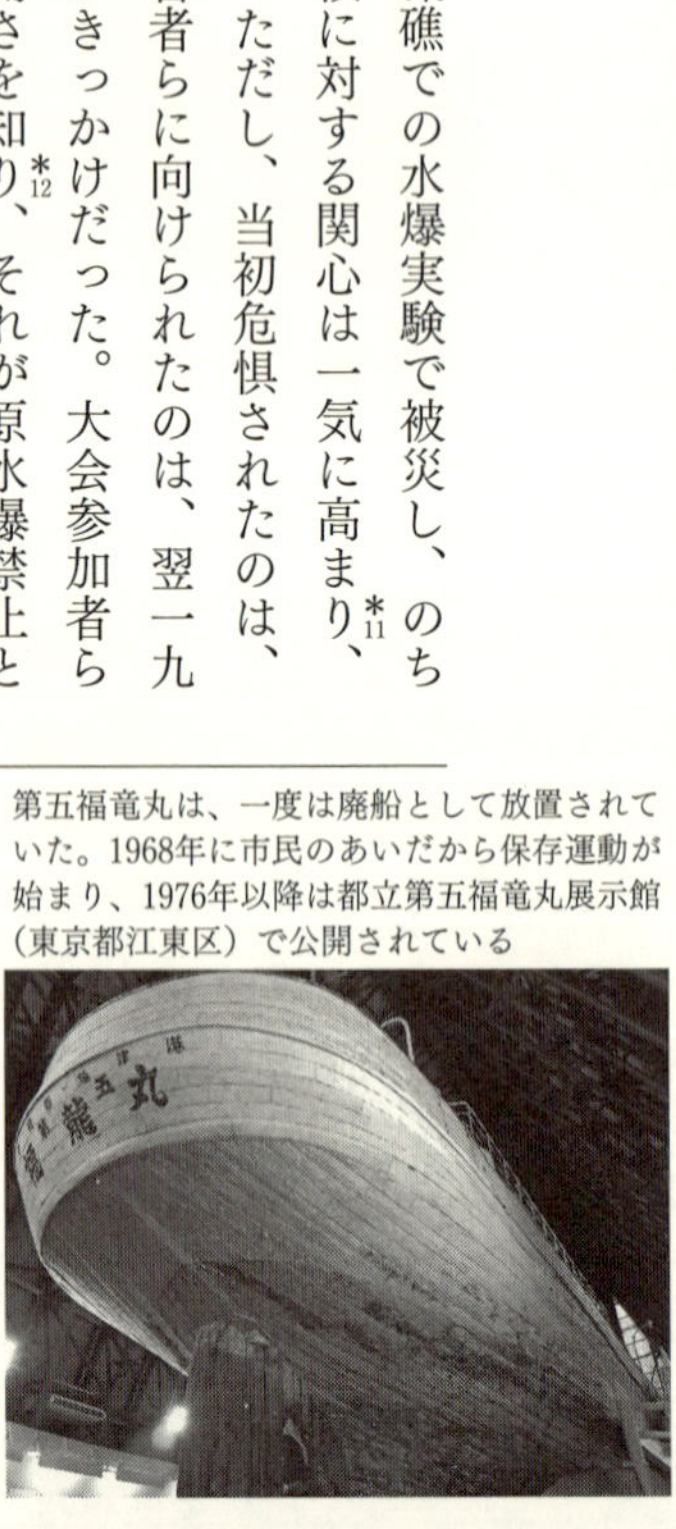

はワシントンDCのアメリカン大学で、広島・長崎両市から貸し出された遺品や写真などを展示する原爆展が開催された。

*11 怪獣映画の金字塔『ゴジラ』の第一作（本多猪四郎監督、一九五四年）では、ゴジラは古代生物の生き残りで、水爆実験に怒って出現したのではないかと説明されている。

*12 被爆直後の凄惨な描写で知られる［中沢 1973–1985］の大部分は戦後の生活を描いたものである。近年では［こうの 2004］も注目を集めた。

*13 そのひとつ「原爆被害者

てきた。そして、日本政府に対する日本被団協の長年の要請のうち、医療面・生活面での援護は段階的に拡充されてきた。[*15] しかしながら、運動の根幹的な要求、すなわち原爆被害にいたる国家責任を認めて被害者に対して補償をおこなうことは、いまだに実現していない。[*16] 運動のもう一つの柱は核兵器廃絶であるが、米国の「核の傘」に依存してきた日本政府の取り組みは、この点でも積極的とは言いがたい。二〇〇九年からの鳩山由紀夫政権下での調査により、日本政府は一九七二年まで米国の施政権下にあった沖縄への核配備を黙認しており、本土復帰の際も、有事の核兵器持込を認める密約が交わされていたこと、米軍の核搭載艦船の寄港を、日米安保条約改定（一九六〇年）の際に定められた事前協議の対象外とする「暗黙の合意」を形成していたこと、などが明らかになっている。また、二〇一二年以降に核拡散防止条約（ＮＰＴ）再検討会議などで発表されてきた、核兵器の非人道性に関する共同声明には、日本は三回にわたって署名を拒否し、一二五カ国が賛同した四回目の提出（二〇一三年一〇月）の際にようやく賛同した［太田 2015: 1-83］。

政府のみならず、一般の人々の認識においても、「「ヒロシマ」が指し示す被爆体験の意味と思想」から「多義性」が失われ、「行政化」「形骸化」していった［米山 2005: vii-viii］。広島・長崎の原爆投下は、それを直接に経験したひとりひとりにとっていかなるできごとで、被害者はその後の生をどのように生きてきたのか。「ヒロシマ・ナガサキ」が、日本人が共有する「平和のシンボル」と見なされるにいたるプロセスの原点となるはずのこの問いは、この七〇年のあいだ、日本社会でどれほど考えられてきただろうか。

この点、また前述の米国との記憶ギャップに関連して、「ヒロシマ・ナガサキ」が「日本人」の国民的な記憶のなかに回収されていく傾向があったことも重要である。「ヒロシマ・ナ

の会」は、原爆被害者の生活実態を調査したことで知られる［山代 1965］。

*14　原爆被害者は米国ではなく日本の政府に援護や補償を求めたが、その理由のひとつは、サンフランシスコ講和条約により、米国の投下責任を法的に追及することができなかったことにある。冷戦期の国際情勢にくわえて、運動のとりわけ初期には、言語や渡航の困難、人的・物的資源の制約があったことも、国際的な活動を困難にした［直野 2015: 57-58］。

*15　これまで、「原子爆弾被爆者の医療等に関する法律」（一

毎年8月6日、広島には国内外から多くの人が訪れ、平和記念式典や夕方のとうろう流しに参加する。観光との関係は、「ヒロシマ」を考えるにあたり、重要な論点のひとつである

ガサキ」はアジア太平洋戦争における日本人の被害体験の強力なシンボルとなったために、アジア太平洋の広い地域の人々に対する日本の加害責任を問う契機とはなりにくかった。[*17] さらに、日本が戦争へと突き進んだ背景には近代日本の帝国主義的・植民地主義的な拡大があったことは、戦後の日本社会では忘れられていった。そのような忘却が、冷戦と米国の覇権を背景としていたこと――すなわち、東アジアでの共産主義の拡大を危惧した米国が、日本との同盟関係の強化を優先して、植民地支配責任・戦争責任を不問に付すかたちでサンフランシスコ講和条約を締結（一九五一年）し、日本も「従属的独立」がもたらす政治的安定と経済的繁栄を選んだということ――も、やはり想起されることはなかった［小森 2001: 83–134］。すなわち、「ヒロシマ・ナガサキ」をめぐる歴史認識の形成と、戦前から戦後にかけての日本の国際関係とは不可分であるにもかかわらず、そのことは不可視化されていったのである。[*18]

4　「ヒロシマ」の越境と「平和都市」イメージ

とはいえ、世界的な、また日本社会における「ヒロシマ・ナガサキ」への関心の広がりと、それにともなう当事者性の多様化は、広島と長崎の原爆被害者自身の当事者性とけっして無関係ではなかった。たとえば原爆被害者の運動が始まった経緯は、被害者の主体形成にとって、日本社会における「ヒロシマ・ナガサキ」への関心が触媒となったことを示している。同様に、筆者は、占領期に広島と米国の人々とのあいだに国境を越えた交流があったことに着目し、そのことと、広島市の「平和都市」というイメージが形成されていく過程との関係を研究

比治山（広島市南区）の陸軍墓地。広島は日清戦争（1894〜95年）以降敗戦まで、軍事都市としての性格を強く持ち、陸軍を中心とする軍用施設が市内各所にあった

九五七年）、「原子爆弾被爆者に対する特別措置に関する法律」（一九六八年）、そしてこの二法を一本化した「原子爆弾被爆者に対する援護に関する法律」（一九九四年）が制定された。

*16　日本政府は、旧日本軍人・軍属に対する国家補償や援護をおこなういっぽう、国内外の民間人戦争被害者への補償は今に至るまでおこなっていない。対外的なものはサンフランシスコ講和条約で解決済み、また対内的なものについては、戦争被害は国民が受忍すべきものという論理である。被爆者援護諸法は、放射線による被害を理由とした、いわば特例であり、国家

してきた。原爆によって悲惨な体験をした広島だからこそ、世界の人々に平和の重要性を呼びかける「平和都市ヒロシマ」になるのだ、という被害者としての悲痛な願いが形をとる過程で、米国の人々が「ヒロシマ」に寄せた関心はどのような役割を果したのだろうか［川口 2013］［川口 2015］。

すでに述べたとおり、米国においては、原爆投下を必要かつ正当な行為と見なして顧みない人々が圧倒的多数派ではあったが、同時に「ヒロシマ」を、予想される核時代に対する不安感のシンボルとして認識する人々もけっして少なくなかった。たとえば一九四八年春には、二度と原爆が使われることのないように八月六日を記念し、世界平和を祈るという趣旨の国際世界平和デー運動（the International World Peace Day Movement）が始まった。カリフォルニア州オークランドに住んでいた亡命オーストリア人の平和運動家、アルフレッド・W・パーカーが呼びかけたこの運動は、わずか数ヶ月で西側諸国を中心に二六ヶ国に広まり、参加した宗教団体や平和運動団体は、それぞれ独自に礼拝や集会などの活動を繰り広げた。活動に当たっては、「ノー・モア・ヒロシマズ」（"No More Hiroshimas"）すなわち「ヒロシマを繰り返すな」という、その後人口に膾炙することとなるスローガンも使われた。ただし、原爆被害の意味は、しばしば、原爆被害者ではなく運動参加者や全人類を主語として語られ、広島への援助をおこなった形跡もない。この運動の参加者にとっての「ヒロシマ」は、人類絶滅の危機が現実のものであることを見せつけたできごとという意味を持っていたといえよう。

そのいっぽうで、小規模ではあったが、広島の人々に援助をおこなう動きも存在した。キリスト教関係者のあいだには、原爆投下を米国の、そしてその一員である自身の良心にかかわる問題として批判し、贖罪の意識から救援活動へと乗り出した人々もいたのである。教会などを

補償の拒否は、他の戦争被害者に対する補償問題に波及することを政府が警戒しているためと考えられている［田中・田中・波田 1995: 81–146］。

*17 一九九〇年代には、アジア太平洋戦争における加害責任があらためて問われるようになった。アジア各地の戦争被害者が声を上げ始めたこともあり、また終戦後五〇周年の節目を迎えたことなどが主な理由である。それを受けて、「ヒロシマ・ナガサキ」についても、加害責任を踏まえた語りはいかにして可能かという問題が浮かび上がった。

海軍の重要な拠点だったのが、広島市近郊の呉市である。呉市海事歴史科学館（2005年開館）は「大和ミュージアム」と命名され、戦艦大和の 1/10模型が展示の目玉となっている

介して救援物資を送った人々もいたが、よく知られているのは、平和主義で知られるクエーカー[*19]のフロイド・シュモー[*20]の活動だろう。原爆投下の報を聞いて、「この大きな罪悪を償わなくてはならぬ」と感じたシュモーは一九四九年夏、米国で集めた寄付金約四〇〇〇ドルを手に、志を同じくする三人とともに広島を訪問し、日本人の学生ボランティアの協力も得て、市民用の住宅を建設した[*21]。

救援の動きは在米の日本人移民のあいだにもあり、こちらは愛郷心を背景としていた。明治時代以来、広島県は日本最大の移民送出県のひとつであり、ハワイやカリフォルニアには多くの広島県出身者が暮らしていたためである。占領開始直後は日本との書簡のやり取りもままならなかったとはいえ、米国のメディア報道に加えて、占領軍の一員として日本に向かった二世兵士、さらには日系人貿易業者などからも、しだいに被害状況と戦後の窮乏は伝わってきた。こうして、ロサンゼルスでは一九四八年二月、ハワイでも同年三月に、広島県人会が中心になって被害者救済のための募金活動が始まり（図7-2）、それぞれ約一万二〇〇〇ドル（一九四八年夏まで）、約一一万ドル以上（一九四九年六月末まで）という多額が集まった[*22]。どちらの募金も、最終的には広島県や広島市、そして広島市内の孤児院や母子寮にあてて送金され、これら施設の整備、学校や児童図書館の建設、また困窮者の一時金などとして使われた［長谷川 2009］。

一九四五年からわずか数年、広島では被害者の救援や復興が喫緊の課題だったが、政府からの援護は当時まだなく、日本全国に戦災都市が無数にあるなかで復興予算の配分も乏しかった。それだけに、物資や資金の援助は広島の人々を勇気づけただけでなく、市・県の行政当局にとっては、資金獲得の手がかりとも映った。また世界平和のシンボルとしての「ヒロシマ」の知名度も、ただちに援助に結びつくものではなかったとはいえ、やはり手がかりとして意味

＊18　このことを雄弁に物語るのが、日本の植民地支配と米国の原爆投下との二重の被害者である、朝鮮半島出身の原爆被害者である。広島・長崎の総被爆者数の一割にのぼるという推定もあるにもかかわらず、長らくその存在は日本社会で意識に上ることがなかった。戦前・戦後にまたがる、日本から両米大陸への移民の歴史を背景に、米国やブラジルなどにも原爆被害者がいるが、その存在が日本で知られるようになったのも古いことではない。これらの人々は、二〇〇〇年代はじめまでは被爆者援護諸法の運用からも排除されてきた［平野 2009］。

1970年、大韓民国居留民団により平和公園の外に韓国人原爆犠牲者慰霊碑が建設された。長年の論争を経て、1999年、碑は公園内に移設された［米山 2005: 213-252］

を持った。

　こうして、「平和都市」というイメージは、「ヒロシマ」に対する国外からの関心を意識して強調され、さらに復興とも結びついていった。たとえば、一九四七年に始まった、現在の平和記念式典の前身である平和祭という行事がある。*23 一九四八年八月六日の平和祭では、市長が読み上げた平和宣言に「再び第二の広島が世界に現出しないよう」という国際世界平和デー運動を示唆する一節があり、また運動のスローガンの一つである「ノー・モア・ヒロシマズ」を英語で書いた大きな看板が会場に立てられた（本章扉・図7–3参照）。国際世界平和デー運動への言及は、翌一九四九年の平和宣言にも見られる。加えてその年七月、広島平和協会は『「平和と広島」に関する国外からの書簡』という冊子を発行した。この冊子の序文は、収録された書簡は「一途に恒久平和の実現を念願している」世界の人々が、「日本に対し、とくに「ヒロシ

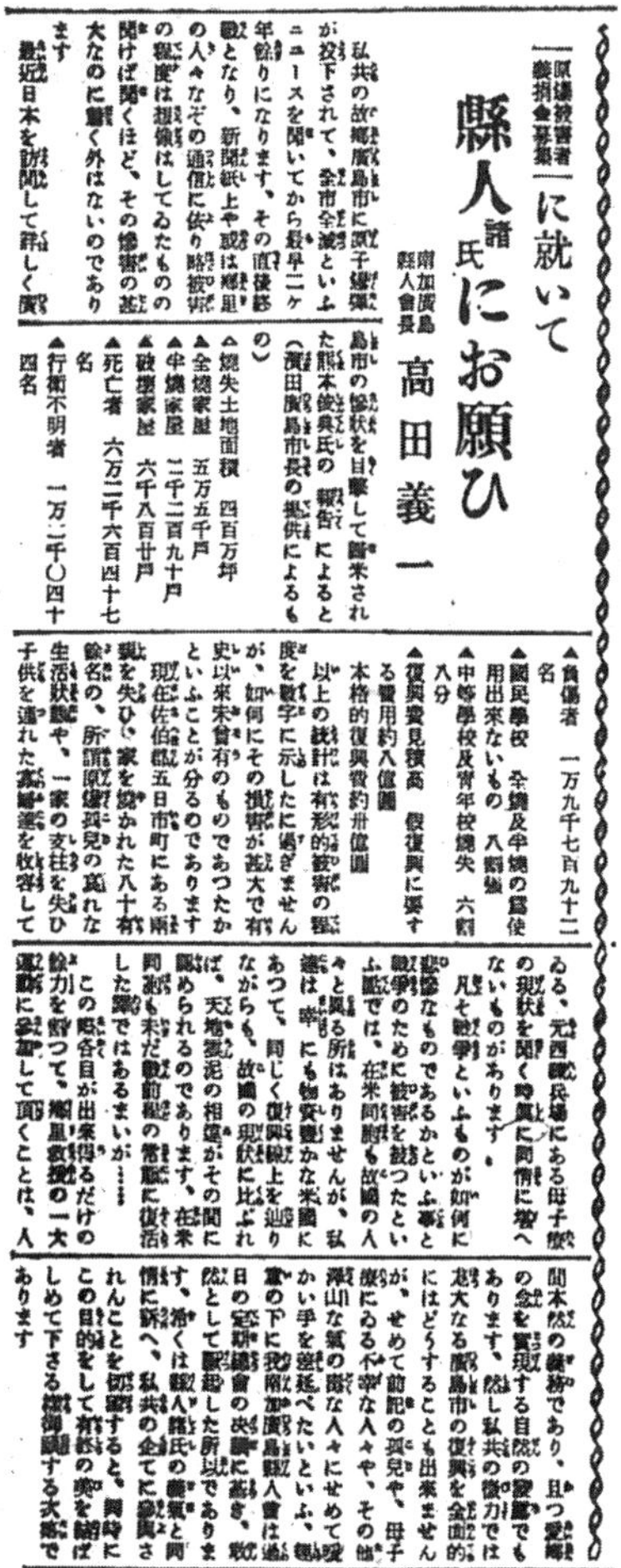

原爆被害者義捐金募集に就いて

縣人諸氏にお願ひ

南加廣島縣人會長　高田義一

私共の故郷廣島市に原子爆彈が投下されて、全市全滅といふニュースを聞いてから最早二ケ年餘りになります、その直後縣廳となり、新聞紙上や或は郷里の人々なぞの通信に依り略被害の程度は想像はしてゐたものの聞けば聞くほど、その慘害の甚大なのに驚く外はないのであります

最近日本を訪問して詳しく廣島市の慘状を目撃して歸米された熊本復興氏の報告によると（濱田廣島市長の提供によるもの）

▲燒失土地面積　四百万坪
▲全燒家屋　五万五千戸
▲半燒家屋　二千二百九十戸
▲破壊家屋　六千八百廿戸
▲死亡者　六万二千六百四十七名
▲行衛不明者　一万二千〇四十四名
▲負傷者　一万九千七百九十二名
▲國民學校　全燒及半燒の爲使用出來ないもの　八割強
▲中等學校及青年校燒失　六割八分
▲復興要見積高　假復興に要する費用約八億圓　本格的復興費約卅億圓

以上の統計は有形的被害の程度を數字に示したに過ぎませんが、如何にその損害が甚大で有史以來未曾有のものであつたかといふことが分るのであります

現在佐伯郡五日市町にある兩親を失ひ家を燒かれた八十有餘名の、所謂原爆孤兒の哀れな生活状態や、一家の支柱を失ひ子供を遺された寡婦達を收容してゐる、元西練兵場にある母子寮の現状を聞く時真に同情に堪へないものがあります。

凡そ戰爭といふものが如何に悲慘なものであるかといふ事と戰爭のために被害を被つたといふ點では、在米同胞も故國の人々と異る所はありませんが、私達は幸にも物資豊かな米國にあつて、同じく復興途上を辿りながらも、故國の現状に比ぶれば、天地雲泥の相違がその間に認められるのであります、在米同胞も未だ戰前の常態に復活した譯ではあるまいが……

この際各自が出來得るだけの餘力を割つて、郷里救援の一大運動に参加して頂くことは、人間本然の義務であり、且つ愛郷の念を實現する自然の發露でもあります、然し私共の微力では甚大なる廣島市の復興を全面的にはどうすることも出來ませんが、せめて前記の孤兒や、母子寮にゐる不幸な人々や、その他澤山な氣の毒な人々にせめて暖かい手を差延べたいといふ、觀念の下に我南加廣島縣人會は過日の定期總會の決議に基き、依然として醵金した所以であります、希くは縣人諸氏の義俠と同情に訴へ、私共の企てに贊同されんことを切望すると、同時にこの目的をして有終の美を結ばしめて下さる様御願する次第であります

図7–2　南加広島県人会長高田義一の名で、広島県出身者に向けて、原爆被害者の救援を訴える記事　ロサンゼルスの日系紙『羅府新報』1948年2月27日付掲載（国立国会図書館所蔵）

*19　クエーカー（Quaker）は一七世紀にイギリスで始められた教派で、伝統的に、平等主義や質素な生活とともに、平和主義・非暴力主義で知られてきた。第一次世界大戦中の一九一七年に、良心的兵役拒否者の兵役代替活動のために結成されたアメリカ・フレンズ奉仕団（America Friends Service Committee）は、一九四七年のノーベル平和賞を受賞した（イギリスのクエーカー団体と共同受賞）。

*20　シュモー（一八九五～二〇〇一年）は日系人が多く住むシアトルのワシントン大学で森林学の教鞭を取り、フレンズ奉仕団の熱心なメンバーでもあった。真珠湾攻撃後の一九四二年二月に日系人が強制収容されたときは支援に奔走し、ゴードン・ヒラバヤシが強制収容に異議を唱えた米国史上有名な裁判（一九四二～一九四三年）にも協力した。

図 7−3　1948年 8 月 6 日、広島市で開催された第 2 回平和祭　“No More Hiroshima’s” の大きな看板が掲げられている（中国新聞社提供）

マ」に対し期待するところ絶大なものがあることを物語っている」と述べている。

国外から復興資金を得ようというより直接的な動きも見られた。一九四八年一〇月、広島市は広島建設委員会を設立し、この委員会は翌年にかけて、広島大学の設置や、市内の「平和図書館」建設、また大学附属寮の整備のための寄付を、日系移民をふくむ米国の人々や慈善団体に呼びかけた。

国外からの関心を被害者の生活面の救援に向けようという動きもあった。その好例が市中心部の日本基督教団流川教会の牧師を務め、みずからも被爆体験をもつ谷本清（一九〇九～一九八六年）の活動である。谷本は米国に留学経験を持ち、気鋭のジャーナリストのジョン・ハーシーが原爆投下直後の状況を広島の人々の視点から描いてベストセラーとなった「ヒロシマ」（一九四六年八月）の主要登場人物のひとりとなったことで、米国での知名度が高かった。*24 前述の国際世界平和デー運動のきっかけは、一九四八年春、谷本が米国の新聞記者の取材に答えて、「次なるヒロシマが生まれないように」八月六日を世界の祈りを表明する日としたい、と語ったことである。谷本は米国の言論人らの協力を得て、一九四九年三月、広島に

---

*21　その後の二度の広島訪問も含めると、シュモーらが建設した住宅は計二〇戸にのぼる。それらは現存しないが、あわせて建設された集会所は、二〇一二年に広島平和記念資料館の付属施設となって一般に公開された。

*22　ハワイでの募金額が大きかった理由として、募金期間の長さ以外に、広島県出身者の人口が多かったこと、強制収容の打撃も小さかったことなどが考えられる。

*23　原爆投下翌年の一九四六年八月五日には、平和復興市民大会（広島市町会連盟主催）が開催された。一九四七年、広島市は広島市商工会議所や観光協会とともに、広島平和祭協会を設立し、この年八月六日に第一回平和祭を開催した（協会は一九四九年に広島平和協会と改称）。一九五〇年までは平和祭という名で開催されたが、その後名称が変遷する。一九五五年

拠点を置き、米国の市民の協力により平和運動と原爆被害者の救援運動をおこなうヒロシマ・ピース・センターを設立した。センターの活動としては、原爆により肉親を亡くした子どもたちを、米国人の市民が支援する「精神養子運動」(一九五〇～一九五九年)や、被爆して顔や手足に障害を負った若い女性を東京や大阪、そして米国で治療する活動(一九五二～一九五六年)が知られている。

実のところ、広島建設委員会の寄付依頼が大きな成果を上げた形跡はない。ヒロシマ・ピース・センターの活動は一定の成果を挙げたが、関係者の願いどおりの大規模なものにはならなかった。そして、その後数年のうちに、占領終結とビキニ事件を経て、原爆被害を日本のナショナル・ヒストリーの一部ととらえる関心が高まったことで、米国から援助を求める活動そのものが下火になっていった。*25 しかし、「平和都市ヒロシマ」というイメージは、日本政府に対して広島の都市復興への支援を求める際にも利用され、強化されていった。その成果が、一九四九年八月六日に公布・施行され、広島市の都市復興に特筆すべき役割を果たした広島平和記念都市建設法である。法案提出者のひとりである広島県選出の議員は、国会での趣旨説明の際、世界各地で、広島を「世界平和の発祥地」として再建しようという「熱烈なる世論が澎湃として起っている」と訴え、そのような世論に応えることが広島市民の、また憲法第九条を掲げる日本国民の義務であると主張した。国外からの視線が、広島市の復興の過程で無視できない意味を持っていたことが再確認できよう。

ごろからは広島市単独の主催となり、一九六八年からは広島市原爆死没者慰霊式ならびに平和祈念式典となって今に至っている[宇吹 1992]。

*24 「ヒロシマ」はハーシーが広島での取材を経て執筆したルポルタージュである。原爆投下が引き起こした人的被害を米国市民に初めて知らせ、掲載した高級週刊誌『ニューヨーカー』がたちまち売り切れるなど大きな反響を呼んだ。ニューヨーク大学ジャーナリズム学部は、一九九九年三月に発表した「二十世紀最高の米国ジャーナリズム作品」の第一位に「ヒロシマ」を選出した。登場人物のその後

平和記念都市建設法の制定には住民投票で過半数を得る必要があり、広島市は宣伝に力を入れた(広島市公文書館所蔵、『図録ヒロシマを世界に』第4刷(2002年)より転載)

5　おわりに――当事者性の拡大と多様化

本章で述べてきたように、「核」をめぐっては、その重大さゆえに当事者性の拡大と多様化が見られ、そこには広島・長崎における直接の被害者自身の当事者性とのズレも存在した。このことは、災害に際してしばしばつきつけられる、直接経験しなかった立場から回復のためになにができるのか、そもそも当事者性とはなにかといった問いに取り組む手がかりとなるだろう。

また、広島の地域社会が原爆被害から立ち上がっていく過程では、そうした拡大した当事者から「ヒロシマ」への視線が大きな役割を果たしていた。その視線はかならずしも、第一義的に共感や援助を意味したわけではなかった。それでも、広島の地域社会の人々は、そのような関心のあり方も取り込み、再起の一助にしようと試みた。占領期においてはこの双方向的なプロセスが国境を越え、忘却をともなう記憶の広がりは今日まで続く「平和都市ヒロシマ」というイメージを形作る要因のひとつとなった。このことは、「ヒロシマ」を日本のナショナル・ヒストリーに位置づける認識枠組が、当初から自明のものとして存在したものではなかったことを示唆しており、興味深い。

いっぽうで、このような試みのなかには、小規模なもの、あるいは継続しなかったものもあった。そのほか、こんにちでは知る人の少なくなった取り組みもあるだろう。このことは、広島の復興がどれほどのエネルギーと試行錯誤を必要としたかを物語り、それゆえに現代の戦

原爆で全焼したカトリック幟町教会（広島市中区）は、世界各地の人々からの援助で再建され、世界平和記念聖堂と命名された（村野藤吾設計、1954年8月6日竣工）

の人生を取材した「ヒロシマ　その後」（一九八五年）を収録した増補版は［ハーシー 2003］。

*25　被害からまだ日の浅い当時、加害国である米国の市民からの援助を受け入れがたかった被害者感情も存在した。原爆被害者の対米感情については、一九五二年に広島の平和記念公園に設置された原爆慰霊碑をめぐる論争が手がかりとなる。「安らかに眠って下さい／過ちは／繰返しませぬから」という碑文は、平和の祈りを表わしたものとして、今日ではあまりに有名である。しかし、設置直後から一九五〇年代末にかけては、犠牲者に非があるようである、米

争で行使される破壊力――核兵器を筆頭に――の巨大さを示唆する。同時に、「なぜこうなったのか」という、いわば現在につながる歴史の由来を探るような問いを立てるだけでなく、過去のできごとを当時の歴史的文脈の中で再構成することの重要性も示していると言えよう。

参考文献

日本語

石田宣子 1999「過ちは　繰返しませぬから――碑文論争の歩み」岩垂弘・中島竜美編『歴史認識としての原爆』(『日本原爆論大系』第7巻)、日本図書センター、pp. 148–174.

伊東壮 1985『ヒロシマ・ナガサキから世界と未来へ』勁草書房。

ウィンクラー、アラン(麻田貞雄監訳、岡田良之助訳)1999(原著1993)『アメリカ人の核意識――ヒロシマからスミソニアンまで』ミネルヴァ書房。

宇吹暁 1992『平和記念式典の歩み』財団法人広島平和文化センター。

―― 2014『ヒロシマ戦後史――被爆体験はどう受けとめられてきたか』岩波書店。

NHK取材班 1996『アメリカの中の原爆論争――戦後五〇年スミソニアン展示の波紋』ダイヤモンド社。

太田昌克 2015『日本はなぜ核を手放せないのか――「非核」の死角』岩波書店。

川口悠子 2013「広島の「越境」――占領期の日米における谷本清のヒロシマ・ピース・センター設立活動」博士論文、東京大学大学院総合文化研究科。

―― 2015「太平洋を越える広島救援活動――戦後初期の「平和都市イメージ」への影響について」『アメリカ史研究』38: 22–41.

川崎昭一郎 2004『第五福竜丸――ビキニ事件を現代に問う』(岩波ブックレット no. 628)、岩波書店。

紀平英作 1998『歴史としての核時代』山川出版社。

こうの史代 2004『夕凪の街　桜の国』双葉社。

小森陽一 2001『ポストコロニアル』(シリーズ　思考のフロンティア)岩波書店。

国の原爆投下責任を看過しているという批判が少なくなかった[石田 1999]。

平和記念公園の中心に位置する原爆死没者慰霊碑は、平和記念公園の一部として、丹下健三らが設計したもの。碑の内部には原爆死没者名簿が納められている

1946年５月、引き取り手のない遺骨を集めて爆心地近く（現在の平和記念公園内）に原爆供養塔が建立された。1955年に現在のものに改築された

高橋博子 2012（初版2008）『封印されたヒロシマ・ナガサキ——米核実験と民間防衛計画』新訂増補版、凱風社。
田中伸尚・田中宏・波田永実 1995『遺族と戦後』岩波書店。
直野章子 2004『「原爆の絵」と出会う——込められた想いに耳を澄まして』（岩波ブックレット no. 627）、岩波書店。
——— 2015『原爆体験と戦後日本——記憶の形成と継承』岩波書店。
中沢啓治 1973–1985『はだしのゲン』［汐文社、中央公論新社、ほるぷ出版などより刊行］。
ハーシー、ジョン（石川欣一・谷本清・明田川融訳）2003（原著1985）『ヒロシマ』増補版、法政大学出版局。
長谷川寿美 2009「広島の戦後復興支援——南加広島県人会の活動を中心に」『ＪＩＣＡ横浜海外移住資料館研究紀要』4: 53–68.
濱谷正晴 2005『原爆体験——六七四四人・死と生の証言』岩波書店。
平野伸人編 2009『海の向こうの被爆者たち——在外被爆者問題の理解のために』八月書館。
藤原修 1991『原水爆禁止運動の成立——戦後日本平和運動の原像 1954–1955』（平和研双書 No. 1）明治学院国際平和研究所。
ブラウ、モニカ（繁沢敦子訳）2011（原著1991）『検閲——原爆報道はどう禁じられたのか』時事通信社出版局。
山代巴編 1965『この世界の片隅で』岩波書店。
油井大三郎 2007『なぜ戦争観は衝突するか——日本とアメリカ』岩波書店。
米山リサ（小沢弘明・小澤祥子・小田島勝浩訳）2005（原著1999）『広島——記憶のポリティクス』岩波書店。

英語

Boyer, Paul. 1994. *By the Bomb's Early Light: American Thought and Culture at the Dawn of the Atomic Age*, Chapel Hill: University of North Carolina Press.
Hein, Laura and Mark Selden, ed. 1997. *Living with the Bomb: American and Japanese Cultural Conflicts in the Nuclear Age*, Armonk: Sharpe.

Hogan, Michael J., ed. 1996. *Hiroshima in History and Memory*, Cambridge, UK: University of Cambridge Press.
Stokes, Bruce. 2015. "70 Years after Hiroshima, Opinions Have Shifted on Use of Atomic Bomb," Pew Research Center, http://www.pewresearch.org/fact-tank/2015/08/04/70-years-after-hiroshima-opinions-have-shifted-on-use-of-atomic-bomb/
Wittner, Lawrence S. 1993. *One World or None: A History of the World Nuclear Disarmament Movement through 1953*, Stanford: Stanford University Press.

原爆供養塔の内部は納骨堂となっており、いまでも多数の遺骨が眠る。原爆被害からの復興のかたわら、死者の追悼はとりわけ遺族にとって重い意味を持ってきた

第8章

チェルノブイリ原発事故と記憶

ベラルーシを中心に

文学

越野 剛

チェルノブイリ原発事故による放射能汚染のため、強制避難で無人となったベラルーシのドロンキ村の様子。手前の標識には「放射能の危険」と書かれている。ベラルーシ、ウクライナ、ロシアで合わせて約40万人が移住を強いられたといわれる（写真：photoxpress/AFLO）

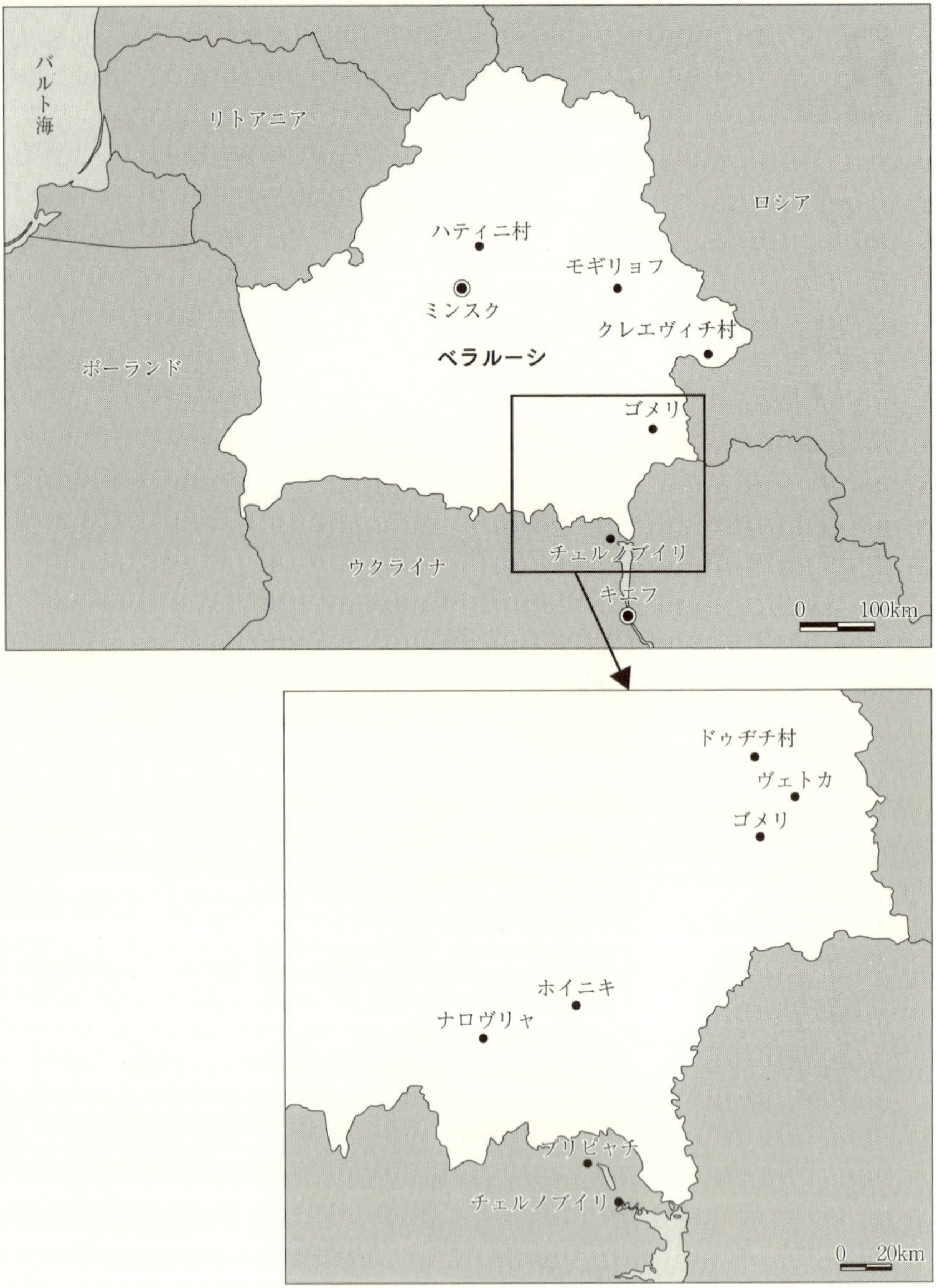
バルト海
リトアニア
ロシア
ハティニ村
モギリョフ
ミンスク
クレエヴィチ村
ベラルーシ
ポーランド
ゴメリ
チェルノブイリ
ウクライナ
キエフ
0　100km
ドゥヂチ村
ヴェトカ
ゴメリ
ホイニキ
ナロヴリャ
プリピャチ
チェルノブイリ
0　20km

青い空、緑の木々、木陰に生えるキノコ、鳥のさえずり、そんなのどかな田舎の風景が目には見えない危険にさらされている。福島原発事故の後では日本でもテレビなどで馴染みになった風景だが、見るたびに本質的な不安を喚起されざるをえない。本章では広大な地域が放射能に汚染されるという前代未聞の出来事がどのように人々の意識に受容されていったかを主として文化的な側面から考察する。一九八六年四月二六日未明に起きたチェルノブイリ原発事故の影響は北半球全域に及んだが、とりわけ被害が深刻だったのはロシア、ウクライナ、ベラルーシの三国（いずれも当時はソ連）である。半径三〇キロメートルの地域およびその後に発見された高濃度汚染地域から合計で約四〇万人が強制退去させられ、現在でも五〇〇万人以上が汚染地域に居住を余儀なくされている。三国の中でもベラルーシは事故発生時の風向きのせいもあって、とりわけ高濃度の汚染を被った。*1

人間は見知らぬ物事を未知のまま意識に受け入れることはできない。受け入れる際には何らかの既知の事象を関連させる必要がある。その際に役に立つのが集団や社会が有している過去の記憶の枠組みである。何らかの出来事の記憶を呼び出し、差異と共通点を比較すること、その作業の繰り返しによって人は目の前の未知の事態を理解可能なものとして受容することができる。それは個人的な体験の記憶であるかもしれないが、多くは様々なメディアを媒介にして社会集団の中に保存されている文化的記憶［アスマン 2007］が呼び出されて現在の状況の理解を助けると考えられる。例えばロシアにおいて独ソ戦争（ヒトラーによる侵略）は一八一二年のナポレオンによるロシア遠征（いわゆる祖国戦争）の記憶に結びつけられ、そのアナロジーから「大祖国戦争」と呼ばれるようになった［Дацишина 2011］。*2 第二次世界大戦という名称が第一次世界大戦（当初は単に「世界大戦」と呼ばれた）の記憶に基づいていることは明らかだが、最初の

*1　ここでいう汚染地域とは一平方メートルあたりセシウム137が三万七〇〇〇ベクレル（一平方キロメートルあたり一キュリー）を超える地域を指す。一四八万ベクレル（四〇キュリー）を超えると強制避難区域（いわゆるゾーン）になる［今中 2013: 112］。ロシア、ウクライナ、ベラルーシによって多少の違いはあるが、汚染の度合いによって住民の移住が義務づけられる地域、移住の権利を持つ地域、生活のための経済支援を受けられる地域などに区分される。例えばロシアでは、セシウム137が一八万五〇〇〇ベクレル（五キュリー）以上あるいは年間被曝量が一ミリシーベルトを

映画『ナージャの村』(1997年 / 監督：本橋成一 / 製作：ポレポレタイムス社)。居住禁止地域に指定されたドゥヂチ村での人々の暮らしを描く

世界大戦が勃発した時には対立する両陣営で中世ヨーロッパ騎士道の世界から英雄や敵のイメージが盛んに呼び起こされた［Goebel 2007］。二〇一一年三月一一日の東日本大震災がもたらした途方もない被害は、阪神・淡路大震災（一九九五年）から慶長三陸地震（一六一一年）、貞観地震（八六九年）まで過去の震災と津波の被害を想起して現状と比較することにより、反省や弁明などの様々な解釈を産み出している。福島原発事故が即座にチェルノブイリを連想させたことは言うまでもない。

　アスマンがいうような文化的記憶の中から現在の災害を説明する様々な枠組みが呼び出されるとするなら、文学や映画という文化的メディアが果たす役割は大きい。また災害そのものを描く芸術作品は、被災者の断片的な記憶を社会集団の中で共有し、傷ついた社会の復興を助ける［山本 2014: 280］。人々の体験を新たな文化的記憶として保存する重要な機能を持つとも言い換えられる。戦災や原発事故などの負の体験の共有が社会の紐帯をもたらすアイデンティティの核となる場合もある［Oushakine 2009］［Brummond 2000］。芸術作品そのものは必ずしも被災者の負った心の傷を治癒するとは限らないが、抑圧され隠されたトラウマを可視化し、問題として提示することはできる。他方で被災者自身が何かを書き残すことは過酷な体験の記憶に立ち向かうひとつの方法である。例えば一九九四年にベラルーシで行われた作文コンクールは、日常生活を侵犯した放射能汚染という不可解な体験について意識的に考える機会を書き手の子供たちに与えた。興味深いことに子供たちは作文の中で原発事故をテーマにした芸術作品（イヴァン・シャミャーキンの小説やミハイル・サヴィッキーの絵画）に自分たちの体験が鏡のように映し出されていることを見出してもいる［河上 2013: 75, 144］。ベラルーシの作家スヴェトラーナ・アレクシエーヴィチの取材に対して自分たちの声を託したチェルノブイリの被災者たちについ

超える地域では移住する権利が得られる［尾松 2013: 63］。

*2　侵略してきたナポレオン軍と自国の領土内で戦ったという意味合いと、農民を含むあらゆる階層の人々が一致団結して敵を迎え撃ったという愛国的な記憶（農民の中には戦争に乗じて地主貴族に反乱を起こした者もおり、必ずしも事実ではない）が重なって「祖国戦争」という名称が定着した。独ソ戦争を大祖国戦争と呼ぶのも同じ意味合いを踏襲している。

ノーベル文学賞作家アレクシエーヴィチの代表作『チェルノブイリの祈り』。原発事故で生活に影響を受けた人々の声を拾い集める。背景は彼女の本やその他のチェルノブイリ文献

ても同様のことがいえるだろう［アレクシエービッチ 2011］。ここではチェルノブイリ事故という理解しがたい出来事を理解する過程で、様々な文化的記憶が果たした役割を考察する。映画や文学だけではなく、噂話やジョークなどの人々の日常の会話で流通する小さな物語にも目を向けたい。それらは本書のテーマであるレジリエンス（災厄からの回復力）を考える上で有益な事例を提供するはずである。

1　SF的想像力――映画『ストーカー』の影響

ソ連で暮らす人々に映画が及ぼす影響はきわめて大きかったといわれる。他に魅力的な娯楽が少なかったこともあり、映画館は人気があった。撮影される映画の数がそれほど多くはない上に、テレビで繰り返し放映されるため、多くの人々が同じ映画のあらすじを共有し、印象的な台詞を引用しながら会話をすることができた。*3 チェルノブイリ事故とその影響が明らかになるにつれて多くの人が思い浮かべたのが、アンドレイ・タルコフスキー監督の映画『ストーカー』（一九七九年）だったのもそのためだろう。例えば、事故の直後にチェルノブイリ原発に向かったある陸軍将校も、現地に到着してすぐにタルコフスキーの映画を思い浮かべたと証言している［シチェルバク 1989: 83］。『ストーカー』の舞台となるのは宇宙人が地球に残していったと見られる跡地で、そこでは人間の知識では説明のつかないような不可解な出来事が起きる。何も変わったところのない普通の野原に目には見えない危険が隠されており、ストーカー（密猟者）と呼ばれる非合法の案内人は六角ナットを放り投げながら慎重に道を選ぶ。映画では

*3　日常生活でよく引用される映画の台詞を集めた慣用句事典が編纂されているほどである［Кожевников 2004］。

映画『ストーカー』の一場面。主人公のストーカーは目に見えない危険を避けながら「ゾーン」を案内する。背景には廃屋や戦車の残骸が見える（提供：ロシア映画社）

この不思議な場所の秘密は最後まで謎解きはなされないままであり、放射能についての言及があるわけでもない。それでも原発事故が起きた後で映画を観ると、不可視の罠が張り巡らされた『ストーカー』の空間は、見えない放射能に汚染されたチェルノブイリの周辺地域を想起させる。

『ストーカー』の不思議な空間は「ゾーン」と名づけられているが、チェルノブイリの放射能汚染による居住禁止地区も同じように「ゾーン」と呼ばれる。フィクションと現実で名称が重なったのは偶然だったようだが、人々が映画のイメージを借りて目に見えない厄災の影響を理解するきかっけとなった。もともと「ゾーン」はロシア語で収容所を意味する隠語でもあり、その名で示される空間に不吉なニュアンスを与えている。大江健三郎はＮＨＫスペシャル『世界はヒロシマを覚えているか』（一九九〇年）のための取材でソ連を訪れ、映画の原作にあたるＳＦ小説[*4]を書いたストルガツキー兄弟のひとりアルカジイと対話している。大江も『ストーカー』があたかもチェルノブイリ原発事故の問題を先取りしたかのように見えたと述べている［大江 1999］。

ストルガツキー兄弟のＳＦ小説の中では「ゾーン」の他にも、宇宙人の来訪でもたらされた不可解な事物や目に見えない危険な場所がストーカーや科学者たちによって「魔女のゼリー」「空缶」「蚊の禿」といった奇妙な名前を与えられ、歪んだ言語空間を作り出している。同じようにチェルノブイリ事故も新しい言葉の不吉な組み合わせを生み出した。第四号炉の放射能漏れを防ぐための「石棺」、汚染された建物を土に埋める「家の埋葬」、雀の涙の生活補助金を揶揄して言う「棺桶代」、汚染地出身の子供に対する差別語「チェルノブイリの針ねずみ」（髪の毛が抜けることを暗示）、「ホタル」（放射能によって光るという連想）、事故処理に従事して被曝した

『ストーカー』撮影時期のタルコフスキー監督。右隣にいるのは原作者のひとりアルカジイ・ストルガツキー（提供：ロシア映画社）

*4　原作の小説は直訳すれば『路傍のピクニック』（一九七二年）だが、日本語訳は映画のタイトルに合わせている［ストルガツキー 1983］。

「解体屋（リクヴィダートル）」、汚染地の資材を盗み出す「戦場泥棒（マロジョール）」、ゾーン内に住むことを選んだ人を指す「居残り者（サマショール）」などである。そのほかに「放射能」「ヨード」「甲状腺」「キュリー」「ベクレル」といった学術専門語が日常生活の中で頻繁に使われるようになったことも言語空間の歪みを示すといえよう。「きれいな」「きたない」という形容詞は放射能の有無をしばしば示すが、これも考えてみれば異様な状況である。こうした言語の使用は、汚染地で暮らす人々の声を拾い集めたアレクシエーヴィチの『チェルノブイリの祈り』や子供たちの作文集に多くを見出すことができる［アレクシエービッチ 2011］［河上 2013］。

汚染地域の日常風景をタルコフスキーの映画になぞらえる例を新聞記事から拾ってみよう。ヴェトカ市はベラルーシのゴメリ州の汚染地域内にある町で、近郊にある居住禁止地域（ゾーン）にはしばしば外国の視察団が訪れる。

> ヴェトカの「ストーカー」たちは四月が来る頃を好む。自然は生気を取り戻し、人の心も緩むからだ。それに四月二六日が近づけば、外国からの訪問客が多くなる。時には一日に五、六組の訪問団が来ることもある。客人の中には、先に来た人々がゾーンの「主人」たちとの交際で好奇心を満足させ終わるまで、待つのを余儀なくされる者もある。訪問団は「人道物資」を携えて来る。たしかに、以前ほどではなく、ずっと控えめな品々ではある。たいがいは食料品の入った袋だ。客人は彼らと一緒に写真に写ることも好む。……「コウノトリはきれいな場所にしか住まない」、藪の茂みから不意に現われて近づいてきた男が言った。彼の名前はイヴァンといった。六五歳。この土地には昔から住んでおり、皆と一緒にここを離れるのを拒んで、「サマショール」もしくは（タルコフスキー流に）「ストーカー」のカテゴリーへ自発的に加入したわけだ［Васильев 2001］。

アルカジイとボリスのストルガツキー兄弟。ロシア・ソ連を代表するSF作家。代表作は『ストーカー』『神様はつらい』など多数（深見弾訳『願望機』1989年、群像社より）

原発事故よりも前に撮られた映画を未来の現実を先取りしたものとして想起するプロセスには、あたかも現実がフィクションを模倣するかのような時系列の逆転が起きている。事故から十数年を経て、九〇年代終わりから二〇〇〇年代になると主としてウクライナ側の汚染地に合法的あるいは非合法的に入り込み、廃墟となった町や村を見て歩いたり、「観光客」を案内する者が現れた。こうした案内人もまた「ストーカー」と呼ばれている。二〇〇〇年代後半にはウクライナにおけるチェルノブイリ観光は一種のダークツーリズム[*5]として公認された。廃炉作業の続く原発施設、無人の町プリピャチ、チェルノブイリ市に作られた「ニガヨモギの星公園」などをめぐるツアーが観光会社によって運営されている［東 2013］。

チェルノブイリ観光が脚光を浴びた背景として、ウクライナで製作されたゲーム『S.T.A.L.K.E.R』（二〇〇七年）の世界的なヒットを無視することはできない。チェルノブイリで再び原発事故が発生し、周辺地域（ゾーン）に不可解な現象や変異した生物が大量発生し、

図 8-1　チェルノブイリ原発内に作られたモニュメント　ツアー客はここで記念撮影を行う（新津保建秀氏撮影）

図 8-2　ウクライナのキエフ市にあるチェルノブイリ博物館　強制避難で住民のいなくなった村の名前が並べられている（新津保建秀氏撮影）

＊5　ダークツーリズムとは戦争や災害などの負の遺産を対象とした観光を指す［Lennon & Foley 2000］［東 2013］。

東浩紀編『チェルノブイリ・ダークツーリズム・ガイド』（ゲンロン発行）。ウクライナで実施されているチェルノブイリ観光の様子を紹介。「ダークツーリズム」の意義をめぐって議論を喚起した

冒険や一攫千金を求める「ストーカー」たちが活躍するという舞台設定になっている。[*6] ゲーム会社の建前としては直接のつながりはないが、タルコフスキーの映画やストルガツキー兄弟のSFの世界観を借用していることは明らかである。ゲームによって原発事故に関心を持った人々がしばしばチェルノブイリを訪れるという。フィクションの作り出した架空の世界が、災厄によって歪められた現実の状況を説明するための枠組みを提供し、遂には観光というかたちで被災地の現況に積極的に影響を及ぼすようになったのである。

2　災害と笑いの文化

個人的自由の制限されたソ連社会で体制を揶揄する笑い話（アネクドート）の文化が花開いたことはよく知られている。その伝統は今も根強く生きており、チェルノブイリ事故にちなんだジョークも決して珍しいものではない。例えば、私がベラルーシの知人から聞いた笑い話には次のようなものがある。市場で婆さんがキノコを売りながら、「チェルノブイリ産のキノコだよ」と宣伝している。不思議に思った男が「そんなことを言ったら、誰もキノコを買ってくれないんじゃないか」と聞くと、婆さんは「いやいや、買って行きますよ。姑さんのためとか、職場の上司用にね」と答えた。同じ内容で婆さんの売り物がリンゴになっているヴァリエーションもある［アレクシエービッチ 2011: 58］。

アレクシエーヴィチの『チェルノブイリの祈り』（一九九七年）は原発事故に関わった様々な階層の人の声を収集した記録文学だが、そこでもたくさんの笑い話の例を見ることができる。

＊6　ゲームの内容や背景の分析については［徳岡 2009］が詳しい。

チェルノブイリ原発事故の避難地域にある仮設風の正教会礼拝所（2015年6月、D.Karacsonyi氏撮影）

例えば、汚染地に残された家畜を撃ち殺す仕事を請け負ったというハンターたちの会話にはたくさんのジョークが挟み込まれている［アレクシエービッチ 2011: 107–115］。そのひとつはお団子が坂道を転がって行くのを見て狐や熊などの動物が次々に後を追いかけるというロシアの有名な民話のパロディになっている。「森の中をお団子が転がってきます。狐がお団子を見つけました。お団子さんよ、おまえさんどこへ転がっていくんだい？　ぼくはお団子じゃないよ、チェルノブイリの針ねずみだい」。放射能を浴びた針ねずみは体毛を失ってお団子のようになるというオチだが、先にも述べたように「チェルノブイリの針ねずみ」は汚染地の子供に対する差別語でもあるため、何とも後味の悪い笑い話である。ハンターたち自身も汚染されたホイニキ地区に住んでいる。

ユーモラスな笑いの要素が強いチャストゥーシカ（俗謡）というジャンルでも、やはりチェルノブイリを主題にしたものが歌われている。先ほどのハンターたちの会話にも次のようなよく知られた歌詞が出てくる。ザポロジェツはソ連時代のウクライナで生産された安価な自動車である。

ザポロジェツなんて車（マシーナ）じゃない
ウクライナ人（ウクライニェツ）なんて男（ムシーナ）じゃない
もしも父親（アッツォーム）になりたいなら
きんたまを鉛（スヴィンツォーム）で包めばよい

放射能を浴びたウクライナ人には男性としての生殖能力が失われているだろうというのが歌の趣旨であり、ザポロジェツとウクライニェツでうまく韻を踏んでいる。私はベラルーシ南部の

ドゥヂチ村には6世帯15人の住民しか残っていない。学校も閉鎖されている。映画『ナージャの村』より（1997年 / 監督：本橋成一 / 製作：ポレポレタイムス社）

汚染地域であるナロヴリャ地区出身の詩人が、「ウクライニェツ」の部分を「ナロヴリャっ子（ナロヴリャニェツ）」に変えて歌うのを聞いたことがある。*7

日本であれば広島や長崎、福島の被災者を揶揄するような笑い話は決して許容されないだろうし、ベラルーシやウクライナでも全ての人が喜んで笑い話を語るわけではない。同じ内容のジョークであっても、被災地域の人々が語るのならば自虐的ではあれ当事者同士の親密な共同体の意識を結束させうるが、外部の人間が語るのであれば差別を助長するかもしれない。そもそも実際には目に見えない放射能の被害について内部と外部の境界線を引くことは難しい。しかし笑いのもつ豊穣な力でもってチェルノブイリ事故のような悲劇の視点をひっくり返す行為は、現実の不条理を受容するために用いられる文化的な技法だといえる。ジョークの文化は世界中に存在するが、過酷な政治言論統制の存在自体を笑いのタネにしてレーニンやスターリンをからかう小話を語るような文化の伝統はソ連において独自な形で発展した［今田 2001］。

3　災害の予言――後づけで想起される物語

ベラルーシやウクライナではチェルノブイリ事故が起こることはすでに予言されていたという話を耳にすることがある。「自然は生命にあふれているのに人間がそれに手を触れることはできない、そんな時が来るだろう」というような、おばあさんがむかし語って聞かせてくれた話が、いま思うと放射能による災害を予言するものだったという形式を取るものが一般的である。例えばチェルノブイリ原発で勤務していたある技師は、故郷の老人たちが「緑はあるが楽

豚を屠り、毛を焼き、皮を剥ぎ、肉を切り分け、ソーセージを作る。伝統の技術は汚染地域の村でも保たれている（映画『ナージャの村』より）

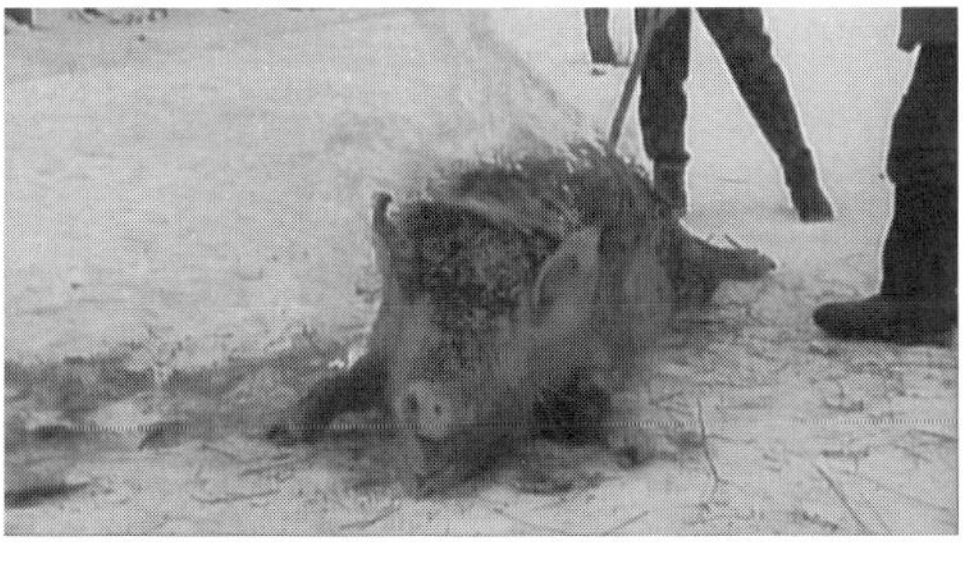

*7　本論で取り上げたジョークや俗謡は他の研究者も記録しており、広く普及していたことが分かる［Штурман и Тиктин 1987］［Раскин 1995］［Fialkova 2001］。

しみのない、そんな時が来るだろう」、「全てのものが揃っているが人は誰もいない、そんな時が来るだろう」という不思議な言葉を語っていたのを、原発事故が起きた後になって思い出している［シチェルバク 1989: 20］*8。

アレクシエーヴィチが取材した女性ラリーサは、汚染地から疎開できないままに結婚するが、重度の身体障害を持った子供が生まれる。教会の司祭から罪を悔い改めるように言われるが、自分たちが愛し合ったことの何が罪であったのかと納得のいかない彼女は訴えている。そこで彼女が思い出すのは祖母が語って聞かせた予言の話である。「全てが満ちあふれ、花が咲き実りをもたらし、川には魚がひしめき、森は獣でいっぱいになり、しかしそれらを人間が役立てることはできない、そんな時が地上におとずれるだろう」。ラリーサは祖母が聖書から引用してくれたとしているが、聖書にはこの通りの記述は存在しない。祖母の昔話を想起する際に、現在の災厄を説明できるような改変が無意識のうちに加えられたのではないだろうか［アレクシエービッチ 2011: 93–97］。

子供の頃に聞いたきり忘れていた不思議な話を、自分の人生を左右するような大事件が起きた後になって思い出し、今思えば予言だったのだと気がつくというプロセスには、人間の記憶が後から書き換えられるという複雑な心理的メカニズムが作用している*9。原発事故による大規模な放射能汚染という信じがたい出来事を、いくらかでも受け入れやすくするために予言を含んだ物語が作り出されるのだろう。「チェルノブイリ」という単語がニガヨモギを意味しており、それは聖書の黙示録の文章と一致するという事故の後に広まった噂話も、物語としてのスケールはもっと大きいが同じような役割を果たしている。シチェルバクによれば事故が起きて数日後のキエフでは、すでにニガヨモギに関する話が話題になっていたという［シチェルバク

*8　同じような言い伝えはベラルーシの子供の作文集でも紹介されている［チェルノブイリ支援運動・九州 1995: 49, 85］。この日本語訳の改訂版［河上 2013］では収録されている作文に違いがある。

*9　記憶の書き換えや虚偽記憶については多くの先行研究がある。例えば［ロフタス 1987］や［ハッキング 1998］を参照。

無人となった家屋の建材を非合法に売りさばく人たちは「戦場泥棒」と呼ばれる（映画『ナージャの村』より）

1989：15–17]。ベラルーシの小説家アレシ・アダモヴィチは黙示録の記述とチェルノブイリの災害の一致を知って世界観が変わるほどの衝撃を受けたと告白している。

チェルノブイリの「平和な原子力」が竜の牙を剥いて見せた時、ジャーナリストのおしゃべりや科学者の言い訳めいた呟きの合間に、ヨハネの預言からそのまま取られた言葉が響きわたった。「第三の御使いがラッパを吹くと、天空から大きな星が降ってきた……そして川と水源の三分の一の上に落ちた……その星の名前はニガヨモギという……」（ウクライナ語で「チェルノブイリ」はニガヨモギを意味する）。一九八六年の夏にある物理学者からこの話を聞いて、私の唯物論的・無神論的な知性が、説明不能なものの前に屈したのを覚えている。私はモスクワで行われた作家大会でヨハネの黙示録を引用して、公的な場で唯物論的知性を辱めることにした。会場はショックに包まれた［Адамович 1991: 388］。

アダモヴィチは戦争文学の作家として知られているが、核戦争による地球の滅亡を描いた小説『最後の牧歌』（一九八七年）の執筆中にチェルノブイリ原発事故が起きるという奇妙なめぐりあわせを体験した。晩年には被災者を支援する活動に積極的に関わり、その一環で日本を訪れてもいる。

災厄を予言する言葉は必ず災厄が起きてから見つけ出される。本当に存在したかどうか不確かなテキストが再構成されて想起される場合もある。現実の不条理な出来事に因果関係を与えてくれるような神話的な物語が要請され、個人あるいは集団の記憶の中に織り込まれていくといえるだろう。

手製の機械で「サマゴン」と呼ばれる自家製ウォッカを作る村人（映画『ナージャの村』より）

4　戦争の記憶

旧ソ連の住民にとってナチ・ドイツによる侵略と占領の記憶は重要な意味を持っている。第二次世界大戦におけるソ連の戦死者は約二六〇〇万といわれる。とりわけベラルーシの被害は顕著であり、統計データは必ずしも正確ではないが、戦前の人口の四分の一が失われたと語られることが多い。チェルノブイリ事故の体験が語られるときにもドイツとの戦争が類推の対象として思い出される傾向がある。およそ一〇〇〇万人のベラルーシ人のうち二〇〇万人ほどが汚染地域での居住を余儀なくされたことを独ソ戦争の死者と比べて、今度は五分の一が放射能の危険にさらされたという言い回しがしばしば用いられる［Адамович 1991: 238］［Малашэвіч 1996 : 6］[*10]。

アレクシエーヴィチの『チェルノブイリの祈り』などは数ページめくるだけで戦争に関する記述をいくつも見つけることができる。中には原発事故についてインタビューしているのにも関わらず、延々と戦時中の思い出話を続ける老人もいて、記憶の中で二つの出来事が密接に繋がりあっていることがわかる。ナチ・ドイツが侵略してきたときには多くの村が焼かれて消滅したけれど、戦後に疎開から帰った人々が村を再建することができた。しかしチェルノブイリの放射能汚染によって無人となった村に人々は二度と帰ることができない。このような考察が戦争体験との比較で繰り返し語られる。本橋成一監督がベラルーシの汚染地域に住む人々の日常生活を撮った映画『ナージャの村』（一九九七年）でも、立ち退きを拒否した老人がモノローグの中で同じような比較をする場面がある。[*11]

居住禁止のドゥヂチ村に住むチャイコがナチ・ドイツによる戦災を思い出しながら、それを現在の放射能の災厄と比べている（映画『ナージャの村』より）

＊10　ベラルーシにおける独ソ戦争の記憶の重要性については［Marples 2014］［越野 2014］を、戦時中の人的被害の甚大さについては［Snyder 2010］の特に第7章を参照。チェルノブイリという場所の事故以前の歴史については［越野 2013］に概略がある。

レアニード・レヴァノヴィチの小説『放射能の中への帰還』（一九九一年）では、汚染地から移住したシチャパンとその家族が新しい土地にどうしてもなじむことができず、放射能の残る故郷の村に帰ってくる。シチャパンは板でふさがれた窓がならぶ人気のない村の通りをながめながら嘆く。「なあ兄弟、チェルノブイリはとんでもないことをしでかしたものだなあ。戦争だってこれほどじゃなかった。わしは年をくってるから覚えとるよ。あの時は食べ物をみんな焼かれちまった。カンチャンスクの側は無事だったけどな。ドイツ人どもが退却してから、隠れた森から皆が帰ってきたんだ。親戚のところで冬を越したり、一軒家に三家族が住んだり。そのうち掘っ立て小屋が手に入った。前線から男たちが帰ってきた。それでザボリエ村は建て直された。生きてさえいればいいんだ」［Левановіч 1997: 121］。作者の故郷であるモギリョフ州のクレエヴィチ村の住民も放射能汚染で移住を余儀なくされたという。

イヴァン・シャミャーキンの『不吉な星』（一九九一年）はウクライナとの国境に近い地区で執行委員長をつとめるプイリチェンコとその家族の運命を通して災害の起きた時期のベラルーシを描いた長編小説である。物語は一家の次男グレプの結婚式の場面で始まるが、その翌日に発電所で事故が発生したため、原発技師のグレプは慌ただしく災害の現場に出かけてしまう。残された新妻のイリーナは連絡の絶えた夫を探しに国境を越えてチェルノブイリに向かう。途中で疎開のために無人になった村を通る場面がある。「こんなものは映画でも見たことがなかった。焼かれた村は見たことがある。人々が森へ退去したり、力ずくで追い出されたりして、空っぽになった村……、そうした村には、記録映画であれ、芸術映画の中で複製されたものであれ、戦争の跡、破壊の跡が刻まれていたものだ。ところがここでは何もかも手入れが行き届いているのに、まるで誰にも必要ではなくなったみたいなのだ」［Шамякін 2005: 156］。戦争

＊11　『ナージャの村』は居住禁止地域に指定されたドゥヂチ村に残って暮らすことを選んだ人々を描く。二〇年前のベラルーシで撮られた映画だが、今ではむしろ二〇年後の福島について考えさせる作品といえるだろう。

家族総出で行われる森の中のきのこ狩り。美しい風景にここが汚染地域であることを忘れそうになる（映画『ナージャの村』より）

の記憶は直接それを体験した人たちの間に留まらず、戦争を描いた映画や小説（文化的記憶）を通して世代から世代へと再生産され続けることが分かる。

アレクシエーヴィチの本に登場するあるカメラマンは汚染地区の様子を撮影する際に、ミハイル・カラトーゾフ監督によるソ連戦争映画の名作『鶴は翔んでゆく』（一九五七年）を思い出している［アレクシエービッチ 2011: 126–127］。ドイツとの戦争が始まり、戦場へ向かう若者たちと残された家族や恋人との別離を描く映画の一場面が、住み慣れた家を去って疎開しなくてはならない人々の姿に重なる。「疎開」という言葉自体が戦争の記憶と結びついていることにも注意したい。カメラマンは戦争映画で観たようなやり方で撮影し、撮影される住民たちも映画の登場人物のようにふるまったという。「抑えられた眼の上の涙、短い別れの言葉。我々はみんな、すでになじみのある行為の形式を見つけようとしていたのでした。何かにあてはめようとしていたんです」。目に見えない放射能のせいで故郷が住めない土地になるという理不尽な事態に対してどのように接すればよいのか。戦争というよく知った光景を想起することが、人々に未知の事態に対処するための枠組みを与えてくれる。

5　想起の文化——災厄によって災厄を思い出す

本章では映画、文学、噂話など様々なメディアを取り上げ、過去の文化的記憶を想起することにより人々がチェルノブイリ原発事故の現状理解をどのように構成していったかを考察した。戦争映画『鶴は翔んでゆく』やSF映画『ストーカー』は原発事故を描いたものではない

映画『鶴は翔んでゆく』の一場面。戦場へ向かう兵士たちとその家族や友人、恋人たちとの別れを描いている（提供：ロシア映画社）

にも関わらず、汚染地域からの強制退去やそこでの人々の暮らしと重ねられ、状況の理解や生活実践に影響を与えた。もちろん第二次世界大戦はメディアによる文化的記憶だけではなく、実際に戦争を体験した人々の生きた記憶を通じても現在の災厄に接続される。戦争文学作家アダモヴィチは晩年の活動を原発事故被災者の支援に捧げたが、それは独ソ戦争でパルチザンとして戦い、ナチ・ドイツによる住民の虐殺を目撃した体験が土台となっている。アレクシエーヴィチの『チェルノブイリの祈り』に登場する多くの老人たちにとっても、戦争と原発事故は継ぎ目なくつながった記憶を構成している。過去の記憶が現在の理解に作用するだけではなく、逆に現在の災害の体験が過去の記憶を書き換えたり更新したりすることもありえる。

ベラルーシ（および他の旧ソ連）という地域の特徴は社会主義体制によって映画や文学などの文化的記憶が操作されていたことだろう。とりわけ戦争の記憶については、愛国者でなければ裏切者やスパイだと単純に決めつけたり、人口の四分の一の尊い犠牲を強調したりといった公的な言説の枠組みが、人々の理解や実践をかなりの程度規定していた。ただし笑い話（アネクドート）のようにソ連のイデオロギーの下に特異な発展をとげた非公式の文化や、ソ連崩壊と並行して現れた宗教的な予言の言説の氾濫のように、統制的な枠組みからはみ出るような要素も大きな役割を果たした。ベラルーシのように一九九一年まで独立した国家機構を確立することのできなかった地域では、戦争も原発事故も外部の勢力によってもたらされた厄災として理解される傾向がある。戦争のたびに「通過点」として苦難を甘受してきたベラルーシは、まさに過去の災厄の記憶によって現在の災厄を理解する文化的伝統を形成してきたといえる。

ソ連では井伏鱒二の『黒い雨』などの日本の原爆文学が、アメリカの戦争犯罪を批判するという政治的な理由もあって積極的にロシア語に翻訳されていた［大森 2011］。図書館に埋もれて

ナチ・ドイツによるベラルーシの農村での住民虐殺を描いた映画『炎628』（DVD 発売元：アイ・ヴィー・シー）。原作はアダモヴィチの小説『ハティニ物語』。監督エレム・クリモフ

いたであろうこの種の作品が、チェルノブイリ事故の後では争って貸し出され読まれたという［アレクシエービッチ 2011: 98］。広島・長崎の被爆体験の記録が、汚染地域で暮らす人々に不条理な現状を理解する手がかりを与えたことになる。そしてチェルノブイリの記憶は再び日本に返され、福島原発事故が私たちの現在と将来においてどんな意味を持つのかを考え続ける材料をもたらしている。

参考文献

日本語

アスマン、アライダ 2007（原著1999）『想起の空間――文化的記憶の形態と変遷』水声社。

東浩紀編 2013『チェルノブイリ・ダークツーリズム・ガイド』（思想地図β vol.4-1）ゲンロン。

アレクシエービッチ、スベトラーナ 2011（初版1998、原著1997）『チェルノブイリの祈り――未来の物語』岩波書店。

今中哲二 2013『放射能汚染と厄災――終わりなきチェルノブイリ原発事故の記録』明石書店。

大江健三郎 1999（初版1991）『ヒロシマの「生命の木」』ＮＨＫ出版。

大森雅子 2011「恐怖と憐みのはざまで――ソヴィエト時代における〈原爆文学〉の翻訳をめぐって」『スラヴ文化研究』10号、pp. 49-63.

尾松亮 2013『3・11とチェルノブイリ法――再建への知恵を受け継ぐ』東洋書店。

河上雅夫監修 2013『新訂子どもたちのチェルノブイリ――わたしたちの涙で雪だるまが溶けた』梓書院。

越野剛 2003「核時代の文学――アレシ・アダモヴィチと大江健三郎」『スラヴ学論叢』第6号、pp. 88-96.

―― 2013「事故前のチェルノブイリ」東浩紀編『チェルノブイリ・ダークツーリズム・ガイド』（思想地図β vol.4-1）ゲンロン、p. 62.

ハティニ記念公園。戦後も再建されることのなかった六百余の村の名前を記し、それぞれ焼け跡の土を収めた墓標（田村容子氏撮影）

――― 2014「ハティニ虐殺とベラルーシにおける戦争の記憶」『地域研究』第14巻第2号、pp. 75–91.
今田和美 2001「ソ連アネクドート研究史概説」『スラブ研究センター研究報告シリーズ』76号、pp. 32–45.
シチェルバク、ユーリー 1989（原著1987）『続・チェルノブイリからの証言』技術と人間。
ストルガツキー、アルカジイ&ボリス 1983（原著1972）『ストーカー』早川書房。
チェルノブイリ支援運動・九州 1995『わたしたちの涙で雪だるまが溶けた』梓書房。
徳岡正肇 2009「ウクライナの現代史を描く重いテーマのＦＰＳをあらためて今、分析――「S.T.A.L.K.E.R」でＺＯＮＥをさまよってみるしかない」 http://www.4gamer.net/games/007/G000711/20090319077/
ハッキング、イアン 1998（原著1995）『記憶を書きかえる――多重人格と心のメカニズム』早川書房。
山本博之 2014『復興の文化空間学――ビッグデータと人道支援の時代』（災害対応の地域研究１）京都大学学術出版会。
ロフタス、エリザベス 1987（原著1979）『目撃者の証言』誠信書房。

英語・ロシア語・ベラルーシ語

Brummond, J. 2000. "Liquidators, Chornobylets, and Masonic Ecologists: Ukrainian Environmental Identities," *Oral History*, 28 (1–2): 52–61.
Fialkova, Larisa. 2001. "Chernobyl's Folklore: Vernacular Commentary on Nuclear Disaster," *The Journal of Folklore Research*, 3: 181–204.
Goebel, Stefan. 2007. *The Great War and Medieval Memory: War, Remembrance and Medievalism in Britain and Germany, 1914–1940*, Cambridge and N.Y.: Cambridge UP.
Lennon, John and Malcolm Foley. 2000. *Dark Tourism: The Attraction of Death and Disaster*, London: Continuum.
Marples, David R. 2014. *'Our Glorious Past' Lukasahenka's Belarus and The Great Patriotic War*, Stuttgart: ibidem-Verlag.
Oushakine, Serguei Alex. 2009. *The Patriotism of Despair: Nation, War, and Loss in Russia*, Cornel University Press.

ベラルーシの首都ミンスクでも戦争の痕跡はいたるところに見られる。写真は塹壕跡で遊ぶ少年

Snyder, Timothy. 2010. *Bloodlands: Europe between Hitler and Stalin*, Basic Books.

Адамович, Алесь. 1991. Мы - Шестидесятники, Москва: Советский писатель.

Васильев, В. 2001. Ветоковские «сталкеры»: Корреспонденты «БДГ» побывали в зоне отселения. Белорусская деловая газета, 28 апреля 2001, №63: 4.

Дацишина, М.В. 2011. Тема Наполеона и войны 1812 г. в советской и нацистской пропаганде в ходе Великой Отечественной войны, Вопросы истории, №6: 149–156.

Кожевников, А.Ю. 2004. Крылатые фразы и афоризмы отечественного кино, Санкт Петербург: Нева.

Левановіч, Леанід. 1997（1991）. Вяртанне ў радыяцыю, Мінск: Юнацтва.

Малашэвіч, Я.В. і інш.（рэд.）1996. Чарнобыль - Погляд праз дзесяцігоддзе, Мінск: Беларуская Энцыкладыя.

Раскин, Иосиф. 1995. Энциклопедия хулиганствующего ортодокса: Опыт словаря с анекдотами, частушками, поэзией, плагиатом и элементами распустяйского пустобольства, Санкт Петербург: Эрго.

Шамякін, Іван. 2005（1991）. Злая зорка. Збор твораў. Т.6, Мінск: Мастацкая літаратура: 5–306.

Штурман, Дора и Сергей Тиктин. 1987. Советский Союз в зеркале политического анекдота, Иерусалим: Экспресс.

ドイツ軍の攻撃で壊滅したハティニ村の跡地に作られた記念公園。３本の白樺は生き残った四分の三、手前の永遠の火は犠牲となった四分の一の人々を示す（田村容子氏撮影）

第9章

赤泥流出と原発事故

東欧スラブ地域からレジリエンスを考える

科学

家田 修
セルヒー チョーリー

チェルノブイリ原発事故の避難地域での民族学調査の様子。避難地域の家屋は住民の全戸移転と同時に国有財産になっている。調査は、ウクライナ、ハンガリー、日本の混成グループが民族学的な価値の高い古民家などを中心に実施した（2015年）

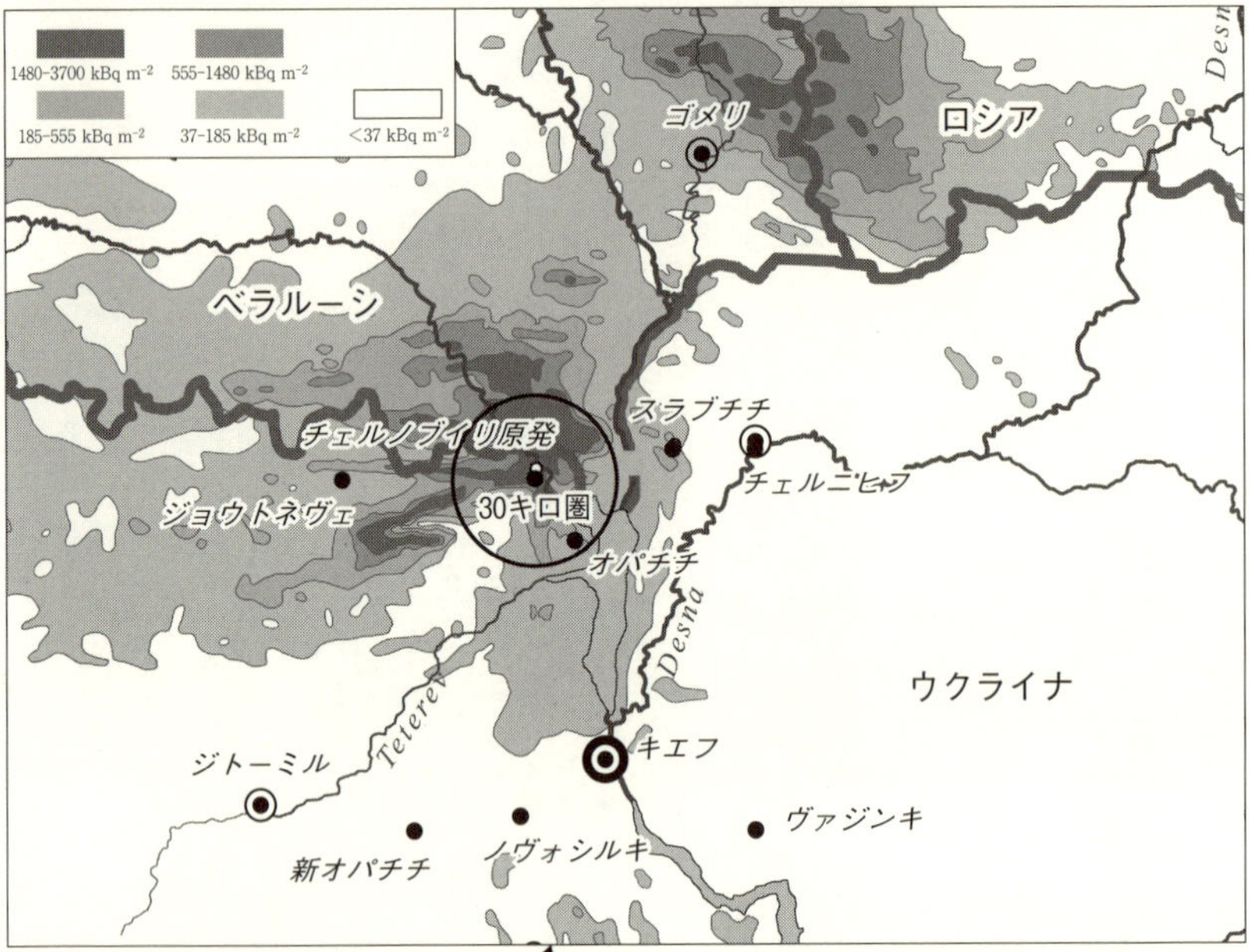

チェルノブイリ関連地図　UNSCEAR 2000 report の図を改変（http://www.unscear.org/unscear/en/chernobylmaps.html）。濃淡はチェルノブイリ原発事故で放出されたセシウム137による土壌汚染密度を示す

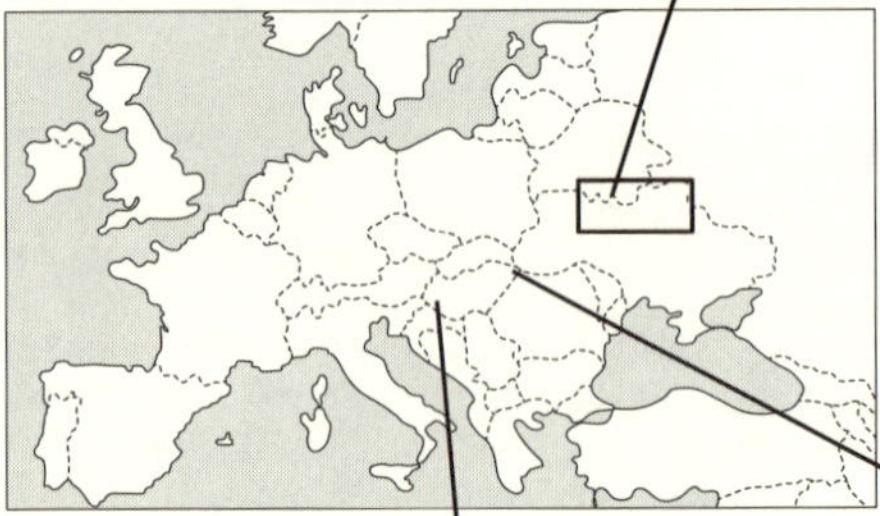

ハンガリーと隣接国　ハンガリーは全体が盆地であり、西からドナウ川が流れ込み、東からティサ川が流れ込む。ウクライナと国境を接するベレグ地方（A）では2000年に大洪水が、西部（B）のアイカ市では2010年に赤泥流出事故が起きた（B の詳細は図 9－1 を参照）

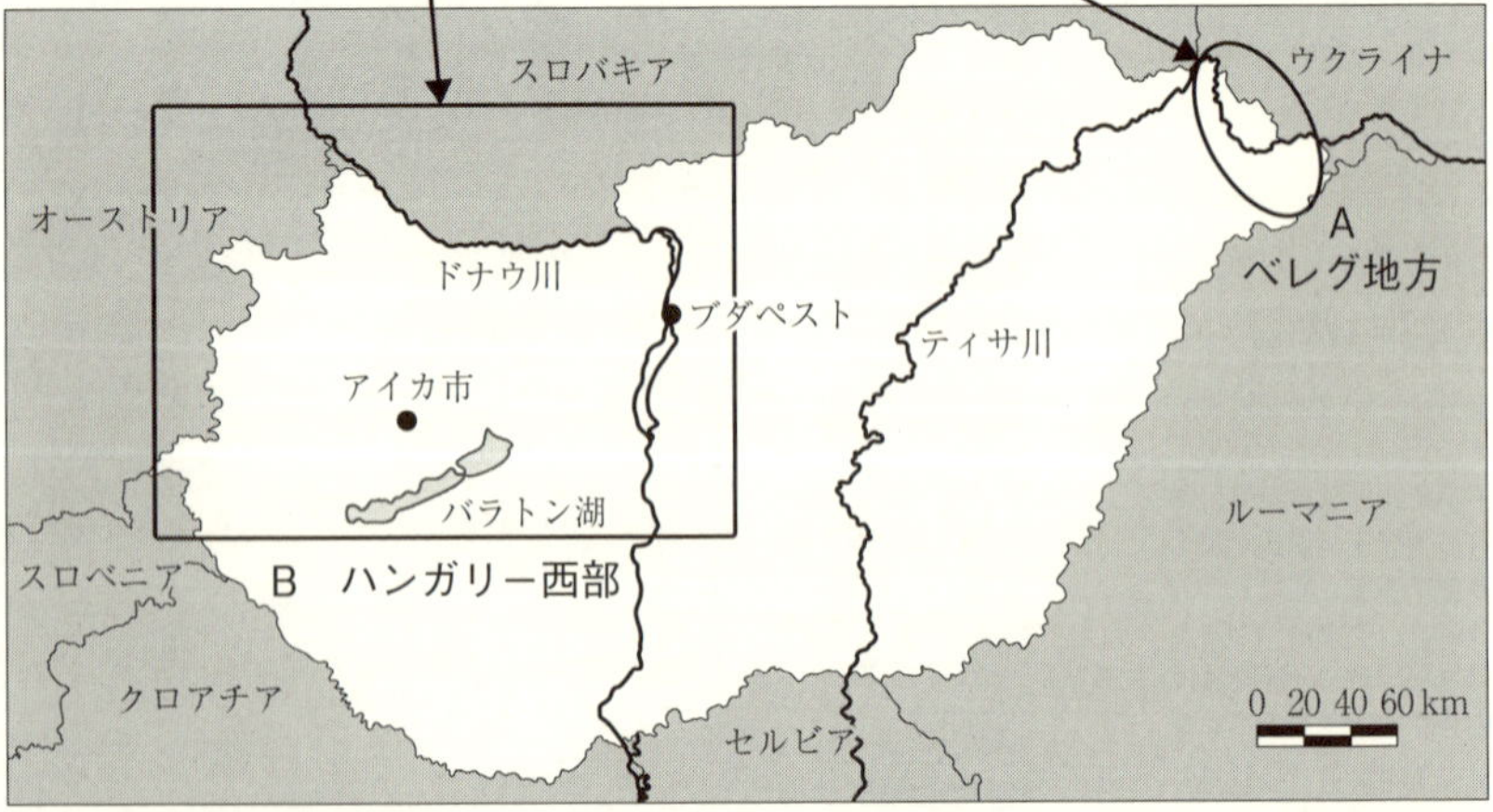

本章[*1]では東欧スラブ（旧ソ連東欧）地域における産業災害とレジリエンスを考える。具体的には二〇一〇年一〇月のハンガリーにおけるアイカ赤泥流出事故と一九八六年四月の旧ソ連におけるチェルノブイリ原子力発電所（原発）事故が検討される。

第1節では二つの事例に関して、産業災害としての認定や認定基準をめぐる問題を扱う。産業災害では、被害が災害として専門家によって認定されることが不可欠な要素であり、認定における専門家の役割をレジリエンスの視点から検証する。

第2節と第3節では、アイカ（ハンガリー西部のヴェスプレーム県にある人口三万人ほどの地方都市。赤泥流出事故を起こしたハンガリーアルミ社の企業城下町だが、ガラス工芸品の産地としても有名）とチェルノブイリのそれぞれについて復興住宅問題を取り上げる。住宅を取り上げるのは、災害からの復興において最も基本となるのは恒久住宅（公営住宅と個人住宅）の整備だからである。最後の「おわりに」では東欧スラブ地域のレジリエンスから何を教訓として引き出せるかを考えたい。

本章執筆の背景には日本における災害対応、とりわけ原発事故対応の社会的レジリエンスを比較検討したいという動機がある。従って、必要に応じて日本の事例にも言及する。

1　産業災害とは何か

産業災害における社会的回復力を考える際、まず、産業災害を災害として認定するところから始める必要がある。日本の産業災害史をひも解けば、水俣病、イタイイタイ病や四日市ぜん

＊1　本章は家田修とセルヒー・チョーリーの共著論文である。本論文全体の構想と執筆は家田が担当した。他方、第3節「チェルノブイリ原発事故後における復興住宅建設」におけるノヴォシルキ村での聞き取り調査は主としてチョーリーの分担として実施された。

アイカのガラス製品

そくなど、当初は産業災害であるという認識もなく、個人的な疾病とされた。産業災害史は災害認定史である。誰が、どのような基準で損害を産業災害として認定したのか、そこから社会のレジリエンスを説き起こしたい。

本章で検討する二つの事例はいずれも当該産業では最初の大規模事故である。チェルノブイリ原発事故は、原発事故として初めてではないが、数十万人もの避難者を出した点で、最初に大きな社会的影響を及ぼした。果たして誰が放射能災害の被災者なのか、その基準は一体どこにあるのか、そもそも低レベルの放射線被害は存在するのか。福島原発事故から五年経った今日でさえ、日本には社会的合意がない。三〇年前のチェルノブイリ事故当時、ソ連社会はどうこの問題に対応したのか。誰が、どのように避難の基準を策定したのか。避難の決定に際して個人の力、社会の力、国の力がどう働いたのかを検証する。

本章が取り上げるもう一つの産業災害、アイカ赤泥流出事故は日本でほとんど報道されなかった。このため記憶している人も少ないと思うが、死者一〇名を出し、赤泥事故としては最初に国際的な関心を集めた大規模事故であり、当時のハンガリー社会に大きな影響を与えた。事故当時、被災者も救助に当たった消防も赤泥についての知識を持ち合わせていなかった。専門家の間でも赤泥の定義をめぐって論争が繰り広げられた。赤泥は国際的に長年にわたり無害とされてきた産業廃棄物だった。国際的に無害であると定義されてきた廃棄物が災害発生の原因となったのである。ハンガリー社会はこれにどう対応したのか。

二つの事故ではともに事故当初、直接の被災者も、また一般市民も汚染物質について十分な知識を持ち合わせていなかった。地震や津波であれば、どう対処すればよいのか、「つなみてんでんこ」のような智慧の蓄積もある。しかし未知の産業廃棄物に一般市民はどう対処すれば

アイカのアルミニウム工場

よいのか。そこにおける社会的なレジリエンスとは何なのか。他方、専門家と行政担当者は大事故の発生を前にし、汚染物質にどう対処すべきか、どのような環境許容基準を打ち立て、どう被災者を災害から守るべきかという課題に直面する。二つの事例の中から、産業災害への社会的レジリエンスの教訓を見いだすことがここでの課題である。

アイカ赤泥流出事故と産業廃棄物規制

アイカ赤泥流出事故では、事故の知らせを受けて出動した消防隊員さえ、赤泥に関する知識不足のため、被災現場に到着しても、手をこまねいて事態を傍観する他なかった。事故を起こした企業から、流出した物質が強アルカリ性であるとの連絡を受けて、初めて救援活動を開始することができた。ましてや一般市民は泥水なのか、有害物質なのか、区別のつけようもなかった。住民の中には被災者を救おうとして、赤泥の濁流に飛び込んだ結果、命を落とした者もいる。

そもそも赤泥とは何か？　筆者もハンガリーの赤泥流出事故を調査して初めて、その存在を知った。赤泥はアルミニウムの素材であるアルミナの製造過程で生ずる産業廃棄物である。赤泥は名前が示すように、形状は赤銅色の泥である。成分には原料のボーキサイトが含有する様々な金属類が含まれる。すなわち酸化鉄、酸化アルミニウム、二酸化ケイ素、酸化カルシウム、二酸化チタンなどの他に、原料の産地によって異なるが、少量の重金属、希土類、ないし希少金属が多種類にわたって含まれる。[*2]　放射性核種が含まれることもある。[*3]

アイカの事故で流出した赤泥は事故直後のpH値（酸性・アルカリ性度）測定によると、14に迫り、極めて危険な強アルカリ性を示した。[*4]　この強アルカリ性は溶解物質として製造過程で加え

＊2　http://www.katasztrofavedelem.hu/index2.pHp?pageid=lakossag_kolontar_vorosiszap_hatasai（2010.12.26）

＊3　クリーン開発と気候に関するアジア太平洋パートナーシップ〔米、中、豪、加、韓、印、日〕二〇一〇年第六回アルミニウムタスクフォース会議 http://asiapacificpartnership.jp/aluminium_tf.html; 原文は〝The main environmental risks associated with the bauxite residue are related to high pH and alkalinity, and minor and trace amounts of heavy metals and radionuclides〟である。http://asiapacificpartnership.org/pdf/Projects/Aluminum%20Task%20

赤泥貯蔵池の擁壁。劣化が進んでいるのが見て取れる

られる水酸化ナトリウムに由来する。赤泥にどの程度水酸化ナトリウムが残存するかは、製法と濾過技術によるが、完全に除去することはできない。

水酸化ナトリウムはいわゆる苛性ソーダである。誰でも学校の理科実験で苛性ソーダを使い、石灰を溶かした覚えがあるのではないか。この薬品は塩酸などと同様、劇薬である。衣服や皮膚につくと、少量でも腐食を起こし、皮膚の場合は火傷になる。

このように赤泥は様々な成分を含む産業廃棄物である。放射性核種を含む場合は、放射線量が環境基準を超えれば、有害廃棄物となる。あるいは水酸化ナトリウムが多く含まれれば、やはり有害性をもつ。環境許容基準を超える有害物質を含まない赤泥もある。また、赤泥が含有する水酸化ナトリウムは時間の経過とともに減少し、赤泥の形状も泥状態から次第に固化し、数十年後には岩石状へと変化する。国際基準は安全な状態の赤泥をもって、「赤泥」と定義している。

アイカ赤泥流出事故は一〇名の死者、一二〇名ほどの負傷者、三〇〇戸余りの住宅破壊など、大きな被害をもたらした。今回の事故による死者は、赤泥のアルカリ性による火傷が死因だった。また事故で被災した家屋や家財道具も腐食が激しく、再利用できなかった。これが事故の直接的結果だった。また周囲四〇平方キロメートル圏で赤泥由来の粉塵による大気汚染が観測され、広範囲での健康被害が危惧された（図9-1）。このため事故後、数ヶ月間にわたり近隣住民に対して、防塵機能のついたマスクが配布された。

下の二枚の写真は事故直後のものである。被災者のうち二人がマスクをつけているのは、大気汚染による健康被害を避けるためだった。

もう一枚の写真に写っているのは除染作業員であるが、必ずしもマスクをしていない。マス

赤泥流出事故の被災地と被災者（コロンタール村、フックス家写真アルバムより）

force%20Action%20Plan%20_02%20May%2007_.pdf（2010.12.26）

＊4　国立ハンガリー衛生保健局（以下、衛生局）Az Állami Népegészségügyi és Tisztiorvosi Szolgálat の事故専門サイト掲載情報 Mit kell tudni a vörösiszapról? 2010.10.05. http://www.antsz.hu/portal/down/kulso/kozegeszsegugy/iszaptarolo_szakadt_at/Mit_kell_tudni_a_vorosiszaprol_20101005.pdf（2010.11.19）ハンガリー科学アカデミーの調査結果ではpH値が11-14の間であるとしている。A Magyar Tudományos Akadémia Kémiai Kutatóközpont Anyag- és Környezetkémiai In-

クの着用は義務づけられていたが、作業中は息苦しくなるのを嫌い、着用しない作業員も少なくなかった。

　産業廃棄物としての赤泥の取り扱いと処理の仕方については、すでに論じたことがあるので、詳細はそちらに譲るが、[*5] 赤泥の場合も、放射性廃棄物ほど長期間ではないが、完全に無害化するまで、数十年のあいだ隔離し、安全に管理しなければならない。さらに赤泥は廃棄量が膨大なため、管理場所の確保が難しい。日本のアルミナ産業では海洋投棄された。海洋投棄の場合は管理場所の確保は不要だが、パイプで流して海底に廃棄するか、船に積んで外洋で投棄するため、海洋環境への負荷が発生する。

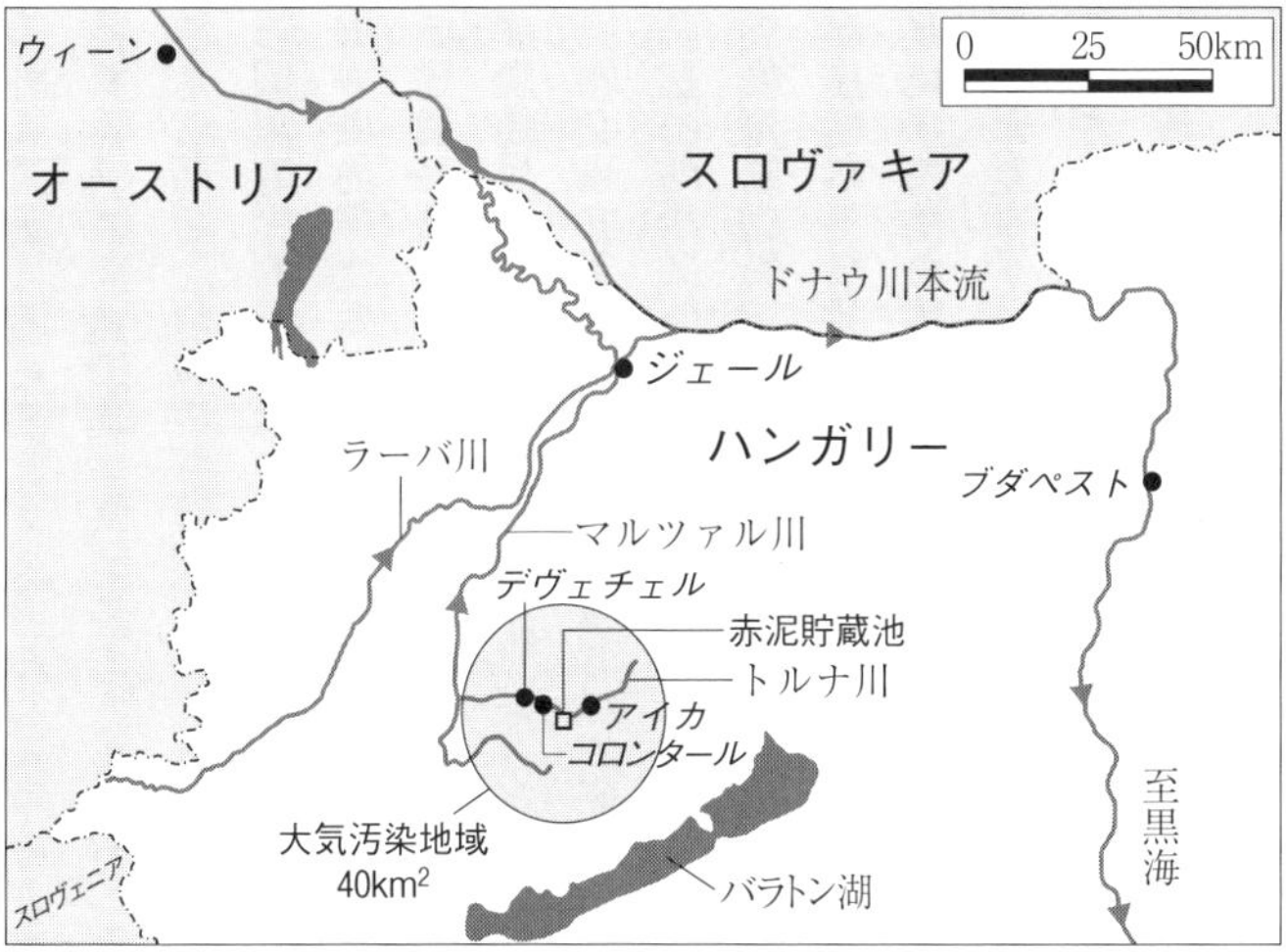

図9－1　赤泥流出事故関連地図（矢印は川の流れを示す）［家田 2012: 151］の図を改変

　赤泥は、国際条約上、無害な産業廃棄物と規定されている。ロンドン条約（一九七二年採択）は国際的に産業廃棄物の海洋投棄を規制する基本法規であるが、赤泥の海洋投棄を事実上容認してきた。一九九〇年代に入ると、海洋環境の保全に

tézet: Az ajkai vörösiszap-ömléssel kapcsolatban 2010. október 12-ig végzett vizsgálatok eredményeinek összefoglalása.

＊5　「ハンガリー赤泥流出事故に見る東欧とEUの見えざる境界」［家田 2012］、『なぜ日本の災害復興は進まないのか――ハンガリー赤泥流出事故の復興政策に学ぶ』［家田 2014］。

赤泥の除去作業（デヴェチェル市、2010年10月15日）

関する国際世論が高まり、一九九三年のロンドン条約締約国会議で条約の見直しが行われ、産業廃棄物の海洋投棄は原則禁止となった［西井 2005: 250–251］[*6]。もっとも、新原則が赤泥に適用されるか否かについては、解釈が分かれる。

　国際的な有害廃棄物の取り決めとしてもう一つ重要な条約は、一九八九年に採択されたバーゼル条約、すなわち「有害廃棄物の国境を越える移動及びその処分の規制に関する条約」である。この条約も条件つきだが、基本的に赤泥を有害廃棄物から除外している。またEUも産業廃棄物規定において、赤泥を無害としている[*7]。

　ハンガリーは二〇〇四年のEU加盟時にEU基準を受け入れ、赤泥を含む産業廃棄物規定もEU基準に置き換えられた。実は、EU加盟以前のハンガリーは国内法として非常に厳しい廃棄物規制法を持っていた。それにも拘らず、EU基準の方を受け入れたのである。しかし今回の赤泥流出事故を目の当たりにし、ハンガリーの専門家はEU基準ではなく、産業廃棄物に厳しい国内法を拠り所にして、事故への対応を押し進めた。

　国際基準とハンガリーの国内基準との食い違いは、事故で流出した赤泥が大気に及ぼす影響評価をめぐって表面化した。ハンガリー政府は赤泥流出事故後の汚染状況調査にあたって、EUの産業廃棄物事故専門家に調査を要請した。ハンガリー政府は国内の専門家だけに頼るのではなく、EUの専門家を巻き込むことで、事故調査に国際的な透明性を確保できると考えた。

　EU調査団は事故直後に現地入りし、一週間ほどの調査の後、暫定報告書を提出した。それによると、「ハンガリー側による調査は継続中だが、これまでのサンプル採取とその検査結果によると、飲み水には全く問題がなく、摂取可能である。また七つの自治体での大気中の（赤泥由来の）粉塵採取調査の集計によると、当該地域における空気中の粉塵は健康被害に対する

建物の中にまで流れ込んだ赤泥（デヴェチェル市、ニョマ家提供）

*6　ロンドン条約における赤泥の扱いについても詳しく論じている。

*7　「危険な廃棄物に関する一九九一年一二月一二日付理事会指令第91/689/EEC号（Council Directive 91/689/EEC of 12 December 1991 on hazardous waste）」、及びGuide to the Approximation of European Union Environmental Legislation Part 2 Overview of EU environmental legislation. C. Waste Management: http://ec.europa.eu/environment/archives/guide/contents.htm（2010.12.26）

許容量を上回っていない」と結論づけた。[*8]

ＥＵ調査団の中間報告は、それまで赤泥由来の粉塵を有害としてきたハンガリー国内の専門家による見解と大きく食い違った。事故から一ヶ月経った一一月に入ると、ハンガリー側による詳細な汚染調査結果が公表された。[*9] それによると、赤泥による大気汚染は「デヴェチェル市でのすべての観測地点、及びコロンタール村での観測地点で、衛生許容量を八～二四％上回」り、天候などの条件に左右されつつ、周期的ないし断続的に汚染数値が基準値以上に上昇していた。

赤泥の有害性をめぐる国際基準とハンガリー国内での専門家の見解が分かれる中、事故を起こしたハンガリーアルミ社はＥＵの産業廃棄物規定を根拠に、赤泥は有害物質ではなく、災害への賠償責任はないと主張した。また赤泥の流出も大雨によるものであり、自然災害であると言明した。

ハンガリーアルミ社、そしてＥＵ調査団に対して、厳しい基準で赤泥を定義すべきだと論陣を張ったのは、まずハンガリーの衛生局だった。そしてハンガリー科学アカデミーがそれに続いた。科学アカデミーは自然科学から人文社会科学に至るまで数多くの研究所を統括する巨大な国家組織であり、科学アカデミー総裁は大臣級の地位と権威を持つ。この二つの機関が、二〇〇〇年にハンガリー国会で制定された「化学安全保障法」に準拠して、赤泥を有害物質と規定することで足並みを揃えた。[*10] さらに両機関はハンガリー国内のパンノニア大学、西部ハンガリー大学、ブダペスト工科経済大学、地方振興省農業調査研究所、国立土壌学研究所、環境保護・水文学研究所、農政局など、関連する研究所や専門行政機関を広範に巻き込んで赤泥対策指針をまとめ上げた。[*11]

＊8　http://vorosiszap.bm.hu/?p=661#more-661（2010.12.26）

＊9　http://www.katasztrofavedelem.hu/incex2.php?pageid=lakossag_kolontar_index（2010.12.26）

＊10　A vörösiszap folyási tulajdonságai nedvességtartalmától és az erőhatásoktól függően változnak, pH értéke 12-14 körüli, azaz erősen lúgos, maró anyag.（A Magyar Tudományos Akadémia Kémiai Kutatóközpont Anyag- és Környezetkémiai Intézet és az ÁNTSZ egybehangzó megállapításai）：http://mta.hu/

被災直後の住宅に残った赤泥の痕跡（デヴェチェル市）

ハンガリー政府も以上の経緯をうけ、科学アカデミーなどによる赤泥定義に従った公式見解を策定した。

ハンガリーで常に研究機関と専門行政組織が共同歩調をとるわけではないし、ましてや連携して共同見解を作成し、政府見解を先導してきたわけでもない。しかし、大災害の現実を踏まえて、いわば専門家が連帯して、大きな社会的力を発揮したのである。とりわけ産業災害では有害性の認定や許容基準作りに専門家の関与が不可欠であり、専門家が歩調を合わせた見解なら、政府も無視することはできない。この意味で、赤泥事故発生時にハンガリーの専門家達が見せた連携と独自の基準作りは社会的レジリエンスとして検証しうるものと考える。

原発事故と放射能災害基準

日本における放射能災害は福島の原発事故から五年を経てなお、今日に至るまで、何をもって災害とするのか、定義も基準も確立していない。日本政府は原発事故発生直後から、非常事態時における避難政策遂行上の目安として、年間二〇ミリシーベルトという被曝許容基準を採用した。しかし、学問的にも社会的にもこの基準が受け入れ可能であるとの合意が生まれているわけではない。

福島原発事故に先立つこと二五年前、チェルノブイリ原発事故が発生した。この事故は最初の大規模な原発事故として様々な教訓や基準を後世に残した。原発事故と言っても専門分野によって、何をもって災害とみなすか、多様な定義が可能である。ここでは被災地における社会的な影響から考える。つまり、避難の基準である。

チェルノブイリ事故を受けてソ連政府は当初、「安全生活概念」として生涯にわたる許容被

赤泥流出事故で救助に向かい犠牲となった村民の慰霊碑（コロンタール村）

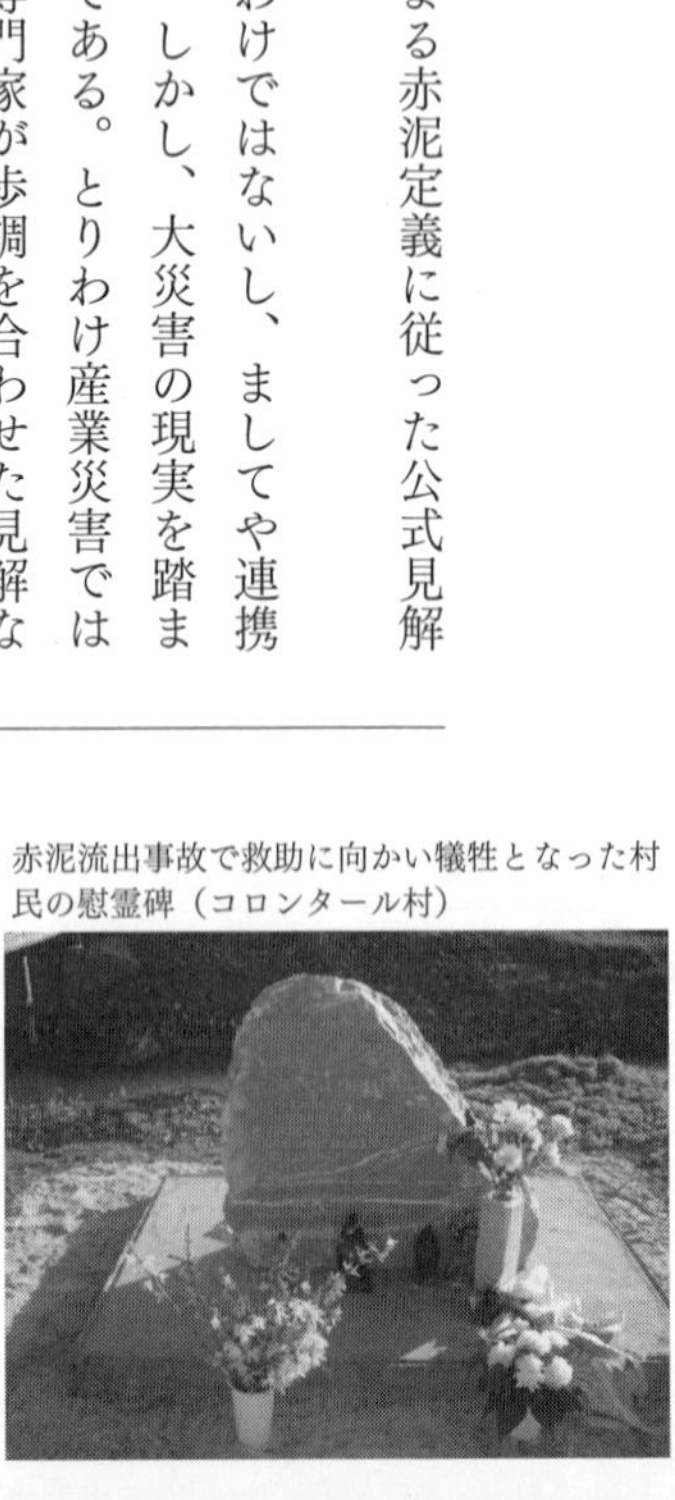

mta_hirei/osszefoglalo-a-vorosiszap-katasztrofa-elharitasarol-a-karmentesitesrol-es-a-hosszu-tavu-teendokrol-125859/ (2010.12.26)

*11　http://mta.hu/mta_hirei/tajekoztato-a-kolontari-vorosiszap-tarozo-kornyezeteben-vegzett-vizsgalatokrol-125761 (2010.12.26)

曝線量を三五レム（三五〇ミリシーベルト）と定めた。これを基に避難基準を制定しようと考えた。これに対し、ベラルーシでは

ベラルーシ最高会議、ベラルーシ科学アカデミー、教育省、農業省、保健省などにおいて、この概念に関する議論が巻き起こった。一九八九年七月、ベラルーシ科学アカデミーは、「安全生活概念」を支持するWHO専門家が同席していた科学アカデミー幹部会において、「安全生活概念」及びこの概念を支持する外国専門家の意見に反対であることを決議した。ベラルーシの科学者たちは、「安全生活概念」には以下のような欠陥があると指摘した。

1. 個別の汚染地域の人々に対し、被曝を管理し、生活・労働の場においての安全を確保する手段が示されていない。
2. 長期被曝の線量・効果関係に関するデータが示されていない。
3. 確率的影響の評価において現状が反映されていない。
4. さまざまな影響の複合的作用について考慮されていない。
5. 事故直後、ヨウ素予防措置を含めまったく対策がとられていなかった時期の人々の被曝データが考慮されていない（将来になって必ず影響が出てくる）。
6. 安定ヨウ素の欠乏といった、各地域の風土や健康状態の特色が考慮されていない。
7. プルトニウムやストロンチウムを含むホットパーティクルの肺への蓄積、骨へのストロンチウムの蓄積などといったことが考慮されていない。これらは、健康上のもっとも大きな問題となるであろう。
8. 〝リスク・便益〟に関する評価がない、などなど。［一部省略、マッコ・今中 1998］

ベラルーシ科学アカデミーはこうした議論をへて、一九九〇年一二月一九日に「チェルノブ

チェルノブイリ・ゾーンと呼ばれる立入制限区域の検問所（D.Karacsonyi 氏撮影）

イリ原発事故被災地での住民の生活に関する概念」と題する次のような積極的提言を行った。

1．容認できる被曝量は年間〇・一レム（一ミリシーベルト）である。

2．汚染密度に従って、汚染地域を五つのゾーンに区分する。

A．無人地域：一九八六年に住民が避難したチェルノブイリ原発に隣接する地域。

B．移住義務（第一次移住）地域：セシウム137、ストロンチウム90、プルトニウムによる土壌汚染密度が、それぞれ一四八〇、一一一、三・七 kBq/m²以上の地域。

C．移住（第二次移住）地域：セシウム137、ストロンチウム90、プルトニウムによる土壌汚染密度が、それぞれ五五五～一四八〇、七四～一一一、一・八五～三・七 kBq/m²の地域で、年間の被曝量が〇・五レム（五ミリシーベルト）を越える可能性がある地域。

D．移住権利地域：セシウム137、ストロンチウム90、プルトニウムによる土壌汚染密度が、それぞれ一八五～五五五、一八・五～七四、〇・三七～一・八五 kBq/m²の地域で、年間の被曝量は〇・一レム（一ミリシーベルト）を越える可能性がある地域。

E．定期的放射能管理地域：セシウム137による土壌汚染密度が三七～一八五 kBq/m²の地域で、年間の被曝量は〇・一レム（一ミリシーベルト）を越えない地域。［マッコ・今中 1998］

これがベラルーシ科学アカデミーの提起した被曝許容量と避難基準の設定である。

チェルノブイリ事故以前において実証的な被曝と健康に関する科学的知見は広島と長崎の被爆者に関するものだけだった。従って、チェルノブイリ事故発生当時、長期にわたる低線量被曝の健康への影響について、人類は科学的に検証された知見を有していなかった。このため、ベラルーシの科学者は長期低線量被曝が無害であるという確証がない以上、三五〇ミリシーベ

避難地域に廃棄された車

ルトを安全基準として受け入れることはできないとしたのである。そこには、明示的には述べられていないが、あきらかに今日「予防原則」と呼ぶ考え方がある。予防原則は地球環境問題などにおいて基本とされる原則であり、人間の健康に関してはEUが次のように規定している。「科学的な確証がない場合でも、健康に有害な影響をもたらす可能性があると判断されれば、高い水準での健康保護に必要なリスク対応措置を講ずることができる。」*12 EUの定式化にならってベラルーシ科学アカデミーの主張を整理すると次のようになる。「安全生活概念（三五〇ミリシーベルト）が人間の健康に有害であるという科学的確証はないが、健康に有害な影響をもたらす可能性があると判断されるので、人々の健康を守るために、年間被曝線量五ないし一ミリシーベルトという高い基準でのリスク対応措置を講ずるべきだ。」

ベラルーシ科学アカデミーは予防原則的な立場に則って、厳しい安全基準を打ち出したのである。その提言が元になり、「チェルノブイリ原発事故被災者に対する社会的保護」法案が一九九一年二月二二日にベラルーシ議会に上程され、一九九一年一二月一一日に採択された。後に広く知られることになるチェルノブイリの避難原則である。

以上のように、チェルノブイリ原発事故後の災害基準作りにおいても、アイカの場合と同様、専門家が国内外からの異論や圧力に対抗しつつ、独自の基準を主張したことが政策決定の背後に存在していたのである。

科学アカデミー制度は東欧スラブ地域の各国で異なる起源を有するが、社会主義時代に包括的な国家組織として、ソ連型の科学アカデミーが普及した。科学アカデミーは研究組織であり、常に政府から専門行政上の諮問を受けるわけではない。社会主義時代における政府からの諮問は概して形だけの諮問であり、諮問事項について科学アカデミーが批判的見解を表明する

*12　Regulation (EC) No 178/2002 of the European Parliament and of the Council of 28 January 2002: laying down the general principles and requirements of food law, establishing the European Food Safety Authority and laying down procedures in matters of food safety: http://eur-lex.europa.eu/LexUriServ/LexUriServ.do?uri=OJ:L:2002:031:0001:0024:en:PDF

原発事故当時のまま残るレーニン像（チェルノブイリ市、D.Karacsonyi 氏撮影）

ことは困難だった。しかし例外もある。一九八〇年代初頭のハンガリーにおけるドナウ川発電所建設計画に対し、科学アカデミーが疑義を表明したことがある。[*13] また本節で検討したベラルーシ科学アカデミーの放射線許容基準もその一例である。[*14]

産業災害の社会的レジリエンスとして本節で取り上げた二つの事例は、ひろく学術組織や専門家が座右の銘とすべき教訓を示していると考える。また、福島原発事故を経験した日本の研究者がどのような教訓や規範を後世に残すのか。世界を前に日本の研究者が問われている課題は重い。

2　ハンガリーにおける災害復興住宅支援

本節では、二〇一〇年にハンガリーで起こったアイカ赤泥流出事故後の住宅復興を検討する。[*15]

事故当初、赤泥はドナウ川支流域に流れ出し、放置すれば大量の有害物質がドナウ川本流に流れ込み、下流域に当たるセルビアやルーマニア、ブルガリアの自然環境に被害が拡大することが危惧された。このため欧州各国が固唾をのんで事故の行方を注視した。ハンガリーは、一〇〇キロ以上にわたる自国領のドナウ川支流域で赤泥の中和作業に取り組み、赤泥が本流に流入する直前に作業を完了させた。これは事故後数日間の出来事であり、時間との戦いだった。

ハンガリーは国際河川を大きな環境汚染から守ったことで、国際社会から賞賛された。他方、流出事故が発生したアイカ地域では数百の家屋が赤泥の濁流に呑み込まれる社会的大惨事となった。しかし、災害の復興過程については国際的にも国内的にも、何が起こったのか検証

＊13　一九八〇年代の改革期におけるハンガリー科学アカデミーの役割について、拙稿［Ieda 2014］がこの問題を検証している。

＊14　ソ連時代における共産党と科学アカデミーの不即不離の関係については金山浩司「大テロルはソ連邦科学アカデミーをどう変えたか――常任書記の解任を手がかりに」［金山 2016］を参照。

＊15　事故の詳細な経緯と復興政策については［家田 2014］参照。

赤泥が流れ込んだマルツァル川

されていない。

　アイカ地域では赤泥の流出直後、再び赤泥貯蔵池が決壊しかねないと予測されたため、貯蔵池に隣接したコロンタール村（人口七〇〇名）に全村避難の指示が出された。またコロンタール村の次に貯蔵池に近かったデヴェチェル市（人口五五〇〇人）では、いつでも全住民が避難できる態勢が敷かれた。赤泥の流出で人身や建物に被害が出たのは、それぞれの自治体内の一部だけだったが、全村避難や避難待機命令により自治体の住民全体が被災の恐怖を共有した。その意味で、物的被害の有無にかかわらず、住民全体が被災者となった。

　九名の死者を出したコロンタール村の村長は、「有害廃棄物が貯蔵されていると知らされていれば、事前の対策を講じる術もあったのに残念だ」と無念さをにじませた。災害から地域社会を守るためにまず必要とされるのは、危険の存在を知ることだった。それがおろそかにされていた。

　本書が注目する被災後の中長期的な復興に目を転じると、住宅復興政策のきめ細やかさに目を奪われる。まず迅速であった。また個々の被災家族の実情に対して十分な配慮がなされた。以下では、なぜきめ細やかな住宅復興が可能だったのかを検討し、災害対応の社会的レジリエンスを考える一助としたい。

災害復興は人間の復興から

　アイカ赤泥流出事故後の住宅復興を見て驚くのは、一人一人のあるいは一軒一軒の家の事情を考慮する姿勢である。被災者それぞれの顔が見える復興計画である。同じ時に同じ場所で被災を経験しても、そこからどのように人生を再出発させるかは、被災者一人一人によって異な

コロンタール村の住民避難用バス（フックス家提供）

表9－1　赤泥被災者の住宅復興支援一覧

	新築			中古			金銭			合計
成約年月	K	D	S	K	D	S	K	D	S	
2011年1月	19	48	0	6	43	0	0	0	0	116
2月	2	31	0	2	42	0	3	15	0	95
3月	0	8	1	0	19	1	6	38	0	73
4月	0	2	0	1	8	0	1	3	0	15
5月	0	0	0	0	3	0	0	2	0	5
6月	0	0	0	0	0	0	0	2	0	2
7月	0	0	0	0	1	0	0	0	0	1
8月	0	0	0	0	1	0	0	0	0	1
9月	0	0	0	0	2	0	0	2	0	4
小計	21	89	1	9	119	1	10	62	0	312
合計	111			129			72			312
改修	12			21			20			53

K：コロンタール村、D：デヴェチェル市、S：ショムローヴァーシャールヘイ村

る。これは当然のことだが、大災害になると当然のことが見失われ、画一的な復興計画が被災者に押し付けられがちである。この点でアイカの住宅復興例は異なる。

表9－1はハンガリー中央防災総局がまとめたアイカ事故被災者への住宅支援内容である。*16 ハンガリー政府は事故直後に、公的助成として被災者への住宅復興支援を決めた。アイカ赤泥流出事故は民間企業が起こした産業災害だったが、被災地が低所得でしかも高失業率の地帯であること、また、加害者企業が事故責任を全面的に否定したことなどが考慮された結果だった。

公的助成の復興住宅が公営住宅建設としてではなく、個人住宅支援として行われたところに、アイカ事例の最大の特色がある。そもそも被災

*16 ハンガリー中央防災総局のパプ・アンタル氏によるまとめ。

コロンタール村復興住宅（Ministry of the Interior, National Directrate General for Disaster Management, *Red Sludge, Hungary 2010*, 2011より）

した住宅は全て個人所有住宅であり、集合住宅の建設は当初から選択肢にならなかった。二つ目に、ハンガリーでは公的助成による個人住宅建設が、すでに二〇〇〇年代から災害復興政策として確立していた。

アイカ赤泥流出事故の被災者は被災した不動産を放棄する代償として、失った財産に見合う復興住宅支援を国家から受けることができた。しかも復興住宅支援には三つの選択肢があった。上記の表にあるように、新築の住宅、中古住宅の取得、金銭での賠償である。全壊に至らなかった五三戸には、公的助成による修理がなされた。

修理の場合を除けば、被災者はそれぞれの事情に合わせて、三つの中からいずれかの選択肢を選ぶことができた。筆者による面接調査の結果によれば、年金生活者は新築住宅を選ぶ傾向が比較的強かった。防災総局のまとめによれば、地域で自営したり、事業を行っていた被災者は地元に残る選択肢を選ぶ傾向が強く、自宅で小家畜（豚ないし家禽）を飼っていた世帯は、同じような家畜小屋のある中古住宅を選択する場合が多かった。他方、金銭による補償を求めたのは、①若い世帯、②もともと住宅の売却を考えていた世帯、③地域の再生は不可能と考えた世帯であった。ただし、若い世帯は金銭賠償と並んで、新築の住宅を選択する場合も多かった。住宅を失った被災者がどのような住環境を復興住宅支援として選択するかは、どう人生を再出発させるかと強く関わっていた。

新築住宅を選択した場合は、各世帯の事情と要望に合わせて、注文建築並みに設計された。前ページの写真を見ると、新築住宅は画一的に見えるが、実は一戸一戸が実にきめ細やかな個別対応で建設された。画一的に見えるのは建築様式を地元の伝統家屋の様式に統一したためだった。

コロンタール村復興住宅の室内。入居者の意向に合わせて台所も（写真左から）対面式、居間と一体式、出窓式となっている

外観の統一性を除けば、間取りは各戸の自由裁量の幅が大きく、台所も対面式（前ページの写真左）、居間と一体式（中）、出窓式（右）など、入居者の意向が反映された。

災害復興の原点は被災者一人一人の人生の再出発である。災害後の社会のレジリエンスも一人一人の生活を回復させることから始まる。災害復興は「人の復興」であるという大原則を考えるとき、アイカ赤泥流出事故の住宅復興事例は社会的レジリエンスの原点を示す。

中央防災総局と「被災の緩和」政策

二〇一〇年のアイカ赤泥流出事故後の復興住宅政策は一回限りの特別な復興事業ではなかった。すでに二〇〇〇年代初頭にハンガリーで導入された「被災の緩和」と呼ばれる災害対応支援策の延長線上に実現した。ここでは「被災の緩和」政策が導入される契機とその後の経過を検証する。

公的支援による災害復興住宅政策に法的根拠を与えたのは一九九九年の「災害対策法」である。[*17] しかし、この法律は支援のあり方を具体的に規定していない。時々の政府により被災者救済策はまちまちだった。これに対して災害対策の総括組織である中央防災総局は二〇〇一年から二〇〇六年までの支援実績をとりまとめ、次のような方針を制定した。[*18]

> 自然災害で被災した私的不動産の所有者に対する支援について。
> 数年来、全国各地は突風、豪雨、洪水による深刻な被害を被った。……政府は自然災害の結果について、その賠償を行う法的義務を負う立場にない。しかしながら、政府は、深刻な自然災害やその他の原因による災害が発生した場合、被害の規模、被災した地域の経済的、雇用

デヴェチェル市の被災家族ニョマ一家（自営大工業）

*17 正式には「災害に対する防護の指針及び組織、ならびに危険物質に係わる深刻な事故に対する防護について」。1999. évi LXXIV. Törvény. a katasztrófák elleni védekezés irányításáról, szervezetéről és a veszélyes anyagokkal kapcsolatos súlyos balesetek elleni védekezésről. (2013.09.13) この法律の第四八条第二項は、「政府は被災地域の災害を緩和するため、自らの決定に基づいて国家予算から支出を行うことができる」と規定している。

*18 http://lakossag.katasztrofavedelem.hu/files/content/128.php (2013.09.14)

> 的、社会的事情を考慮して、被災の緩和のために国家予算による支援の実施を決定できる。
> ただし、国家の支援は物権的な被害の補償ではない。支援の原則を定め、財源を確保することは政府の専決事項であるが、支援の基本的目的は、被災者の基礎的住環境の創出であり、支援は自助（保険、自力）に代替するものではない。
> ……（これまで行ってきた政府の支援は）独自のものであり、国際的な慣行と乖離する性質のものである。

自然災害の被災者に対して国家が個人住宅を国費で建設する救済策は、国際的に見ても、通常の災害支援策ではない。ハンガリーにおいても個人財産に関するものは、原則として自助による回復が基本である。従って、ハンガリー政府が二〇〇〇年代初頭から実践し始めた個人住宅の全面的な国庫負担による建設は異例であり、「国際的な慣行と乖離する」政策だった。

しかし、ハンガリー政府があえて慣行と異なる被災者救済を行うに至ったのは、中央防災総局によれば、「被害の規模」とりわけ、「被災した地域の経済的、雇用的、社会的事情」を考慮したためだった。次に見るベレグ地方での公的支援による個人住宅建設支援は、ベレグ地方がハンガリーの中で最も経済的に遅れた地域であり、社会主義からの体制転換による社会的、経済的格差が著しく不利なかたちで現れた地域だったことが背景にある。*19

ベレグ地方はハンガリーの東端に位置し、ウクライナ及びルーマニアと国境を接する（本章扉裏の地図参照）。この国境域を貫流するのがティサ川であり、ベレグ地方を抜け出た後、ハンガリー東部を北から南へと下り、セルビア領に入る。ティサ川はカルパチア盆地の中央部を流れるため、周囲の山脈に水源をもつ多くの河川が流れ込む。このため、雪解け水で水位が上昇する春から初夏にかけて、ティサ川流域はしばしば洪水を経験する。

---

*19　一九九九年七四号法を制定する国会での議論の中で、自然災害による被災が体制転換による地域格差でいっそう堪え難いものになっていると指摘されている。1999. évi LXXIV. Törvény. a katasztrófák elleni védekezés irányításáról, szervezetéről és a veszélyes anyagokkal kapcsolatos súlyos balesetek elleni védekezésről. (2013.09.13)。

ニョマ家復興住宅の一角に復活した仕事場

二〇〇一年春、ベレグ地方は数十年ぶりの大洪水に見舞われた。四六の自治体が被災し、二八七〇棟が全壊ないし半壊した。この災害からの復興に対して政府が行なった支援が、アイカ赤泥流出事故における復興の先例となった。政府が提示したベレグ地方の洪水被災者への住宅復興支援策は、新築住宅建設、中古住宅購入、修繕・修復、金銭補償、そして老人ホーム入居という選択肢だった。

結果として七一一世帯二〇七三名が新築の復興住宅に入居し、二〇一世帯四九八名が中古住宅に転居した。また一四七六世帯が住居の修繕・改築を行ない、一二四世帯が金銭での補償を受け取った。この他に、老人ホームへの入居を望んだ世帯が二八三あった。*20

災害に対する社会的レジリエンスを考える上で、二〇〇六年の中央防災総局が災害対策実績をとりまとめた報告書は重要な指摘を含む。すなわち、先の引用に続いて以下のような実績評価を述べているのである。

> 自治体によって遂行される被災の緩和策の実施に際して、市民防災と災害防止のインフラ及び要員を投入すること、またそれらを自治体の管轄下に置くこと、さらに自治体の情報伝達網の中にこれらを組みいれること、これらが（この六年間の経験の中で）自明の方針となった。
> ……これまで被災の緩和は比較的障害なく実施され、基本的には社会と自治体の双方が受け入れ可能で、かつ支援可能なやり方が実現された。

具体的な支援事業の策定や実施が自治体と社会（住民）に委ねられるという方式が、赤泥事故に先行する二〇〇〇年代に既に生まれていたのである。そしてこの方式に基づく「被災の緩和は比較的障害なく実施され」、「社会と自治体の双方が受け入れ可能なやり方」として慣行化

*20　http://lakossag.katasztrofavedelem.hu/files/content/128.php（2013.09.15）

中央防災総局消防大学校長パプ・アンタル氏。アイカ赤泥流出事故では現地の陣頭指揮に当たった。右は共同研究者の城下英行氏（関西大学）

していた。つまり、アイカ赤泥流出事故後の復興政策は、政府と地域社会が連携して生み出した災害対応のレジリエンスの制度化だったと考えることができるのである。

中央防災総局の総括は最後を次のように締めくくる。

> 近い将来に天災が来るとしても、それを予知することはできない。しかし、復旧と復興に備えることは可能であるし、必要でもある。天災後の復旧と復興の体制は、それに相応しい法的な環境と法律に基づいた内規を整備しておくことによって生み出すことが可能である。

当たり前のことが述べられているようにみえるが、これまで見てきたことを踏まえるなら、ここには災害に対する社会的レジリエンスの基本が表明されている。すなわち、災害対策は予知にあるのではなく、災害後の復興体制作りの事前整備にあるという考え方である。日本では莫大な公的資金を投入して防災施設や地震予知など、予防・予知体制づくりを行なってきた。原発事故に対しても、スピーディ[*21]という高価な汚染予測システムが整備された。しかし市民防災という意味では何の役にも立たなかった。国家予算が限られているとしたら、予防・予知より被災者一人一人の事情に配慮しうる復興体制づくりを事前に整備するほうが、災害に対する社会のレジリエンスを高められるという考え方である。

中央防災総局が上記のまとめを行なった四年後、アイカの赤泥事故が起きた。まさに突然の予期せぬ事故だった。しかし事故対応は迅速であり、わずか一年で被災者全ての住宅復興が完了した。アイカ赤泥流出事故を経験したあと、中央防災総局は再度、災害と復興という問題を取り上げ、以下のような結論に達した。[*22]

*21　原発事故後の放射能汚染予知システム「SPEEDI」。

*22　http://www.katasztrofavedelem.hu/index2.php?pageid=helyreallitas_feladatrendszer (2013.10.18)

コロンタール村の被災地に記念として残された被災住居

復興と再建に関する課題設定

断続的に繰り返された自然災害の結果、ハンガリーはこの数十年で数万世帯が家屋の喪失ないし部分的損害を受けた。被災後、生活の基本的な条件を創出ないし再建しなければならないが、被災者や自治体のもつ能力を超えることがしばしばである。特に、経済的、社会的、雇用的な要因を考慮しなければならない地域の場合がそうである。

そこで、次の問題が生じる。すなわち、自然災害が起こった場合、その損害賠償はどのように、そしていかなる枠組みで行なわれるのかという問題である。民法に従えば、このような損害の補償には三つの概念が存在する。損害賠償、原状回復、そして被災の緩和である。民法上の損害賠償責任を問える基本的要件は、違法性、加害者責任、損害、そして損害と加害者責任行為ないし過失責任の間の因果関係である。つまり、法的にはハンガリー政府もEUも自然災害の復旧を義務付けられているわけではない。しかしながら、ハンガリー政府は自発的に復興責任を負い、その責任の範囲内で被災の緩和のための支援予算を支出する決定を行なうことができる。ただし、それは特に深刻な自然災害や人為的災害によって影響を被る住民の数、被害の規模、被災地域の経済的、雇用的、社会的状況を考慮してのことである。

被災の緩和は損害賠償ではない。被災の緩和は必ずしも被った損害の全体を償うとは限らない。場合によってはその部分的な補償でしかない。被災の緩和は第三者が行なう行為であり、発生した損害の全体ないし一部の復旧を引き受けることである。例えば、ハンガリー政府が二〇一〇年の五～六月に発生した洪水に際して、あるいは二〇一〇年一〇月四日の赤泥災害に際して、復旧と再建を自発的に行なった行為がそれにあたる。

「被災の緩和」は損害賠償という考え方ではなく、地域の視点や生活の質という視点に基づき、被災者一人一人の意思を尊重して生活の基本、つまり住居を再建することである。「被災

デヴェチェル市の被災地跡公園

の緩和」は一律に適用されるのではなく、あくまで経済的な格差を負っている地域にのみ適用される。

中央防災総局の新たな総括では、アイカ赤泥流出事故が「被災の緩和」政策の対象となったように、自然災害と産業災害の区別をなくしたことが重要である。近年の防災学は自然災害と人為的災害を本質的に区別する必要のないことを示している。確かに巨大堤防の出現は、どこまでが天災で、どこからが人為的災害かの境を曖昧にしている。アイカ赤泥流出事故でも、加害者企業は大雨の影響を根拠に、事故の自然災害性を主張した。

災害の性格が何であれ、アイカ赤泥流出事故の被災者は地域格差と災害という二つの災厄に見舞われ、絶望し、立ちすくんだ。絶望的状況におかれた人と地域社会を回復させる力となったのが「被災の緩和」であった。

地域社会の回復力

災害復興において、被災者一人一人の生活の再生が第一であることは論を俟たない。しかし個別的な被災者の救済策はしばしば、補償のあり方をめぐって被災者の間に対立を引き起こす。また、被災者と非被災者との間にも断絶を生み出しかねず、個々人の復興だけでは、地域全体としての回復力を阻害しかねない。この亀裂は地域社会にとって災害がもたらす物的損害以上に、致命的打撃となる。従って、災害からの回復力を考える場合は、被災地域全体の回復という視点が不可欠である。被災地域全体の再生事業により、住民は被災程度の多寡を超え、あるいは物理的な損害の有無を超えて、被災という出来事を共通の体験として認識できるようになる。その結果として地域の回復力が高まる。

デヴェチェル市のバスセンターを兼ねた市民交流施設の建設

アイカ赤泥流出事故の事例が興味深いのは、地域が長年抱えてきた社会の統合という困難な問題に向き合う契機として、災害復興を位置づけたことである。具体的には、第一に、ロマ系住民との融和・和解事業である。ロマ系住民はハンガリー社会の中で社会的にも経済的にも格差と差別を背負ってきた。赤泥流出事故が大きな地域格差に苦しんでいた地域に起きたことを念頭に置けば、アイカ地方のロマ系住民は二重、三重の災厄を負ったことになる。

災害は地域社会にとって危機であるが、アイカ赤泥流出事故後の復興政策では、危機を逆手にとって地域の一体感を高めることが目指された。具体的には社会的弱者の後押しをする教育事業、失業対策事業、経済振興事業であり、それを地域全体のコミュニティ再生事業の中に位置づけた。社会格差を是正する事業と並ぶ第二の施策は、地域社会に「共有の場」を創出する事業であり、社会の統合力を高めることにつながった[*23]。社会のレジリエンスは静的なものではなく、災害を機に弱まることもあれば、逆に、意識的に強化することも可能である。

地域の回復力は地域の特性を抜きにあり得ない。それぞれの地域がどのような問題を持ち、どのようにそれを解決するのかは、地域住民の選択と意志決定の問題である。単純化していえば、地域が再生する上で、倒壊した公共の建物を再建するのか、あるいはその再建費を別な使途に用いるのかは、地域住民の判断に委ねるべきであるというのがアイカ赤泥流出事故の地域再生事業からくみ取れる教訓である。日本のように中央政府や広域自治体行政が「支援事業モデル」をあらかじめ策定し、その事業に合う申請に補助金をだすという、上からの分配主義では地域の再生や回復力の強化にはつながりにくい。

地域社会の回復力が発揮され、地域の回復力を強化するためには使途に制限を設けない復興基金制度が必要である。アイカ赤泥流出事故では、ハンガリー史上例を見ないほどの義捐金が

*23　詳細は拙著『なぜ日本の災害復興は進まないのか』[家田 2014：第2章]参照。

デヴェチェル市の災害復興社会教育事業

国内外から寄せられ、これを原資として復興基金が設立された。当初は復興住宅にも充当されるはずだったが、復興住宅資金は政府が拠出することになったため、義捐金は被災自治体の裁量に委ねられることになった。義捐金の運用を定めた「救済基金令」には被災者個人への支援と並んで、「災害によって影響を受けた地域の再活性化」という文言が入れられ、幅広い使途が認められた。例えば、先に見たロマ系住民の社会統合事業、あるいは被災していない自営業者を含めた地場産業の振興策に財政的支援が与えられた*24。地域社会が大きな災害を被れば、被災していない商店も一時的にせよ売り上げや顧客数が落ち込む。そのような時に被災者か非被災者かを区別することは、災害からの地域の回復力を減退させることになる。

日本の場合も形式上、災害復興資金は使途自由である。しかし、現実には行政主導で復興事業が策定される。ここで日本の災害復興事業を具体的に論ずる余裕はないが、例えば、阪神・淡路大震災からの復興では「創造的復興」と銘うたれ、「地域にはそれぞれ固有の課題がある。災害復興とは、従前から地域が抱えていた課題を解決し、社会の変化を先取りする機会でもある。創造的復興には、単に旧来の状況に戻す復旧を超えて、時代の変化を先取りして新たな視点から地域を再生するという意味が込められている」*25とされ、非の打ちどころがない文言が並んでいる。しかし、実際には「(復興計画)策定段階に応じた住民参加手法あるいは住民への周知手法の検討が必要」*26だったとの反省が残った。つまり、住民への周知さえ不十分だったというのである*27。現実の創造的復興は空港建設や高層ビル建設を軸とする従来型の都市開発に終わってしまった。「被災者の個別的な生活再建とまちの再建は時間の経過とともに分離していった」*28。

東日本大震災からの復興では、復興庁が設置され、様々な復興事業が行なわれている。ここ

*24　使途について大きな自由が与えられた代わりに、復興基金の活動と会計は全て公開された：http://www.karmentobizottsag.hu (2013.12.20)。これにより復興基金の透明性が確保され、社会の監視下におかれた。広い意味では復興予算の透明性も社会のレジリエンスを高める。

*25　角野幸博「復興計画作成の課題検討と整理」[角野 2011: 74]。

*26　[角野 2011: 75]。

*27　澁谷和久「都市基盤の復興と防災都市構造の強化：都市基盤復興計画の作成――作成方

ヴェスプレーム県庁に設置された復興基金の理事

でも復興事業計画の策定は、事実上、関係省庁によって行なわれ、被災自治体や住民はその事業計画に沿って申請案を担当省庁に提出するという手順がとられている。

平成二五年度の福島復興に向けた復興庁予算を見ると、原子力災害からの復興再生事業（七二六四億円）のほとんどが除染関連である。すなわち「福島の復興・再生の加速」費六五二億円（地域の希望復活応援事業四八億円、コミュニティ復活交付金五〇三億円、子ども元気復活交付金一〇〇億円）、「地域経済の再生」費一四八億円（再生可能エネルギー等の研究開発支援等一三五億円、産業振興・雇用・風評被害対策一三億円）に対して、除染費（但し名目は「安全・安心な生活環境の実現」となっている）六四六六億円という割合である。*29 つまり、原発事故からの復興・再生予算と言っても、経済の復興や地域社会の再生には予算全体の一割程度しか用いられていないのである。汚染された農地を剝いで山積みにしているのが、福島復興予算の大半なのである。汚染土をいくら積み上げても、国民の資産形成には何の役にも立たない。そもそも避難者の要望は多様であり、除染＝帰還に統一されている訳では全くない。次の節で見るように、チェルノブイリ原発事故でも当初、ソ連政府は大掛かりな除染を行なった。しかし効果は期待したほどではなく、移住政策へと重心を切り替えた。先人の教訓に学ぶべき姿勢も社会的レジリエンスの強化に必要であろう。

3 チェルノブイリ原発事故後における復興住宅建設

表9-2は国連がまとめた二〇〇〇年時点でのチェルノブイリ原発事故の被災者数である。*30

チェルノブイリ原発、右は建設中の格納施設
(D.Karacsonyi 氏撮影)

法と留意点」[澁谷 2011: 426]。塩崎賢明『住宅復興とコミュニティ』[塩崎 2009: 37] は神戸市の例を挙げ、市民の反対の中で市の復興都市計画が市議会で決議されたことを指摘している。同様の指摘は、齊藤浩「住宅復興と都市計画関連法 —— 新しい住宅運動へ」[齊藤 1996: 108] 参照。行政主導の復興都市計画策定となった経緯については安藤元夫『阪神淡路大震災復興都市計画事業・まちづくり』[安藤 2004: 12–19] 参照。

*28 越山健治「住宅再建と地域復興」[越山 2012: 138]。

*29 復興庁ホームページ「復

表9－2　チェルノブイリ原発事故の被災者数（2000年現在）

	ベラルーシ	ロシア	ウクライナ	合計
避難者数（自主避難を含む）	135,000	52,400	163,000	350,400
汚染地域住民数	1,571,000	1,788,600	1,140,813	4,500,413

この表に従えば、チェルノブイリ原発事故では五〇〇万人ほどの地域住民が放射能の影響を受け、そのうち三五万人が移住を余儀なくされた。五〇〇万人もの地域住民に影響を及ぼした人類初の巨大な原発災害に対してソ連社会はどのように対応したのか。そこから社会のレジリエンスとして何を汲み取ることができるのか。

第1節でソ連の科学者達が厳しい避難基準を打ち立てたことを見た。しかし避難基準の成立には時間を要し、事故後何年も待たねばならなかった。その間に避難はどのようにして実行されたのか。また三五万人にも上る移住はどのように行なわれたのか。

チェルノブイリ事故後、ソ連政府や被災地を抱えた共和国政府は、汚染が明確となった地域から住民をどのように避難させるか、また移住させるかという緊急の解決を要する課題に直面した。避難基準が定まらないからと言って、汚染地域に住民を放置するわけにはいかなかった。以下では二つの時期に区分して、この問題の社会的レジリエンスを考える。

参考までに付け加えれば、チェルノブイリ原発は事故当時、旧ソ連に属していたウクライナの北端に位置する。ソ連は一五の共和国からなり、原発事故後に住民の避難が必要となったのはウクライナ、ベラルーシ、ロシアの三共和国だった。ソ連は一九九一年一二月二五日に崩壊し、各共和国はそれぞれ独立国家となった。チェルノブイリ事故後の避難・移住政策の責任主体は、ソ連の崩壊に伴い連邦政府から各共和国政府へと引き継がれた。

興の現状と取組」 http://www.reconstruction.go.jp/topics/main-cat1/sub-cat1-1/20131129_gennjoutorikumi.pdf (2012.12.20)

*30 The Human Consequences of the Chernobyl Nuclear Accident: A Strategy for Recovery. A Report Commissioned by UNDP and UNICEF with the support of UN-OCHA and WHO: 25 January 2002, p. 32: http://www.un.org/ha/chernobyl/docs/report.pdf (2015/12/22)。もともとの報告書には原発事故被災者に原発事故処理作業員も含めて計上されているが、ここでは省略した。この作業員数を含める

避難した自治体名が続く（チェルノブイリ市、D.Karacsonyi 氏撮影）

被災直後の三〇キロ圏避難と強制移住

チェルノブイリ事故が起きたのは一九八六年四月二六日未明であり、隣接する原発城下町プリピャチ市民が緊急避難を行なったのが翌日の二七日だった。では原発の周囲に広がる広大なポレシエ地方に点在する数多くの村々の住民はどのように避難し、さらに移住することになったのだろうか。

チェルノブイリの事故後、地域住民の全面的避難が始まったのはプリピャチ市の避難からさらに一週間ほど経過した一九八六年五月三日だった。ソ連政府は原発三〇キロ圏からの全面的な住民立ち退きを決め［尾松 2013: 44–49］、五月三日から五月六日までの僅か四日間に、三〇キロ圏の強制住民避難が実施された。[*31] 強制避難対象となったのは、一一万六五〇〇人であり、三〇キロ圏外に仮住まいすることになった。共和国別に避難者数を見るとウクライナが圧倒的に多く、九万一六〇〇人であり、次いでベラルーシの二万四七〇〇人だった。ロシアは村落としての集団避難はなく、避難者数として一八一人が記録されたに止まる。[*32]

都市からの避難者（約六万二〇〇〇人）用にキエフ市とチェルニヒフ市（本章扉裏の地図参照）に一万四〇〇〇世帯分の住居が確保された。その後、原発関係の従業員は新たに造成された新都市、スラブチチ市へ一九八八年一〇月に再移住した。[*33]

他方、農村部からの避難者（約五万四〇〇〇人）向けには、ほぼ一年後の一九八七年の夏までに、戸建て農家が八七集落に建設され、その数は合計で一万一八四戸に上った。このうち七千戸は一九八六年のうちに完成した。また農村部からの移住者のための集合住宅も、合計で一三五二世帯分、二五棟建設された。[*34]

一〇万人を超える大移住に伴い、必要となった公共的施設も整備された。すなわち三三の学

プリピャチ市の公園跡（D.Karacsonyi 氏撮影）

とウクライナの被災者数が最大となり、三〇〇万人を超える。ウクライナの避難者数については共著者のチョーリーの調査によると一六万四七〇七名である。

*31　今中哲二「チェルノブイリ原発事故」http://www.rri.kyoto-u.ac.jp/NSRG/Chernobyl/Henc.html (2015/12/27)

*32　IAEA-TECDOC-516. Medical aspects of the Chernobyl accident proceedings of an all-union conference organized by the USSR Ministry of Health and the all-union

校、四六の幼稚園、三一の商業施設、二二の診療所、一九の浴場、一四の食堂、二二の地区会館、二九の行政出張所が新たに設置された。わずか一年間でこれだけの建設事業は連邦政府にとって大きな負担であり、移住者の回想によれば、移転当初は暖房や光熱水道網などが未整備で、寒さに耐えきれずに元の村に戻るケースもしばしばだったとのことである。

　とはいえ、原発三〇キロ圏の被災者は事故から一年ないし二年半で恒久的な移住先が確保された。ハンガリーのアイカ赤泥流出事故でも一年をめどに被災者に対して恒久住宅の確保がなされた。災害からの立ち直りでは時間の要素が極めて重要である。被災後、時間が経てば経つほど個人の回復力も、社会の回復力も衰えてゆく。レジリエンスは時間との戦いでもある。阪神・淡路大震災後、長引く仮設住宅暮らしで亡くなった孤独死の被災者は二三六名に上った。[*35] 東日本大震災では「震災関連死」と呼ばれる二重被災者が二〇一五年九月末で三四〇七名を数える。その半数以上の一九七九人が福島県であり、[*36] 一九七九名の三分の二が原発関連である。[*37] 孤独死や関連死は社会災害である。早期の住宅復興だけで孤独死や関連死のすべてを防げるわけではないが、安心して暮らせる住環境の整備により多くの人命を救えたはずである。その意味で国家による早期の恒久住宅復興は社会のレジリエンスを強化する施策である。とりわけ社会主義国、ないし社会主義国を継承した国においては、国家が社会の富を独占的に占有し続ける場合が多いという事実を考慮する必要がある。災害後の住宅建設は自助や互助だけでは困難であり、公助としての国家の役割が大きい。

　チェルノブイリに話を戻そう。強制避難にともなう被災は人だけでなく、不動産や家財にも及んだ。農村移住者は原則として集落ごとに集団移住を行ない、移住先では国家によって建設された屋敷地つきの戸建農家を個人所有財産として受け取った。被災者は移住先で住宅を分譲

---

scientific centre of radiation medicine. USSR Academy of Medical sciences. and held in Kiev. 11–13 May 1988. pp. 316–317. http://www-pub.iaea.org/MTCD/publications/PDF/te_516_web.pdf (2015/12/25). 三〇キロ圏内の避難者と避難村落の数について［尾松 2013: 50］は異なる数値を上げ、さらに三〇キロ圏外でも推定値に基づいて一九八六年八月に一万七〇〇〇人あまりが追加的に強制避難させられたと指摘している。ただし、尾松もこうした決定はソ連政府によってなされたと述べている。また［ベラルーシ共和国非常事態省チェルノブイリ原発事故被害対策局編 2013: 57］は

スラブチチ市

された他に、一人当たり四〇〇〇ルーブル（平均月収の約二年分）の財物補償も受けた。被災者は避難に際して汚染された屋敷地、家屋、そして家財類の全てを放棄しなければならなかったからである。補償金は移住先での必要な家財や農業資材の購入資金などに充当された。農村部での職場としては、移住先で新しい集団農場を設立する場合もあれば、隣接集落の集団農場で働く場合もあった。

　ウクライナの首都キエフから西南に六〇キロほど離れたところに新オパチチ村がある（本章扉裏の地図参照）。強制避難の対象となったオパチチ村から移った住民一〇〇世帯ほどが暮らしている。ウクライナでは通常の自然村が一本の道路沿いに形成されるのに対して、集団移住村の新オパチチ村はマス目状に集落が建設された。

　オパチチ村から新オパチチ村に移住したAさん一家（図9-2）の回想によれば、以下のよう

図9－2　新オパチチ村とAさん宅内部の様子

ウクライナ、ハンガリー、日本の混成チェルノブイリ民族学調査グループ

ベラルーシでの避難者数と避難村落数を報告し、一九八六年において三〇キロ圏外の避難も数次にわたって行われたと指摘する。避難者数などの実数でも少しずつ差異がある。

＊33　ボロディーミル・ティーヒー「ウクライナにおけるチェルノブイリ事故被災者と彼らを取り巻く社会状況」[ティーヒー（ウクライナ論文）]。

＊34　前掲 IAEA-TECDOC-516. pp. 318-320.

＊35　[塩崎 2009: 142]。

＊36　復興庁のまとめによる

な経緯で新オパチチ村が建設された。

一九八六年五月の強制避難後、オパチチ村民はこの地域の集落に分散して仮住まいを始めた。しばらくすると移住者用の戸建住宅が完成し始め、オパチチ村民はまず数家族ずつ一軒の家に移り住んだ。その後も住宅建設は進み、次第に数家族が同居する状態は解消され、概ね二年ほどで避難した全世帯用の戸建住宅が完成した。村の名前も移住後数年して、移住元の村にちなんで新オパチチ村と名づけられた。新オパチチ村では独自の集団農場を結成し、事故前のような暮らしぶりに戻ったが、中にはオパチチ村に帰還する者もいた。しかしそれは一部であり、今も新オパチチ村の住民の大半は元からの移住者である。

一九八六年の強制避難とその後の集団移住の様子は、オパチチ村の例が参考になると考える。他方、国家によって提供された移住先を拒否して、新天地を求めた被災者も少なくなかった。ウクライナ共和国領内の強制避難者九万一六〇〇人について見ると、総計で六二四〇人が他の連邦共和国、すなわちロシア共和国（四二八〇人）、ベラルーシ共和国（一一六〇人）、モルドヴァ共和国（四三〇人）、リトアニア共和国（一二〇人）などへ移り住み、さらに八四五〇人が移住先不明として記録されている。合計すると一万三五三〇名であり、ウクライナの強制避難対象者全体の一五％に上る。[*38] この自主移住者の生活再建について、詳細は推測するしかないが、補償金を基にすれば新天地で新たな生活を始めることも可能だった。当時の平均的月収は二〇〇ルーブル前後であり、一人あたりの補償金四〇〇〇ルーブルは約二年分の給与に相当する。家族全体の補償金をあわせれば住居購入も十分に可能だった。[*39] 自らの選択に基づいて移住先で人生を再出発させることができたのである。ソ連時代に行なわれた画一的に見えるチェルノブイリの災害移住政策も、実際には自由選択の余地が存在していたと考えられる。

http://www.reconstruction.go.jp/topics/main-cat2/sub-cat2-6/20151225_kanrenshi.pdf

*37 「今年三月九日現在で政府が発表した震災関連死は福島県浜通りで一八八四人ですがその中に原発関連死は一二三二人、六五％であります。この一年間に一八四人増えているのです。役所の統計にあがっていない関連死もたくさんあるでしょう。」『原発事故被災者 相双の会』会報三五号、二〇一五年四月一日。

*38 前掲 IAEA-TECDOC-516.

*39 外池力「ソ連における住宅政策」［外池 1991］。

現地調査、繁茂した枝を切り払いながら前進
（2015年、マーシェヴェ市）

ソ連政府は一九八六年の事故発生時からソ連崩壊までの五年間に被災者支援のために九四億ドルを使ったとされる。[*40] そのうちの三分の一が移住のための予算である。当時のドルとルーブルの換算レートを大まかに一対一とすれば、三〇億ルーブルほどが主に住宅建設にあてられたことになる。一戸の建設費用が仮に一万ルーブルから三万ルーブルだったとすれば、一〇万戸から三〇万戸が建設できる予算である。一九八七年以降におけるソ連の移住政策の詳細は不明だが、五年間の予算規模から判断すれば、継続的に移住政策が実施されたと考えられる。ソ連政府は移住政策と並んで、大掛かりな除染事業も行った。しかし除染効果はさして上がらなかった。[*41] このため次で見るような移住政策へ重心を移していった。

ウクライナでの移住政策

ここでは原発三〇キロ圏外における住民の避難と移住をウクライナについて検討する。[*42]

ウクライナ共和国は一九八六～八七年の三〇キロ圏の緊急避難に際し、九万一六〇〇名を避難させた。その後も小規模ながら断続的に移住政策を実施し、一九八九年に至って、組織的な移住政策を開始した。その理由は二つあった。一つは除染政策の失敗ないし中止である。この時期までに除染の効果は期待したほどではないことが判明し、さらに、費用対効果としても、「汚染地域に住み続ける住民の補償と療養のために要する費用は、住民を移住させる費用に比べて二倍以上高いということが明らかにされた」[*43] のである。移住政策を発表した一九八九年のウクライナ政府令三一五号（一二月一四日付）は、次のように移住政策の背景を説明する。「科学的、技術的、医学的、その他の防護的措置を包括的に実行してきたが、当該地域の放射能状況を本質的に改善しなければならない時期が到来した。すなわち、我が国は人体や環境に対す

避難地域の教会

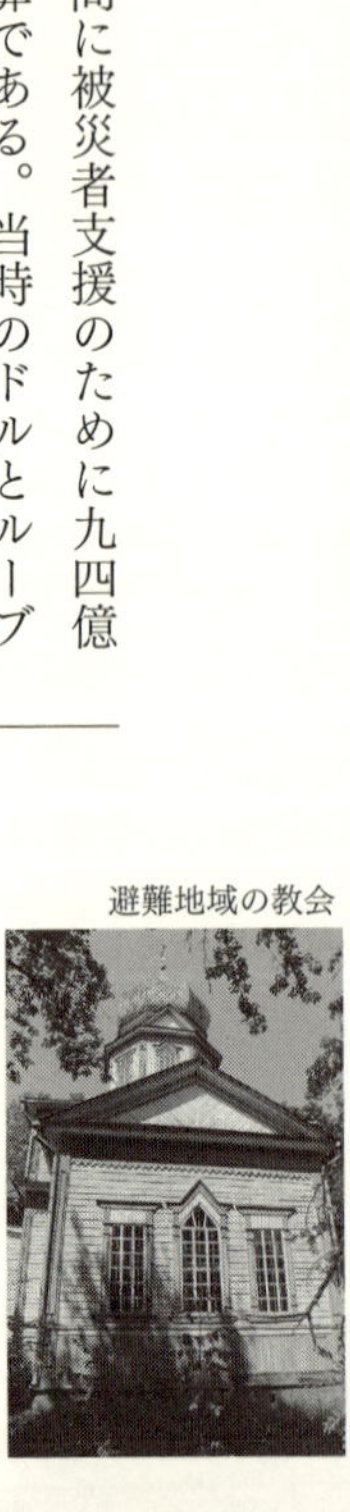

*40 The Human Consequences of the Chernobyl Nuclear Accident: A Strategy for Recovery: A Report Commissioned by UNDP and UNICEF with the support of UN-OCHA and WHO, p. 28: http://www.un.org/ha/chernobyl/docs/report.pdf (2015.12.20).

*41 同前, pp. 160-161. 一九八七年だけで表土のはぎ取りが二〇万立方メートル、除染面積が七〇〇〇平方キロに達し、関係した自治体数は六〇〇、農家数で七万戸に及んだ。

*42 ベラルーシの独自の移住政策については［ベラルーシ共

る放射線の影響を詳細に研究する綿密な科学的調査を遂行し、[その結果として]汚染地域の人々を追加的に移住させる政策を計画し終えたのである。そして、いまその計画を実行し始めている。これまでに九万三六〇〇人が移住し、その中には今年移住した一六〇〇人が含まれる。[*44]」つまり、当初の避難政策が対象外としていた三〇キロ圏外の住民の健康を守るには除染政策では不十分なことが分かったため、三〇キロ圏内の避難に加えて、三〇キロ圏を超えた「追加的な移住」を実施することにしたというのである。

上記政令に続いて交付された一九八九年ウクライナ政府令三三三号（一二月三〇日付）は、追加的移住に関するいま一つの背景を説明している。すなわち、新たな移住政策を策定するに際して、地方からの働きかけが決定的要因だったと表明しているのである。「ジトーミル州とキエフ州の執行委員会は、チェルノブイリ原発事故の避難地域で今も生活している住民と同様に、ジトーミル州ナロジチ郡及びキエフ州ポリシケ郡において避難地域と同じ高濃度の放射能に汚染されている住民も移住させるべきであるとの提言を行ない、ウクライナ共和国閣僚会議はこの提言を受入れた。[*45]」

一九八六年の事故発生時における三〇キロ圏の避難と移住は連邦政府による上からの指示によるものだったが、一九八九年のウクライナ共和国における汚染地域からの移住は、州レベルの、いわば下からの発議による政策だった。また二つの政令から、一九八九年には、チェルノブイリ事故による汚染が三〇キロ圏を超えて広がっている事実が社会的にも否定しえない事実として、広く認識されていたことが分かる[メドヴェージェフ 1992: 196]。

先に見た避難基準に関するソ連政府とベラルーシ科学アカデミーの議論は一九八九年に始まり、一九九一年にまで及んだ。従って、ウクライナにおける一九八九年の移住政策の指針には

和国非常事態省チェルノブイリ原発事故被害対策局編 2013: 58-59]に簡単な説明がある。

*43 [ティーヒー（ウクライナ論文）]を参照。

*44 РАДА МІНІСТРІВ УКРАЇНСЬКОЇ РСР І УКРАЇНСЬКА РЕСПУБЛІКАНСЬКА РАДА ПРОФЕСІЙНИХ СПІЛОК. ПОСТАНОВА, вид 14 грудня 1989 г. N 315, Київ: Про додаткові заходи щодо посилення охорони здоров'я та поліпшення матеріального становища населення, яке проживає на території, що зазнала радіоактивного за-

信者が参拝していることを示す新しいイコン

なり得なかったはずである。とするなら、ウクライナの移住政策を決定づけたのは、ベラルーシの避難基準ではなく、汚染地域からキエフの共和国政府に加えられた圧力であったと推測される［メドヴェージェフ 1992: 207–212］。

地方からの働きかけで制定された政令が具体的に計画したのは、一九九〇年と一九九一年の二年間で合計三三七〇戸の住宅建設を行なうことであった[*46]。内訳は原発三〇キロ圏外に位置する一六の自治体から合計で二四九三世帯、そして原発三〇キロ圏内の集落から移住を希望する八七七世帯であった。他方、受け入れ先となったのは三三の自治体だった。三〇キロ圏外で移住が決まった一六の自治体のうち、一二ヶ村は一〇〇戸程度以下の小規模な集落であり、これらの小集落では全村単位で集団移住することになった。

ウクライナ政府が打ち出した移住政策は地方からの働きかけで始まった点で、一九八六～八七年の移住政策と大きく異なる。しかし、なお深刻な問題が含まれていた。すなわち、移住の形態は従来通り、集団移住を原則とした。このため、移住先での住宅建設が終わるまで被災者は移住できず、村単位で汚染地域に留まらざるをえなかった。また移住を希望した村は、政令三三三号が提示した一六ヶ村だけではなかった。このため政令三三三号に続いて、漸次、移住計画が策定されてゆくことになる。

以下で見るノヴォシルキ村はウクライナ政令三三三号の移住計画で避難者の受け入れ先に指定された村の一つである。同政令の計画によれば、ノヴォシルキ村は一九九〇年に原発三〇キロ圏内からの移住者五〇戸を受け入れることになっていた。しかし実際には、全く異なる結果となった。すなわち、同村が受け入れた五〇戸の内訳は主に以下で述べる四ヶ村からの移住者だった。最多の二五世帯はジョウトネヴェ村からである。次に多いのがタラシ村であり、一一

брудненя в результаті аварії на Чорнобильській АЕС: http://zakon3.rada.gov.ua/laws/show/315-89-п.

*45 РАДА МІНІСТРІВ УКРАЇНСЬКОЇ РСР. ПОСТАНОВА, від 30 грудня 1989 р. N 333.

*46 「ティーヒー（ウクライナ論文）」によると、一九八九年のウクライナでの新しい避難計画は「一四歳以下の子供を持つ家族に移住する権利が認められた」とあり、対象者数は「一九九〇年から一九九一年において、強制避難者の数は一万三三六五八人、「自発的」な移住者の数は五万八七〇〇人を数えた」

30キロ圏の高汚染地域での民族学発掘調査
(D.Karacsonyi 氏撮影)

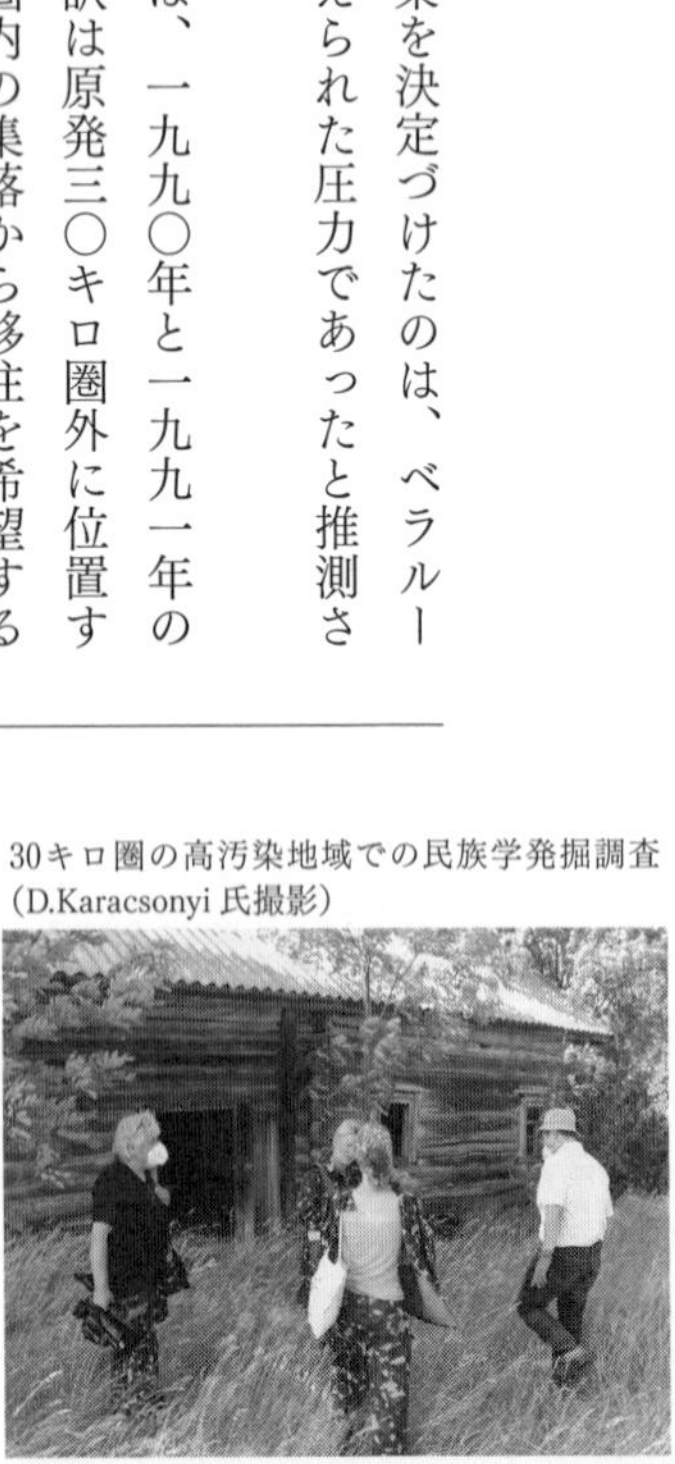

世帯だった。この二つの村は隣接しており、一つの国営農場に属していた。この他に、先に見た三〇キロ圏内のオパチチ村から五世帯、そしてオパチチ村に近いオタシフ村からも数世帯がノヴォシルキ村に移住した。オパチチ村からの五世帯は一旦新オパチチ村に集団移住した後、もとのオパチチ村に自主帰還し、さらにその後で再びオパチチ村を離れることにした人々である。その中にはノヴォシルキ村に来るまでに五回も引っ越したケースもあった。

オパチチ村には現在も三名が自主帰還者として暮らしている。その一人、Bさん（下の写真）の回想によると、一九八六年の強制避難で全村民は一旦オパチチ村を離れたものの、すぐに一〇〇名ほどが自主帰還したそうだ。Bさん自身も数ヶ月でオパチチ村に戻った。しかし、自主帰還しても結局、再移住で村を離れていく者も多く、最後に残ったのはごく僅かだった。ノヴォシルキ村に移住したオパチチ村民もそうした再移住者だった。

以上の四ヶ村の他に単独で移住してきた世帯もあったが、その詳細は不明である。

以上のようにノヴォシルキ村への移住は当初の計画と大きく異なるものとなった。その理由は何か。

先に述べたように一九八九年に発表された移住計画では、村ごとの集団移住が原則だった。ノヴォシルキ村へ二五世帯が移住したジョウトネヴェ村は百戸余りの村で、一九八九年の移住計画には含まれていなかった。しかし一九九〇〜九一年の第一次に次ぐ、第二次の移住計画の中で、キエフ東南部のマジンキ村へ一九九二年に集団移住することになっていた。このジョウトネヴェ村の集団移住計画に対して、計画以前の早期移住を掲げ、村内の母親をまとめあげたのがCさんである。Cさんの回想によると、以下のような経緯でノヴォシルキ村への移住が実現した（本章扉裏の地図参照）。

オパチチ村で今も元気に暮らす78歳のBさん。一人暮らしだが、息子が毎週訪ねて来るそうだ。日本からの客は初めてだと喜び、家の前の川で取れた鯉の日干しをどっさりとお土産にくれた（2015年6月）

とあるが、一九八九年のウクライナ移住法に子供の年齢制限記述はない。移住者数でも政令三三三号は四〇〇〇戸足らずであり、人数にすれば強制移住者数には見合うが、自主避難者数を加えると、四〇〇〇戸では足りない。ウクライナにおける一九九〇〜九一年の移住計画は政令三三三号以外でも実施された可能性がある。

ジョウトネヴェ村では当時、放射能について村民の知識は乏しく、放射能の人体への影響を信じない村民も少なくなかった。そうした中で子供への放射能の影響を危惧し、早期移住を主張するCさん達は少数派となり、村民の間で孤立した。母親達がとりえた手段は郡や州の役所、あるいは共産党の政治家たちに直訴することだった。ジョウトネヴェ村に限らず、高濃度の汚染が判明した地域から同じような訴えの声が上がり、地方行政府や政治家は住民の切実な訴えに直面することになった。先に見た汚染地域の郡政府や州政府の提言の背景には、住民たちからの強い訴えが存在していたのである。しかし、政令三三三号の移住計画は全ての移住希望を実現するものではなかった。ジョウトネヴェ村の名前もなかった。このため、Cさんたちは直接、共和国レベルの共産党要人D氏に直訴することにした。それが功を奏し、ジョウトネヴェ村の二五軒は一九九〇年に早期移住が実現した。

Cさんは以上のように当時を回想したが、それ以上はなかなか語ろうとしなかった。早期移住を実現できたことは、子供たちの将来を考えると、確かに大きな成果だった。しかし、それと同時に、村の大勢に抗して二五軒だけで早期移住したことは、村の集団移住計画に亀裂をもたらし、村の分裂さえ引き起こしかねなかった。何故自分たちだけ先に移住するのか。あとに残る子供や住民を放射能汚染の中に置いてゆけるのか。Cさんは母親であると同時に、村の学校教員でもあった。母親であることを最優先して移住のために奔走したが、村単位の集団移住という原則があり、全ての世帯が移住できたわけではなかった。

ノヴォシルキ村はCさんたちのような、個別的な背景を持つ移住者の受け皿になった。村単位の計画的な集団移転と対比して、個別的事情による移住では、住宅建設に綿密な配慮が必要だった。住宅の広さが画一ではなかったからである。移住者用の住宅は同じ規格ではなく、子

ノヴォシルキ村の移住者用住宅。写真左から、子供３名、子供２名、子供１名世帯用である

供の数によって三通りの住居が用意された。下の写真の三つの戸建住宅はいずれもノヴォシルキ村の移住者用住宅だが、それぞれ広さが異なり、左から順に子供三名世帯用、子供二名世帯用、子供一名世帯用である。

村落ごとにまとまった集団移転であれば、移住世帯の家族構成はあらかじめ確定できるので、それを元に必要となる三種類の住宅建設戸数を決めることができる。ところが個別事情による移住の場合は、建設戸数の決定過程が複雑にならざるをえない。アイカ赤泥流出事故においても新築住宅は事実上、個別注文住宅に準じた手続きを踏むことになった。ウクライナの場合でも戸建住宅は個人所有財産として引き渡されるので、入居する家族構成を無視して建設するわけにはいかなかった。

社会主義体制は画一主義と思われがちであるが、上記の事実は必ずしも画一主義でなかったことを物語っている。かつて、帝政ロシア期の農村共同体には実質的平等という考え方があった。村内の農地は定期的に割り替えられ、再配分される農地の広さは画一的ではなく、家族員数に応じて配分された。日本古代の班田収授制に似ている。子供の数が多ければ、その分割り当てられる農地も多かった。そのような伝統的考え方がどこかで生きていたのかもしれない。

ウクライナでは原発避難者用住宅建設は二〇〇四年まで続けられ、総数として二万九〇〇〇棟が建設された。新たに生まれた集落は二〇四にのぼり、移住した人口は一六万四七〇七名に達した。二〇四の新集落のうち一六三カ所は新オパチチ村のような集団移転によるものだった。他方、ノヴォシルキ村のような個別事情による集落形成は全体の二割、四一カ所だった。すなわち、Cさんが率いたジョウトネヴェ村の二五世帯による個別移住は、大勢として集団移住の原則が貫かれる中で、個別の要望に応える移住形態として無視できない選択肢となってい

チェルノブイリ市入り口（D.Karacsonyi 氏撮影）

たのである。

先に見た三〇キロ圏からの強制移住においても、被災者の一五%が集団移住を拒んで、独自の移住先を選択した。いま見たウクライナでの移住に際しても、相当数の世帯が個別的移住を選択した。個別的な選択を可能にした手段はジョウトネヴェ村の二五軒のように、非公式な人脈によるものであったかもしれないが、公式の集団移住と異なる選択肢を相当数の被災者がとりえたことは、非公式な選択肢も決して例外ではなかったことを示している。非公式な選択肢は社会主義時代において慣例化していた問題解決の方法だった。緊急時に人脈をつないでなんとか解決策を見いだす方法は、社会主義時代において生きる智慧だった。

4　おわりに——社会と国を結ぶレジリエンス

社会のレジリエンスが本書の主題である。果たして本章が東欧スラブ地域の社会的レジリエンスをどこまで解明できたのか、心もとない。社会ではなく、むしろ国家や政府を主語として語らざるをえないことのほうが多かった。何故か。東欧スラブ地域では社会や個人の力が国家に比べて弱いからだと結論づければ、それで納得できるかもしれない。しかし、別な見方をすれば、国家が社会の役割を果たさなければ、国家も存続できないのである。では、その国家を動かしているのは誰か。本章では国家と社会とを分断されたものとして捉えるのではなく、相互に重なりあう関係として捉えた。アイカの赤泥流出事故でも、チェルノブイリの原発事故でも、人々を災害から守るため、新たな基準作りに奔走したのは科学アカデミーや国家の専門行

古儀式派教会（避難地域）

政機関で働く研究者や専門家だった。彼らも国家行政の一端を担っているという意味で、「国家」の一部である。彼らは未知の災害や人々の被災という現実を前にして、既存の権威に依りかかったり、あるいは既成の基準に従って思考したのではなく、あくまで現実から出発して解決策を見いだそうとした。

もとより現実は一つではない。あるいは、一つの解釈しか許さない現実は存在しない。現実は多様である。既成の権威や従来からの基準にとらわれずに現実を見る、ということは、異なる選択肢を提示する、ということである。アイカ赤泥流出事故であれば、EUや国際基準とは異なる別の解釈を赤泥について示したことである。チェルノブイリであれば、ソ連政府やWHOとは異なる避難の基準を提示したことである。

異なる選択肢の社会的な提示という意味で社会のレジリエンスを理解するなら、どれだけ多様な選択肢を提示できるかが社会の回復力の大きさである。もちろん選択肢の提示だけでは不十分であり、現実的な力によって支えられる必要がある。しかし、現実的な力は、必ずしも既成の力ではない。ノヴォシルキ村への移住を実現させた二五人の母親は、故郷のジョウトネヴェ村では少数の異端者だった。僅か二五名であっても声を上げ続けることで、現実的な力に結実していった。それは全村挙げての早期集団移転にはならなかったが、集団移転が原則であるという大多数の意見にかき消されてしまった訳でもない。少数者の声も現実的な解決にたどり着く力になったのである。

本章で検証した事例は社会のレジリエンスとしては頼りないかもしれない。しかし国家と社会、社会と個人、そして個人と国家が明確に区別できない東欧スラブ地域においては、社会のレジリエンスは公助と共存せざるをえないと考える。

チェルノブイリ市内の記念碑（D.Karacsonyi氏撮影）

参考文献

安藤元夫 2004『阪神淡路大震災復興都市計画事業・まちづくり』学芸出版社。
家田修 2012「ハンガリー赤泥流出事故に見る東欧とEUの見えざる境界」『境界研究』第2号、pp. 149–172.
―― 2014『なぜ日本の災害復興は進まないのか――ハンガリー赤泥流出事故の復興政策に学ぶ』現代人文社。
尾松亮 2013『3・11とチェルノブイリ法――再建への知恵を受け継ぐ』東洋出版。
角野幸博 2011「復興計画作成の課題検討と整理」ひょうご震災記念21世紀研究機構災害対策全書編集企画委員会編『災害対策全書3（復旧・復興）』ぎょうせい。
金山浩司 2016「大テロルはソ連邦科学アカデミーをどう変えたか――常任書記の解任を手がかりに」市川浩編『科学の参謀本部――ロシア／ソ連邦科学アカデミーに関する国際共同研究』北海道大学出版会、pp. 199–214.
齊藤浩 1996「住宅復興と都市計画関連法――新しい住宅運動へ」大震災と地方自治研究会編『大震災と地方自治』自治体研究社。
塩崎賢明 2009『住宅復興とコミュニティ』日本経済評論社。
澁谷和久 2011「都市基盤の復興と防災都市構造の強化：都市基盤復興計画の作成――作成方法と留意点」ひょうご震災記念21世紀研究機構災害対策全書編集企画委員会編『災害対策全書3（復旧・復興）』ぎょうせい。
ティーヒー、ボロディーミル（ウクライナ論文）「ウクライナにおけるチェルノブイリ事故被災者と彼らを取り巻く社会状況」http://www.rri.kyoto-u.ac.jp/NSRG/Chernobyl/saigai/Tykhyi-J.html
外池力 1991「ソ連における住宅政策」『政経論叢』第60巻第1・2号、pp. 115–154.
西井正弘編 2005『地球環境条約』有斐閣。
ベラルーシ共和国非常事態省チェルノブイリ原発事故被害対策局編・日本ベラルーシ友好協会監訳 2013（原著2011）『チェルノブイリ原発事故ベラルーシ政府報告書［最新版］』産学社。
マツコ、ウラジーミル・P、今中哲二 1998「ベラルーシにおける法的取り組みと影響研究の概要」中哲二編

農地の除染（福島県飯舘村）

『チェルノブイリ事故による放射能災害国際共同研究報告書』技術と人間、pp. 60–72.
メドヴェージェフ、ジョレス 1992『チェルノブイリの遺産』みすず書房。
Ieda, Osamu. 2014. From Monologue to Trialogue among Party, Academy, and Society: The Gabcikovo-Nagymaros Dam Issue in Socialist Hungary in the 1980s, in O. Ieda ed., *Transboundary Symbiosis over the Danube: EU Integration between Slovakia and Hungary from a Local Border Perspective*, Slavic Eurasian Studies, no.27, pp. 103–125.

高汚染の立入禁止区域を管理する警察官（福島県浪江町）

おわりに――社会のレジリエンスを歴史に問う

西芳実

「災害対応の地域研究」シリーズの第四巻にあたる本巻では、狭義の災害ではない戦争や独立を「災害対応の地域研究」の枠組みで扱っている。このことの意味について考えるため、まず、本書の各部・各章の内容を整理したい。

社会の危機とレジリエンス――戦争・独立・災害

(1)革命後を生きる――コミュニティから亀裂を修復する

革命や政変は、行う側からみれば社会全体の行き詰った状況の打開や好転をはかり、よりよい社会の構築を目指して取り組まれ、その過程で犠牲を伴うものの、克服しようとする危機の前に犠牲は災いとして捉えられない。しかし、その過程を村や家族などのコミュニティから見れば、革命や政変は負担や災いとなって現れる。コミュニティや生活する者の視点から革命や政変の「災い」としての側面を捉えることで、災いがもたらす社会の亀裂が地縁や血縁にもとづくコミュニティによって修復されることを通じて社会全体の強靭さが増していることを見ることができる。

日本占領、抗仏戦争、抗米戦争というように、ベトナム北部農村は長期にわたって外部から集中的な人員・

16世紀のマラッカ陥落後に交易拠点になったアチェは、マラッカを支配したポルトガルに対抗するためトルコの支援を受けた。アチェにあるトルコの軍人が眠るとされる墓地

物資の供出や土地改革のような急激な制度改革を求められてきた。農村社会はこれらの「上から」の要請に対し、村落内での相互扶助を高めるなどして応じてきたが、土地改革のように要請に過剰に反応したために村落内の亀裂を深める結果も招いた。

他方で、党中央の方針を実施するために村落レベルにはりめぐらされた党組織は、実態としては、国家レベルで進められる改革・革命・戦争を村落レベルの実情に応じて調節する役割も果たしていた。たとえば抗米戦争期には、戦時動員という「上から」の要請にこたえて人員と食糧を供出する一方で、地域ぐるみの「もぐり制度」の実施や、供出する人員や食糧の多寡の交渉など、急激で集中的な動員を緩和する施策が村落レベルでとられていた（第1章）。

インドネシアは、公式には共産主義者によるクーデター未遂事件とされる九・三〇事件の後、秩序回復の名の下で社会の多大な犠牲を払った。数十万人に及ぶ大量虐殺が行われたほか、多数の人々が「政治犯」として投獄されたほか、生活の場を失って国外に避難した人も多かった。九・三〇事件後に成立したスハルト新体制から排除された人々の暮らしを支えたのは家族や親族のネットワークだった。「政治犯」とされた人々とその家族が社会的な地位を失った一方で、インドネシアの外に広がる親族のネットワークを頼ったり、刑務所内で新たなコミュニティをつくったりすることにより、人々の生存が維持されていた。

事件から三〇年余を経てスハルト大統領の統治が終焉し、民主化の時代にあってもなお、社会の多くの人々を巻き込んだ深刻な亀裂を悪化させないためとして、九・三〇事件後に排除された人々の完全な復権は慎重に避けられており、現在もインドネシアでは「政治犯」の名誉回復は果たされていない。ただし、次世代を含めてより広い範囲の人々で当時の経験を共有しようとする試みは、文化活動や社会活動の領域で少しずつ進められている（第2章）。

黄土高原の東端にあって天水頼みの農業が行われる中国山西省の農村地域では、雨乞い儀礼に使う大王像を

17世紀に中東のイスラム学を翻訳し東南アジアに広めたことで知られるイスラム聖人シアクアラとその弟子たちの墓。2004年の津波に耐えたことが人々の心の支えとなった

複数の村落間で貸し借りすることを通じて村を越えた相互扶助的なネットワークが形成されていた。日中戦争、「破除迷信」運動、文化大革命が農村に及び、雨乞い儀礼は弾圧の対象となって多くの大王像が破壊されたが、大王像を密かに守り通した村があり、文革後の雨乞い儀式の復活を支えた。村落社会の指導者たちは「上から」の要請にこたえて大王像の破壊を進めると同時に、大王像の「盗難」や「紛失」を黙認することで間接的に大王像の保全を助けていた。

儀礼復活後に大王像は複製がつくられて数を増したが、複数の村の間で大王像を貸し借りすることで大王像を共有する伝統は維持されている。大王像は「上から」施される制度や資源なしで村落間の関係を維持する機能をいまも担っている（第3章）。

いずれの事例においても、社会全体の課題のために「上から」提示される規範や目標を村や地域や家族などのコミュニティがいったん受け入れた上で、それと異なる基準でコミュニティがふるまう余地が残されていることが重要だった。危機打開のための対応が集中的かつ統一的なものにならざるをえなかったとしても、個々の現場では加減したりずらしたりすることについて社会の各層の間で暗黙の了解があることが、社会の亀裂を決定的に深刻なものとすることを避けてきたと言える。

(2) 不条理を生きる —— 共通の敵を作らずに連帯する

人類の歴史とは、より多様かつより広い範囲の人々と仲間意識を育ててきた過程と見ることができる。共通の敵を持つことは連帯する上で有効な方法の一つだが、必然的に敵と味方の区別を作ってしまう。共通の敵を作ることなしに仲間意識を育てることはできるのか。

社会の外側に原因がある災いは、たとえその原因が特定され、それを取り除くべきことが社会内部で自明であっても、様々な事情のため、ただちにその原因が取り除かれると考えることが現実的でないことがある。人為的な災いではその発生原因を特定できることもあるが、特定できてもその原因を解消できるとは限らない。

アチェ戦争（1873〜1912年）の戦没者墓地。オランダ人将兵のほか、植民地内の他地域から徴用されたジャワ人やアンボン人も眠る。津波後は津波犠牲者も追悼された

近現代を通じて帝国の周縁に位置していた台湾は、周辺の大国の版図に編入されては切り離されることを繰り返してきた。外来の統治者が導入した教育や社会制度は台湾社会を構成する不可欠の要素となっている。台湾には過去の統治者によってもたらされた多様な文化要素が混在しており、彼らが持ち込んだ制度や文化を完全に排除することは現実的でない。台湾ではこれら外来の要素を排除する代わりに、言語をはじめとする台湾社会内部に「刻印」されたかつての統治者の痕跡を台湾近代化の一過程として位置づけなおし、共存させている（第4章）。

パレスチナの事例では、命を脅かされ、故地を追われ、尊厳を犯されるという深刻な危機に直面した人々とその他の人々の断絶を繋ぐため、彼らの災難を故郷を失う危機として普遍化することでパレスチナ難民の孤立を破ろうとする。パレスチナ難民の苦境に対して、日々の支援を施すのと別に「故郷喪失」という普遍的な危機として捉えることで、日本の福島や沖縄、さらにはヨーロッパのユダヤ人に通じる危機として共有することが可能になる。パレスチナをめぐる多数の文学作品や映像作品の存在は、故郷喪失と孤立の危機を地域や立場を越えて繋ぐ試みに人々が取り組んできたことを示している（第5章）。

サイクロン発生時に水没する可能性が高い低地が広範に広がるバングラデシュにおいて、防潮堤で土地を囲って安全な土地をつくるという災害対応は現実的ではない。堤防に守られた比較的安全で豊かな土地に住める人は限られており、それ以外の人々は堤防の外の危険な土地で生活せざるをえない。ひとたびサイクロンが生じると家財と命を失う危険にさらされている。このことは、土地整備や治水の問題であるのと同時に、日常的な生活の困難という観点で見れば貧困の問題として捉えることができる。公的な資金による地域開発に限界があるなかで、サイクロンシェルターの設置や被災直後の緊急人道支援など、国際援助団体やNGOが人道上の危機に対して行う国際支援や、マイクロクレジットによる小規模事業者に対する起業支援が大きな役割を担っている（第6章）。

オランダ植民地だったアチェに進攻する日本軍の作戦に協力して戦死したアチェ人烈士のために日本軍が建てた祈念碑。日本軍にはオランダからのアチェ解放が期待されていた

台湾、パレスチナ、バングラデシュの事例では、言葉の壁のような文化的障壁から分離壁や防潮堤のような物理的な壁まで、いずれも生活空間の中に境界がひかれ、境界の内と外の相違が日常生活の中で常に意識されている。境界線の存在が社会にとって課題であることは明らかでありながら、境界線を取り除くことはきわめて困難である。そこでは、社会が共通の敵をつくり、それを排除するため結束を高める方法は有効ではない。自分たちを境界の外側に押し出している存在を責めるかわりに、それらと連帯する方法がとられている。

ここで「戦争の時代」から「人道支援の時代」[*1]へという転換が意義を持つ。安全保障の単位を国家から人間にうつす「人間の安全保障」という考え方が登場したことにもあらわれているように[*2]、敵・味方を区別することなく地域や社会が直面している危機が人道上の危機であるかどうかという観点から評価し、それが人道上の危機であれば国や文化や社会の違いを越えて支援を行うべきであるとする考え方は、とりわけ冷戦後の国際社会において広く認知されつつある。

(3) 科学技術と生きる —— 社会の災いとして認定する

原爆、原発事故、産業事故は、原因が最先端の科学技術によってもたらされた物質や事象に起因し、それによって生じる被害が目に見えないものも多く、災いの影響をどのように測るかをめぐっても議論が生じる。人類社会が過去に経験したことのない新しい災害では、その影響を測る科学的知見が適切かどうかの是非もはっきりしない。人々の日常生活の延長上で理解することが困難である状況下で、被害が物理的な破壊にとどまらず、それと感知できないまま、世代や地域を越えてその影響が継続・伝播するという「汚染」のイメージに

*1　西芳実「戦争の時代から人道支援の時代へ —— スマトラにおける異文化接触の変遷から」上野稔弘・西芳実・山本博之編『「情報災害」からの復興 —— 地域の専門家は震災にどう対応するか』(JCAS Collaboration Series No.4) pp. 35–40.

*2　「人間の安全保障」という考え方が登場した背景については山影進「地球社会の課題と人間の安全保障」高橋哲哉・山影進編著『人間の安全保障』(東京大学出版会、二〇〇八年) を参照。

インドネシア独立後、アチェ住民の生活水準向上のために、アチェ州のインドネシアからの分離独立の是非を問う住民投票を要求する横断幕 (1999年)

人々がとらわれる。

人智を超えた災いへの対応にあたっては、直接被災した人々だけでなく、社会全体で災いに対応することが求められる。その一方で、被害が及ぶメカニズムやその影響を十分に測ることができないという状況で、災害を社会全体でどう共有するかが課題となる。科学的な裏付けが行われたり、世界平和という理念や孤児救済という日々の困窮からの回復といった複数のレベルで国内外に支援者を求めたり、過去の災いの経験と物語を通じて結びつけることによって社会で共有されたりする。

広島・長崎への原子爆弾の投下は、核兵器の使用の是非をめぐる議論とあいまって東西両陣営を越えて世界の注目を集めた。広島・長崎が世界の核兵器廃絶運動、さらには世界平和を求める運動の象徴的存在になっていくなかで、被爆国日本という認識も形成されていった。

「世界のヒロシマ」としての広島の位置づけが定着するプロセスは、広島の被災とそれへの手当そのものに対する理解と関心の強化に直接は結びつかなかった。原爆投下による直接の被害を受けた個々の被災者の生活再建や戦災孤児への手当、破壊された地域インフラの復興や地域経済の建て直しといった復旧・復興のための具体的な施策のためには、広島の市や県の当局をはじめとする関係者が地域や国の枠を超えて公的・私的ネットワークを結び、必要な資金や人手の調達や法的制度の整備を進めていく必要があった（第7章）。

チェルノブイリ原発事故では、日常生活の場がある日突然立ち入り禁止となった。事故がもたらす環境や人体への影響は、日々の生活感覚や過去の経験の延長上でおしはかることができない未知の領域にある。対応するにはその災いがどのような災いかを想像し、社会で共有する力が問われる。歴史的に様々な災いや不条理を受け止めてきたベラルーシの人々が過去の災いへの対応の中で培ってきた文学や笑い話の伝統のうえに、原発事故という感知不能な災いを社会で共有し可視化する営みがあった（第8章）。

チェルノブイリ原発事故もハンガリーにおけるアルミニウム工場からの赤泥流出事故も、深刻な環境汚染が

スハルト体制崩壊後初めての総選挙を控えたアチェでは正体不明のグループによる軍・警察への発砲や学校への放火が相次ぎ、治安回復のためアチェ州には重装備の警察機動隊が派遣された

広い範囲で懸念されるなかで、一定期間の立ち入り制限が必要な災害であった。公共政策の観点では、今回の事故・災害の際に設けた基準が未来の同種の災害・事故の対応の際の先例となる。基準を設ける際には科学的な判断と政治的判断の両方が求められる。ベラルーシやハンガリーでは、地元の地域社会を基盤とする科学アカデミーがそのずれを調節する役割を担った(第9章)。

起こった災害を自分たちの災害と認定して具体的な対策を講じる上では、政治、文学、科学の役割が重要である。復旧・復興のための資源の選択的な配分を可能にする政治、時代や地域を越えた普遍的な基準を保証する科学、制度的・公的な対応では十分に掬い取れない個別の課題に対する人々の共感を助ける文学は、互いに役割を補完しあっている。

地域と時代を越えた経験の共有に向けて

(1)歴史研究と災害対応研究

革命・政変、国際関係、公害・事故などに対する社会の対応を災害対応と同列において扱うことの積極的な意味はどこにあるのか。自然災害では、発生原因は人智が及ばないものとして受け入れた上で、生じた被害への対応を通じて将来再び起こりうる災害の被害が軽減されると考える。これに対し、人間社会の活動に起因する災いは、発生メカニズムの分析だけでなく、目の前の事態の原因を取り除くとともに、被害者が被った不利益の回復を求めるという発想に繋がりやすい。特に犠牲者の不利益の回復においては、緊急を要する人道上の危機であるとして、正規の行政的手続きを経ない対応も少なくない。

歴史研究では事象を理解するために時代をさかのぼり、対象地域を世界大に広げて検討する。それは、離れた時代や離れた地域で生じたできごとであっても互いに影響を及ぼし合い、全体として世界史を形成しているという了解があるためである。戦争や民族解放闘争や独立に関心が寄せられてきたのも、社会の不平等や亀裂

イスラム寄宿塾で養われていたアチェの紛争孤児たち。スハルト体制下のアチェでは独立紛争被害者の存在は表立って口に出されず、支援は民間団体が秘密裏に行っていた

の背景を探り、人々が自立と繁栄を模索してきた営みの中に現在の課題を克服する知恵を探そうとするためである。本シリーズの第一巻〜第三巻で見てきたように、災害は社会の潜在的課題を明らかにし、被災前に着手できなかった課題に取り組む契機となりうる。別言すれば、災害発生後の社会の動きを理解する上では、災害がもたらした被害への人々の対応という観点からだけでなく、被災前にその社会が抱えていた課題への対応という側面からも見ることが重要となる。

たとえば、本シリーズ第二巻で見たように、二〇〇四年スマトラ島沖地震・津波（インド洋津波）の被災地となったインドネシア・アチェ州の被災と復興を理解する上では、被災前にアチェが三〇年にわたる内戦状態にあったことについての理解が欠かせない。さらに歴史を振り返れば、スマトラ島北端という東西交易の要衝にあって一六世紀以降にこの地に発展した海洋交易国家アチェ王国は、二〇世紀はじめにオランダの植民地となり、自発的な海洋交易を制限されることとなった。その後四年余の独立革命の時期を経て一九五〇年にインドネシアの一部として独立したものの、陸上交通の発達により国内で周縁化されたという地域史を見ることができる。このような歴史的背景を踏まえることが、未曾有の自然災害の被災地となって世界中から人道支援の対象となったことを契機に地域の発展を模索するアチェ社会の対応をより深く理解する一助となった。[*3] 歴史研究の知見を踏まえることは、災害による直接の被災や復興とは異なる側面からその社会の姿を理解しようとするものであり、災害を契機によりよい社会を作ろうとする災害対応において実践的な指針を与えるものである。

他方で、災害対応研究には被災と復興に関する知見の蓄積があり、それらを取り入れることは歴史研究を一層豊かにしうる。たとえば、災害対応研究には、災害は繰り返し同じところで起こるため、起こった災害にどのように対応するかが次に起こる災害への備えになるという災害サイクルの考え方がある。災害は起きないに越したことはないが、災害は社会の潜在的課題を明らかにし、平時に手をつけられなかった課題に着手し、社会をよりよくする機会となりうる。事件・事故もまた社会の課題を明らかにし、そこでどのように対応するか

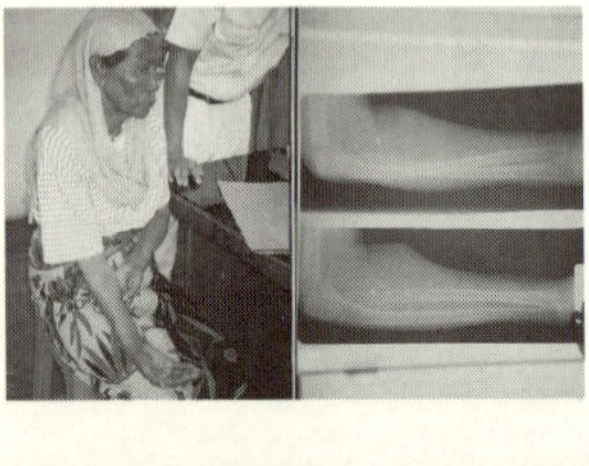
紛争中、学生デモ隊に向けて警察機動隊が発砲した流れ弾を受けて負傷した女性。反政府勢力の支持者と誤解されて逮捕されることを恐れて病院に行かずに自宅療養していた

が社会をよりよくする機会となる。

(2) 歴史としてのレジリエンス

本書のタイトルである「歴史としてのレジリエンス」には二つの意味がこめられている。

第一に、レジリエンスは歴史的に形成されるものであり、したがって何が社会のレジリエンスを支える要素となるのかは時代や地域によって異なるという考え方である。本書でとりあげた事例では、土地、家族、儀礼、言語、故郷、支援、越境、文学、科学が、革命・政変がもたらした社会の亀裂の修復、国際秩序の周縁に位置づけられた人々の連帯、原爆や原発事故・産業災害などの災いの社会的共有を助けてきた。ただし、ここに挙げたものは社会のレジリエンスを支える要素の一例であり、地域や時代が変われば要素は変わりうるし、複数の要素が組み合わさることもある。

短期的に危機克服の最良の処方箋と見えたものが長期的には社会にダメージを与えることもある。その逆に、長期的な観点から選択された対応が短期的には社会的負担を増大させることもある。どのような時間の範囲で見るかによってレジリエンスの捉え方は異なる。[*4] ベトナム北部農村で抗仏戦争期に導入された土地改革の影響は、短期的に見れば村落社会内部の亀裂を深めたと評価されるが、この時期に村落部の経済格差が減少していたことが抗米戦争時に青年男子不在の中で農村社会の生存基盤を支えた合作社体制を導入する基盤となったという点では、結果として社会のレジリエンスを高める基盤となったと評価される。前の時代の苦難が後の時代の救いとなったということをもって前の時代の苦難の深刻さを軽視してよいということにはならないが、

*3 詳しくは本シリーズ第二巻の西芳実『災害復興で内戦を乗り越える――スマトラ島沖地震・津波とアチェ紛争』（二〇一四年）参照。

*4 本シリーズ第三巻の牧紀男・山本博之編著『国際協力と防災――つくる・よりそう・きたえる』（二〇一五年）では現代アジアの災害対応における回復力が検討されている。

スハルト体制崩壊後、アチェ独立運動の指導者たちは国内外のメディアを集めてアチェのインドネシアからの「独立記念式典」を開催した。軍服姿で参加する女性兵士たち（1999年）

複数の時代を通じて観察することには、苦難の経験に意味を与え、それによって社会の強靭さを蓄積するという意義がある。

対象とする領域の範囲が全地球規模なのか、中東、南アジア、東アジアのように地域単位なのか、国ごとなのか、それとも州・県や村なのかによってもレジリエンスの評価は異なる。単純化をおそれずに言うならば、ヨーロッパのユダヤ人問題の解消のために中東にイスラエルが建国され、パレスチナ難民問題が生じていることは、中東とヨーロッパにおける地域秩序の安定とイスラエル建国ならびにパレスチナ難民の発生とが表裏一体にあることを意味する。ある地域の安全・安心をはかるための試みが別の地域や社会の安全・安心を脅かす原因となっている。レジリエンスをはかる上では、見るべき対象・地域・時代を区切って評価・検討することが必要だが、同時に、それと異なる範囲で見た時には異なる評価が出されることがあることを忘れてはならない。

第二は、人類の経験の積み重ねである歴史がレジリエンスを支えるという考え方である。時代や地域によって異なる多様な経験の積み重ねが人類社会のレジリエンスを強める。他の地域や他の時代における危機克服の経験を学ぶことは、将来起こりうる危機に対する備えとなるだけでなく、現在直面している課題を克服するヒントとなるかもしれない。直接被災していない社会が他の地域の被災と復興の例から学び、地域と時代を越えて参照できる形に翻訳されることは、その地域の経験が人類社会の歴史の一部となることである。災害に打たれ強くなった社会の経験がほかの地域に及んでいくことは、人類社会のレジリエンスを高めることに通じる。

このように、過去の経験や知識を積み重ね、歴史の蓄積をレジリエンスの基盤とするためには、異なる事例の知見を読み替え、他の地域や時代の事例に使える形にする解釈の力が必要となる。文学や映画などのフィクションの力を借りることで異なる経験を結びつけることが、社会による災いの共有を助けることもある。ベラルーシでは、被災した地域住民がチェルノブイリ原発事故を受け止める上で、第二次世界大戦時の大虐殺の経験の延長上で捉えたり、フィクションの力を借りたりすることが見られた。また、研究者や映像作家のような

紛争に抗議する学生たち。アチェの問題は独立か否かでなく問題解決を口実にした暴力行使であり、独立派と軍・警察の双方の暴力により一般住民が犠牲になっていると訴えた(2000年)

「よそもの」が仲介することで、異なる社会の経験が橋渡しされることもある。[*5] パレスチナ難民の経験は、故郷喪失の悲劇として抽象化されることで、福島やチェルノブイリ、さらにはヨーロッパのユダヤ人問題と共通の課題に直面していることが理解され、遠く離れた地域や時代のできごとであっても、そのような境地に置かれた人々の立場を我が身に置きかえて実感することができる。

(3)「人道支援の時代」の災害対応

よりよい社会を希求し大きな課題を達成する上では一人一人の生活に生じる多少の犠牲はやむをえないとすることは、その結果として得られるよりよい社会の内側に入る人々とその達成のために社会の外部に押し出される人々をつくることになる。課題解決のために敵と味方を峻別する考え方は、二〇世紀の「戦争の時代」には有効な方法だったかもしれないが、「人道支援の時代」である二一世紀においてその有効性は疑わしい。人・モノ・金・情報の交流が緊密化している現在、戦争や事件、民族対立といった社会の危機の原因は複合的であり、それを除去すれば危機を克服できるというような危機の原因を一つに特定することは困難であり、また、仮に原因を特定できたとしても、利害が複雑に絡み合う当事者間でその原因を共有し解決することにも困難が伴う。さらに、ある地域で生じた危機は国境を越えて他地域にも及ぶため、原因の特定やその原因の除去のための合意形成に時間をかけている間にも、危機によって生命や生活の安全を脅かされた人々は生まれ続け、さらに他地域に波及していく。[*6] だからこそ、それぞれの地域、それぞれの現場で危機への対応と克服に取り組む人々の不断の営みの意義を掬い取り、時代や地域を越えて共有できる形に翻訳して連携させる力が問われている。

---

*5　災害対応における「よそもの」の役割については本シリーズ第三巻第二部も参照。
*6　「人道支援の時代」における災害対応については本シリーズ第一巻の山本博之『復興の文化空間学 ── ビッグデータと人道支援の時代』（二〇一四年）参照。

2004年の津波で壊滅的な被害を受けたアチェ沿岸部。建造物は全て津波で押し流された。被災直後、モスク脇に残った井戸を活用した簡易水浴所で水浴びする人々

歴史の経験をレジリエンスのもととする

本巻では、「災い」の範囲を広く取り、時間軸を長く設定して、革命・政変や国際関係や事故・公害などに対する人類社会の対応を見てきた。災いへの対応に歴史的な視点を取り入れることの意味について、もう一度災害対応に戻して考えてみたい。

災害からの復興においては、復興の全体の目標や方向が設定され、それに基づいて個別の復興が進められる。目標や方向とは、たとえば住宅再建や起業支援や心のケアなどに関わることであり、時代や地域によらず社会全体にとって受け入れやすいように表現されるが、実際には復興に取り組む時点のその社会の課題・関心や技術などを反映したものであり、いつの時代にも誰にとっても成り立つものとは限らない。大きな災害からの復興には数年から数十年、さらには数百年かかるものもあり、その過程で社会環境が変われば、被災時に想定された復興の目標や方向が現実にあわなくなる可能性もある。

本巻で論じたように、時間軸を長く取って災いへの対応を見るならば、時間の移り変わりの中で社会環境が大きく変化し、ある時期に適切だと見られていたことがらが別の時期には不適切だと見なされることもある。したがって、災害が発生した時点の発想に基づいて最善のものとして進められた復興が将来のあるときにその意味が否定される可能性が十分にあることを踏まえた上で、現在の条件のもとで最善を尽くすしかない。その際に留意すべきことは、いずれかの選択肢を選んだ場合に他の選択肢を選ぶ余地を完全に摘み取らないようにするということである。

このことは、筆者が研究するインドネシアのアチェ州の「いま」を見ることによっても明らかである。インドネシアのアチェ州は、二〇〇四年のスマトラ島沖地震・津波で約一七万三〇〇〇人の犠牲者を出したが、この未曾有の大災害をきっかけとして、それまで三〇年にわたって続けられてきた独立派と政府軍の内戦（独立紛争）が終了し、災害と内戦からの復興が取り組まれてきた。津波に先立つ内戦期に戦乱を避けて欧米や日本

津波犠牲者の集団埋葬地で命日の12月26日にコーランの一節を詠んで犠牲者を追悼する人々。身元不明の数万体の遺体が墓碑を建てられないまま埋葬されている

に留学していた人々が津波後にアチェに戻って復興を支える人材になった。専門知識やネットワークや資金を持つ彼らはアチェに戻ると大学や支援団体や行政に入り、津波からの一〇年間の復興を支えてきた。内戦はアチェ社会に大きな負担を強いたが、海外で学んだ人材を多く作り、津波被災と内戦終結によってそれらの人材を呼び戻して地元の復興に役立てるという結果をもたらした。

ただし、このことはアチェ社会に新しい亀裂の原因を与えることにもなった。アチェでは、津波後の二〇〇六年に地方を基盤とする政党が認められ、住民の直接選挙によって州知事以下の行政職や地方議会の議員になることが可能になった。インドネシアでは、国政と地方選挙に参加する政党は全国の過半数の州に支部を持ち、かつ、州の支部は州内の過半数の県・市に支部を持たねばならないという規定があり、地方政党は事実上認められてこなかった。アチェは、インドネシアの中で際立った地域的個性を持つとして中央政府に対して自治や分離独立を唱えてきた。その際に地域的個性として挙げられたものは、アチェがインドネシアで最も早くイスラム化した地域であることと、アチェ王国がオランダによる植民地支配に粘り強く抵抗して王国の主権を維持したことだった。津波災害とそれを契機とした内戦終結を迎えたインドネシアでは、アチェはイスラム教が住民の生活を大きく規定している特徴的な地域であるとしてその地域的個性を認められ、地方政党を結成して地方選挙に参加することが例外的に認められた。

海外で教育を受ける機会を得られなかった人々には、自分たちは内戦中にアチェにとどまって苦労を経験したという思いを抱き、津波被災を契機に域外から帰還した専門家たちがアチェ復興の主流となったことに不満を抱く人たちもいる。その不満は、欧米に留学すればイスラム教に従った生活を送りにくいはずだという言い方で表現されることもあった。二〇〇六年の地方政党結成により、不公平感を抱いた相手を銃で脅して金品を巻き上げるという内戦中によく見られた方法にかわり、政党を結成して票を集め、議会に参加してアチェの建設に関わるという道が開かれた。津波後に二回行われた地方選挙により、州議会および各県・市の地方議会の

津波の復興事業が沿岸部に集中して内陸部との格差が深まる中、2012年に内陸部のガヨで起きた震災の救援募金を沿岸部で呼びかける女性

議員の多くを地方政党の党員が占め、海外留学経験者が中心となる大学・行政と地方政党が中心となる議会がしばしば対立しながらアチェの復興に取り組む姿が見られる。その過程で、住民の信任を得ている議会が、イスラム的な価値に基づくという理由のもとに犯罪者への鞭打ちをはじめとする諸政策を制定し、現在のアチェではこれらの「イスラム的」諸政策が多くの住民の生活を縛って混乱を招く結果となっている。ただし、このような「イスラム的」諸政策を現在のアチェ社会に混乱を与えているという観点からのみ評価するのは早計だろう。これらの政策の評価は、内戦時に域外に避難していた人々と内戦中にアチェにとどまっていた人々との間の亀裂の行く末とあわせて、将来に委ねられている。社会の対応を評価するにあたっては、現在の社会に与える影響という観点と、その経験が社会の将来のあり方に及ぼす影響という観点という二つの観点を常にあわせもつことが必要である。

「人道支援の時代」に生きる私たちは、助ける側も助けられる側も世界大の広がりをもっている。そのような時代にあって、「目前の危機に手当てする」という考え方と、「歴史の経験をレジリエンスのもととする」という姿勢をあわせて考える姿勢がますます求められている。東日本大震災と福島原発事故を経た日本に暮らす私たちもまた、「いま、すぐ」の手当と、世代を越えた数十年単位の手当の両方を同時に進めていく課題に直面している。地域や時代が異なる世界の経験を日本という災害対応の現場に照らして解釈することもまた、災害対応の一つである。その具体的な試みの一つとして、本シリーズ第五巻*7もご覧いただければと思う。

1990年代半ばに紛争が小康状態にあったときのアチェの路地裏の一風景。異民族支配や紛争や津波などの災いは絶えないが、人々の日々の暮らしは続いている

*7　清水展・木村周平編著『新しい人間、新しい社会——復興の物語を再創造する』（二〇一五年）。

［か行］

索　引

日下部 尚徳（くさかべ なおのり）

東京外国語大学世界言語社会教育センター特任講師【第6章】
研究分野：災害社会学、バングラデシュ現代社会論、国際協力論、市民社会論
主な著作に、『世界の社会福祉年鑑　特集社会福祉と貧困・格差』（宇佐見耕一ほか編集代表、旬報社、2011、分担執筆）、『現場〈フィールド〉からの平和構築論』福武慎太郎ほか編著、勁草書房、2013、分担執筆）、『学生のためのピース・ノート2』（堀芳枝編著、コモンズ、2015、分担執筆）など。

川口 悠子（かわぐち ゆうこ）

法政大学理工学部講師【第7章】
研究分野：米国現代史、日本現代史、とくに広島の原爆被害をめぐる集団的記憶の研究
主な著作に、「太平洋を越える広島救援活動 ―― 戦後初期の「平和都市」イメージへの影響について」（『アメリカ史研究』第38号、2015）、「広島の「越境」―― 占領期の日米における谷本清のヒロシマ・ピース・センター設立活動」（博士論文、東京大学大学院総合文化研究科、2013年7月）など。

越野 剛（こしの ごう）

北海道大学スラブ・ユーラシア研究センター准教授【第8章】
研究分野：ロシア・ベラルーシ文学
主な著作に、『ユーラシア地域大国の文化表象』（ミネルヴァ書房、2014、共著）、「ハティニ虐殺とベラルーシにおける戦争の記憶」（『地域研究』第14巻2号、2014）、『ロシアSFの歴史と展望』（スラブ・ユーラシア研究センター、2015、編著）など。

家田 修（いえだ おさむ）

北海道大学スラブ・ユーラシア研究センター教授【第9章】
研究分野：東欧経済史、ハンガリー地域研究、ユーラシアの環境
主な著作に、『なぜ日本の災害復興は進まないのか ―― ハンガリー赤泥流出事故の復興政策に学ぶ』（現代人文社、2014）、*Transboundary Symbiosis over the Danube II: Road to a Multidimensional Ethnic Symbiosis in the Mid-Danube Region,* Slavic Eurasian Studies No. 29（SRC、2015、共編著）、『スラブ・ユーラシア学の構築 ――中域圏と地球化』（講談社、2008、編著）など。

セルヒー チョーリー（Sergii Cholii）

ウクライナ国立工科大学上級講師【第9章】
研究分野：科学史、ウクライナ史、ソ連・東欧史
主な著作に、The Formation of the Austro-Hungarian Armed Forces as a Component of Internal Policy of the Habsburg Monarchy, 1868–1914,（博士論文）Taras Shevchenko National University of Kyiv, 2012 ; Die Modernisierung der österreichisch-ungarischen Streitkräfte（1868–1914）– eine Chance für die galizischen Rekruten?, in *Galizien: Peripherie der Moderne – Moderne der Peripherie?,* Marburg, Verlag Herder-Institut, 2013; The WWI and Population flow in Galicia, 1914–1915, in *The First World War: history and lessons, 1914–1918,* Kyiv, 2015.

著者紹介

川喜田 敦子【はじめに】（奥付の上の編著者紹介を参照）

西 芳実【おわりに】（奥付の上の編著者紹介を参照）

古田 元夫（ふるた もとお）

東京大学名誉教授、日越大学学長【第1章】
研究分野：ベトナム現代史、ベトナム地域研究
主な著作に、『ベトナム人共産主義者の民族政策史 ── 革命の中のエスニシティ』（大月書店、1991）、『ベトナムの世界史 ── 中華世界から東南アジア世界へ』（東京大学出版会、1995、2015年増補新装版）など。

倉沢 愛子（くらさわ あいこ）

慶應義塾大学名誉教授【第2章】
研究分野：インドネシア社会史
主な著作に、『日本占領下ジャワ農村の変容』（草思社、1992）、『戦後日本＝インドネシア関係史』（草思社、2011）、『資源の戦争 ── 「大東亜共栄圏」の人流・物流』（岩波書店、2012）、『9・30　世界を震撼させた日 ── インドネシア政変の真相と波紋』（岩波書店、2014）など。

石井 弓（いしい ゆみ）

日本学術振興会特別研究員 PD（東京大学東洋文化研究所）【第3章】
研究分野：中国地域研究、オーラルヒストリー、歴史と記憶
主な著作に、『記憶としての日中戦争 ── インタビューによる他者理解の可能性』（研文出版、2013）、「日中戦争における対日協力者の記憶」（『思想』No. 1096、2015）、「山西省農村における雨乞い ── 農民の視点から「迷信」を捉える」（『中国研究月報』Vol. 66、No.6、2012）など。

若林 正丈（わかばやし まさひろ）

早稲田大学政治経済学術院教授・台湾研究所所長【第4章】
研究分野：台湾地域研究、台湾近現代史
主な著作に、『台湾の政治 ── 中華民国台湾化の戦後史』（東京大学出版会、2008）、『台湾抗日運動史研究　増補版』（研文出版、2001）など。

長沢 栄治（ながさわ えいじ）

東京大学東洋文化研究所教授【第5章】
研究分野：中東地域研究、近代エジプト社会経済史
主な著作に、『エジプトの自画像　ナイルの思想と地域研究』（平凡社、2013）、『アラブ革命の遺産　エジプトのユダヤ系マルクス主義者とシオニズム』（平凡社、2012）、『エジプト革命　アラブ世界変動の行方』（平凡社、2012）など。

編著者紹介

川喜田 敦子（かわきた あつこ）

中央大学文学部教授
研究分野：ドイツ現代史、ドイツ地域研究
主な著作に、『ドイツの歴史教育』（白水社、2005）、『〈境界〉の今を生きる』（東信堂、2009、共編著）、I・カーショー『ヒトラー 1889-1936 傲慢』（白水社、2015、翻訳）など。

西 芳実（にし よしみ）

京都大学地域研究統合情報センター准教授
研究分野：インドネシア地域研究、多言語多宗教地域の紛争・災害対応
主な著作に、『災害復興で内戦を乗り越える ── スマトラ島沖地震・津波とアチェ紛争』（京都大学学術出版会、2014）、『記憶と忘却のアジア』（青弓社、2015、共編著）、『東南・南アジアのディアスポラ』（首藤もと子編著、明石書店、2010、分担執筆）など。

歴史としてのレジリエンス
──戦争・独立・災害
（災害対応の地域研究 4）

2016年3月31日 初版第一刷発行

編著者 川喜田敦子
西 芳実
発行人 末原達郎
発行所 京都大学学術出版会
京都市左京区吉田近衛町69番地
京都大学吉田南構内（〒606-8315）
電話（075）761-6182
FAX（075）761-6190
URL http://www.kyoto-up.or.jp
振替 01000-8-64677

ISBN978-4-8140-0010-4
Printed in Japan

印刷・製本 亜細亜印刷株式会社
装幀 鷺草デザイン事務所
定価はカバーに表示してあります